Découvrez l'histoire par les archives de presse

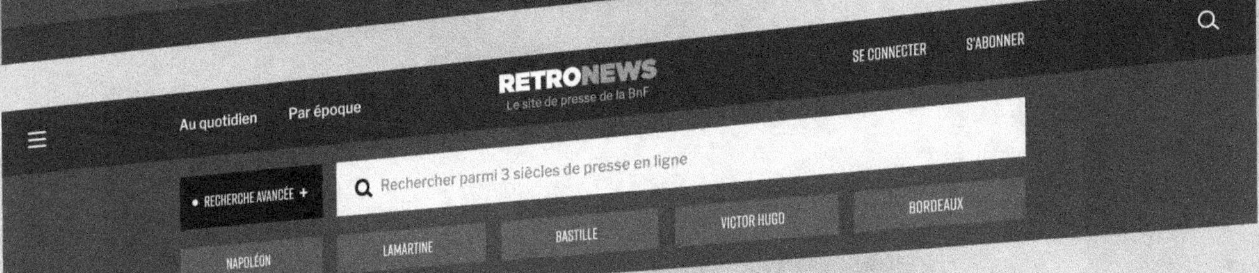

RETRONEWS

Le site de presse de la BnF

www.retronews.fr

BULLETIN

DE LA

SOCIÉTÉ D'ÉMULATION

DU BOURBONNAIS

Lettres, Sciences et Arts

TOME VINGT-TROISIÈME

MOULINS

LES IMPRIMERIES RÉUNIES

15, RUE D'ENGHIEN, 15

1920

BULLETIN

DE LA

SOCIÉTÉ D'ÉMULATION

Du Bourbonnais

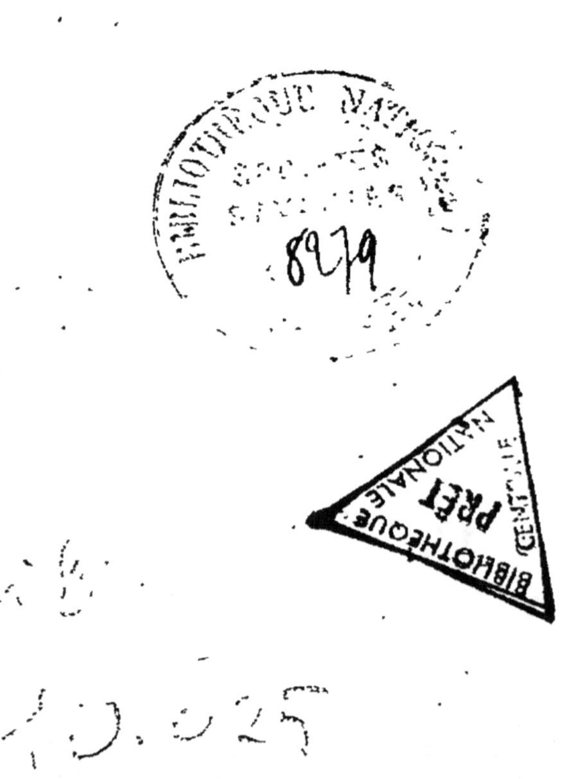

BULLETIN

DE LA

SOCIÉTÉ D'ÉMULATION

DU BOURBONNAIS

Lettres, Sciences et Arts

TOME VINGT-TROISIÈME

MOULINS

LES IMPRIMERIES RÉUNIES

15, RUE D'ENGHIEN, 15

1920

Pour nos richesses d'Art Bourbonnaises

A cause de son intérêt général nous publions ici la loi qui règle aujourd'hui la question des Monuments historiques *en France, concernant les* immeubles, *les* objets mobiliers, leur garde et leur conservation, les fouilles et découvertes, *enfin les* dispositions pénales *que nos confrères seront bien aise, sans doute, de connaître pour mieux aider au classement et à la conservation des richesses d'art de l'Allier.*

Loi sur les Monuments Historiques

Le Sénat et la Chambre des Députés ont adopté,
Le Président de la République promulgue la loi dont la teneur suit :

CHAPITRE PREMIER

—

Des Immeubles

Article Premier. — Les immeubles dont la conservation présente, au point de vue de l'histoire ou de l'art, un intérêt public, sont classés comme monuments historiques en totalité ou en partie par les soins du ministre des Beaux-Arts, selon les distinctions établies par les articles ci-après.

Sont compris parmi les immeubles susceptibles d'être classés, aux termes de la présente loi, les monuments mégalithiques, les terrains qui renferment des stations ou gisements préhistoriques et les immeubles dont le classement est nécessaire pour isoler, dégager ou assainir un immeuble classé ou proposé pour le classement.

A compter du jour où l'administration des Beaux-Arts notifie au propriétaire sa proposition de classement, tous les effets du classement s'appliquent de plein droit à l'immeuble visé. Ils cessent de s'appliquer si la décision de classement n'intervient pas dans les six mois de cette notification.

Tout arrêté ou décret qui prononcera un classement après la promulgation de la présente loi, sera transcrit, par les soins de l'administration des Beaux-Arts, au bureau des hypothèques de la situation de l'immeuble classé. Cette transcription ne donnera lieu à aucune perception au profit du Trésor.

1

Art. 2. — Sont considérés comme régulièrement classés avant la promulgation de la présente loi : 1° les immeubles inscrits sur la liste générale des monuments classés, publiée officiellement en 1900, par la direction des Beaux-Arts ; 2° les immeubles compris ou non dans cette liste, ayant fait l'objet d'arrêtés ou de décrets de classement, conformément aux dispositions de la loi du 30 mars 1887.

Dans un délai de trois mois, la liste des immeubles considérés comme classés avant la promulgation de la présente loi, sera publiée au *Journal Officiel*. Il sera dressé, pour chacun des dits immeubles, un extrait de la liste, reproduisant tout ce qui le concerne ; cet extrait sera transcrit au bureau des hypothèques de la situation de l'immeuble, par les soins de l'administration des Beaux-Arts. Cette transcription ne donnera lieu à aucune perception au profit du Trésor.

La liste des immeubles classés sera tenue à jour et rééditée au moins tous les dix ans.

Il sera dressé, en outre, dans le délai de trois ans, un inventaire supplémentaire de tous les édifices ou parties d'édifices publics ou privés qui, sans justifier une demande de classement immédiat, présentent cependant un intérêt archéologique suffisant pour en rendre désirable la préservation. L'inscription sur cette liste sera notifiée aux propriétaires et entraînera pour eux l'obligation de ne procéder à aucune modification de l'immeuble inscrit sans avoir, quinze jours auparavant, avisé l'autorité préfectorale de leur intention.

Art. 3. — L'immeuble appartenant à l'Etat est classé par arrêté du ministre des Beaux-Arts, en cas d'accord avec le ministre, dans les attributions duquel ledit immeuble se trouve placé.

Dans le cas contraire, le classement est prononcé par un décret en conseil d'Etat.

Art. 4. — L'immeuble appartenant à un département, à une commune ou à un établissement public est classé par un arrêté du ministre des Beaux-Arts, s'il y a consentement du propriétaire et avis conforme du ministre sous l'autorité duquel il est placé.

En cas de désaccord, le classement est prononcé par un décret en conseil d'Etat.

Art. 5. — L'immeuble appartenant à toute personne autre que celles énumérées aux articles 3 et 4 est classé par arrêté du ministre des Beaux-Arts, s'il y a consentement du propriétaire. L'arrêté détermine les conditions du classement. S'il y a contestation sur l'interprétation ou l'exécution de cet acte, il est statué par le ministre des Beaux-Arts, sauf recours au conseil d'Etat statuant au contentieux.

A défaut du consentement du propriétaire, le classement est prononcé par décret en conseil d'Etat. Le classement pourra donner lieu au payement d'une indemnité représentative du préjudice pouvant résulter pour le propriétaire de l'application de la servitude de classement d'office instituée par le présent paragraphe. La demande devra être produite dans les six mois à dater de la notification du décret de classement; cet acte informera le propriétaire de son droit éventuel à une indemnité. Les contestations relatives à l'indemnité sont jugées en premier ressort par le juge de paix du canton; s'il y a expertise, il peut n'être nommé qu'un seul expert. Si le montant de la demande excède 300 francs, il y aura lieu à appel devant le Tribunal Civil.

Art. 6. — Le ministre des Beaux-Arts peut toujours, en se conformant aux prescriptions de la loi du 3 mai 1841, poursuivre au nom de l'Etat l'expropriation d'un immeuble déjà classé ou proposé pour le classement, en raison de l'intérêt public qu'il offre au point de vue de l'histoire ou de l'art. Les départements ont la même faculté.

La même faculté leur est ouverte à l'égard des immeubles dont l'acquisition est nécessaire pour isoler, dégager ou assainir un immeuble classé ou proposé pour le classement.

Dans ces divers cas, l'utilité publique est déclarée par un décret en conseil d'Etat.

Art. 7. — A compter du jour où l'administration des Beaux-Arts notifie au propriétaire d'un immeuble non classé son intention d'en poursuivre l'expropriation, tous les effets du classement s'appliquent de plein droit à l'immeuble visé. Ils cessent de s'appliquer, si la déclaration d'utilité publique n'intervient pas dans les six mois de cette notification.

Lorsque l'utilité publique a été déclarée, l'immeuble peut être classé sans autres formalités par arrêté du ministre des Beaux-Arts. A défaut d'arrêté de classement, il demeure néanmoins provisoirement soumis à tous les effets du classement, mais cette sujétion cesse de plein droit si, dans les trois mois de la déclaration d'utilité publique, l'administration ne poursuit pas l'obtention du jugement d'expropriation.

Art. 8. — Les effets du classement suivent l'immeuble classé, en quelques mains qu'il passe.

Quiconque aliène un immeuble classé est tenu de faire connaître à l'acquéreur l'existence du classement.

Toute aliénation d'un immeuble classé doit, dans les quinze jours de sa date, être notifiée au ministre des Beaux-Arts, par celui qui l'a consentie.

L'immeuble classé qui appartient à l'Etat, à un département, à une commune, à un établissement public, ne peut être aliéné qu'après que le ministre des Beaux-Arts a été appelé à présenter ses observations; il devra les présenter dans le délai de quinze jours après la notification. Le ministre pourra, dans le délai de cinq ans, faire prononcer la nullité de l'aliénation consentie sans l'accomplissement de cette formalité.

Art. 9. — L'immeuble classé ne peut être détruit ou déplacé, même en partie, ni être l'objet d'un travail de restauration, de réparation ou de modification quelconque, si le ministre des Beaux-Arts n'y a donné son consentement.

Les travaux autorisés par le ministre s'exécutent sous la surveillance de son administration.

Le ministre des Beaux-Arts peut toujours faire exécuter par les soins de son administration et aux frais de l'Etat, avec le concours éventuel des intéressés, les travaux de réparation ou d'entretien qui sont jugés indispensables à la conservation des monuments classés n'appartenant pas à l'Etat.

ART. 10. — Pour assurer l'exécution des travaux urgents de consolidation dans les immeubles classés, l'administration des Beaux-Arts, à défaut d'accord amiable avec les propriétaires, peut, s'il est nécessaire, autoriser l'occupation temporaire de ces immeubles ou des immeubles voisins.

Cette occupation est ordonnée par un arrêté préfectoral préalablement notifié au propriétaire, et sa durée ne peut en aucun cas excéder six mois.

En cas de préjudice causé, elle donne lieu à une indemnité qui est réglée dans les conditions prévues par la loi du 29 décembre 1892.

ART. 11. — Aucun immeuble classé ou proposé pour le classement ne peut être compris dans une enquête aux fins d'expropriation pour cause d'utilité publique qu'après que le ministre des Beaux-Arts aura été appelé à présenter ses observations.

ART. 12. — Aucune construction neuve ne peut être adossée à un immeuble classé sans une autorisation spéciale du ministre des Beaux-Arts.

Nul ne peut acquérir de droit par prescription sur un immeuble classé.

Les servitudes légales qui peuvent causer la dégradation des monuments ne sont pas applicables aux immeubles classés.

Aucune servitude ne peut être établie par convention sur un immeuble classé, qu'avec l'agrément du ministre des Beaux-Arts.

ART. 13. — Le déclassement total ou partiel d'un immeuble classé est prononcé par un décret en conseil d'Etat, soit sur la proposition du ministre des Beaux-Arts, soit à la demande du propriétaire. Le déclassement est notifié aux intéressés et transcrit au bureau des hypothèques de la situation des biens.

CHAPITRE II

Des objets mobiliers

ART. 14. — Les objets mobiliers, soit meubles proprement dits, soit immeubles par destination, dont la conservation présente, au point de vue de l'histoire ou de l'art, un intérêt public, peuvent être classés par les soins du ministre des Beaux-Arts.

Les effets du classement subsistent à l'égard des immeubles par destination classés qui redeviennent des meubles proprement dits.

ART. 15. — Le classement des objets mobiliers est prononcé par un arrêté du ministre des Beaux-Arts, lorsque l'objet appartient à l'Etat, à un département, à une commune ou à un établissement public. Il est notifié aux intéressés.

Le classement devient définitif si le ministre, de qui relève l'objet ou la personne publique propriétaire, n'ont pas réclamé, dans le délai de six mois, à dater de la notification qui leur en a été faite. En cas de réclamation, il sera statué par décret en conseil d'Etat. Toutefois, à compter du jour de la notification, tous les effets de classement s'appliquent provisoirement et de plein droit à l'objet mobilier visé.

ART. 16. — Les objets mobiliers, appartenant à toute personne autre que celles énumérées à l'article précédent, peuvent être classés, avec le consentement du propriétaire, par arrêté du ministre des Beaux-Arts.

A défaut du consentement du propriétaire, le classement ne peut être prononcé que par une loi spéciale.

ART. 17. — Il sera dressé, par les soins du ministre des Beaux-Arts, une liste générale des objets mobiliers classés, rangés par département. Un exemplaire de cette liste, tenu à jour, sera déposé au ministère des Beaux-Arts et à la Préfecture de chaque département. Il pourra être communiqué sous les conditions déterminées par un règlement d'administration publique.

ART. 18. — Tous les objets mobiliers classés sont imprescriptibles.

Les objets classés appartenant à l'Etat sont inaliénables.

Les objets classés appartenant à un département, à une commune, à un établissement public ou d'utilité publique ne peuvent être aliénés qu'avec l'autorisation du Ministre des Beaux-Arts et, dans les formes prévues par les lois et règlements. La propriété n'en peut être transférée qu'à l'Etat, à une personne publique ou à un établissement d'utilité publique.

ART. 19. — Les effets du classement suivent l'objet, en quelques mains qu'il passe.

Tout particulier qui aliène un objet classé est tenu de faire connaître à l'acquéreur l'existence du classement.

Toute aliénation doit, dans les quinze jours de la date de son accomplissement, être notifiée au ministère des Beaux-Arts par celui qui l'a consentie.

ART. 20. — L'acquisition faite en violation de l'article 18, deuxième et troisième alinéas, est nulle. Les actions en nullité ou en revendication peuvent être exercées à toute époque tant par le ministre des Beaux-Arts que par le propriétaire originaire. Elles s'exercent sans préjudice des demandes en dommages-intérêts qui peuvent être dirigées soit contre les parties contractantes solidairement responsables, soit contre l'officier public qui a prêté son concours à l'aliénation. Lorsque l'aliénation illicite a été consentie par une personne publique ou un établissement d'utilité publique, cette action en dommages-intérêts est exercée par le ministre des Beaux-Arts, au nom et au profit de l'Etat.

L'acquéreur ou sous-acquéreur de bonne foi, entre les mains duquel l'objet est revendiqué, a droit au remboursement de son prix d'acquisition; si la revendication est exercée par le ministre des Beaux-Arts, celui-ci aura recours contre le vendeur originaire pour le montant intégral de l'indemnité qu'il aura dû payer à l'acquéreur ou sous-acquéreur.

Les dispositions du présent article sont applicables aux objets perdus ou volés.

ART. 21. — L'exportation hors de France des objets classés est interdite.

ART. 22. — Les objets classés ne peuvent être modifiés, réparés ou restaurés sans l'autorisation du ministre des Beaux-Arts, ni hors la surveillance de son administration.

ART. 23. — Il est procédé, par l'administration des Beaux-Arts, au moins tous les cinq ans, au récolement des objets mobiliers classés.

En outre, les propriétaires ou détenteurs de ces objets sont tenus, lorsqu'ils en sont requis, de les représenter aux agents accrédités par le ministre des Beaux-Arts.

ART. 24. — Le déclassement d'un objet mobilier classé peut être prononcé par le ministre des Beaux-Arts soit d'office, soit à la demande du propriétaire. Il est notifié aux intéressés.

CHAPITRE III

—

De la garde et de la conservation des monuments historiques

ART. 25. — Les différents services de l'Etat, les départements, les communes, les établissements publics ou d'utilité publique, sont tenus d'assurer la garde et la conservation des objets mobiliers classés dont ils sont propriétaires, affectataires ou dépositaires, et de prendre à cet effet les mesures nécessaires.

Les dépenses nécessitées par ces mesures sont, à l'exception des frais de construction ou de reconstruction des locaux, obligatoires pour le département ou la commune.

A défaut par un département ou une commune de prendre les mesures reconnues nécessaires par le ministre des Beaux-Arts, il peut y être pourvu d'office, après une mise en demeure restée sans effet, par décision du même ministre.

En raison des charges par eux supportées pour l'exécution de ces mesures, les départements et les communes pourront être autorisés à établir un droit de visite dont le montant sera fixé par le préfet, après approbation du ministre des Beaux-Arts.

Art. 26. — Lorsque l'administration des Beaux-Arts estime que la conservation ou la **sécurité d'un objet** classé, appartenant à un département, à une commune, ou à un établissement public, est mise en péril, et lorsque la collectivité propriétaire, affectative ou dépositaire, ne veut ou ne peut pas prendre immédiatement les mesures jugées nécessaires par l'administration, pour remédier à cet état de choses, le ministre des Beaux-Arts peut ordonner **d'urgence**, par arrêté motivé, aux frais de son administration, les mesures conservatoires utiles, et de même, en cas de nécessité dûment démontrée, le transfert provisoire de l'objet dans un trésor de cathédrale, s'il est affecté au culte, et, s'il ne l'est pas, dans un musée ou autre lieu public national, départemental ou communal, offrant les garanties de sécurité voulues et, autant que possible, situé dans le voisinage de l'emplacement primitif.

Dans un délai de trois mois à compter de ce transfert provisoire, les conditions nécessaires pour la garde et la conservation de l'objet dans son emplacement primitif devront être déterminées par une commission réunie sur la convocation du préfet et composée: 1° du préfet, président de droit; 2° d'un délégué du ministère des Beaux-Arts; 3° de l'archiviste départemental; 4° de l'architecte des monuments historiques du département; 5° d'un président ou secrétaire de société régionale, historique, archéologique ou artistique, désigné à cet effet pour une durée de trois ans, par arrêté du ministre des Beaux-Arts; 6° du maire de la commune; 7° du conseiller général du canton.

La collectivité propriétaire, affectataire ou dépositaire, pourra, à toute époque, obtenir la réintégration de l'objet dans son emplacement primitif, si elle justifie que les conditions exigées y sont désormais réalisées.

Art. 27. — Les gardiens d'immeubles ou d'objets classés appartenant à des départements, à des communes ou à des établissements publics, doivent être agréés ou commissionnés par le préfet.

Le préfet est tenu de faire connaître son agrément ou son refus d'agréer dans le délai d'un mois. Faute par la personne publique intéressée de présenter un gardien à l'agrément du préfet, celui-ci en pourra désigner un d'office.

Le montant du traitement des gardiens doit être approuvé par le préfet.

Les gardiens ne peuvent être révoqués que par le préfet. Ils doivent être assermentés.

CHAPITRE IV

—

Fouilles et découvertes

Art. 28. — Lorsque, par suite de fouilles, de travaux ou d'un fait quelconque, on a découvert des monuments, des ruines, des inscriptions ou des objets pouvant intéresser l'archéologie, l'histoire ou l'art, sur des terrains appartenant à l'Etat, à un département, à une commune, à un établissement public ou d'utilité publique, le maire de la commune doit assurer la conservation provisoire des objets découverts et aviser immédiatement le préfet des mesures prises.

Le Préfet en réfère, dans le plus bref délai, au ministre des Beaux-Arts, qui statue sur les mesures définitives à prendre.

Si la découverte a lieu sur le terrain d'un particulier, le maire en avise le préfet. Sur le rapport du préfet, le ministre peut poursuivre l'expropriation du dit terrain en tout ou en partie, pour cause d'utilité publique, suivant les formes de la loi du 3 mai 1841.

CHAPITRE V

—

Dispositions pénales

Art. 29. — Toute infraction aux dispositions du paragraphe 4 de l'article 2 (modification, sans avis préalable, d'un immeuble inscrit sur l'inventaire supplémentaire), des paragraphes 2 et 3 de l'article 8 (aliénation d'un immeuble classé), des paragraphes 2 et 3 de l'article 19 (aliénation d'un objet mobilier classé), du paragraphe 2 de l'article 23 (représentation des objets mobiliers classés), sera punie d'une amende de 16 à 300 francs.

Art. 30. — Toute infraction aux dispositions du paragraphe 3 de l'article premier (effets de la proposition de classement d'un immeuble), de l'article 7 (effet de la notification d'une demande d'expropriation), des paragraphes 1 et 2 de l'article 9 (modification d'un immeuble classé), de l'article 12 (constructions neuves, servitudes), ou de l'article 22 (modification d'un objet mobilier classé) de la présente loi, sera punie d'une amende de seize à mille cinq cents francs (16 à 1.500 francs); sans préjudice de l'action en dommages-intérêts qui pourra être exercée contre ceux qui auront ordonné les travaux exécutés ou les mesures prises en violation des dits articles.

Art. 31. — Quiconque aura aliéné, sciemment acquis ou exporté un objet mobilier classé, en violation de l'article 18 ou de l'article 21 de la présente loi, sera puni d'une amende de cent à dix mille francs

(100 à 10.000 fr.) et d'un emprisonnement de six jours à trois mois, ou de l'une de ces deux peines seulement, sans préjudice des actions en dommages-intérêts visées en l'article 20, paragraphe 1er.

Art. 32. — Quiconque aura intentionnellement détruit, abattu, mutilé ou dégradé un immeuble ou un objet mobilier classé sera puni des peines portées à l'article 257 du code pénal, sans préjudice de tous dommages-intérêts.

Art. 33. — Les infractions prévues dans les quatre articles précédents seront constatées à la diligence du ministre des Beaux-Arts. Elles pourront l'être par des procès-verbaux dressés par les conservateurs ou les gardiens d'immeubles ou objets mobiliers classés, dûment assermentés à cet effet.

Art. 34 — Tout conservateur ou gardien qui, par suite de négligence grave, aura laissé détruire, abattre, mutiler, dégrader ou soustraire soit un immeuble soit un objet mobilier classé, sera puni d'un emprisonnement de huit jours à trois mois et d'une amende de seize à trois cents francs ou de l'une de ces deux peines seulement.

Art. 35. — L'article 463 du code pénal est applicable dans les cas prévus au présent chapitre.

CHAPITRE VI

Dispositions diverses

Art. 36. La présente loi pourra être étendue à l'Algérie et aux colonies, par des règlements d'administration publique qui détermineront dans quelles conditions et suivant quelles modalités elle y sera applicable.

Jusqu'à la promulgation du règlement concernant l'Algérie, l'article 16 de la loi du 30 mars 1887 restera applicable à ce territoire.

Art. 37. — Un règlement d'administration publique déterminera les détails d'application de la présente loi.

Ce règlement sera rendu après avis de la commission des monuments historiques.

Cette commission sera également consultée par le ministre des Beaux-Arts pour toutes les décisions prises en exécution de la présente loi.

Art. 38. — Les dispositions de la présente loi sont applicables à tous les immeubles et objets mobiliers régulièrement classés avant sa promulgation.

Art. 39. — Sont abrogés les lois du 30 mars 1887, du 19 juillet 1909 et du 16 février 1912 sur la conservation des monuments et objets d'art ayant un intérêt historique ou artistique, les paragraphes 4 et 5 de l'article 17 de la loi du 9 décembre 1905 sur la séparation des Eglises et de l'Etat et généralement toutes dispositions contraires à la présente loi.

La présente loi, délibérée et adoptée par le Sénat et par la Chambre des députés, sera exécutée comme loi de l'Etat.

Fait à Paris, le 31 Décembre 1913,

R. POINCARÉ.

Par le Président de la République :

Le Ministre de l'Instruction Publique et des Beaux-Arts,
RENÉ VIVIANI.

Le Ministre de l'Intérieur,
RENÉ RENOULT.

La sortie des objets d'art prohibée

Un décret paru à l'*Officiel* du 2 mai 1920 prohibe la sortie des objets d'art et d'ameublement antérieurs à 1830, ainsi que des œuvres des peintres, sculpteurs, dessinateurs et graveurs décédés depuis plus de vingt ans à la date de l'exportation. Les œuvres dont l'exportation aura été autorisée seront, par ailleurs, frappées de droits variant de 50 à 100 % de leur valeur.

J. C.

FRANÇOIS-XAVIER LAURENT

Député à l'Assemblée Constituante
Evêque Constitutionnel du département de l'Allier
(1744-1821)

ANS la paroisse de Marcenat, en Auvergne, sur un des éperons schisteux formés sur les flancs nord de la montagne du Cézallier par les anciens glaciers, dominant la vallée du Bonjeon, entouré de forêts, est assis le lieu Marlat (1).

Le terrain est maigre et couvert de genêts ; beaucoup de prairies, peu de céréales, juste ce qui est nécessaire pour assurer le pain quotidien. La majeure partie de l'année, les habitants émigrent. A la culture, ils joignent tous un autre métier. Autrefois ils étaient rémouleurs et marchands de couteaux.

C'est là que François Laurent naquit le 24 novembre 1744 (2).

« L'an mil sept cent quarante-quatre et le vingt-cinq novembre, a été baptisé François Laurent, né hier, à environ huit heures du soir, fils légitime de Pierre et de Marguerite Monteil, son épouse, habitants de cette paroisse. Le parrain a été François Laurent, et la marraine, Anne Laurent. La marraine a signé avec nous et le parrain a déclaré ne savoir signer de ce requis. » — Signé : Anne LAURENT ; A. GOYARD, vicaire (3).

(1) Marcenat, actuellement commune du canton de Condat, département du Cantal.

(2) Je dois beaucoup de renseignements sur la famille Laurent à MM. Bouffet, curé doyen de Marcenat, et Orceyre, greffier de paix à Massiac, arrière-neveu par alliance de François-Xavier Laurent. Je tiens à leur exprimer ici toute ma gratitude.

(3) Extrait des Registres paroissiaux de la commune de Marcenat, aimablement communiqué par notre compatriote M. Bidet, pharmacien et adjoint au maire.

François Laurent était le plus jeune de sept enfants. Ses parents étaient marchands ; ils avaient une certaine instruction, signaient leurs actes, et possédaient la meilleure propriété du village. Il appartenait à une famille profondément religieuse ; un frère de sa mère, François Monteil, était dans les Ordres ; un frère de son père, Jean Laurent, fut curé de La Crouzille vers 1762 ; une autre sœur, Marguerite Laurent, était religieuse du Tiers-Ordre de Saint Dominique.

Après avoir fait de bonnes études au collège de Clermont, François Laurent entra au séminaire de Montferrand. Tonsuré et mi noré (15 mars 1766), sous-diacre (20 décembre 1766), diacre (19 mars 1768), il fut ordonné prêtre, le 17 décembre 1768, par Mgr François-Marie Le Maistre de la Garlaye, évêque de Clermont, puis envoyé au Collège de Billom pour enseigner la rhétorique. Depuis le départ des Jésuites en 1762, cet établissement était di rigé par le clergé diocésain. En même temps, il fut pourvu, à titre de prébende, de la vicairie du Roussel, en l'église de Notre-Dame de Vertaizon.

Le 7 septembre 1779, il échangea avec M. Achille Allier, ce bénéfice contre la cure d'Huillaux (1), diocèse d'Autun, dont il prit possession dès le début de janvier 1780.

Huillaux était une petite paroisse située dans la montagne bourbonnaise, à une lieue à peine du Donjon (2). Elle devait compter environ 800 âmes. Son revenu atteignait 8 à 900 livres.

L'ancien professeur de rhétorique continua dans son humble presbytère la vie de labeur et de recueillement qu'il avait menée pendant plus de dix ans au collège de Billom.

Il était de ces curés, nombreux parmi les meilleurs, qui se ren daient compte des maux nombreux qui accablaient alors l'Eglise de France, et qui estimaient que des réformes profondes étaient urgentes. Nous savons quelle était, à la veille de la Révolution, la situation du clergé des campagnes, réduit à la portion congrue.

_____

(1) Cette résignation réciproque fut admise par signature apostolique expédiée à Rome le 12 des calendes de l'an V du Pontificat de Pie VI, et le visa fut donné par l'évêque d'Autun, le 16 décembre 1779 (Arch. dép. Saône-et-Loire, G. 903, fos 73 vo et 74).

(2) La paroisse d'Huillaux a été supprimée en 1792 et rattachée à celle du Donjon.

Vox Populi Vox Dei

F. X. LAURENT
Curé d'Huillaux
Né à Marcenat, en Auvergne, en 1745.
Député du Bourbonnois
à l'Assemblée Nationale de 1789.
Elu par la Voix du Peuple à l'Evêché du
Département de l'Allier

M. de la Gorce, après Taine, nous a décrit leurs souffrances et leurs épreuves (1).

On sentait la crise imminente, et la convocation des Etats Généraux, ordonnée par l'édit du 5 juillet 1788, apparaissait à tous comme l'unique moyen de la conjurer.

Les trois ordres de la sénéchaussée du Bourbonnais se réunirent à Moulins le 16 mars 1789. Pour le clergé, tous les curés n'étaient pas présents ; sur 291, 160 seulement répondirent à l'appel. Cette non-comparution de près de la moitié des membres n'était pas volontaire. D'après l'ordonnance du lieutenant-général Grimaud, tous les curés qui étaient éloignés de plus de deux lieues de Moulins, étaient tenus de se faire représenter par procureurs fondés de leur ordre, à moins qu'ils n'eussent un vicaire résidant dans leur cure. Or, les petites paroisses dépourvues de vicaires étaient nombreuses. Quelques desservants se munirent d'un fondé de pouvoir, mais un grand nombre ne le purent ou ne le voulurent.

Laurent se présenta ; mais il ne prit pas part à toutes les réunions de son ordre, qui durèrent du 16 au 27 mars ; nous trouvons, en effet, sur les registres paroissiaux d'Huillaux des actes signés de lui le mercredi 18 et le samedi 21.

Dès le premier jour, le clergé bourbonnais manifesta nettement un esprit d'indépendance et réclama le pas sur les congrégations. Le roi avait désigné comme président de l'assemblée du clergé Sallmart de Montfort, supérieur de l'abbaye de Sept-Fons (2). Lorsqu'il gagna sa place, plusieurs curés, parmi lesquels notamment Laurent, se levèrent et présentèrent une motion par laquelle ils refusaient de siéger sous sa présidence, alléguant que les curés ont dans l'Eglise le rang qui suit immédiatement celui des évêques, que les abbés et religieux ne doivent venir qu'après eux, et que, l'évêque étant absent, ils demandaient la présidence. Le 18 mars, les membres du clergé renouvelèrent cette protestation, d'une façon toute platonique, du reste, car Sallmart de Montfort n'en continua pas moins d'occuper le fauteuil présidentiel.

Le cahier qui sortit des délibérations fait preuve de sagesse et

(1) DE LA GORCE, *Histoire religieuse de la Révolution*, tome I.
(2) Dom Bernard de Sallmart de Montfort, nommé abbé de Sept-Fons le 6 juillet 1788.

de largeur d'esprit. Le clergé fait assez bon marché de l'Ancien
Régime. Il demande que l'Assemblée des Etats-Généraux soit reconnue solennellement une Puissance compétente pour établir les
lois et fixer les impôts avec la sanction du Roi ; que chaque citoyen jouisse de sa liberté, conformément aux lois ; que les Lettres de cachet soient supprimées ; que les Ministres soient responsables à la Nation de leur administration ; que les Etats-Généraux
soient périodiques, et qu'il y soit voté par tête et non par ordre ;
que les privilèges pécuniaires de la noblesse et du clergé soient
abolis ; que l'organisation judiciaire soit réformée ; que l'on sup-
prime le serment des accusés en matière criminelle ; que la véna-
lité des charges soit abolie ; que les places ne s'accordent qu'au
mérite et à la vertu.

Il se préoccupe de l'enseignement et de l'assistance et manifeste
le vœu qu'il soit établi des maîtres d'école dans chaque paroisse ;
qu'il y ait dans chaque paroisse, selon leur étendue, une ou deux
sages-femmes jurées ; que de distance en distance il soit fondé
des Hôpitaux, pour être le refuge des pauvres de la campagne ;
qu'il soit pourvu à la conservation des enfants trouvés jusqu'à l'âge
de neuf ans et qu'on les rende ensuite propres à exercer quelque
vocation aux frais de chaque Province.

Le clergé s'étend longuement sur les revendications qui sont
propres à son ordre. Il réclame que les Conciles provinciaux, qui
sont le nerf de la discipline ecclésiastique, soient renouvelés et
se tiennent tous les trois ans ; que la pluralité des bénéfices soit
interdite, et que le revenu de chaque bénéficier soit proportionné
à la dignité, au rang et à la place qu'il occupe dans l'Eglise ;
qu'il n'y ait plus de distinction quelconque de naissance pour posséder les places du Clergé, et que la préférence soit donnée au
mérite ; qu'il soit assuré aux curés, vicaires et desservants des paroisses un revenu suffisant, et que la ressource odieuse du casuel
forcé soit prohibée ; qu'on accorde aux Curés, vicaires et desservants, que l'âge et les infirmités mettent dans l'impuissance de
continuer leurs fonctions, des pensions assignées sur des fonds
ecclésiastiques ; qu'il leur soit permis de placer leur argent in-
différemment sur toutes sortes de particuliers (1).

(1) « Cahier de l'Ordre du Clergé du Bourbonnais », *Bulletin de la Société d'Emulation de l'Allier*, tome III, p. 187.

Le clergé procéda ensuite à la nomination de trois députés. Furent élus : Pierre Tridon, curé de Rongères. Jean Aury, curé d'Hérisson, et François-Xavier Laurent, curé d'Huillaux. Seul Tridon était un peu connu : il faisait partie de l'assemblée du département de Moulins, instituée en 1788. Aury et Laurent s'étaient signalés au choix de leurs confrères en prenant une part active à la rédaction des Cahiers.

***

Laurent revint à Huillaux, confia son troupeau à Bourachot, vicaire de Saligny, et prit, le 19 avril, le chemin de Versailles (1).

Le 5 mai, eut lieu l'ouverture solennelle de l'Assemblée générale des trois ordres, puis chaque ordre se réunit séparément.

L'ordre du Clergé comprenait 296 députés, dont 47 évêques, 12 chanoines, 6 grands vicaires, 23 abbés, religieux, professeurs ou prêtres sans fonctions, et 208 curés. Ces derniers formaient donc la très grosse majorité.

La première question qui se posa fut de savoir si on délibérerait par ordre ou par tête. 133 suffrages, contre 114, se prononcèrent le 6 mai pour la vérification séparée. Mais, dès le lendemain, les négociations commencèrent entre le Tiers et le Clergé et de jour en jour des divergences plus grandes se produisirent dans ce dernier ordre.

Le 10 juin, le Tiers tenta un coup de hardiesse. Siéyès proposa une dernière invitation aux privilégiés pour l'examen des pouvoirs en commun : s'ils ne se rendaient pas de suite à la salle des Etats, on commencerait sans eux la vérification générale et on prononcerait défaut contre les absents. Le lendemain, il n'y avait pas séance, à cause de la Fête-Dieu, mais spontanément une centaine de curés se rassemblèrent et manifestèrent le désir de se rallier de suite au Tiers.

Le 12, on délibéra sur la motion Siéyès dans la Chambre ecclésiastique. Les évêques prêchèrent la résistance. La discussion traîna cinq jours, soit par incertitude des esprits, soit par attente d'une décision royale qui épargnerait l'embarras de se prononcer.

---

(1) Edmond Bourrachot administra la paroisse jusqu'à sa suppression par la loi du 12 juillet 1792.

Mais, tandis que les débats se prolongeaient, les curés commencèrent individuellement à se joindre au Tiers-Etat. Le 13 juin, il en partit trois, le 14 six, le 15 quatre, le 16 sept, parmi lesquels Laurent, qui adressa la lettre suivante à l'Assemblée du Tiers :

« Messieurs, quarante-deux jours se sont écoulés en vœux inutiles ; et nous venons vous assurer qu'aucun de ces jours précieux n'a fini sans que nous en ayons amèrement regretté la perte, et le lendemain nous a constamment trouvés plus affermis dans la résolution de nous unir à vous, Messieurs, pour opérer le bien commun. La contradiction, les longues discussions de ce projet nous en ont de plus en plus fait connaître la sagesse. Hâtons-nous donc de porter des mains secourables à ce grand édifice, qui s'écroule de toutes parts : réparons par une plus grande activité nos premières lenteurs, et le malheur de n'avoir pu obtenir l'unanimité dans tous les représentants de la nation. Espérons-la toujours, et gardons nous de calomnier les intentions de ceux qui hésitent.

« Vous gémissez sur les maux qui affligent vos pasteurs. Oubliez leurs intérêts, Messieurs, oubliez-les pour un moment : de plus grands désastres appellent votre attention. Oubliez-les pour toujours, s'il le faut : c'est le soulagement, le bonheur de nos paroissiens, que nous vous demandons avant tout, et à quelque prix que ce soit (1). »

Le 19 juin, le clergé se prononça enfin pour la vérification en commun, et les trois ordres se constituèrent en Assemblée nationale constituante.

*
* *

Si le gouvernement de Louis XVI s'était décidé à convoquer les Etats Généraux, ce n'était point par libéralisme, mais par nécessité. Il succombait sous le poids d'une lourde dette, et il faisait appel à la Nation pour le sauver de la banqueroute.

La monarchie, qui, depuis plusieurs siècles, disposait à sa guise des biens de l'Eglise, nommant à tous les bénéfices, s'en était toujours considérée comme propriétaire. Chaque fois que quelque guerre avait épuisé le Trésor, elle n'avait jamais hésité à prélever sur eux ce qui était nécessaire pour le remplir de nouveau. Aussi l'Assemblée constituante considéra-t-elle dès les pre-

____

(1) Adolphe ROBERT et Gaston COUGNY, *Dictionnaire des Parlementaires français*, I, p. 631.

miers jours de son existence comme tout naturel de les employer pour combler le déficit.

Le 2 novembre 1789, à une grande majorité, par 568 voix contre 346, elle déclara que tous les biens ecclésiastiques étaient « à la disposition de la Nation, à la charge de pourvoir d'une manière convenable aux frais du culte, à l'entretien de ses ministres, et au soulagement des pauvres ». Dans cette mesure, il ne faut pas voir une hostilité quelconque contre l'Eglise. Une situation meilleure et plus sûre, au contraire, était faite au clergé. Seuls, les titulaires des gros bénéfices souffrirent de leur dépossession.

Le 9 avril 1790, un grand débat s'engagea sur la motion Chasset, qui avait pour but l'application du décret du 2 novembre. Le projet présenté se résumait en deux dispositions principales : la première transférait, sauf certaines exceptions, à l'autorité civile l'administration des biens ecclésiastiques ; la seconde proclamait le salaire en argent des ministres du culte.

Laurent, qui avait pris un congé pour venir passer quelques jours au milieu de ses paroissiens (1), rentra à Paris pour prendre part à la discussion. Et, à cette occasion, il prononça, le 14 avril, un discours que l'Assemblée jugea digne de l'impression.

« Il s'agit, disait-il, d'une réforme générale de cet empire ! Que d'abus vous avez à attaquer ! Armez-vous du glaive de la justice, des armes de la sagesse, frappez tous les abus. Hélas ! ils avaient investi le trône, après avoir déshonoré le sacerdoce. Le roi les a repoussés loin de lui, et le clergé, le vrai clergé, les ecclésiastiques utiles, nous invitent à les proscrire à jamais du sanctuaire. Mais, quel moyen prendrez-vous ? Votre comité vous annonce qu'il sera fait des règlements sur l'administration des biens nationaux, je veux dire des biens domaniaux et ecclésiastiques. Je vais en présenter un. J'examinerai l'administration primitive de l'Eglise, et ce en quoi elle s'est écartée des Conciles. Distinguons la puissance temporelle et la puissance ecclésiastique. La morale, la discipline intérieure, voilà le district de l'Eglise ; le reste appartient à l'Etat. La nation a à sa disposition les biens ecclésiastiques, elle en a l'administration, elle peut en disposer ; cette assertion est encore conforme aux principes du clergé. Si on m'interrompt, je citerai tous les conciles, les uns après les autres. La nation

(1) Le 31 mars 1790, un baptème est célébré à Huillaux par Laurent qui signe « curé, député à l'Assemblée nationale, absent par congé » ; le 9 avril suivant, il assiste à une sépulture.

s'est chargée des dettes du clergé, elle est donc propriétaire des biens du clergé. On s'est constamment écarté des décisions ecclésiastiques les plus solennelles. En 1614, l'Assemblée du clergé demanda que le clergé fût rappelé à son institution primitive. Eh bien ! voyons si tout a été remis dans l'ordre. Qui oserait me dire que le tiers des biens de l'Eglise a été remis aux pauvres, que l'autre tiers a été consacré à l'entretien des églises, et que les prêtres du second ordre ont été équitablement salariés. Ainsi, depuis plus de cent trente ans, le clergé a joui de 70 millions de biens dont il n'était pas propriétaire. On a invoqué des privilèges pour quelques églises. Qu'on lise donc saint Paul ; on verra que les biens d'une église doivent concourir à satisfaire les besoins d'une autre. Nous ne sommes ici que pour le temporel, et nous devrions peut-être n'y pas être. A une assemblée d'Aix-la-Chapelle, convoquée par Charlemagne en 802, le clergé convient que ni les prêtres, ni les moines ne devraient se mêler de la police temporelle ; il se borna à examiner si les canons et réglements de discipline avaient été exécutés. Comment peut-on dire qu'on fait une injustice au clergé en le ramenant à sa classe véritable ? Mais, si la confiance du peuple nous appelle dans les assemblées politiques, répondons à cette confiance et ne nous permettons pas d'intrigues. Pas de cabales, pas de menées sourdes ! »

Le projet Chasset fut adopté le même jour.

★
★ ★

Le 29 mai suivant, commença la discussion générale du projet de Constitution civile du clergé. Le 12 juillet, elle fut votée et placée au rang des lois constitutionnelles du royaume. Les membres de la commission qui l'élaborèrent, comme tous ceux qui la votèrent, n'avaient en vue que le bien de la religion.

Le clergé tout entier aspirait à un retour aux vertus de l'Eglise primitive ; à la place de leurs évêques, les curés rêvaient d'autres pasteurs, plus fidèles à la résidence, plus accessibles par le rang, plus édifiants par les vertus. D'autre part, imbus des principes gallicans, il leur semblait logique que ces réformes soient réalisées par l'Etat sans même en référer à Rome.

La Constitution civile du clergé simplifiait l'organisation ecclésiastique. Chaque département formait un diocèse, qui avait la même étendue et les mêmes limites. Dans toutes les villes et bourgs de moins de 6.000 habitants, il n'y avait qu'une seule paroisse.

Il était pourvu aux évêchés et aux cures par l'élection. Les évêques étaient élus par le corps électoral indiqué pour la nomination des membres de l'assemblée du département ; les curés par les électeurs indiqués pour l'élection des membres de l'assemblée de district.

Il était fourni à chaque évêque, à chaque curé, et aux desservants un logement convenable, et un traitement variant suivant le chiffre de la population. Pour le département de l'Allier, le traitement de l'évêque était fixé à 12.000 livres, celui des vicaires épiscopaux de 2.000 à 3.000 livres, celui des curés de 1.000 à 3.000 livres.

Les Constituants ne voulaient certainement pas séparer de Rome l'Eglise de France et créer un schisme. Ils avaient eu soin d'écrire à l'article 4 : « le tout sans préjudice de l'unité de foi et de la communion qui sera entretenue avec le chef visible de l'Eglise universelle. » Ils étaient sincèrement convaincus qu'ils n'avaient en rien excédé leurs droits, qu'ils étaient restés strictement sur le domaine du temporel, sans porter la moindre atteinte à la puissance spirituelle.

Ils n'en avaient pas moins, d'un trait de plume, supprimé 63 diocèses, et créé 4 ; refondu tous les autres sans s'inquiéter du pape, auquel on avait toujours jusque là, reconnu le droit d'ériger, de modifier, de supprimer les diocèses ; détruit un grand nombre d'institutions ecclésiastiques canoniquement établies et reconnues depuis des siècles ; modifié le droit canon, en créant pour les évêques et les curés un nouveau mode de nomination et d'administration.

A propos de la constitution civile du clergé, M. de la Gorce a pu écrire très justement : « Les conceptions fausses sont dangereuses, moins par les erreurs qu'elles recèlent que par la portion de vérité qu'elles contiennent. »

Son vote vint jeter le trouble dans la conscience de tous les catholiques. Elle supprimait des abus nombreux et criards ; elle améliorait considérablement la situation des ministres du culte ; elle s'inspirait visiblement des principes de la primitive Eglise vers lesquels tous soupiraient. Mais, en opérant de telles coupes dans les institutions ecclésiastiques séculaires, n'avait-on pas touché à la doctrine, n'était-on pas tombé dans l'hérésie ?

Avant de sanctionner le décret, Louis XVI s'adressa au Pape Pie VI pour lui demander de l'éclairer. Celui ci lui conseilla de prendre l'avis de ses deux ministres l'archevêque de Vienne, Lefranc de Pompignan, et l'archevêque de Bordeaux, Champion de-Cicé. « L'un, pendant tout le cours de son épiscopat, a défendu la religion contre les attaques de l'incrédulité ; l'autre possède une connaissance approfondie du dogme et de la discipline.... Consultez les. » Ces deux prélats conseillèrent au roi d'accepter.

Louis XVI sanctionna alors le décret.

On peut croire que le Saint Siège eût fini par accepter la Constitution civile du Clergé, si le roi, les évêques et les prêtres de France l'eussent eux-mêmes acceptée sincèrement et eussent marqué une ferme volonté de la faire vivre. Le roi intervint bien à Rome pour obtenir l'assentiment du pape ; mais il le fit en hésitant et sans conviction, pendant que les hauts dignitaires ecclésiastiques agissaient activement pour obtenir une condamnation.

Sous le titre d' « *Exposition des principes sur la Constitution civile du Clergé* », les évêques, membres de l'Assemblée nationale, publièrent, le 30 octobre 1790, une réfutation très serrée de la loi. Le rédacteur était M. de Boisgelin, archevêque d'Aix ; trente archevêques ou évêques la signèrent (1).

Laurent y répondit par une longue lettre, dans laquelle il expliquait son vote comme législateur et justifiait son attitude comme curé.

Déclaration d'un curé, membre de l'Assemblée nationale sur la Constitution du Clergé (2).

Dans un moment où quelques hommes, égarés ou de mauvaise foi, sèment l'alarme dans les consciences timorées et simples, et cherchent à répandre la défaveur sur l'Assemblée Nationale, en avançant qu'elle a outrepassé ses pouvoirs dans sa constitution civile du clergé ; que les évêques et les curés n'ont point de juridiction sur les nouveaux diocésains ou paroissiens qu'on leur désigne ; qu'ils ne pourront validement leur donner les secours spirituels de leur ministère ; un pasteur ne doit pas s'exposer au danger d'être accusé d'insouciance, ou de voir attribuer son silence à des ménagements coupables.

Il est donc de mon devoir de manifester les principes qui ont dirigé mes opinions à cet égard. J'y suis surtout déterminé par l'impression dangereuse que pourrait faire, sur des esprits superficiels, un écrit qui vient d'être publié au nom de trente députés, tous évêques, et capables,

(1) Barruel. *Collection ecclésiastique*, I, p. 236
(2) *La Quinzaine Bourbonnaise*, 1897, pages 62 et 89

sous ces deux rapports, d'accréditer les maximes insidieuses qui y sont mêlées. Il faut d'abord en donner une idée. J'y répondrai ensuite, non en me traînant fastidieusement sur chaque page, mais en rétablissant simplement et clairement les principes.

I

Cet écrit est un simple recueil de maximes imposantes, et contient une foule de vérités que personne ne conteste. Ses auteurs s'enveloppent ainsi, pour écarter perpétuellement le point de la question; et ne montrent rien à découvert, si ce n'est la volonté la plus déterminée d'empêcher l'établissement de la Constitution, en l'arrêtant efficacement dans la principale de ses branches.

Ils nous accusent, sans preuve comme sans fondement, de mettre en péril le dogme et la morale, en disant: « Ce n'est point selon les intérêts politiques et les différences locales que l'on peut changer les principes d'une religion, dont les dogmes sont les objets d'une foi surnaturelle, et dont la morale est universelle. »

Ils nous menacent de résister ouvertement aux décrets, s'ils ne réussissent à nous amener à une conciliation. Sans me permettre de calculer combien nous pourrait coûter cet accommodement, je cite leurs paroles. « C'est après avoir épuisé tous les moyens de conciliation, que des évêques seront forcés de résister eux-mêmes aux décrets, par le refus d'exercer dans un autre diocèse un pouvoir qu'ils n'ont pas. » Et plus loin: « Faut-il que des évêques consacrent, par leur démission, l'oubli des formes canoniques? » Ils s'appuient ici d'un passage de saint Augustin, qui est précisément le meilleur que je puisse choisir pour les combattre. « *Si, cum volo retinere episcopatum meum, dispergo gregem Christi; quomodo est damnum gregis, honor pastoris?* »

Ils cherchent à nous effrayer par les apparences d'un schisme, en nous parlant de je ne sais quelles « différentes mesures que peuvent occasionner les dispositions variées du zèle de la religion dans des circonstances difficiles.... Nous voulons éviter le schisme.... Nous ne pouvons pas transporter le schisme dans nos principes, quand nous cherchons dans notre conduite tous les moyens d'en préserver la nation... »

Ils pensent que leur « premier devoir est d'attendre la réponse du successeur de saint Pierre »; comme si nous ignorions quelles sont les dispositions du chef de l'Eglise, si tant est que son intervention soit nécessaire; comme si nous ne connaissions pas ceux qui empêchent ce sage pontife de s'expliquer.

Voyons combien tout cela est futile et peu fondé. Examinons aussi les questions indiquées sur la juridiction spirituelle, sur la réunion, la division, l'érection, l'abolition des évêchés.

Je ne dois pas répondre au reproche perfide et maladroit que l'on fait à l'Assemblée Nationale, d'avoir mieux traité les protestants que les catholiques, en ce qu'elle n'a point marqué à leurs ministres des divisions territoriales pour l'exercice de leurs fonctions.

II

Il est quelques vérités fondamentales, fécondes en conséquences, lesquelles deviennent à leur tour autant de principes incontestables, et dissipent facilement tous les nuages que l'on affecte de répandre sur la matière présente. Aussi, un grand nombre d'évêques de ces derniers siècles n'ont-ils rien négligé pour les obscurcir ou les faire oublier, tant ils les sentaient propres à enchaîner leurs entreprises et à paralyser leur ambition. Ces vérités sont:

Que Dieu lui-même envoya ses apôtres et ses disciples dans le monde entier, pour instruire et pour administrer les sacrements de sa religion.

Que cette mission ou juridiction ne fut point circonscrite aux lieux ni aux personnes, mais étendue sur toute la terre et sur tous ses habitants.

Que cette mission et juridiction a été transmise à leurs successeurs par l'ordination.

Que les successeurs des apôtres sont les évêques, comme les prêtres sont les successeurs des disciples.

Que les uns et les autres reçoivent leurs pouvoirs immédiatement de Dieu, en vertu du sacrement de l'Ordre, quoique ce sacrement leur soit conféré de la main des hommes.

Que le pouvoir et la juridiction sont deux choses identiques, qu'il est impossible de distinguer, absurde de supposer l'une sans l'autre.

Voilà la doctrine que l'Eglise a constamment tenue jusqu'à nos jours, et à laquelle la Sorbonne n'a jamais permis qu'il fût porté la moindre atteinte. En vain, quelques théologiens, soudoyés par ceux dont ils favorisaient les prétentions, ont-ils essayé de présenter ces questions comme douteuses; cette école célèbre a toujours réprimé leurs erreurs. En vain, par une ruse plus sûre, les a-t-on écartées des études des jeunes élèves. On a bien réussi à plonger une partie du clergé des provinces dans l'ignorance de ses droits; mais, au moindre éveil, il ira puiser la vérité dans ses sources.

III

Cependant, l'intérêt des peuples exigea bientôt que les fonctions de chaque ministre fussent bornées dans des limites territoriales, commodes pour eux. De là, les lois ecclésiastiques et civiles, qui défendent aux ministres de tous les rangs d'exercer leurs pouvoirs hors du territoire dans lequel ils sont circonscrits. Et ces lois sont d'autant plus sages, qu'elles tendent plus directement au bonheur et à la tranquillité des peuples. Elles associent à chaque canton deux avantages également précieux: celui de ne manquer jamais de secours spirituels, faute de ministres; celui de n'être jamais surchargé d'un nombre surabondant de ces mêmes ministres, qui finiraient par y mettre le trouble et la confusion.

Je n'entends parler que de droits, d'autorité, de puissance! Quittons ce langage mensonger de l'orgueil; il nous jette dans des égarements trop funestes. Dieu n'a pas livré les peuples à la domination des prêtres. Il n'a jamais été irrité à ce point contre le genre humain. Mais, dans sa sagesse, dans sa miséricorde, dans son amour, il a donné des prêtres au peuple, ce qui est très différent. Dès lors, ils lui appartiennent, et leur devoir est de administrer, chacun dans les lieux où les lois humaines l'ont placé. Mais, par la même raison, leur mission divine, cette mission sans bornes, reprend toute sa vigueur au moment où l'intérêt des fidèles, loin de l'enchaîner, en sollicite la liberté. C'est ainsi que tout prêtre, en vertu de sa seule ordination, fût-il à mille lieues de son territoire, peut et doit conférer à un fidèle, d'ailleurs bien disposé, les sacrements que celui-ci est dans l'impossibilité d'aller demander à son propre pasteur.

IV

A la nation seule appartient le droit de délibérer sur les divisions de territoire qui lui sont les plus avantageuses, pour être administrée dans le spirituel. Je conviens que le clergé, comme toutes les corporations, a souvent fait dans ce genre et dans beaucoup d'autres des règlements et des lois qui n'étaient que de la compétence civile. Ces lois ont même sorti leur exécution; tantôt par tolérance, en faveur de leur sagesse reconnue; tantôt par entreprise de la part du clergé. Cela doit il paraître étonnant dans des siècles où le peuple était privé de l'exercice de tous ses droits, et où les divers magistrats qui le tenaient dans l'esclavage finissaient toujours par s'arranger à ses dépens! Ils se pardonnaient leurs usurpations respectives plutôt que de révéler les vrais principes, en vertu desquels les uns et les autres se seraient trouvés dépouillés. Mais, lorsqu'une nation, se ressaisissant du pouvoir législatif qui lui est essentiel, déclare formellement qu'elle veut diviser son territoire de telle ou telle manière, nul ecclésiastique n'a le droit de s'opposer à la division par elle décrétée.

Il n'est pas moins absurde de soutenir que l'autorité spirituelle et l'autorité civile doivent concourir également à la formation des diocèses et des paroisses. Car, s'il arrivait, et ce cas ne serait pas rare, qu'elles ne pussent s'accorder dans le nombre, l'étendue ou les limites de ces arrondissements, dites-moi quelle serait la troisième autorité qui pourrait les départager, dites-moi surtout ce que peuvent avoir de commun la foi, les mœurs et tous les objets spirituels de la religion avec la question de savoir quels sont les chemins les plus praticables, les rivières qu'on peut et qu'on ne peut pas franchir, les distances qui conviennent le mieux à ceux qui doivent les parcourir, la dépense ou l'économie qui doivent résulter de ces dispositions diverses.

Si ces objets ne sont pas de la compétence exclusive de l'Assemblée nationale, je n'en vois aucun où l'autorité ecclésiastique ne puisse prétendre avoir part. Tant il est facile d'intéresser la religion, directement ou indirectement, dans tout ce que vous pourriez supposer lui être le plus étranger. L'histoire ne fournit que trop d'exemples de ces subtilités, de ces abus. Mais il serait inutile autant qu'affligeant de retracer ici les malheurs de ces siècles obscurs, où le peuple ignorant ses droits, trompé sur ses devoirs, se rendait lui-même l'instrument des usurpations dont il devenait la victime. Nous savons enfin, et aujourd'hui le peuple sait aussi bien que ses représentants, que les prêtres sont les sujets de l'Etat, obligés d'obéir à ses lois, sans restriction, sans tergiversation. La loi de la circonscription des diocèses est portée; celle sur l'arrondissement des paroisses se prépare. Tout prêtre supérieur doit dès lors, et dans les mêmes bornes, étendre ou restreindre la juridiction de ses inférieurs. Il y est impérieusement contraint par sa religion même, par la charité, le premier des préceptes et l'abrégé de tous les autres. Il ne peut s'y refuser sans résister à l'ordre de Dieu, qui lui commande de propager sa foi, de la conserver partout, et conséquemment d'en prendre tous les moyens. Or, le premier de ces moyens, c'est d'envoyer des ministres partout où le peuple en demande. A plus forte raison, lorsqu'il ne s'agit que d'étendre ou restreindre la juridiction de ceux déjà existants, rien ne peut l'autoriser à temporiser et à retenir dans ses mains une mesure si facile.

V

Nous avons dit que ce sont les lois des hommes qui ont limité dans un territoire précis l'exercice d'une juridiction que Dieu a donnée à chacun de ses prêtres sur la terre entière. Nous avons montré la sagesse de ces lois, dont l'application ne peut et ne doit varier que pour l'avantage des administrés. Nous savons d'ailleurs que la sagesse divine n'a pas soumis aux caprices, à la malice des hommes, l'œuvre de la sanctification de ses saints. Ainsi tous les ministres d'un pays auraient beau se liguer contre elle, il suffirait d'un seul évêque fidèle pour remédier à tous les maux et pourvoir à tous les besoins. Si donc, par une prévarication, que je suis loin de supposer possible, les ministres, dépositaires de ces lois, refusaient de les modifier conformément aux intérêts de la Nation, aux vœux qu'elle a manifestés, aux lois qu'elle a portées, l'exercice de la religion resterait-il pour cela suspendu? Verrait-on se renouveler les scènes affligeantes, scandaleuses d'excommunications, qui ont anciennement désolé nos pères? Je ne le pense pas; car les fidèles, se trouvant alors dans le cas de nécessité dont j'ai parlé ci-devant, les circonstances se trouveraient tellement disposées, que tout s'arrangerait et se terminerait de la manière la plus douce.

Un particulier viendrait trouver un ministre et lui dirait: « Jusqu'ici, vous n'avez pas été mon prêtre ; mais la loi de mon souverain me défend de sortir de ce territoire, pour aller chercher ailleurs des secours spirituels. Faut-il que je lui désobéisse au nom du ciel, où puis-je compter sur votre charité ? » Ce prêtre lui répondra: « Ne mettez jamais en doute si vous devez obéir aux lois de votre pays; soyez citoyens, c'est la première qualité d'un chrétien. Venez à moi; j'enseigne aussi cette religion douce et bienfaisante, si digne de son auteur; j'ai aussi le pouvoir de vous remettre les faiblesses et les égarements qui sont le triste apanage de l'humanité, lorsqu'un repentir sincère vous aura ramené dans la voie de la justice et de la charité. Envoyez-moi vos enfants; je leur apprendrai quel prix ils doivent à la tendresse paternelle dont mon confrère vous a tracé les devoirs à vous-même. »

Quel autre langage pourrait tenir un prêtre, instruit de ses droits et pénétré de ses devoirs ? Le bonheur d'être chrétien pourrait-il devenir pour une nation un malheur politique ? Quoi donc ? Ministre de la paix, irai-je porter le trouble dans la société, et déchirer les entrailles qui m'ont donné la vie ? Au moment où mon pays recouvre sa liberté; où je peux dire pour la première fois que j'ai une patrie; au moment où elle me déclare qu'elle ne peut se passer de mes services, parce que j'ai le bonheur d'être un ministre de la religion de ses pères, dont elle veut précisément conserver la foi ; quand elle pourvoit honorablement à ma subsistance, qu'elle me compte au nombre de ses magistrats, qu'elle m'admet au sein de ses législateurs; fils ingrat et perfide, je déguiserai mes moyens, pour lui faire acheter plus chèrement mes secours, pour obtenir encore quelque vaine et funeste prérogative, pour mettre à contribution sa crédulité ? Non, soit qu'on ajoute à mon territoire, soit qu'on en retranche, soit qu'on dispose de sa totalité, je me conformerai aux vœux d'un peuple qui veut être catholique. Je rends hommage à la supériorité des évêques, mais je connais aussi ce que leur prescrit notre Maître commun, et je sais que je ne dois pas me rendre complice de leur désobéissance aux ordres de Celui qui nous a dit à tous: « *Euntes in mundum universum, prædicate evangelium omni creaturæ.* »

Ah ! si par le plus déplorable des malheurs, la Nation nous avait dit : « Nous ne voulons plus de vos dogmes ni de vos temples », mon devoir m'aurait encore pressé de parcourir les provinces, les campagnes, les villes, pour trouver mes concitoyens et les ramener de leur erreur.

VI

J'ai déjà dit toute la vérité, sans me livrer aux subtilités de la métaphysique. Elle est bien simple cette vérité, elle doit l'être en matière de religion, puisqu'elle est destinée aux hommes simples autant qu'à ceux d'une conception plus pénétrante. Mais aurait-on le criminel espoir de la couvrir de nuages, au moyen de questions bien métaphysiques, bien abstraites, dont l'objet échapperait aux yeux les plus exercés ? Voudrait-on jeter ainsi dans la perplexité la multitude peu instruite et les âmes débonnaires qui se méfient de leurs propres lumières ? Cet espoir sera déçu, je le dis avec confiance. Depuis longtemps le peuple français rougit d'avoir vu son sein déchiré par des factions scolastiques. Ces querelles subtiles, inintelligibles, ont disparu pour toujours. Elles n'eussent été que de méprisables comédies, si elles n'avaient enfanté les haines et les proscriptions. Ce peuple, rassasié de chimères, court après des biens réels ; il veut un bonheur solide ; il veut une religion qui est le fondement de tout bonheur et il demande celle de ses pères, dont quelques-uns de ses ministres n'ont pu réussir à le dégoûter.

L'Assemblée nationale la lui rend dans toute sa pureté, lui en assure l'exercice en mettant ses ministres à l'abri de tous les besoins temporels.

Cependant on crie que l'Assemblée nationale en veut à la religion, au moins l'ai je ouï dire à quelques personnes ; et les bonnes gens le répétaient de bonne foi. Mais je sais bien quel genre d'hommes leur avait inspiré ces terreurs chimériques auxquelles ils ne croient pas eux-mêmes, et c'est à ceux-ci que je réponds.

Prenez garde que votre inculpation ne décèle vos motifs, vous pensez que l'Assemblée en veut à votre religion ! Je le crois de même, et je m'en réjouis. Moi, surtout, j'en veux à votre religion d'or et d'argent, à votre religion de domination et de faute. Eh ! puisse-t-elle pour tous les maux qu'elle nous a faits, être bannie pour toujours de cet heureux empire et de la terre entière ! Vous avez profité de la longue absence du législateur pour élever le « veau d'or ». Mais enfin le législateur a paru pour punir votre idolâtrie. Son approche vous a consternés ; sa présence vous a glacés d'effroi. Il a parlé, et l'idole d'or a été renversée. Vainement vos murmures se prolongent, il faut qu'elle soit réduite en poussière, et que le « torrent » en entraîne les cendres et le souvenir.

VII

Quel prestige funeste pourrait nous aveugler au point de méconnaître les bienfaits de la nouvelle organisation ? Combien de vices vont être extirpés du sein de la religion ! Que de germes heureux vont y être fécondés ! Une foule d'établissements monstrueux et bizarres va disparaître. Qui de nous ignore que leur nullité fut leur moindre défaut ? Des titres honorés, brillants, environnés de toute la pompe du siècle et de toutes ses richesses, sont proscrits pour jamais. Laissons les aspirants nombreux et affamés, qui se pressaient autour d'eux, regretter ces sources intarissables de luxe et d'oisiveté. Depuis longtemps la raison indignée avait prononcé leur arrêt. La division du territoire distribuait à quelques pasteurs une tâche au-dessus des forces humaines et en laissant d'autres .dans une inaction presque totale. Elle est ramenée à des règles générales, commodes et claires.

O vous, dont le cœur simple et droit, étonné de la chute simultanée de tant de sceptres, de tant d'effigies mensongères et colossales, pourrait encore conserver quelque défiance; peut-être êtes-vous pardonnables. Dans une réforme si générale, si subite, et au milieu de tant de clameurs, lorsque la moindre erreur serait mortelle, il est permis de tressaillir de crainte, et de se demander si le plus cher, comme le plus sacré des dépôts, si la foi n'est pas en danger. Calmez vos inquiétudes: livrez vous à un examen froid et réfléchi; et vous trouverez que l'arbre sacré de la religion, bien loin d'avoir reçu aucune blessure dans cette opération violente, y gagne, au contraire, une nouvelle vigueur; qu'il est délivré des plantes parasites qui l'étouffaient et le dérobaient à la vue; qu'il reste enfin tel que Jésus Christ l'a planté, tel que les apôtres l'ont arrosé.

Voulez-vous être pleinement rassurés? Rappelez-vous les vœux si souvent formés en méditant la discipline des premiers siècles. N'avez-vous pas dit mille fois: « Oh ! si le premier pasteur vivait au milieu de son clergé ! S'il célébrait avec lui les saints mystères; s'il distribuait lui même le pain de la parole dans sa ville principale; s'il parcourait de temps en temps toutes les parties de son diocèse, et que les tristes campagnes ne fussent pas privées, pendant un demi siècle, de sa présence, de son exemple, de ses avis, de ses consolations, et surtout du sacrement qu'il est seul dans l'usage de conférer; s'il rassemblait de temps en temps autour de lui ses coopérateurs, non pour leur intimer, avec emphase et à la manière des despotes des nations, des ordres arbitraires qu'aussi bien ils n'exécutent pas, mais pour prendre leurs conseils, ranimer leur zèle et le sien; concerter, avec un accord plein de charité, les moyens de procurer les progrès d'une religion qui est tout amour et bienfaisance! Si les jeunes clercs, l'espérance de l'Eglise, étaient élevés sous ses yeux et formés par la puissante leçon de ses vertus. Si les ministres d'une doctrine qui proscrit le luxe et l'amour des richesses se présentaient au peuple, non dans l'appareil et avec le faste de l'opulence, mais dans la modeste et grave simplicité qui convient seule à leur caractère, à leurs fonctions infiniment sérieuses! Si les pasteurs étaient élevés à ce rang honorable, non par le hasard ou le choix intéressé et souvent funeste de personnes étrangères au bercail, mais par la confiance, l'estime et l'amour de ceux dont ils doivent être les guides!....

Eh bien! vos vœux sont accomplis. Comparez et jugez. Est-ce le tableau de l'Eglise primitive? Est-ce celui de l'Eglise gallicane renaissante que je viens de tracer? Que voyez-vous dans celle-là qu'on ne cherche à ramener dans celle-ci?

CONCLUSION

Ainsi, bien loin de prendre aucune alarme sur le dépôt sacré de la foi et la manière de la transmettre aux siècles à venir, livrons-nous à une joie sans mélange pour cet heureux changement de discipline extérieure. Méfions-nous des insinuations trompeuses, de ceux qui veulent perpétuer des abus dont ils profitent. Plaignons et ramenons à la vérité ceux que l'habitude d'un mal, même douloureusement senti, rend trop difficiles aux remèdes. Rendons la confiance à ceux qui sont découragés par l'expérience de tant de conciles qui ont tenté sans succès les réformes que nous exécutons.

Pour moi, c'est avec le sentiment de la plus intime conviction que je publierai hautement la sagesse, l'excellence de la nouvelle Constitution du clergé. Je dis « nouvelle », car, pour la former, il a fallu donner la vie aux lois primitives qui depuis tant de siècles s'étaient ensevelies pièce à pièce dans le gouffre dévorant des passions et des abus. Après avoir si longtemps gémi, avec tous les bons catholiques, sur tant de maux, je ne cesserai de bénir avec eux la révolution miraculeuse qui y apporte un remède efficace et durable, que nous demandons au ciel, et dont nous n'eussions osé concevoir l'espérance. Trop longtemps témoins d'un régime abusif, arbitraire, insensé, il nous sera doux de vieillir en voyant renaître autour de nous le zèle, l'ordre, la modestie. L'éclat des vertus remplacera celui des richesses ; les maximes apostoliques se sont mises en pratique : le bien de la société, la réforme des mœurs, la confiance et l'amour des peuples pour leurs pasteurs, en seront le fruit et la récompense.

F.-X. LAURENT, *curé d'Huillaux,*
Député du Département de l'Allier.

Laurent envoya cette déclaration à la *Société des Amis de la Constitution*, de Clermont-Ferrand, accompagnée de la lettre suivante :

Paris, 14 décembre 1790.

« MESSIEURS,

« Vous connaissez sans doute l'*Exposition des Principes* des Evêques députés à l'Assemblée Nationale. J'ai cru devoir m'élever contre cet écrit séditieux, où sous les apparences du zèle et de la modestie, on cherche en effet d'empêcher l'établissement de la Constitution, en troublant les consciences, et en allumant, s'il se pouvait, une guerre religieuse.

« L'approbation que j'ai obtenue de tous les bons citoyens, pour l'exactitude de mes principes, la vérité de mes assertions, m'encourage, Messieurs, à vous faire hommage d'un exemplaire de mon opinion. Daignez le recevoir comme le tribut filial d'un homme né et élevé parmi vous, qui y a rempli longtemps avec zèle un emploi public et pénible, qui n'a pas cessé un instant de chérir et d'estimer sa patrie depuis qu'il l'a quittée, et conserve toujours l'espoir d'y finir sa carrière.

« Je m'arrête sur cette dernière idée ; et vous mettriez, Messieurs, le comble à mes désirs, si mon amour connu pour une révolution que je portois dans mon cœur depuis 18 ans, sans oser l'espérer, pouvoit me mériter la grâce et l'honneur d'être agréé à votre Société.

« Je suis avec respect, Messieurs, votre très humble et très obéissant serviteur.   « LAURENT, *curé d'Huillaux.* »

La Société félicita le « pasteur citoyen » de son envoi et en ordonna la publication de 500 exemplaires, pour être distribués dans les départements du Puy-de-Dôme, du Cantal et de l'Allier (1).

Laurent, on le voit, a pris nettement parti. En son âme et conscience, il estime que la Constitution civile du clergé n'a rien de contraire à la doctrine de l'Eglise ; il l'accepte et il supplie tous ses confrères de l'accepter ; il les conjure de le faire au nom de la paix publique et pour le bien de la religion.

Dans la protestation des Evêques, l'Assemblée nationale vit une provocation à la guerre religieuse : elle y répondit par le décret du 27 novembre 1790, prescrivant aux membres du clergé de jurer, dans le délai de huit jours, fidélité à la Constitution civile, sous peine d'être privés de tout traitement et déclarés déchus des droits de citoyens actifs et incapables d'exercer une fonction publique.

Ce décret fut sanctionné par le roi le 26 décembre suivant. Le lendemain, Grégoire monta à la tribune, et, après avoir déclaré que rien dans la Constitution n'était contraire au dogme, il prêta le serment prescrit. Soixante-deux curés de l'Assemblée se levèrent à leur tour et suivirent son exemple. Laurent et Aury furent du nombre. Tridon, au contraire, s'y refusa.

---

(1) « *Déclaration de François-Xavier Laurent, curé d'Huillaux, député du département de l'Allier à l'Assemblée nationale et membre des Amis de la Constitution, séante aux Carmes à Clermont-Ferrand.* » Imprimée par ordre et aux frais de cette Société à Clermont-Ferrand à l'Imprimerie patriotique de Denis Limet, membre de cette Société, 1790. (Bibliothèque de la Ville de Clermont-Ferrand, A 31870.)

Laurent crut devoir encore justifier sa conduite dans une lettre qu'il adressa à tous les curés du département (1) :

Paris, 11 janvier 1791.

« Monsieur et Honoré Confrère,

Instruit qu'il sort, du sein même de l'Assemblée nationale, des insinuations dangereuses, qui se répandent dans tous vos cantons, et qui tendent à détourner les fonctionnaires publics de la prestation du serment civique, il est de mon désir de vous exposer les motifs qui m'ont déterminé moi-même à prêter ce serment. Je suis loin de prétendre à réformer votre opinion, si, par malheur, elle était contraire à la mienne. Mais le droit et le besoin que j'ai de conserver votre estime, l'impossibilité que j'ai d'écrire à chaque curé du département, me font une nécessité de m'adresser à vous pour vous prier de donner communication de ma lettre à tous ceux de votre district.

Je ne me permettrai pas de prononcer sur les motifs des premiers auteurs de la résistance qu'on oppose aux décrets de l'Assemblée. Mais si l'histoire des siècles passés doit nous donner des lumières, nous ne verrons dans la conduite actuelle de nos prélats qu'une suite de celle de leurs prédécesseurs, qui, dans tous les temps, se sont étudiés à opposer le roi au pape, ou le pontife romain au monarque français, pour échapper, tantôt à une domination injuste, tantôt à des réformes salutaires. Mais quel malheur ne serait-ce pas pour notre département, quelle perte déplorable pour la religion, si quelques-uns de ses pasteurs, par une aveugle docilité envers leurs guides naturels, se laissaient entraîner par leur exemple, sans une conviction propre et intime de la légitimité de leur démarche! Les peuples perdraient des prêtres édifiants, et ceux-ci resteraient les seules victimes d'une résistance coupable; car les évêques savent bien qu'ils seront toujours à temps de revenir à leurs devoirs de citoyens et qu'ils seront toujours reçus avec indulgence, avec générosité.

Il me serait facile de prouver combien est sage cette constitution à laquelle j'ai juré d'être fidèle. Mais pour montrer combien ma cause est favorable, je soutiens que, quand même j'en désapprouverais les dispositions, je n'en serais pas moins obligé de m'y conformer. En effet, il arrive tous les jours qu'on obéit à des lois qu'on désapprouve intérieurement, et que l'on serait néanmoins coupable d'enfreindre, par cela seul qu'elles sont des lois. Il suffit donc que notre constitution ne contienne rien de contraire à la foi et aux bonnes mœurs. C'est le seul cas où l'on puisse dire qu'il vaut mieux obéir à Dieu qu'aux hommes. Or, la Constitution n'est pas hérétique, puisque ses adversaires n'ont encore pu en citer une proposition qui fût contraire à la foi. Eh! comment le serait-elle, quand elle ne contient que des régle-

______

(1) *Quinzaine Bourbonnaise*, tome III, 1894, page 355.

ments de discipline extérieure ? Elle n'est pas schismatique, puisqu'elle conserve avec Rome la communion, l'unité de foi dont elle reconnaît le pape comme le centre et le chef. Il est vrai que le pape ne nommera plus à nos bénéfices; qu'il ne donnera plus de bulles pour l'institution de nos évêques. Mais, si cela constituait un schisme, il faudrait dire que toutes les provinces qui composent l'Eglise universelle ont été schismatiques, pendant les six premiers siècles; que l'Eglise d'Afrique l'a été tout le temps qu'elle a subsisté; que l'Eglise d'Orient l'était avant Phocius.

Les évêques réclament une juridiction spirituelle que personne ne leur conteste. L'Assemblée Nationale a mis les électeurs à la place du roi et des patrons: cela ne touche point au spirituel: elle a divisé le territoire, qui appartient à la nation, et en son nom, et de la manière qui lui est le plus avantageuse. Quelle raison pour empêcher les évêques et les curés de se céder réciproquement leur juridiction spirituelle, pour se conformer à cette division matérielle? Et s'ils le peuvent, ils le doivent pour le bien de la religion et de la paix.

J'ai donc pu et dû promettre de céder ma juridiction sur une partie de mon territoire ou sur le tout, et d'accepter un territoire voisin, si l'on juge à propos de me l'indiquer; de reconnaître pour mon évêque celui qui, étant nommé par le peuple, aura été institué par l'Eglise, et de lui obéir; de reconnaître le Pape comme chef de l'Eglise, centre de la foi et de la communion catholique, mais de ne lui envoyer jamais d'argent, pour obtenir des dispenses ou des bénéfices. Tel est le serment que j'ai prêté. Il est le même dans un sens que celui proposé par M. l'Evêque de Clermont. Il en diffère essentiellement, en ce qu'il est clair et précis, et qu'il porte sur des objets connus; au lieu que celui de ce prélat est ambigu, lui réserve le droit de qualifier spirituel, tout ce qu'il lui plaira, et laisse entendre que c'est au Pape et aux évêques qu'il appartient de recommencer tout l'ouvrage de la division des territoires, sans que la nation puisse s'en mêler autrement que pour de très humbles requêtes. Je croirais, en m'exprimant ainsi, me jouer indignement de mon souverain temporel, et payer de la plus noire ingratitude les soins qu'il prend pour assurer le culte de ma religion.

Je pourrais ici accumuler des autorités sans nombre. Je me borne à deux, en me référant au reste à votre jugement et à l'histoire ecclésiastique. Je dirai donc avec saint Augustin :

« *Quod enim neque contra fidem catholicam, neque bonos mores esse convincitur, indifferenter est habendum, et pro eorum inter quos vivitur societate servandum.* »

Je m'en tiendrai à l'autorité du Concile de Chalcédoine, l'an 420, collection du P. Labbe, tome II, p. 125-126: « *Si qua vero civitas potestate imperiali novatur, etsi protinus innovetur, civiles dispositiones et publicas ecclesiarum quoque parochialium ordines consequentur.*

« Licitum est imperatori de ecclesiasticarum provinciarum finibus defi-nire, et aliquarum privilegia auferre, et episcopales urbes iterum me-tropolium honore donare et antistites designare, et alia hujusmodi fa-cere. »

C'est l'intérêt de la religion qui m'anime et non mon intérêt personnel, que je trouverais au contraire dans l'erreur que je combats. Remarquez, je vous prie, le puissant préjugé qui parle en faveur de la Constitution civile du clergé. Elle attaque l'avarice et l'ambition ; elle en détruit les aliments et le germe. Eh bien ! ces deux passions, qui ont renversé tant d'empires, ont réuni leurs efforts pendant deux ans, et n'ont enfanté contre elles que des clameurs indécentes, des accusations vagues et des doutes sans objet.

Je suis avec respect, etc......

LAURENT, *curé d'Huillaux,*
Député du Département de l'Allier.

Le décret du 27 novembre 1790 ne fit qu'augmenter le trouble que la Constitution civile avait jeté dans le clergé. Fallait-il prêter le serment ? Devait-on le repousser ? C'était un délicat problème posé à la conscience des curés qui voulaient à la fois obéir aux lois de la nation et rester fidèles à leur religion.

La plupart des évêques refusaient de prêter le serment ; mais de nombreux prêtres, dont on appréciait les vertus et les lumières, s'étaient soumis et invitaient leurs confrères à les suivre.

Dans une brochure, qui eut un énorme retentissement, Jaladon, curé de Désertines, esprit droit et cultivé, écrivait comme Laurent : « En quoi le serment est-il contraire aux lois de l'Eglise ? Lorsque, sous l'Ancien Régime, un sujet nommé par le roi voulait entrer en possession d'un évêché ou d'une place importante, il était obligé de se présenter devant le prince, de prêter serment entre ses mains, et de jurer obéissance aux lois de l'Etat. Les évêques ne trouvaient pas à redire à ces demandes constitutionnelles, les autres ministres ne l'auraient pas trouvé mauvais s'il eût été en usage pour eux. Pourquoi s'élever contre cette nouvelle obligation qui n'a rien de différent de la première ? »

Le roi, dont on connaissait la piété et l'attachement à l'Eglise, avait signé le décret, un archevêque l'avait contresigné. Le pape, vers qui tous les regards étaient tournés, gardait le silence.

La perplexité était grande ; et c'est le cas de citer cette phrase de Mgr Baudrillart : « Si les limites de l'orthodoxie sont très réelles, elles ne sont pas toujours visibles à première vue. De très bonne foi on peut se tromper. »

Dans l'Allier, 426 prêtres sur 484 prêtèrent le serment ; 58 seulement s'y refusèrent (1).

**

Avant la Révolution, il n'y avait pas d'évêché à Moulins ; le territoire du Bourbonnais dépendait des diocèses d'Autun, de Bourges, de Clermont et de Nevers (2).

Le 27 avril 1788, Louis XVI nomma comme futur évêque de Moulins l'abbé Etienne-Jean-Baptiste-Louis des Gallois de la Tour, l'autorisant à faire toutes les démarches nécessaires en vue de l'érection de ce siège (3).

L'abbé des Gallois de La Tour était depuis 1785 doyen du Chapitre et vicaire général de l'évêque d'Autun à Moulins (4). C'était une figure éminemment sympathique. « Cet homme était vertueux, zélé et charitable ; il jouissait d'un ascendant énorme sur les consciences pieuses, bien qu'il fut depuis peu de temps dans le département. Son père avait été membre du Parlement d'Aix, et lui-même en fit partie jusqu'en 1785, époque à laquelle il fut nommé vicaire général d'Autun au district de Moulins. Il avait alors trente cinq ans. Peu après sa nomination, il fit des visites officielles et générales dans toute la ville et les faubourgs, chez les pauvres comme chez les riches. Durant le rude hiver de 1789, il recueillit partout des aumônes pour soulager les malheureux (5).

Le 21 mai 1789, était parvenue à Moulins la nomination du nouvel évêque, mais les événements avaient retardé sa consécration.

(1) Louis BIERNAWSKI : « *Un département sous la Révolution française, (l'Allier de 1789 à l'an III)* », pp. 169 et suivantes et 415 et suivantes.

(2) Chanoine J.-J. MORET, *Notes pour servir à l'Histoire des Paroisses bourbonnaises.* Carte annexée.

(3) « Histoire de l'établissement de l'Evêché de Moulins », *Bulletin de la Société d'Emulation de l'Allier,* tome IV, page 53. — Abbé Joseph CLÉMENT, « Contribution à l'histoire de l'Etablissement d'un évêché à Moulins. » *Id.,* 1906, page 195.

(4) Il était né à Aix, en 1754, de Jean-Charles, premier président au Parlement d'Aix, intendant de Provence, et de Madeleine d'Aligre. (Chanoine J.-J. MORET, *Calendrier Bourbonnais.* tome I, p. 175.)

(5) J. CORNILLON, *Le Bourbonnais sous la Révolution française,* tome II, page 33.

La Constitution civile du clergé établissait un diocèse par département ; Moulins se trouvait désigné pour être le siège de celui de l'Allier, suffragant de Bourges. L'Assemblée Nationale le considéra comme pourvu d'un titulaire réel, et le directoire de département fit des instances les plus vives auprès de l'abbé des Gallois de la Tour. pour qu'il demandât la confirmation canonique. Celui-ci prétexta l'absence de son métropolitain. Impatienté, le directoire du département le mit en demeure de se prononcer sans autre délai, le 31 décembre 1790. Il refusa alors de prêter le serment et quitta Moulins (1).

L'évêché de l'Allier se trouvait vacant : les électeurs du département furent convoqués aussitôt pour le pourvoir d'un titulaire. Réunis, le 13 février 1791, dans l'église Saint-Pierre-des-Ménestreaux, à Moulins, ils désignèrent d'un avis presque unanime l'abbé Laurent.

Jouffret de Bonnefons, procureur général syndic, notifia cette. décision au nouvel élu, qui lui répondit le 19 février 1791 (2) :

« MONSIEUR,

« Si je considérais l'Episcopat comme devant être dans tous les tems la récompense des talens et des vertus, j'opposerais une résistance aussi respectueuse qu'invincible, pour repousser loin de moi un honneur dont je suis si peu digne. Mais à une époque où il s'agit de donner le premier mouvement à un nouvel ordre de choses, de faire goûter l'excellente et primitive constitution de l'Eglise, d'apaiser des troubles, d'adoucir des privations, de ramener, par une patience à toute épreuve, des frères égarés ; ce serait s'abuser étrangement de ne pas voir que cet emploi sublime, loin d'offrir quelques avantages à celui qui en est pourvu, exige de lui le sacrifice le plus entier de son repos, de ses ressources, de sa santé, de sa vie. Dans des tems plus heureux, il sera le prix des services rendus : aujourd'hui, c'est une tâche infiniment pénible imposée à celui qui n'a pas encore signalé son zèle, ni payé son tribut à la chose publique.

« Je ne me dissimule pas combien, dans les circonstances présentes,

____

(1) Des Gallois de la Tour émigra en Italie, où il devint aumônier de Mme Victoire de France, puis, à sa mort en 1799, il passa en Angleterre et se consacra aux soins à donner aux prisonniers français qui se trouvaient dans ce pays. Il ne rentra en France qu'en 1816, et fut nommé archevêque de Bourges. Il mourut le 20 mars 1820.

(2) Une copie de cette lettre appartient à M. Bardet, avoué à Moulins, qui a eu l'obligeance de me la communiquer.

il était important de faire un meilleur choix. Mais autant je me défie de ma propre faiblesse, autant j'ai de confiance aux lumières, à l'expérience, à la vertu des coopérateurs immédiats dont je suis dans l'heureuse nécessité de m'environner, et dont j'espère que le choix scrupuleux m'honorera aux yeux du peuple qui, à tout autre égard, m'a prodigué son suffrage avec trop d'indulgence.

« Tels sont Messieurs, les sentimens avec lesquels j'entrerai dans la carrière que m'ouvrent le désir impérieux d'un peuple religieux et libre, et l'oubli nécessaire de tous mes intérêts personnels. Prêt à braver les efforts des ennemis de la religion ou de la tranquillité publique, je serai toujours également disposé à céder, pour le bien de l'Eglise ou de l'Etat, une place que je n'accepte que par obéissance à la voie de la Patrie.

« L'extrême simplicité de mes goûts, de mes habitudes, donnera des regrets amers à tous les momens qui m'entoureront d'un éclat emprunté ; mais je ne perds pas l'espérance de rentrer un jour dans l'obscurité de laquelle me fait sortir aujourd'hui mon respect pour la volonté de mes concitoyens, exprimée par l'organe de leurs Electeurs.

« Daignez aussi, Monsieur, agréer la reconnaissance que je vous dois personnellement pour le vif intérêt que vous avez bien voulu y prendre et les sentiments de la respectueuse fraternité avec laquelle j'ai l'honneur d'être, Monsieur, votre très humble et très obéissant serviteur,

LAURENT, *curé d'Huillaux,*
« *nommé Evêque du Diocèse de l'Allier.* »

Cette lettre exprime les sentiments sincères de Laurent. Il n'avait pas brigué cette place où l'élevaient les suffrages des Electeurs de l'Allier. Son éclat l'effrayait même. Et il se rendait parfaitement compte des lourdes difficultés qu'il allait rencontrer. Mais, d'autre part, il ne voulait pas se dérober au devoir que lui dictait sa conscience de prêtre et de citoyen. Il voulait à tout prix éviter le conflit violent sur le point d'éclater entre l'Eglise et la Révolution : il estimait que l'on pouvait à la fois rester fidèle aux principes de la religion et obéir aux lois de l'Assemblée. Et il voyait dans la haute autorité des fonctions épiscopales l'occasion de prêcher la paix, de ramener le calme, d'obtenir la soumission. « *Vox populi, vox Dei.* » La voix du peuple l'appelait, il obéissait à celle de Dieu.

Le nouvel évêque de l'Allier se fit sacrer à Paris, le 6 mars suivant, par Gobel, assisté d'Expilly et de Saurine (1). Il rendit

---

(1) J.-B. Joseph Gobel, 1727-1794, évêque *in partibus* de Lydde, évêque cons-

compte respectueusement au Pape de son élection « comme au chef visible de l'Eglise universelle, en témoignage de l'unité de foi et de la communion qu'il doit entretenir avec lui ». Puis, le 11 mars, il adressa à ses diocésains sa première lettre pastorale.

Lettre pastorale de M. l'Evêque de l'Allier

François-Xavier Laurent, par la miséricorde divine et dans la Communion du Saint-Siège apostolique, évêque de l'Allier : A tous les fidèles de notre diocèse, Salut et Bénédiction en Notre-Seigneur.

Il est prononcé, ce serment sacré qui nous attache à vous, Nos Très-Chers Frères, par les liens les plus doux et les plus saints ; ce serment redoutable, qui nous prescrit de veiller sans relâche sur tous vos intérêts spirituels ; ce serment inviolable qui nous ordonne de braver tous les dangers, de résister à toutes les attaques, de prévenir toutes les ruses de vos ennemis.

Dociles à la voix de Dieu qui nous appelait par l'organe de son peuple, nous n'avons pris aucun repos, et nous avons promptement rempli toutes les formes qu'exigent les lois divines et humaines, pour nous faire revêtir du pouvoir épiscopal. Fidèle aux obligations que nous avons contractées par l'onction sainte, sous les yeux d'un peuple immense, attendri sur notre glorieuse et pénible destination, nous nous hâtons aujourd'hui de vous annoncer notre prochaine arrivée parmi vous, pour nous consoler, par votre présence, de n'avoir pu vous rendre les témoins de la cérémonie auguste dans laquelle nous avons consommé notre sacrifice.

Notre premier soin sera de reconnaître les ministres de toutes les églises qui composent le diocèse de l'Allier, d'en établir où il pourrait en manquer, de former les nœuds fraternels qui doivent nous unir à nos coopérateurs, afin que tous les besoins, toutes les demandes venant aboutir facilement à un même centre, le service du peuple de Dieu ne souffre point de retard, et que les secours parviennent avec célérité dans tous les cantons du diocèse dont la sollicitude générale nous est confiée. Ce travail nous deviendra facile par le zèle de tous nos confrères, par notre confiance mutuelle, par leur juste impatience de voir marcher à l'unisson les vastes débris de plusieurs diocèses, que les lois nouvelles ont réunis pour leur intérêt commun. Nous en avons pour garant les lettres nombreuses qu'ils viennent de nous adresser de toutes parts, ce tendre et flatteur empressement avec lequel ils nous

titutionnel de Paris. — Expilly, évêque constitutionnel du Finistère, sacré le 24 février 1791 par Talleyrand. — Sauriné, évêque constitutionnel des Landes, sacré le 27 février 1791.

appellent auprès d'eux, cette harmonie si désirable, si édifiante, qu'ils invoquent avec autant d'ardeur que nous-mêmes.

Ici, N. T. C. F., nous osons appeler vos regards sur nos vénérables frères, sur vos dignes pasteurs dont la conduite presque générale a excité notre admiration. Voyez avec quelle sagesse ils se sont conduits au milieu des orages qui viennent d'agiter la plupart des autres départements, et qui ont pensé renverser le superbe édifice de votre liberté, en paralysant la Constitution naissante dans sa partie la plus importante. Voyez avec quel courage ils ont bravé les menaces, les mépris affectés des puissants du siècle, avec quel discernement ils ont évité les pièges qu'on leur avait préparés avec tant d'art; comment ils ont déjoué les espérances de nos ennemis, résolus à s'ensevelir sous les ruines de la patrie, et à marquer dans l'histoire par une grande catastrophe, la perte de quelques usurpations. Rendéz d'immortelles actions de grâces au Dieu des miséricordes; car c'est son esprit qui les a dirigés et soutenus; c'est l'ouvrage de ce même Dieu dont vous tenez également et votre religion sainte, et votre liberté politique.

Cependant, comme si les bienfaits du ciel pouvaient se contrarier ou s'exclure réciproquement, on nous a environnés de terreurs, on nous a circonvenus d'insinuations perfides et mensongères. On a assimilé les réformes salutaires aux persécutions; la destruction des abus au renversement de la morale; l'obéissance éclairée et légitime à la révolte; l'horreur du fanatisme à l'apostasie, pour nous persuader qu'une constitution libre est inconciliable avec l'évangile. Ainsi les ennemis de la liberté d'une part, et d'un autre côté les ennemis de la religion, sans se concerter, ont néanmoins réuni leurs efforts contre nous, dans l'espérance criminelle et insensée d'anéantir l'une par un zèle outré et mal entendu pour l'autre.

Au milieu de tant de troubles, de tant d'agitations, de tant de calomnies, devez-vous être étonnés, N. T. C. F., que quelques-uns d'entre vos pasteurs, tristes victimes d'une conscience erronée, aient hésité ou refusé d'accomplir un devoir que leur prescrivent également les lois divines et humaines? Ils n'ont pas connu ce qu'on demandait d'eux; ils n'ont pas vu que le législateur suprême, c'est-à-dire l'Assemblée nationale et le Roi, exigeaient de leur part qu'ils s'engageassent à exercer auprès de leurs peuples les mêmes fonctions que nos prédécesseurs et nous avons toujours remplies; à leur prêcher les mêmes dogmes, les mêmes mystères, les mêmes moyens de salut, la même morale, les mêmes vertus, le même Jésus-Christ.

Mais dans une révolution qui atteint toutes les parties d'un vaste empire, lorsqu'ils n'étaient environnés que de convulsions, de prétentions exagérées, d'entreprises criminelles, de menaces artistement suggérées, une erreur qui, dans un temps calme, serait inconcevable dans un esprit réfléchi, doit se pardonner aisément. Vous ne devez pour cela, ni leur reprocher d'être mauvais citoyens, puisque la plupart d'entre eux ont donné jusqu'ici l'exemple des plus rares vertus; ni les accuser d'ignorance, puisque les hommes les plus instruits sont toujours hommes et faillibles, et que l'Eglise elle-même a condamné des erreurs échappées aux plus grands saints, qu'elle a placés néanmoins au nombre de ses docteurs.

Gardez-vous surtout, N. T. C. F., d'entreprendre sur les droits suprêmes de celui qui a déclaré qu'il n'abandonnerait point à autrui le soin de sa gloire, et qu'il se réservait, comme un attribut incommunicable, la vengeance des outrages faits à son infinie majesté : « *mihi vindicta.* » L'humanité désavoue les vexations; la religion les réprouve: la raison et l'expérience démontrent qu'elles ne servent qu'à aigrir les esprits, à irriter les passions, à obscurcir la vérité. Gardez-vous bien de persécuter ceux qui, avec l'intention sincère et même équivoque de défendre la religion qui n'est point attaquée, la déshonorent et la ruinent réellement. Les uns n'ont point été à portée d'observer de près les manœuvres impies qu'on a employées pour les rendre à leur insu et malgré eux, les instruments des plus noirs projets; les autres, fascinés, aveuglés par les jouissances de la cupidité qui leur échappent, ne peuvent voir et sonder la profondeur de la plaie qu'ils font à l'Eglise, en fournissant aux incrédules le prétexte spécieux de calomnier la foi de ses ministres. Eh! voudriez-vous justifier en quelque sorte par votre conduite, l'amertume du zèle que vous blâmez? « *Noli æmulari in malignantibus.* »

Nous vous en conjurons par les entrailles de la divine miséricorde, au nom de celui qui a mis la patience et la douceur au premier rang des vertus dont il recommande la pratique à ses disciples: « *In patientiâ, in mensuetudine.* » Imitez sa longanimité infatigable: attendez tout du temps, de la réflexion et de la grâce. Sollicitez avec ardeur et constance cette rosée céleste pour ceux mêmes de nos frères qui n'ambitionnent ou ne regrettent que la graisse de la terre, afin que, dégagés du limon grossier de l'égoïsme, ils sachent apprécier et goûter les douceurs de la liberté, non seulement civile et temporelle, mais spirituelle et divine, que notre aimable Sauveur est venu apporter aux hommes, en les délivrant du joug vraiment tyrannique du péché: « *Quâ libertate Christus nos donavit.* »

Quel temps plus propre à espérer et à obtenir cette faveur que le temps consacré plus spécialement à la prière. Sans doute la vie du vrai chrétien doit être une oraison continuelle: « *Semper orare et nunquam deficere.* » Mais continuellement entraîné vers les choses d'ici-bas, par le poids de la nature corrompue, dont la régénération ne le dépouille pas, il a besoin de secours pour s'élever jusqu'au trône du Père des lumières et l'auteur de tout don parfait. Or, le jeûne et l'aumône, dit saint Augustin, sont comme les deux ailes qui soutiennent nos prières, afin qu'elles parviennent jusqu'à Dieu par un vol plus facile et plus prompt. Et l'abstinence quadragésimale est comme le signal qui réveille la tiédeur des uns et redouble la ferveur des autres dans la pratique de ces bonnes œuvres : « *Orationibus ut ad Deum facilius volando perveniant jejunii et eleemosinæ pennas addamus.* » Nous n'accumulerons point ici les autorités et les raisonnements pour justifier l'union que nous faisons du jeûne et de l'aumône, puisque, selon la doctrine de l'Evangile, le superflu que le riche se retranche est de droit le patrimoine du pauvre.

Mais ce serait peu, N. T. C. F., que la prière, le jeûne et l'aumône partageassent le temps que vous laissent dans cette sainte quarantaine le soin indispensable de vos affaires domestiques, et la généreuse surveillance de votre patriotisme. Ce serait peu qu'une sage tolérance de votre part respectât les droits de ceux de nos frères qui ne respectent pas en vous ceux de la vérité qu'ils blasphèment, si votre conduite n'avait sa racine dans la charité qui doit unir tous les chrétiens avec Jésus-Christ, comme les membres d'un même corps avec le principe de vie qui l'anime. Sans l'action de ce feu sacré et vivifiant dans vos âmes, vous n'aurez que le simulacre de la vertu qui ne saurait soutenir les regards perçants de celui qui juge les justices ; et vous ne conserverez jamais, suivant le précepte de l'apôtre, l'unité du même esprit dans le lien de la paix : « *Sollicite servare unitatem spiritûs in vinculo pacis.* » Si, au contraire, la charité règne dans vos cœurs, en vain l'homme ennemi cherchera-t-il à semer dans le sein de l'Eglise les étincelles de la division ; en vain, ses échos crieront-ils au schisme ; en vain les ennemis de la chose publique tenteront-ils de se séparer de nous et nous porteront-ils à rompre avec eux ; nous les regarderons, nous les aimerons toujours comme des frères. Nous ne consentirons jamais à la diviser, cette robe indivisible de Jésus-Christ, image fidèle de son Eglise : nous la conserverons toujours tout entière ; et, persuadés avec les saints docteurs qu'il n'y a jamais de juste cause de rompre l'unité, nous lui demeurerons attachés jusqu'à notre dernier soupir : « *Proscindæ unitatis, nulla potest esse necessitas.* »

C'est dans ces sentiments que nous vous exhortons, N. T. C. F., à vous disposer pour manger saintement, dans la Pâque de la nouvelle alliance, ce pain des anges, qui, suivant l'expression de saint Paul, est le symbole et le lien de la concorde entre les chrétiens. « *Hunc corpus multi sumus omnes qui de uno pane participamus.* » Nous conjurons chacun des fidèles de notre Diocèse, au nom de ses plus chers intérêts, et de ceux de ses frères, de demander au ciel, par les plus ferventes prières, qu'il répande sur notre ministère ses plus saintes bénédictions, laissant au choix et au zèle de nos chers et vénérables confrères, MM. les Curés et Desservants des Paroisses, d'indiquer et faire à cet effet telle prière publique qu'ils jugeront convenable.

Et sera notre présente Lettre lue par MM. les Curés ou Vicaires au prône de la grand'messe, dans toutes les paroisses de notre Diocèse, le Dimanche qui suivra immédiatement sa réception.

Donné à Paris, le 11 mars 1791,

✝ François-Xavier LAURENT, *évêque de l'Allier.*

La Constitution civile du clergé avait supprimé les vicaires généraux et les chanoines. Mais elle prévoyait, pour assurer le service paroissial en l'église cathédrale, des vicaires, dont le nombre était de seize dans les villes de plus de 10.000 habitants, et de douze dans les autres.

Les vicaires de l'église cathédrale, avec le vicaire-supérieur et les vicaires-directeurs du séminaire, formaient le conseil habituel et permanent de l'évêque, qui ne pouvait faire aucun acte de juridiction en ce qui concernait le gouvernement du diocèse et du séminaire, qu'après en avoir délibéré avec eux.

Laurent désirait confier ces fonctions aux membres de l'ancien Chapitre de Moulins. Mais aucun n'avait prêté serment et ne voulut accepter.

Il dut s'adresser ailleurs. Il choisit comme premier vicaire Pascal-Antoine GRIMAUD.

Grimaud était né à Clermont, le 15 novembre 1736. Après avoir fait de brillantes études à Saint-Sulpice, à Paris, il avait été successivement maître de conférences de philosophie à Saint-Sulpice, professeur de philosophie au Séminaire d'Orléans, professeur de théologie au collège de Clermont, maître de conférences de théologie au collège Louis-le-Grand, à Paris, professeur de philosophie au collège de Tournon (Vivarais), principal du collège de Billom (1776-1782), enfin théologal au séminaire de Clermont (1782-1789) et chanoine au Chapitre Saint-Pierre de cette ville. Très intelligent, mais esprit agité et brouillon, Grimaud avait dû quitter Clermont à la fin de 1790, et, en décembre, il était à Paris, à la recherche d'une situation (1). C'est là que Laurent, qui le connaissait depuis longtemps, ayant été peut-être son élève au collège de Clermont, et ayant été sûrement son collègue au collège de Billom, le trouva et le prit pour son principal collaborateur.

Il choisit comme autres vicaires :

Antoine GENIN, qui commençait sa carrière et annonçait un bon prédicateur ; — Paul BENOIST, vicaire de Saint-Pierre d'Yzeure ; — Pierre-Jacques MERLE, curé de Varennes-sur-Tesche depuis 1767 ; — François BINVILLE, curé d'Aurouer depuis 1773 ; — Jean-Baptiste-Eustache VILLEFORT, premier chapelain de Saint-Pierre

(1) Francisque MEGE, *Pascal Grimaud, — Histoire d'un prêtre révolutionnaire.*

des Ménestreaux de Moulins ; — Mathieu DE SAINT QUENTIN, vicaire
de Saint-Pierre-des-Ménestreaux de Moulins ; — Jean ROUSSELET ;
vicaire à Cusset ; — Jacques-André-Haïs LETACQ, oratorien du
collège de Riom ; — Jean BRETON ; — GUILLIOT : — François
GERLE, vicaire à Ebreuil ; — Sébastien DUBARRY, doctrinaire, préfet des classes au collège de Moulins :— Jean-Baptiste LAURENT,
son neveu ; — Louis FAUCONNET ;— Pierre GOLLIAUD. curé de
Treban depuis 1775.

⁂

Moulins se prépara à recevoir dignement son nouvel évêque.

Le 7 mars, le procureur de la commune exposa que « M. Laurent, curé d'Huillaux. évêque nommé par le peuple pour le département de l'Allier, était sur le point de se rendre en cette ville ;
qu'il était du devoir et de l'honnêteté, et surtout de l'amour filial
des fidèles du chef lieu de lui préparer un logement décent et analogue à sa dignité », et en conséquence requit « que la municipalité
eût à y pourvoir et même à se concerter avec les administrateurs
des directoires des districts et du département pour faire les prépa-
ratifs convenables, et, en même temps. que les officiers municipaux eussent à régler le cérémonial de son entrée, et les honneurs qui doivent être rendus au premier pasteur de ce département, et entre autres ordonner l'illumination de la ville pendant
la nuit de son arrivée ».

La collégiale Notre-Dame fut destinée à servir de cathédrale ;
et, le 17 mars, la municipalité décida d'ouvrir le chœur, sur lequel
les scellés avaient été apposés. et d'y placer une chaire épiscopale
près le grand autel. du côté de la sacristie (1).

Le vendredi 18 mars, dans l'après midi, Laurent descendait à
Villeneuve, venant prendre possession de son siège. Le procureur-
général-syndic, Jouffret de Bonnefons, et le procureur syndic,
Perrotin, l'y attendaient pour lui souhaiter la bienvenue au nom
du département et du district.

Ils arrivèrent à Moulins vers 6 heures du soir, précédés des
officiers et cavaliers de la maréchaussée, salués par les accla-

(1) Le 4 février 1792. le Directoire du département décida la création d'une
« chaire épiscopale » dans la Cathédrale sur les devis du sieur Faullain-
Banville. (Arch. dép. Allier, L. 73, f° 53.)

mations de la foule, les salves d'artillerie et les sonneries des cloches. L'évêque descendit de sa voiture devant l'Hôpital-Général et entra dans la cour où l'attendaient réunis « les administrateurs du département, les administrateurs du district, les officiers municipaux et les notables, les juges et officiers du tribunal du district avec le commissaire du roi, les deux juges de paix avec les prudhommes et assesseurs, les membres du bureau de paix et de conciliation, le curé de Saint-Pierre avec les vicaires et marguilliers, les marguilliers seulement de la paroisse Saint-Jean, les membres de la Congrégation de la doctrine chrétienne, professeurs du collège de Moulins et plusieurs autres prêtres et ecclésiastiques avec un grand nombre de citoyens qui s'étaient réunis aux autorités. La garde nationale formait la haie ».

Le maire, du Myrat, complimenta Laurent, qui répondit. Puis un cortège se forma, qui l'accompagna jusqu'à la maison de Lomet de Lis, député à l'Assemblée nationale, rue Saint Pierre, où il devait loger provisoirement (1).

Le lendemain, 19 mars, à 10 heures du matin, la municipalité vint renouveler ses hommages. Toutes les autres autorités constituées se succédèrent pour rendre leurs devoirs à l'évêque et lui manifester l'expression de leurs sentiments.

La Société des amis de la Constitution tint également à prouver à Laurent qu'elle l'avait en très haute estime et qu'elle s'honorait de le compter parmi ses membres. Une commission composée de Dubarry, Expilly, d'Alphonse, Perrotin, Delan, Jouffret, Houdry, Santerre, Vidalin, Saint-Léger, Faye l'aîné, Douyet, Jouannot, Michelon, Delarue, Griveau, vint le complimenter en son nom. Deux discours furent prononcés, l'un par Jouffret, l'autre par d'Alphonse.

« La Société des Amis de la Constitution, dit Jouffret, nous députe auprès de vous pour vous présenter ses hommages et ses félicitations. Ils vous sont dus à bien des titres : comme évêque, comme premier évêque de ce département, comme prélat choisi par le peuple, comme élevé sur le siège épiscopal par les seuls droits que donnent le mérite et les vertus, comme un des législateurs à qui nous devons le bonheur de cette constitution, qui nous est si précieuse, comme un pasteur vigilant et éclairé, dont les écrits salutaires ont déjà dissipé les erreurs, imposé silence au fanatisme et propagé les véritables préceptes de la religion et des lois de l'Etat. »

(1) Actuellement n° 4, rue Voltaire.

« Les lois, dit à son tour d'Alphonse, fixent les rapports de l'homme avec la Société, et la religion ceux de la créature avec le Créateur. La religion et les lois sont faites pour le bonheur de l'humanité.

« Déjà vous étiez au nombre de ces législateurs qui ont su ériger en lois les droits de l'homme et du citoyen et donner à la France étonnée un code qui deviendra bientôt celui de l'univers.

« Aujourd'hui, vous êtes appelé, par le vœu d'un peuple religieux et, libre, à occuper le premier siège épiscopal du département, à faire revivre l'excellente et primitive constitution de l'Eglise et à ramener parmi nous les beaux jours du christianisme naissant. »

Le dimanche 20 mars eut lieu la cérémonie de l'intronisation.

« Elle fut annoncée, dès 6 heures du matin, par le tocsin, par plusieurs salves de canon, et par les tambours de la garde nationale.

« A 10 heures, tous les corps administratifs, judiciaires, militaires et ecclésiastiques, se rendirent à la Cathédrale; le clergé à la tête, quatre acolytes ont pris le dais destiné à l'évêque, et les marguilliers tenant les cordons. Le cortège se rendit, entre deux lignes formées par les gardes nationaux de Saint-Pourçain et de Moulins, jusqu'à la maison de l'évêque. Le dais lui fut présenté, mais il ne voulut pas marcher sous le dais, et se mit à la suite du clergé.

« Il se rendit à la cathédrale, au bruit des canons, du tocsin, des cloches et des instruments des gardes nationales; à son entrée le jeu d'orgues a fait retentir les voûtes de l'église.

« Les corps administratifs furent placés dans les hautes stalles du chœur; les membres du département et du district à leur droite; les officiers municipaux à la gauche. Les corps judiciaires à la droite dans le chœur; les autres corps militaires composés des officiers du 23ᵉ régiment de cavalerie, de la garde nationale et de la maréchaussée, à la gauche dans le chœur.

« L'évêque, revêtu de ses ornements pontificaux, célébra une grande messe paroissiale; il fit l'aspersion de l'eau bénite; il présenta, bénit et fit distribuer le pain à tous les fidèles et, pendant la messe, il se plaça, suivant les cérémonies de l'église, dans la chaire épiscopale qui lui avait été préparée à la droite du grand autel.

« Avant l'offertoire, Laurent récita le serment civique. Il jura « de veiller avec soin sur les fidèles du diocèse qui lui sont confiés, d'être fidèle à la Nation, à la loi et au Roi, et de maintenir de tout son pouvoir la constitution civile du Clergé décrétée par l'Assemblée nationale et acceptée par le Roi ».

« Puis, Pascal-Antoine Grimaud, premier vicaire, Antoine Genin, second vicaire, Jacques-André-Haïs Letaque, Jean-Baptiste-Eustache Villefort, Mathieu de Saint-Quentin et Jean Breton, tous vicaires par lui choisis, prononcèrent individuellement le même serment.

« Grimaud, premier vicaire, donne lecture de la lettre pastorale, aux grands applaudissement de tous les assistants.

« La messe terminée, tous les corps constitués, au son du tocsin, des cloches, des instruments et au bruit du canon, reconduisirent dans le même ordre et avec le dais l'évêque à son logement.

« Ils se réunirent de nouveau, à 3 h. du soir, à la Cathédrale, où ils entendirent les vêpres, et ont assisté au *Te Deum*, pendant lequel le jeu d'orgues en activité, il a été fait plusieurs salves de canons, les cloches sonnant en volée; tous les corps ont suivi la procession du Saint-Sacrement, qui a été faite autour de l'église entre deux lignes de gardes nationales de Saint-Pourçain et de Moulins; le cortège est entré dans le chœur, et les prières chantées, l'Evêque a donné la bénédiction.

« Les officiers municipaux firent illuminer le soir, et firent placer à la fenêtre, au premier du logement de l'évêque, un transparent représentant les attributs de l'Episcopat avec cette inscription au bas:

« *Virtus olim laudabatur et algebat,*
« *Nunc laudatur et remuneratur.* »

Dès son arrivée à Moulins, Laurent ajouta à la huitième page de sa « Lettre pastorale » la note suivante :

« Les directoires du département de l'Allier, du district de Moulins et la municipalité de la même ville, nous ayant exposé l'extrême cherté des vivres, vue leur demande, nous permettons à tous les fidèles de notre diocèse, d'user de fromage pendant tout le Carême, d'œufs jusqu'au mercredy de la semaine sainte inclusivement, et d'aliments gras au repas des dimanches, lundis, mardis et jeudis de chaque semaine, jusqu'au dimanche des Rameaux exclusivement, les exhortant à racheter cet adoucissement de la discipline par des aumônes plus abondantes.

« A Moulins, le 22 mars 1791,

« † F.-X. LAURENT, *Ev. de l'Allier;*
« MERLE, *vic. de la Cath.* »

Le département devait fournir à l'évêque un logement et un séminaire.

Un décret des 8-12 août 1791 l'autorisa à acheter la maison de Faucompré, « entrepreneur de manufactures », pour y établir l'évêché (1). Cette maison joignait le couvent des Augustins, où le

(1) Actuellement, 4, rue Michel-de-l'Hospital, le bâtiment affecté aux Archives départementales et aux services de l'Assistance publique.

Tribunal du district tenait ses audiences (1). On décida d'y installer le séminaire.

Le 31 août 1791, le directoire du département donna l'ordre de transférer aux Minimes les papiers et le mobilier du ci-devant bureau des finances et du tribunal du district, et l'immeuble fut livré à J.-S. Souterre, adjudicataire des travaux sous la direction de l'ingénieur Faullain de Banville. Il semble que ces travaux durèrent longtemps, et ne furent pas terminés avant l'été de 1792. Le 20 septembre 1792, le département autorisa le district de Moulins à prendre, dans les maisons qui venaient d'être évacuées par les religieuses, les meubles pouvant convenir à l'ameublement du séminaire.

Laurent désigna comme vicaire-supérieur Gervais Berrut, doctrinaire, recteur du Collège, qui prêta serment le 24 avril 1791. Le 25 mars 1792, un sieur Bouchardon prêta également serment en qualité de vicaire-directeur.

*
* *

L'entrée de François Xavier Laurent à Moulins avait été un véritable triomphe. Dès le lendemain, les difficultés commencèrent.

Après un long silence, Pie VI se décida à parler. Par deux brefs, l'un daté du 10 mars 1791, en réponse aux évêques signataires de l' « *Exposition des Principes* », l'autre daté du 13 avril 1791, adressé au roi, aux évêques, aux prêtres et au peuple de France, il condamna formellement la Constitution civile du clergé. Dans ce dernier, le pape frappait de suspension tout jureur qui ne se serait pas rétracté dans l'espace de quarante jours ; il déclarait nulles les élections épiscopales, sacrilèges les consécrations; il proclamait formellement nulles les élections aux églises paroissiales ; il suspendait de l'ordre épiscopal les prélats consécrateurs, à savoir, les évêques d'Autun, de Lydda, de Babylone. Le jugement était porté nominativement contre plusieurs évêques élus, notamment Laurent, et contre l'érection du nouveau diocèse de Moulins.

Pour Laurent, Rome parlait trop tard : l'irréparable était accompli. Il estima qu'il ne pouvait plus abandonner ces fonctions, où la confiance des Électeurs l'avait appelé. Plus que jamais sa

(1) Il n'en reste presque plus rien aujourd'hui.

présence à la tête du diocèse lui paraissait nécessaire pour conjurer la guerre civile pour servir ce qu'il croyait être les intérêts de la religion, et pour permettre dans la paix la consolidation de la Constitution politique que la France venait de se donner.

En votant la Constitution civile du clergé, en lui jurant fidélité, Laurent n'avait pas cédé à un mouvement irréfléchi ou à un sentiment de crainte. Il avait obéi à une opinion longuement mûrie, qu'il avait proclamée publiquement en réponse à la déclaration des évêques ; il ne crut pas devoir s'incliner devant la décision pontificale.

Cependant, le refus de l'abbé des Gallois de la Tour, l'influence de Tridon, député à l'Assemblée nationale, qui s'était séparé de ses collègues, avaient déjà amené des hésitations chez beaucoup de curés qui avaient prêté le serment ; la condamnation par Rome entraîna des défections.

D'abord, les plus timorés, qui jouissaient d'une petite aisance, se retiraient sans bruit ; d'autres, alléguant leur grand âge ou quelque infirmité physique les rendant incapables de continuer plus longtemps l'exercice de leur ministère, demandaient à être mis à la retraite. Puis il y eut des rétractations bruyantes. Certains curés refusèrent de reconnaître la juridiction du nouvel évêque et de donner lecture de son mandement. D'autres répandaient clandestinement des instructions interdisant de lui obéir.

On a retrouvé dans les papiers de Philippe Papon, curé de Contigny, une « *Instruction familière pour la campagne* », rédigée sous forme de catéchisme, qui montre comment était combattue auprès des fidèles l'autorité du clergé constitutionnel (1).

    « *Qu'est-ce qu'un évêque intrus ?* — C'est celui qui a usurpé un diocèse gouverné jusque-là par un évêque légitime.

    « *Qu'est-ce qu'un curé intrus ?* — C'est celui qui s'est emparé d'une paroisse gouvernée jusque-là par un curé légitime.

    « *Comment Jésus-Christ nomme-t-il les intrus ?* — Voleurs et frippons.

    « *Pourquoi ?* — Parce qu'ils volent à Dieu les âmes que Jésus-Christ a acquises au prix de son sang.

    « *Comment volent-ils les âmes à Dieu ?* — En les rendant schismatiques.

    « *Les évêques et les curés intrus sont-ils schismatiques ?* — Oui, ils

---

(1) **Archives départementales de l'Allier, L. 1037.**

sont schismatiques par le seul fait de leur intrusion, et par
conséquent excommuniés.

« *Les évêques et les curés placés en vertu de la nouvelle constitution
de la France sont-ils des intrus?* — Oui, puisqu'ils ne sont
point envoyés, ni députés par l'Eglise, à qui seule Jésus-
Christ en a donné le pouvoir.

« *Les évêques intrus n'ont-ils donc aucun pouvoir?* — Non.

« *Ne sont-ils pas évêques?* — Ils en ont reçu l'ordination, mais non
pas la juridiction.

« *Les évêques intrus ne sont-ils pas dans la communion du Pape?*
— Non: quoiqu'ils le disent; tous les hérétiques l'ont dit
comme eux, pour tromper les fidèles.

« *Les intrus ne sont donc pas de vrais pasteurs dans l'Eglise de Dieu?*
— Non, pas plus que les ministres des Huguenots.

« *Y a-t-il du danger pour ceux qui les suivent?* — Il y en a beaucoup.

« *Quels sont ces dangers?* — Le premier, c'est qu'ils deviennent
schismatiques avec eux.

« *Comment cela?* — Parce qu'ils cessent d'écouter la voix de l'E-
glise, et que par là même, ils doivent être regardés comme
des païens et des publicains.

« *A quels autres dangers s'expose-t-on en suivant les curés intrus?*
— A la profanation, en leur demandant les sacrements, et
les recevant de leurs mains. »

Dans les paroisses, curés constitutionnels et curés insermentés
se disputaient les presbytères, les églises, les objets du culte ; les
fidèles se dressaient les uns contre les autres.

Au printemps de 1792, la situation s'aggrava encore. La récolte
avait été généralement mauvaise en 1791, les grains surtout man-
quaient, et dans beaucoup de localités on souffrait de la disette.
Les denrées de toute sorte se vendaient à des prix exorbitants. En
outre, la levée de 300.000 hommes prescrite par le décret du 24
janvier 1792 était mal vue dans les campagnes. Le terrain était
donc admirablement préparé pour une insurrection. A Cressanges,
à Saint-Hilaire, à Bourbon-l'Archambault, à Bizeneuille, il y eut
des troubles sérieux.

A Moulins même, le 25 avril 1792, l'évêque, qui s'était rendu
à l'hôpital général pour présider une cérémonie, fut accueillie par
les clameurs injurieuses des pauvres de cet établissement et dut
se retirer.

Pour ramener l'ordre, le directoire du département se vit dans
la dure nécessité de prendre des mesures de rigueur contre les

prêtres insermentés, de déférer les uns au tribunal criminel, et de faire incarcérer les autres.

Laurent était profondément affligé de la situation lamentable de son diocèse. En vain, il faisait appel à la paix, au respect des lois, à la tolérance. La guerre civile étendait ses ravages dans tout le département, et à la révolte répondait la persécution.

Et, comme si les attaques de ses adversaires ne suffisaient pas, il eut à subir les intempérances de caractère de son principal collaborateur. Le premier vicaire de la Cathédrale, Pascal Grimaud, aurait pu, grâce à son intelligence et à son expérience, rendre de grands services à l'évêque. Mais il avait un caractère difficile ; il chercha à s'ingérer plus que de raison dans les affaires du diocèse, et même quelquefois dans celles du département. Il finit par amener des heurts et des conflits, et par entrer en lutte ouverte avec Laurent, qui dut, le 23 octobre 1792, sur l'avis du conseil épiscopal, le destituer de ses fonctions.

Les griefs articulés étaient nombreux :

« 1° Il a tenté en différentes circonstances de faire perdre injustement la confiance du peuple aux corps administratifs, ainsi qu'à la municipalité, en lui reprochant publiquement dans la personne d'un officier municipal, avec des juremens et des injures atroces, de n'avoir pas publié une loi dont ils n'avaient pas même encore reçu la rédaction ; — 2° il a insulté habituellement par des injures grossières un très grand nombre de citoyens et indistinctement les plus honnêtes et les plus patriotes ; — 3° sans en dire les raisons à l'évêque ni au Conseil, il s'est arbitrairement absenté de ses fonctions et notamment dans les derniers temps le 31 août, les 2, 7, 14, 16, 21, 23, 26 au 30 septembre ; — 4° le cinq octobre dernier, il a paru en état d'ivresse au Conseil, où il a insulté l'évêque qui ne lui parlait pas, et injurié grossièrement ceux qui ont voulu le faire rentrer dans les bornes de la décence ; — 5° le 7 octobre, pendant la messe paroissiale, il a empêché l'évêque de faire une partie de ses fonctions, en refusant scandaleusement de se conformer à la liturgie et méprisant les avis réitérés du maître des cérémonies, ce dont le public a été troublé et indigné ; — 6° le 14 octobre, il a fait dégénérer le service paroissial en une farce scandaleuse pour tous les assistans, en essayant d'empêcher l'évêque de faire ses fonctions, en le troublant dans ces mêmes fonctions, en refusant de remplir celles que lui imposait le missel même qu'il avait sous les yeux et que l'évêque et son Conseil ont prescrit à tous.... (1). »

(1) **Archives départementales de l'Allier, L. 168, 1.**

Grimaud n'était pas homme à s'incliner. Il déféra la décision épiscopale à la Convention, se présentant comme l'innocente victime d'autorités réactionnaires.

Sur le rapport du Comité de Législation présenté par Cambacérès, cette assemblée, dans sa séance du 1er mars 1793, passa tout d'abord à l'ordre du jour, par le motif que l'affaire n'était pas de sa compétence et que Grimaud pouvait appeler comme d'abus devant le tribunal du district de la sentence rendue par le Conseil épiscopal de l'Allier. Mais deux représentants du Puy-de-Dôme, Bancal des Issarts et Couthon, attaquèrent avec la plus grande vivacité la décision de l'évêque de l'Allier, la qualifiant d'arbitraire et d'inique, et demandant son annulation. Couthon surtout insista fortement en se basant sur ce point que la décision épiscopale avait été prise sans que Grimaud eût été entendu (on l'avait même, disait-il, chassé de la salle d'audience), et sans que les pièces du procès lui eussent été communiquées. « Du reste, ajoutait-il, je connais Grimaud : c'est un excellent patriote ; et il n'y a que des Feuillants, des hommes jaloux de son talent, qui puissent le persécuter. » Revenant sur son premier acte, la Convention, le 4 mars suivant, sans se prononcer toutefois sur le fait même de la destitution, décida provisoirement que le citoyen Grimaud continuerait à toucher son traitement.

Grimaud porta alors la décision épiscopale devant le tribunal du district de Moulins, qui déclara qu'il y avait abus et le maintint dans ses fonctions.

*
* *

Malgré les difficultés, les défections, les attaques, Laurent exerçait consciencieusement son ministère.

Dans sa réponse à l' « *Exposition des Principes* », il avait tracé le portrait de l'évêque tel que le désiraient alors les vœux unanimes des fidèles :

« Oh ! si le premier pasteur vivait au milieu de son clergé ! s'il célébrait avec lui les saints mystères ; s'il distribuait lui-même le pain de la parole dans sa ville principale ; s'il parcourait de temps en temps toutes les parties de son diocèse, et que les tristes campagnes ne fussent pas privées, pendant un demi-siècle, de sa présence, de son exemple, de ses avis, de ses consolations, et surtout du sacrement qu'il est seul dans l'usage de conférer ! S'il rassemblait de temps en temps autour de lui ses coopérateurs, non pour leur intimer, avec emphase et à la manière des despotes des nations, des ordres arbitraires qu'aussi bien ils n'exécutent pas, mais pour prendre leurs conseils, ranimer leur zèle et le sien; concerter, avec un accord plein de charité, les moyens de procurer les progrès d'une religion qui est tout amour et bienfaisance. Si les jeunes clercs, l'espérance de l'Eglise, étaient élevés sous ses yeux et formés par la puissante leçon de ses vertus! Si les ministres d'une doctrine qui proscrit le luxe et l'amour des richesses, se présentaient au peuple, non dans l'appareil et avec le faste de l'opulence, mais dans la modeste et grave simplicité qui convient seule à leur caractère, à leurs fonctions infiniment sérieuses! »

Il s'efforçait d'être ce pasteur, vivant au milieu de son clergé, prenant part aux cérémonies de sa paroisse, prêchant, administrant les sacrements, portant à travers le diocèse des paroles de paix et de consolation, donnant à tous l'exemple du zèle et du dévouement.

Sa première visite fut pour Huillaux. Les 6 et 10 mai 1791, il assista dans cette paroisse à des enterrements, et il signa les actes de sépulture : « ✝ F.-X Laurent. Evêque du dép. de l'Allier. »

Nous trouvons trace également de son passage à Saint-Pourçain, le 5 janvier 1792 (1), et à Saint-Menoux, le 16 avril suivant (2).

Laurent procéda à une ordination, le Samedi-Saint, 23 avril 1791, dans l'église des Augustins (3). Il semble que ce fut la seule.

En 1793, le calme revint dans le diocèse. Les prêtres réfractaires avaient émigré ou se cachaient par crainte de la déportation. Presque toutes les paroisses étaient pourvues de desservants assermentés. Et le 5 juin 1793, le commissaire observateur Diannyère signalait que ceux-ci avaient encore de l'influence. « La classe peu fortunée les écoute, les suit, leur obéit, et, à Moulins, les

____

(1) C. GRÉGOIRE, *Le Canton de Saint-Pourçain pendant la Révolution*, page 140.

(2) A cette occasion, Laurent fit un baptème. « Le 16 avril 1792, a été baptisé par nous François-Xavier, évêque du département de l'Allier, étant dans le cours de nos visites pour administrer le sacrement de confirmation aux paroissiens de Saint-Menoux et du canton, Jean, né du jour, fils légitime de Gilbert Charpy... » (E. DELAIGUE, *La Révolution à Saint-Menoux*, pp. 68-69.)

(3) *Journal d'un Bourgeois de Moulins*. (Curiosités Bourbonnaises, XIII, page 41.)

femmes qui ne vont pas à la Cathédrale passent pour n'être pas patriotes. »

Les deux commissaires-observateurs indiquaient également à cette même date qu'aucun prêtre n'était marié dans le département. « Mais on assure, ajoutait Garnier, qu'il y en aura cinq ou six sous fort peu de temps. L'évêque, pour encourager tous les ecclésiastiques de son diocèse à se marier, et pour leur faire secouer entièrement le préjugé qui les en éloigne, est décidé à conférer la prêtrise, avant la fin de cette année, à plusieurs hommes mariés. Je tiens ceci de l'évêque même. »

Je ne sais quelle peut être la valeur de l'allégation de Garnier, car rien ne vint la confirmer dans la suite.

Le 26 septembre 1793, Fouché arriva à Moulins, se disant chargé par la Convention nationale « d'être l'apôtre de la liberté dans les départements du centre et de l'ouest, et d'y substituer aux cultes superstitieux et hypocrites, auxquels le peuple tenait encore malheureusement, celui de la République et de la morale nationale. » Il se livra aussitôt à un véritable accès de rage antireligieuse. « .... Une procession s'était formée qui, dirigée par l'ex-séminariste, se mit à abattre tous les signes extérieurs du culte, croix, statues, calvaires ; on draîna les sacristies, on fit au cours de Bercy un amas de chasubles, chapes et autres ornements sacrés, jusqu'à des voiles de religieuses, qui furent brûlés pendant que la bande d'iconoclastes, l'ex-confrère de l'Oratoire en tête, dansait une ronde folle autour des déguisements flambants de la superstition.... (1). »

Dans le but de déchristianiser le département, il prit une série d'arrêtés contre les prêtres, contre les églises, contre les cérémonies du culte.

Quatre jours après, le 30 septembre, il pouvait écrire au Comité de Salut public :

« Les prêtres et leurs idoles sont rentrés dans les temples ; l'œil du républicain n'est plus frappé que des signes de la régénération, des attributs de la puissance et de l'immortalité du peuple. Des fêtes civiques, des spectacles, où les vertus et le malheur sont honorés, remplissent aujourd'hui le vide immense des jours que le fanatisme seul avait consacrés à son profit (2). »

(1) Madelin « Fouché », tome I, pp. 103 et 104.
(2) Archives nationales A. F. II, 169.

Contrairement à ce que certains historiens ont avancé, Laurent ne prit aucune part aux fêtes organisées par Fouché. Il semble même que le représentant du peuple n'eut aucun rapport avec lui pendant son séjour à Moulins. Si, personnellement, il n'encourut pas les foudres du dictateur, un de ses vicaires, Dubarry, qui était président de l'administration du département, fut révoqué et remplacé par l'ennemi acharné de l'évêque, Grimaud.

La situation devenait de jour en jour plus difficile pour le clergé. On ne distinguait plus entre assermentés ou insermentés, tous les prêtres étaient suspects. Tout ce qui touchait à la religion était tourné en dérision ou proscrit.

Dans sa séance du 10 octobre, la Société populaire arrêta que l'évêque porterait à l'avenir dans ses offices, au lieu de la mitre, le bonnet rouge, et, au lieu de sa crosse, une pique. L'arrêté fut notifié sur le champ à Laurent, qui comprit alors qu'il ne lui était plus possible d'exercer décemment ses fonctions épiscopales. Il ne les avait acceptées que pour faire du bien et servir une cause qu'il croyait juste, il ne pouvait se prêter à des manifestations de ce genre, dont il comprenait tout le ridicule. Mais, d'autre part, refuser d'obéir à de telles injonctions, c'était encourir les colères des violents qui avaient pris la direction politique du département et se classer irrémédiablement parmi les suspects.

Le mieux était donc de partir, d'autant plus que le culte public avait cessé presque partout et que les églises, fermées aux fidèles, devenaient les temples de la Déesse Raison. Mais, avant de rentrer dans l'obscurité, d'où l'avait tiré le vœu de ses concitoyens, et d'y trouver enfin le repos auquel il aspirait, il avait encore à subir d'autres épreuves.

Avant de quitter Moulins, Fouché avait établi un Comité de surveillance de quinze membres, chargé de continuer son œuvre révolutionnaire. Ce comité invita tous les prêtres de la commune à comparaître devant lui pour se démettre de leurs fonctions. C'était un ordre, et la plupart durent s'y soumettre.

Le 22 brumaire an II, commença la série des abjurations. Elles se succédèrent durant plusieurs semaines. C'est Batissier, curé de Saint-Nicolas, qui le premier vint déposer sur le bureau « les hochets de l'orgueil sacerdotal et les aliments du fanatisme ». Pascal Grimaud suivit le même jour.

Le 25 brumaire, François-Xavier Laurent se présenta à son tour et déposa sur le bureau une médaille de bronze, « où est représenté la cession des privilèges dans la nuit du 5 août 1790 (*sic*), qui lui avait été donnée comme membre de l'Assemblée Constituante, mais qui est souillée par l'effigie du traître Capet », deux mitres, l'une en moire d'or, l'autre en moire d'argent, et sa crosse en cuivre doré. Un membre sollicita pour lui une indemnité relative à la valeur de ces objets. Mais le Comité repoussa la demande, « sur ce que 12.000 livres de rente n'avaient pu être accordées aux Evêques qu'à la condition qu'ils achéteraient les outils de leur métier ; en payant la journée d'un maçon, on ne paye pas à part sa truelle et son marteau ». (1).

Enfin, le 28 brumaire, Laurent confirma sa démission par la lettre suivante (2) :

« RÉPUBLICAINS,

« J'acceptai l'évêché du département de l'Allier pour tout le temps où, dans cette place, je pourrais servir la cause de la liberté. Aujourd'hui que je juge mes fonctions inutiles, et même nuisibles à la consolidation de la République, je les abdique, avec la conscience d'en avoir constamment dirigé l'influence au rétablissement de l'égalité entre les hommes. Je renonce également à toute fonction sacerdotale.

« Salut et fraternité !

« F.-X. LAURENT,
« *Citoyen de la République Française,*
« *Vrai Sans-Culotte* »

La plupart des vicaires de la Cathédrale vinrent également abjurer devant le Comité de surveillance : le 26 brumaire, Gervais Berrut et Mathieu Saint-Quentin (3) ; le 29 brumaire, Jean Breton (4) ; le 5 frimaire, Eustache-Jean Villefort (5) ; le 21 frimaire, Jean-Baptiste Laurent (6).

---

(1) Archives départementales Allier, L. 850.

(2) J. CORNILLON, *Le Bourbonnais et la Révolution française*, IV, page 70.

(3) Mathieu Saint-Quentin épousa, le 11 nivôse an II, à Moulins, Madeleine Urban.

(4) Jean Breton avait été élu curé de Martilly, le 13 brumaire précédent.

(5) Eustache-Jean Villefort fit à la municipalité de Moulins, le 26 fructidor an III, une déclaration pour exercer le culte catholique dans l'église Saint-Nicolas. Au Concordat, il était curé de Chevagnes.

(6) Jean-Baptiste Laurent renonça complètement au ministère ecclésias-

Grimaud se jeta dans les rangs des terroristes les plus exaltés. Il s'attacha intimement à Fouché, qui l'emmena à Lyon pour faire partie de la Commission révolutionnaire temporaire, où il siégea du 24 frimaire au 10 germinal an II. A son retour à Moulins, il fut l'objet de dénonciations, et en qualité de ci-devant prêtre et chanoine, malgré ses exploits à Ville-Affranchie, le Directoire du département prononça contre lui la déportation (1). Grimaud fut détenu quelques mois à Rochefort, puis transféré dans une prison à Paris. Il fut sauvé par le 9 thermidor (2).

Quant à Dubarry, il fut, malgré ses véhémentes protestations, déporté également à l'île d'Aix, où il mourut.

Au Concordat, aucun des anciens vicaires de la Cathédrale ne fut réintégré dans le clergé du diocèse.

Le 7 frimaire, an II, Garnier pouvait rendre compte au Ministre de l'Intérieur que toutes les églises de Moulins étaient fermées. « L'évêque, la plupart de ses vicaires, les curés et autres prêtres ont renoncé à l'exercice de toutes les fonctions épiscopales et sacerdotales, et ont remis leurs lettres de prêtrise à la municipalité. »

Dans la même lettre, il racontait que, le 1 frimaire, 130 hommes de l'armée révolutionnaire de Moulins, partant pour Ville-Affranchie, s'étaient présentés à la Société populaire et avaient défilé dans la salle de ses séances : les deux sapeurs étaient coiffés des deux mîtres du ci-devant évêque de l'Allier, et sa crosse en vermeil servait de canne au tambour major.

Laurent avait été élu membre du conseil général de la Commune de Moulins, le 24 novembre 1791. Le 6 octobre 1793, en qualité de premier notable, il fut appelé à occuper une place vacante d'officier municipal.

Il remplit ces fonctions très assidûment jusqu'au 15 floréal an II.

tique et se fit entrepreneur de travaux publics. Il se maria le 18 fructidor an IX avec Marie-Rosette Delachaussée et eut quatre enfants. Il mourut à la Grange Champfeu (C^{ne} d'Avermes), le 1er novembre 1826.

(1) Pierre FLAMENT, *Lettres inédites de Pascal-Antoine Grimaud, vicaire épiscopal du département de l'Allier, membre de la Commission temporaire de Lyon (décembre 1793-mai 1794)*. Moulins, *Curiosités bourbonnaises*, XXIII, 1911.

(2) Il vécut quelques années à Paris, où il avait trouvé un modeste emploi, puis il revint à Clermont en messidor an V, et il mourut dans cette ville le 21 brumaire an VIII.

Pour la première fois, ce jour-là, il n'assista pas à la séance. Il y fut précisément donné lecture d'un arrêté du représentant du peuple Vernerey relativement aux anciens ecclésiastiques.

« Le représentant du peuple dans les départements de la Creuse et de l'Allier,

« Considérant que plusieurs ecclésiastiques ci-devant curés et vicaires des départements circonvoisins se sont depuis quelque temps retirés dans différentes communes du département de la Creuse, où leur séjour trouble la tranquillité qui jusqu'alors n'y avait point été altérée;

« Considérant que les ci-devant curés ou vicaires des différentes paroisses du département de la Creuse et de l'Allier, qui ont cessé leurs fonctions, et qui, n'étant ni originaires ni propriétaires desdites paroisses, ne peuvent avoir aucun motif légitime qui les oblige à y continuer leur séjour ou résidence;

« Considérant enfin que le fanatisme a déjà fait des plaies assez profondes et causé d'assez grands maux dans quelques départements de la République, pour qu'il importe de ne pas lui fournir des aliments et l'occasion de les renouveller dans les départements de la Creuse et de l'Allier, où il expire sans convulsion;

« Arrête ce qui suit:

« ART. 1. — Les ci-devant curés ou vicaires des différentes paroisses des départements de la Creuse et de l'Allier, qui ont cessé leurs fonctions et qui ne sont ni originaires ni propriétaires d'une maison ou de dix arpents de terre dans ces paroisses, seront tenus de se retirer dans le mois au lieu de leur naissance ou de leur famille, ou à trois lieues au moins du territoire des paroisses où ils exerçaient leurs fonctions, à peine d'être regardés comme suspects.

« ART. 2. — Tous autres ecclésiastiques, ci-devant curés ou vicaires, qui ne constateront pas par acte authentique être originaires ou propriétaires dans l'étendue des départements de la Creuse ou de l'Allier, et qui y ont établi leurs domiciles depuis trois mois hors leurs familles, qui ne s'étendra pas au-delà des frères et sœurs, seront tenus sous quinzaine d'évacuer le territoire de ces deux départements, à peine d'être punis par la réclusion comme suspects par le seul fait de leur résidence......

« Fait à Bourganeuf, le 15 ventôse, an II (1). »

Une discussion s'ouvrit sur les anciens ecclésiastiques résidant à Moulins, qui étaient atteints par cet arrêté, et le Conseil général estima que Grimaud, Laurent oncle, Laurent neveu, Baron et Bu-

____

(1) Archives départementales Allier, L. 115, 2.

taud devraient sur le champ s'éloigner de trois lieues de cette
commune ou se retirer dans leur pays natal.

François-Xavier Laurent s'inclina devant cette injonction et se
réfugia à Mibonnet, commune d'Yzeure.

Le 19 juillet 1792, l'Assemblée législative, « considérant que les
ci-devant palais épiscopaux sont, par leur étendue, un logement
superflu pour les évêques actuels ; que leur somptuosité est peu
convenable à la simplicité de leur état, et l'entretien trop disproportionné à leurs revenus ; qu'il est nécessaire de les débarrasser
d'une jouissance évidemment onéreuse », avait ordonné la vente
au profit de la Nation des palais épiscopaux, accordant en échange
annuellement à chaque évêque pour lui tenir lieu de logement, un
dixième en sus de son traitement.

La maison épiscopale de Moulins fut vendue, le 14 janvier 1793,
moyennant 24.400 livres, à Chabre, qui semble l'avoir laissée provisoirement à la disposition de l'évêque. Mais Laurent dut songer
dès lors à se procurer une autre résidence, et l'occasion se présenta
pour lui de se fixer en même temps définitivement dans le Bourbonnais, devenu sa patrie d'adoption.

Avant 1789, il existait, sur le territoire de la paroisse d'Yzeure,
au lieu de Mibonnet, une chapelle dédiée à Notre-Dame. C'était
un lieu de pélerinage assez fréquenté. Chaque année, le 28 juillet,
les fidèles de Moulins qui revenaient de la procession de Saint-
Roch à Montbeugny, s'y arrêtaient pour y entendre les vêpres.
A la chapelle était attenante une maison, destinée à un desservant.

Les immeubles de la Confrérie de Notre-Dame de Mibonnet furent vendus comme biens nationaux, le 19 mai 1792, moyennant
5.000 livres, à Jean-Joseph Girard, propriétaire à Moulins. Le 20
novembre suivant, Laurent s'en rendit acquéreur aux mêmes charges, clauses, et conditions.

Par le même acte, il acheta à Jean-Jacques-Claude-Marie Girard,
receveur des consignations du district, fils du précédent, le domaine
de « l'Allieau », voisin de Mibonnet, moyennant la somme de
22.150 livres (1).

(1) Acte passé Bougarel, notaire à Moulins, le 22 novembre 1792. Minutes
déposées à l'étude de M⁰ Gautherin, à Moulins.

Ce domaine provenait des Carmes de Moulins et avait été adjugé comme bien national, le 22 janvier 1791, à Saulnier père, pour 21.000 livres.

Quelques mois plus tard, le 18 juillet 1793, Laurent revendit toute la propriété à Jean-Jacques-Claude-Marie Girard et à Agnès-Marie-Anne-Cécile Goyard, son épouse, sous forme de constitution de rente viagère.

Aux termes de cet acte,

« Le vendeur se réserve expressément la jouissance, sa vie durant, du lieu et dépendance de Mibonnet et d'une pièce de terre de 30 boisselées y joignante et dépendante du domaine de l'Allieau, pour le dit vendeur en jouir, faire et disposer pendant sa vie, ainsi qu'il avisera et à son décès, la propriété appartiendra à l'acquéreur.

« Le vendeur pourra faire tels démolitions et changements qu'il avisera dans les bâtiments et se servir des matériaux qui existent pour faire toutes constructions nouvelles, même les échanger, sans que l'acquéreur puisse s'en plaindre ni s'y opposer en aucune manière, pourvu que l'emploi des dits matériaux soit fait en constructions, améliorations ou changements, desquels bâtiments et héritages il jouira comme un bon père de famille doit en jouir et sera tenu de toutes réparations-usufruitières, sans qu'il n'y en ait aucune à la charge des acquéreurs.

« Le vendeur pourra faire dans le terrain, dont la jouissance lui demeure réservée, tels changements, plantations, et semences que bon lui semblera, même arracher tous arbres et haies, et au décès du vendeur les acquéreurs en entreront en possession dans l'état que le tout se trouvera.

« Les acquéreurs jouiront du domaine de l'Allieau dès ce jour, percevront les récoltes de la présente année tant cueillies qu'à cueillir, laisseront jouir le métayer pendant le temps qu'il a le droit de jouir, si mieux n'aiment les acquéreurs prendre avec lui tels arrangements qu'ils aviseront.

« Le vendeur se réserve aussi le droit de faire pacager pendant sa vie deux vaches et un cheval, ou trois vaches, à son choix, dans tous les pacages et avec les bestiaux du domaine de l'Allieau, et de celui des Segauds.

« Charges et conditions : 1° Les acquéreurs paieront toutes les impositions foncières auxquelles le domaine de l'Allieau et le lieu de Mibonnet sont et seront assujettis et toutes les impositions mobilières dont serait tenu le vendeur à cause du dit lieu de Mibonnet. Néanmoins, toutes impositions mobilières qui seraient données au vendeur à raison d'un revenu quelconque non provenant desdits lieux de Mibonnet et de l'Allieau, demeurent expressément à la charge du vendeur ; — 2° fournir et délivrer au vendeur chaque année, pendant sa vie naturelle seulement, au plus tard dans le courant de décembre, rendu conduit au domicile du vendeur, à Moulins ou à Mibonnet, et à son choix, 100 boisseaux de blé seigle et 20 boisseaux froment mesure Moulins, 4.000 de foin de bonne qualité, 100 bottes de paille de seigle de 15 livres chacune, le tout provenant des récoltes du domaine de l'Allieau, 8 cordes de bois de brûle, essence chêne, et 100 fagots marchand. La première délivrance sera faite dès décembre 1793 ; — 3° moyennant le prix et somme de 1.000 livres de rente et pension viagère franche de toutes impositions que les acquéreurs promettent de payer chaque année pendant sa vie naturelle en deux termes égaux, Noël et Saint-Jean, le premier à Noël 1793 ; — 4° à la charge par les acquéreurs de payer aux héritiers du vendeur s'il n'en a disposé autrement avant sa mort, la somme de 10.000 livres, savoir 5.000 livres trois ans après le décès du vendeur, 5.000 livres six ans après le décès, intérêts au denier vingt. — Le vendeur s'est réservé en outre de faire couper tous les joncs qui croîtront dans les héritages non clos dudit domaine (1). »

Laurent se retira donc, à la fin de nivose an II, dans cette propriété de Mibonnet. Nulle résidence ne convenait mieux pour abriter sa retraite que cette petite maison, assisé sur le versant qui domine la vallée de l'Allier, à l'ombre du campanile de la vieille chapelle, au fond d'un vaste enclos, environné de haies vives, planté de marronniers et orné d'une charmille de soixante toises de longueur (2).

Il pouvait espérer trouver là l'oubli et la paix. Mais la Terreur sévissait avec rage et les fonctions élevées qu'il avait exercées le désignaient aux suspicions.

Pour éviter l'exil et la transportation, il ne suffisait pas qu'il ait renoncé à son ministère, qu'il ait abjuré publiquement, qu'il ait livré les attributs de son épiscopat, il fallait qu'il donne un gage plus évident encore de sa sécularisation ; et, pour satisfaire aux décrets, il dut, le 4 fructidor an II, (21 août 1794), à une heure matinale, et en présence de quatre témoins illettrés, épouser sa domestique. Tout, dans cet acte, dénote manifestement qu'il s'a gissait là d'une formalité civile, sans importance à ses yeux, que Laurent subissait pour garantir définitivement sa tranquillité.

(1) Acte passé Bougarel, notaire à Moulins le 18 juillet 1793. Minutes déposées à l'étude de Mᵉ Gautherin, à Moulins.
(2) Arch. départementales Allier, Q. 26, travée 64, casier 1 à 4.

« Aujourd'hui, quatre fructidor, l'an deux de la République une et indivisible, à sept heures du matin, par devant moi, Charles-François Bujon, membre du conseil général de la commune d'Yzeure, élu le 6 nivôse, à l'effet de recevoir les actes destinés à constater les naissances, mariages et décès des citoyens, sont comparus en la maison commune pour contracter mariage, d'une part François-Xavier Laurent, cultivateur, âgé de quarante-neuf ans, fils légitime de feu Pierre Laurent et de défunte Marguerite Monteil, demeurant au lieu de Mibonnet, commune d'Yzeure ; d'autre part Martine Bayard, âgée de trente-neuf ans, fille légitime de défunt Gilbert Bayard, et de défunte Pierrette Devaux, demeurant audit lieu de Mibonnet, susdite commune d'Yzeure, lesquels futurs conjoints étaient accompagnés de Jean Orphelin, cultivateur, âgé de trente-cinq ans, de Jean Vif, âgé de cinquante-cinq ans, de Jean Bourachot, âgé de quarante ans, et de Jean Protat, âgé de quarante-cinq ans, les uns et les autres demeurant audit lieu de Mibonnet, susdite commune d'Yzeure, moi, Charles-François Bujon, après avoir fait lecture en présence des parties et desdits témoins, primo de l'acte de naissance de François-Xavier Laurent, en date du vingt-cinq novembre mil sept cent quarante quatre (vieux style), par lequel il constate qu'il est né en la commune de Marcenat, district de Murat, département du Cantal, du légitime mariage d'entre Pierre Laurent et Marguerite Monteil, secundo de l'acte de naissance de Martine Bayard, en date du dix-sept août mil sept cent cinquante cinq (vieux style), par lequel il constate qu'elle est née en la commune de Saligny, district de Val-Libre, département de l'Allier, du légitime mariage d'entre Gilbert Bayard et Pierrette Devaux, ses père et mère ; tertio de l'acte de publication de promesse de mariage, dressé par l'officier public de la commune de Moulins, lieu de résidence abandonné depuis trois mois par les conjoints futurs, en date du premier fructidor présent mois et affiché le même jour à la porte de la Maison commune de Moulins ; quarto, de l'acte de publication de promesse de mariage dressé par moi, Charles-François Bujon, officier public de la commune d'Yzeure, lieu de la résidence actuelle des parties, le premier fructidor présent mois, et affiché le même jour à la principale porte de la Maison commune. Et après que François-Xavier Laurent et Martine Bayard ont eu déclaré à haute voix se prendre mutuellement pour époux, j'ai prononcé au nom de la loi que François-Xavier Laurent et Martine Bayard sont unis en mariage, et j'ai rédigé le présent acte que les parties et les témoins n'ont su signer de ce enquis, excepté le citoyen François-Xavier Laurent, qui a avec moi signé. Fait en la Maison commune d'Yzeure, les jour, mois et an ci-dessus (1). »

« F.-X. LAURENT, *cultivateur*.   BUJON, *officier public*. »

(1) Registres de l'Etat-Civil de la commune d'Yzeure, an II.

Complètement retiré de la vie publique, Laurent vécut à Mibonnet près de dix années, entouré de la considération générale.

En brumaire an VI, il déclina, pour des motifs de santé, les fonctions de membre du jury d'instruction de l'arrondissement de Moulins, qui lui furent offertes par l'administration centrale du département.

En pluviose an VII, il fut choisi pour faire partie de la « Société libre d'économie rurale des sciences et des arts », fondée à Moulins.

Enfin, en l'an VIII, il fut appelé au Conseil général du département, où il siégea jusqu'en l'an XI.

C'est vers cette époque que, pour des raisons ignorées, il quitta définitivement Yzeure pour aller habiter Clermont-Ferrand. Il céda, le 27 ventôse an XI, à son neveu Jean-Baptiste Laurent, une petite propriété, appelée le louage Blasson, située à Mibonnet, qu'il avait achetée en thermidor an IV (1).

A Clermont, il s'installa dans un logement de l'ancienne maison des Capucins, section Républicaine, avec Martine Bayard, et Jean Bourachot, son domestique, qui ne le quitta pas dans sa retraite.

Martine Bayard mourut le 11 brumaire an XIII (2 novembre 1804) (2).

Outre la rente viagère que lui servaient les époux Girard, Laurent touchait de l'Etat une pension annuelle de 800 livres, à titre de pensionnaire ecclésiastique.

Le mystère le plus absolu entoure les dernières années de l'ancien évêque de l'Allier, qui mourut le 10 mai 1821, dans sa soixante-dix-septième année.

« L'an mil huit cent vingt-et-un, le dix mai, à onze heures du matin, par devant nous, Antoine Blatin, adjoint à la mairie, officier de l'Etat-Civil de cette commune de Clermont-Ferrand, ont comparu François-Laurent Refouvelet, propriétaire, âgé de soixante-quatre ans, neveu du défunt, habitant de la commune de Marcenat, département du Cantal, et sieur Pardoux Fayolle, propriétaire, âgé de cinquante-huit ans, non parent du défunt, habitant de cette commune, lesquels nous ont déclaré que sieur *François-Xavier Laurent*, ex-évêque, pensionnaire

(1) Acte passé Bougarel, notaire à Moulins, le 24 thermidor an IV. Minutes déposées à l'étude de Mᵉ Gautherin, à Moulins.

(2) Registres de l'état-civil de la commune de Clermont-Ferrand. Actes de décès année 1804, nᵒ 757.

ecclésiastique, sous le numéro six mil quatre cent quarante-deux, né au dit Marcenat, le vingt-cinq novembre mil sept cent quarante-quatre, et habitant de cette commune depuis dix-sept ans, fils légitime de défunt Pierre Laurent, propriétaire, et Marguerite Monteil, et veuf d'une nommée Martine, est décédé ce matin, entour trois heures, dans sa maison d'habitation, section du sud, aux ci-devant Capucins, et avons signé le présent acte avec les déclarans, après que lecture leur en a été faite.

« Signé : Blatin, Refouvelet, Fayolle (1).»

Le lendemain, un vicaire de l'église de Saint Genès des Carmes accompagna la dépouille de l'ancien évêque constitutionnel, qui, avant de mourir, s'était réconcilié avec l'Eglise (2).

Le 7 mai 1821, Laurent avait dicté à Mᵉ Devouroux, notaire à Clermont, son testament, aux termes duquel il constituait son fidèle serviteur, Jean Bourachot, légataire universel d'une pension viagère de 300 francs, au capital de 3.000 francs, et d'un lit garni, estimé 80 francs.

Ses différents neveux, Jean-Baptiste Laurent, l'ancien vicaire épiscopal, Guillaume Laurent, marchand à Marcenat, Pierre Laurent, marchand à Compiègne, Antoine Laurent, marchand à Paris, et François-Laurent Refouvelet, se partagèrent l'actif, qui se décomposait ainsi :

mobilier évalué 290 francs ;

une créance de 9.876 francs 55, capital dû par M. Girard, pour la constitution de rente viagère ;

pension ecclésiastique échue depuis le 25 décembre 1820, 102 fr. ;

créance de 13.512 fr. 70, obligation consentie par Jean-Baptiste Laurent ;

total : 23.781 francs 25 (3).

*
* *

A toute autre époque, Laurent aurait fini ses jours à Huillaux, entouré de la vénération de tous ses paroissiens.

---

(1) **Registres de l'état-civil de la commune de Clermont-Ferrand. Actes de décès, année 1821, nᵒ 225.**

(2) **• L'an 1821 et le 11 mai, a été inhumé le corps de François-Xavier Laurent. — Signé : Duchemin-Godemel. » — Registres paroissiaux de Saint-Genes-des-Carmes.**

(3) **Déclaration de succession faite le 5 novembre 1821 au bureau de l'Enregistrement de Clermont-Ferrand.**

Mais les événements disposent des hommes. La tourmente l'enleva à son humble presbytère, et, après l'avoir porté sur les bancs de l'Assemblée Nationale, puis élevé sur le siège épiscopal de l'Allier, elle l'arracha à l'Eglise, dont il avait été sacré ministre pour l'éternité.

Ce n'était pas un incroyant égaré dans le sacerdoce, qui trouva la liberté dans l'abjuration ; esprit religieux et chrétien sincère, il souffrit profondément de cette rupture, à laquelle il chercha en vain un apaisement.

Devant le douloureux drame de conscience que l'on devine, il convient de s'incliner respectueusement. Il n'appartient pas à l'historien de forcer le mystère des âmes.

En évoquant, après un long siècle d'oubli, la mémoire de François-Xavier Laurent, je n'ai pas voulu troubler le repos de la tombe ; j'ai tenu simplement à rendre hommage au bon citoyen, à l'honnête homme, dont la figure se détache avec un particulier attrait, parmi les personnages qui jouèrent un rôle dans le département pendant la Révolution.

Et à ceux qui seraient tentés de juger les erreurs ou les faiblesses du prêtre, je rappellerai ces paroles que saint Augustin adressait aux hérétiques de son temps : « Que ceux-là vous maltraitent, qui ne savent pas avec quelle peine on trouve la vérité, combien il faut soupirer et gémir pour concevoir, même d'une manière imparfaite, ce que c'est que Dieu ; que ceux-là vous persécutent qui ne se sont jamais trompés ! Moi, qui ai connu vos aberrations, je puis vous plaindre, je ne peux pas m'irriter contre vous. »

JOSEPH VIPLE.

Le Château de Bourbon-l'Archambault

AU COMMENCEMENT DU XVIᵉ SIÈCLE

XVIIIe EXCURSION

A

BOURBON-L'ARCHAMBAULT

17 Juin 1920

Compte rendu général

Bien que le sifflet strident des machines recommence à nous ébranler le tympan, que des flots de fumée empuantissent l'atmosphère, que le brimbalement des wagons, fortement usagés, fait résonner le sol, il ne nous vient pas, un seul instant, la tentation de nous plaindre de ces moindres maux. Bien au contraire, ce vacarme nous réjouit, ces opacités fumeuses ne nous offusquent plus. Nous nous félicitons, tel l'aimable poète Sully-Prudhomme, de ce que certains ont fini par comprendre :

> « Qu'au monde où nous sommes,
> « Nul ne peut se vanter de se passer des hommes. »

Aussi, nous hâtons-nous de profiter des chemins de fer, qui nous conduisent à une promenade archéologique, artistique et pittoresque.

L'année dernière, le périmètre de Moulins avait contenu nos ambitions ; aujourd'hui, nous allons plus loin et c'est Bourbon, le berceau de notre province, que nous visiterons, tout imprégnés d'un vague respect, qu'inspirent tant de souvenirs et aussi tant de vicissitudes.

Dans ce riant Bourbonnais, où s'accumulent à la fois la richesse et la beauté, la région que nous traversons est certainement la plus intéressante : elle n'est pas la moins belle.

Au sortir de la gare, c'est la vue sur les sveltes clochers de la Cathédrale et du Sacré Cœur, sur les murs bruns de l'ancien donjon, sur Jacquemart, cher aux Moulinois, sur la tour de Saint-Gilles. qui met, elle aussi, une note originale, sur les sables de notre Allier, dont les filets d'eau semblent égarés à travers ces dunes minuscules.

A la Madeleine, un second groupe d'excursionnistes, notre cicerone et trente grands élèves du pensionnat Saint Gilles, avec des professeurs, vient nous rejoindre, et toute la bande s'engouffre dans l'Economique (1).

A droite, à gauche de la voie, un véritable film cinématogra-

(1) Ont pris part à l'excursion : MM. les Membres de la Société d'Emulation dont les noms suivent : Dʳ DE BRINON, président ; MM. BONY, BOURDERIOUX, CAPELIN, Chanoine CLÉMENT, Jean DE DREUILLE, GÉDEL, Marcel GÉNERMONT, Frère GUSTAVE-MARIE, Cᵗᵉˢˢᵉ Charles LE GROING DE LA ROMAGÈRE, MITTON, MONTAGNE, Gabriel MORAND, MOSNIER, Maurice MOULIN et Mᵐᵉ MOULIN, Vᵗᵉˢˢᵉ D'ORCET et Mˡˡᵉ DE CHAMPEAUX, André ROY, Joseph VIPLE.

Parmi les amis de notre Compagnie : Mᵐᵉ et Mˡˡᵉ Philippe THOMAS, Dʳ LACOUTURE, Mˡˡᵉˢ FLACHAIRE DE ROUSTAN, Jeanne DEYGOUT, Delphine GAULIER, Simone GIRON, Yvonne MEILHEUROUX ; ou membres de la Société des

phique se déroule : sur la hauteur, le clocher romano-byzantin de Neuvy, le manoir de Patry, le castel de Montgarnaud, l'élégant château des Melets, puis l'antique église de Marigny, tous monuments que nous nous proposons de visiter quelque jour, *In cha Allah*, comme disent prudemment les Africains.

Le petit train serpente autour de Saint-Menoux, sans doute pour nous permettre d'admirer ce bijou qu'est l'église. Un instant après, ce sont les Epignauds, qui gardent captif, victime d'un accident heureusement sans gravité, notre confrère, M. Delaigue, ensuite c'est Lavin, Clusor, enfin les Vesvres. Cette heureuse contrée est littéralement jonchée de monuments plus ou moins esthétiques, mais toujours intéressants.

Bourbon ! Nous sautons joyeusement sur le quai, c'est-à-dire à terre, au grand complet, aucun excursionniste ne s'est laissé choir du train, pensant judicieusement qu'aucun préfet ne se dérangerait pour le ramener en automobile. Et nous voilà, maintenant, dévalant par les rues escarpées de ce qui fut quelque temps « Burge les Bains ».

Réduits à nous seuls, nous formons un groupe très « imposant », mais lorsque nous nous massons à l'entrée nord du château, devant ce qui fut le pont-levis, c'est une masse compacte qui s'est assemblée. Baigneurs et gens de Bourbon, « par l'histoire alléchés », arrivent en hâte et de partout.

C'est à ce moment que notre dévoué président, M. le docteur de Brinon, prend la parole pour résumer les origines de Bourbon.

L'histoire de Bourbon-l'Archambaud (orthographe de Ghazaud), dans les dix premiers siècles de notre ère, se réduit à bien peu : c'était une station thermale et un nœud de routes à l'époque gallo-romaine.

Etudes Bourbonnaises : MM. BEC, inspecteur primaire ; BARDET, directeur de l'école de garçons de la rue du Jeu-de-Paume ; Gaget. Du Lycée de jeunes Filles : Mᵐᵉ THOMAS, directrice ; Mᵉˢ GAGET et PINGEON ; miss AITKEN, Mᵐᵉˢ EMIN, ECOLAN, MONTEIL. De l'Ecole Normale des Institutrices : Mᵐᵉˢ GERVIE et VAUTRIN.
Du Pensionnat Saint-Gilles de Moulins, des professeurs (MM. PATRICE, SCHECK, GILBERT, GRILLOT, PIRON, BRUNEL et VINCENT) et trente élèves, membres de leur artistique fanfare ; auxquels s'étaient joints à Bourbon, MM. les membres du comité d'initiative : M. VOISIN, président ; Dʳ DÉCHET, M. SIMONIN, directeur des enfants assistés ; — M. le curé-doyen et son vicaire, le Dʳ REGNAULT, les représentants de l'enseignement public et libre avec une délégation de leurs élèves.

La preuve de l'existence des thermes est faite par l'existence des citernes à revêtement de marbres, qui ont été mises à nu au cours de travaux, à différentes époques.

Une autre preuve serait la dédicace au dieu Borvo, faite par les ouvriers en bronze de Nevers. Mgr Barbier de Montaut, qui nous donne le texte de cette inscription :

AUG. SACR. DEO

. BORVONI ...

... EX VOTO R(*ecepto*)

AERARI DONA (*verunt*)

n'hésite pas à l'attribuer à Bourbon-l'Archambaud.

Enfin, une dernière preuve de l'existence de Bourbon-l'Archambaud nous est fournie par le relevé des voies romaines de la région. Ce travail a été fait avec une minutieuse exactitude par MM. Tudot et Bertrand. Le dessin de la carte, qui a paru dans le tome IV de nos bulletins, page 192, nous montre que plusieurs voies romaines venaient se croiser à Bourbon-l'Archambaud : une d'elles se dirigeait vers Chantelle ; c'était la voie de l'Auvergne, de la Combraille et du Limousin ; une autre vers Bourges et deux autres vers Nevers, Decize et Autun.

Dès lors, il était permis d'espérer que l'on retrouverait le nom de Bourbon l'Archambaud sur ces deux documents que l'on appelle la table de Peutinger ou la table théodosienne et les itinéraires d'Antonin.

La table de Peutinger est une véritable carte coloriée, où sont dessinés les mers avec leurs îles, les fleuves et quelques forêts. Les villes y sont figurées par des vignettes, qui représentent deux tours, réunies par une courtine. Un établissement quadrilatère, avec de nombreuses ouvertures, figure les villes d'eaux. Quelle est la valeur de ce document (1) ? Cette carte unique est une copie faite au XIIIe siècle (1260) par un moine de Colmar, dont le nom n'est pas connu. Le nom de Peutinger est celui du savant allemand entre les mains de qui la carte est tombée au XVIe siècle et qui en a su apprécier le premier l'incomparable valeur.

L'exemplaire sur lequel le moine de Colmar a dressé sa copie a été établi au temps d'Auguste : on en donne différentes preuves, dont la principale est dans la division de la Gaule en trois provinces : Belgique, Lyonnaise et Aquitaine.

Est-il de cette époque ou a-t-il été modifié après ? Différents indices

---

(1) M. Desjardin, dans sa *Géographie des Gaules*, lui a consacré une magistrale étude. Le document existe à l'état de manuscrit sur parchemin et on n'en connaît qu'un seul exemplaire qui est conservé à la Bibliothèque impériale de Vienne en Autriche. Il est constitué par onze feuilles qui, développées en ordre, forment un rouleau de 6 mètres 82 sur 0,34 : il a existé une 12e feuille qui est perdue.

FIG. 2. — Le château des Bourbon assiégé
(Composition de M. Gélis-Didot)
Les tours sont représentées ici terminées par un toit, c'est-à-dire au XIII⁰ siècle. Au
XIV⁰ s. on laissa leur sommet à ciel ouvert
et on rangea tout autour de la plate-forme des merlons carrés.

montrent que la carte a subi des remaniements sous les Antonins, sous les fils de Constantin, sous Théodose II et sous Justinien.

Vous vous demanderez pourquoi l'auteur s'est imposé cette forme bizarre pour une carte, toute en longueur. On croit que l'auteur de la carte a voulu imiter une carte fameuse, *orbis picta*, fixée sur la voûte allongée d'un arc de triomphe. Il résulte de cette forme des anomalies qui éclatent au premier abord. Ainsi, les villes de notre région sont représentées comme se trouvant au voisinage de la région de Toulouse (Volsques, Tectosages) et de la mer. Est-ce la raison qui a fait fusionner la Loire et la Garonne ? Il est certain que le fleuve qui porte l'inscription « *Garunna* » est la Loire, puisqu'il passe à Decize et Nevers, et près de son embouchure, il devient la Garonne, passant à Vésone, qui est Périgueux. Ces graves imperfections n'enlèvent pas toute valeur à ce curieux document. On y trouve au contraire des observations d'une précision étonnante: ainsi, l'église de Ravenne, avec ses cinq tours ; l'archéologie moderne a retrouvé les fondements de ces cinq clochers.

La carte a été faite au point de vue militaire. Vous y voyez des trajets dessinés d'une ville à une autre, avec l'indication des distances qui séparent chaque point intermédiaire. Les chiffres qui indiquent ces distances désignent des lieues gauloises, valant environ deux kilomètres et demi. On a relevé un par un tous ces tracés de routes, et l'on a eu soin de mettre, en regard de chaque nom relevé sur la carte, le nom moderne, lorsqu'il était sûrement connu, et la distance au point de départ. Je trouve justement dans le travail de M. Desjardins un de ces trajets, qui passent par **l'établissement thermal** indiqué sous le nom d'*Aquæ Bormonis*. M. Desjardins n'hésite pas à en faire Bourbon-Lancy et il semble qu'il a raison ; car:

1° L'établissement d'*Aquæ Bormonis* est placé sur la rive droite du fleuve qui passe à Decize et Nevers et qui ne peut être que la Loire ; sur la rive gauche, nous avons Chantelle, Néris, Meillant, Bourges (l'Allier n'est pas figurée) ;

2° Le trajet qui va d'Autun à Orléans, en passant par Decize et Nevers, traverse, en partant d'Autun, Toulon-sur-Arroux (*Telonum*), 12 lieues (26 kil.), puis deux localités non identifiées par M. Desjardins, *Pocrinio* (Perrigny ?) et *Sitilia* (peut-être Thiel), enfin *Aquæ Bormonis* et Decize. Or, un tel trajet ne comporte pas le passage à Bourbon-l'Archambaud ; si la route avait fait un tel détour, il y aurait eu d'autres étapes indiquées, et les distances auraient changé.

D'autre part, *Aquæ Nicincei*, qui se trouvent sur un trajet d'Autun à Decize, avec une seule localité intermédiaire, *Boxum* (Buis) est bien Saint-Honoré.

Nous avons encore, pour la même époque des trois ou quatre premiers siècles, un autre document de très grande valeur: c'est ce qu'on appelle les *Itinéraires d'Antonin*. Ce sont des tableaux, où le trajet d'une ville à une autre est marqué. avec ses étapes, ses relais et les distances en lieues gauloises ou milles romains.

Ces Itinéraires, dont il existe une vingtaine de copies, s'échelonnant du VIIIe ou XVe siècle, nous donnent un trajet d'Autun à Paris, par Decize, Nevers, Cosne, Briare et Orléans: c'est en plus grand le trajet que nous venons d'étudier; il n'indique rien entre Autun et Decize, mais il n'est pas douteux qu'il devait emprunter à peu près la même voie, par Toulon, *Pocrinum*, *Sitilia* et Bourbon-Lancy. Aucun trajet ne passe à Bourbon-l'Archambaud, et aucun nom ne correspond à notre Bourbon.

En résumé, Bourbon-l'Archambaud ne semble représenté ni sur la carte dite théodosienne ou de Peutinger, si l'*Aquæ Bormonis* de la carte de Peutinger est Bourbon-Lancy, ni sur les *Itinéraires d'Antonin*.

Dès lors, il est impossible de trouver un nom qui représente Bourbon-l'Archambaud dans cette période primitive. Pour retrouver une mention certaine de Bourbon, nous avons à franchir un espace de plusieurs siècles et nous tombons, en 761, sur un grand événement, dont Bourbon, au témoignage d'Eginhard, est le siège incontesté. C'est un incident de la longue guerre qui se déroule entre 760 et 768, et a pour acteurs, de ce côté de la Loire, les Aquitains, commandés par le duc Waïfre, de l'autre les Francs, qui ont à leur tête Pépin le Bref. Pépin a usurpé le pouvoir au détriment des héritiers de Clovis. Son voisin Waïfre l'a mécontenté, en faisant des incursions sur les terres de Pépin et donnant asile au frère de Pépin, Grippon. On a cependant réussi à les réconcilier. Waïfre a juré qu'il ne reprendrait pas les armes contre Pépin, mais lorsqu'il le voit s'éloigner pour aller tenir un plaid dans le pays de Juliers, la tentation est trop forte, et il se jette sur la Bourgogne, ravageant tout sur son passage, jusque vers Châlon-sur-Saône. Pépin, informé de cette félonie, part immédiatement pour la venger; il passe par Troyes et Auxerre avec son armée, et, ayant gagné Nevers, il franchit la Loire et la première résistance qu'il rencontre dans sa course vers Clermont est le camp de Bourbon: *castrum Burboni*. Il l'investit et, très peu après, Bourbon est pris, détruit par le feu (*igne cremavit*), et tous les hommes de Waïfre qui s'y trouvaient sont faits prisonniers. Pépin continue sa marche par Chantelle, qui subit le même sort que Bourbon, et il arrive à Clermont, dont il s'empare après avoir fait un grand butin. Il a ainsi puni les deux comtes qui avaient suivi Waïfre dans son expédition sur Chalon : le comte Blandin de Clermont et le comte Humbert de Bourges.

La guerre, dont nous avons vu la première campagne, dura 8 ans, et, après ce laps de temps, le duc Waïfre ayant péri dans un combat, l'Aquitaine fut entièrement réunie au royaume des Francs. Il est probable que l'administration fut renouvelée: les comtés de Bourges et de Clermont furent confiés à des seigneurs de l'entourage de Pépin ou de Charlemagne, son successeur. Le comte de Bourges crut devoir se décharger d'une partie de ses responsabilités, en confiant à un délégué la partie de son territoire dont Bourbon était le centre. Ce délégué, qui remplissait les fonctions de comte, transmit sa charge à ses enfants; peu à peu, les liens entre le comte et son lieutenant se relâchèrent; et il arriva un jour où le délégué se déclara indépendant. La sirie de Bourbon était formée : elle n'était pas bien étendue : elle comprenait quatre centenies : Augy, Dun-le-Roi, Noyant et Vieure. C'est bien là le cœur du Bourbonnais. Dun-le Roi s'en est détaché, mais les trois autres centenies ont constitué le noyau primitif. Les frontières de la petite puissance s'étendaient : au midi, jusque vers Monétay, en direction de Clermont; à l'est, l'Allier formait limite; Moulins n'existait pas et Iseure était éduen; puis la ligne devait passer au-delà d'Hérisson, et remontait par Murat et Vieure vers Chantelle. C'est ce petit canton que les sires de Bourbon ont su, avec une patience et une diplomatie incessante, agrandir jusqu'à en faire le magnifique duché dont jouissait le connétable.

Puis le président cède la parole à M. le chanoine Clément, qui résume l'histoire du château de Bourbon et en fait la description générale ; ce qui nous permettra de mieux comprendre ses ruines et de faire surgir le passé de la masse imposante de l'ancienne forteresse.

Historique.

En tenant compte que les Romains construisaient peu de défenses durables, sans même nous arrêter aux traditions populaires qui veulent voir un château près des thermes gallo-romains, et dont il ne subsiste d'ailleurs aucune trace, il faut arriver au VIIIe siècle pour trouver dans l'aménagement du plateau qui porte la forteresse gothique, dans les tranchées profondes de l'est, l' « assiette » du « *Castrum* » pris et rasé par Pépin le Bref, lors de sa marche contre Waïfre.

Les seigneurs de la première branche des sires de Bourbon habitèrent d'abord Souvigny; il semble qu'on peut admettre qu'au Xe siècle (1) l'antique *Castrum*, relevé de ses ruines, ait servi d'habitation aux sires Archambaud; le roman de Flamenca l'indique assez clairement. Outre la Tour « Amiral » et le logis principal, il subsiste un reste de mur d'enceinte qu'on date généralement du XIIe siècle.

Mais, au XIIIe siècle, une ère nouvelle s'ouvre pour le château. Béatrix, unique héritière de nos sires de la famille Archambault, épousait, en 1272, Robert de France, le 6e fils du roi Saint Louis. En prenant possession de son nouveau fief, Robert n'apportait pas seulement à

(1) En 947, Aimon par une charte, datée de Bourbon, fait une donation à l'abbaye de Cluny.

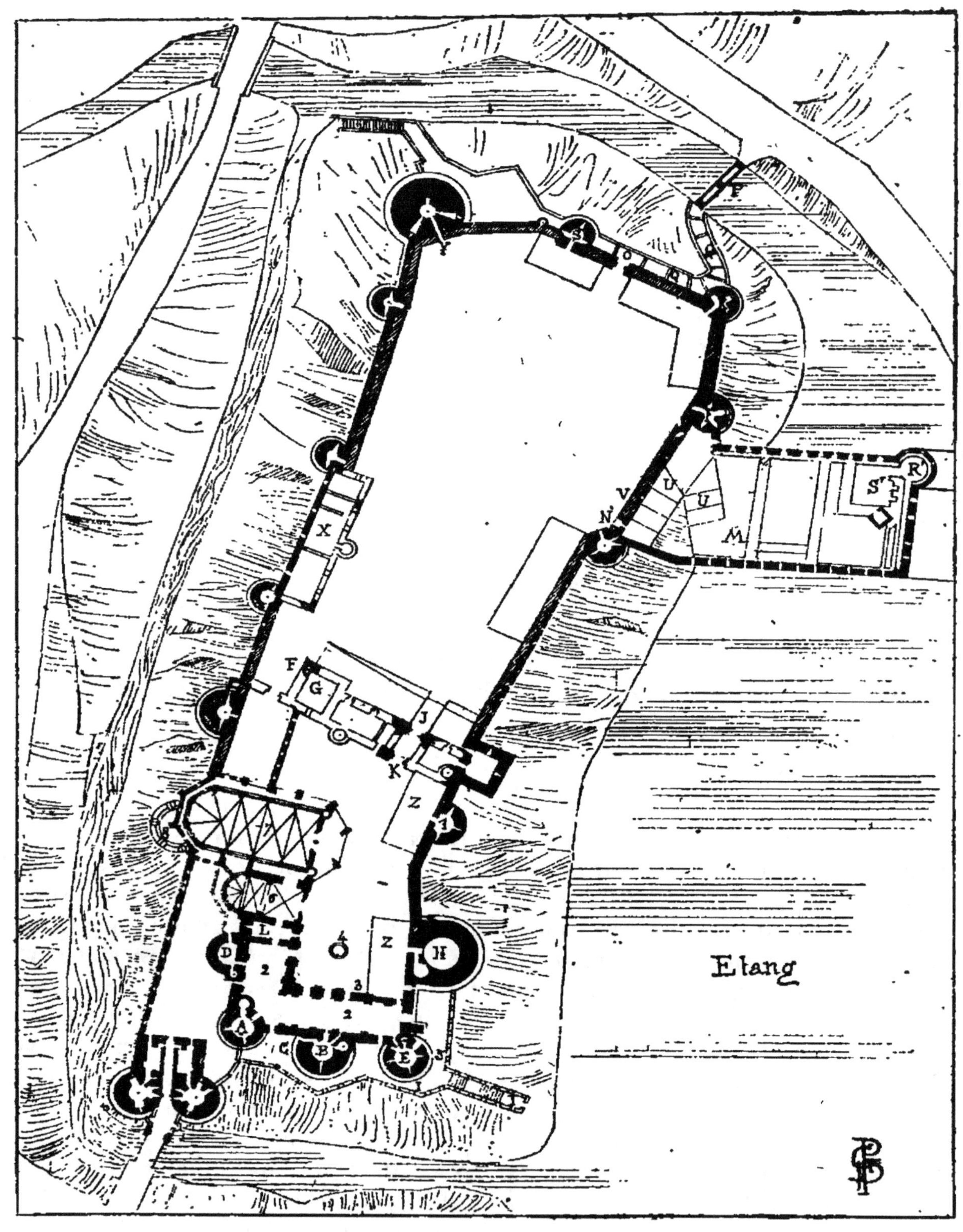

FIG. 3. — **Plan du Château de Bourbon à la fin du XVe siècle.**
(Voir la légende, p. 78.)
(*Relevé de M. P. Gélis-Didot.*)

Bourbon les précieuses reliques de la vraie Croix et de la sainte Epine que lui avait données son père, mais de considérables riches_ ses qui servirent à un établissement digne d'un grand prince. La fin du XIIIe siècle fut employée à reconstruire le château, bien que Robert de France semble avoir séjourné plus à la Cour qu'en Bourbonnais.

Son fils, Louis Ier (1318 1342) et Pierre Ier qui lui succéda (1342-1356), ornèrent la petite chapelle romane, bâtie peut-être par leurs prédéces-seurs (1), et abritèrent ainsi les précieuses reliques apportées par leur père, surélevèrent les tours du Nord, remplacèrent par un crénelage le toit primitif, construisirent une partie des édifices de la cour basse, achevèrent la défense des courtines par les tours flanquantes. La funeste bataille de Poitiers mit fin à la carrière de Pierre Ier.

Mais de même que Souvigny avait été abandonné au profit de Bour_ bon par nos premiers sires, de même Bourbon est alors délaissé au profit de Moulins, devenu, grâce à son importance toujours croissante, capitale du duché de Bourbonnais. Cependant, le bon duc Louis II (1356-1410), grand bâtisseur devant le Seigneur, entre deux expéditions guerrières, et à peine revenu des prisons d'Angleterre, ne se consacra pas exclusivement à l'édification de la collégiale et du nouveau château de Moulins, ainsi qu'à la construction de celui de Montluçon, où il mourut d'ailleurs en 1410. On lui attribue, avec assez de vraisemblance, l'édi_ fication des trois tours nouvelles, de la Quiquengrogne et des défenses méridionales de son château de Bourbon, et, en 1485, il éleva en partie la ravissante « Sainte-Chapelle », continuée par Jean II, et que Pierre II (jusqu'en 1503), et, après lui, sa femme, Anne de France, terminèrent en 1508.

Ses successeurs, occupés ailleurs, ne firent que de courtes apparitions à Bourbon. Jean Ier (1410-1434) passa presque sa vie en captivité anglaise; Charles Ier (1434-1456) semble avoir employé ses loisirs à d'autres occupations. Sous l'administration de ce dernier, cependant, il paraît que la tour dite « *Amiral* » aurait été construite par Louis, fils aîné de ses fils naturels, époux de Jeanne, bâtarde de Louis XI, et qui avait reçu de son père, en 1456, la terre de Roussillon et du roi le titre d'amiral de France. Un capitaine châtelain remplaça nos ducs dans l'exercice du pouvoir militaire et les fonctions judiciaires et administratives (2).

---

(1) En 1315, Robert de France y avait fait diverses pieuses fondations. Cf. Gelis-Didot (p. 13-14), d'après le recueil de Gaignière (Bib. N[le] F. latin, 17.108).

(2) Un fait rapporté par M. Gélis-Didot (p. 19) montre que le capitaine châtelain qui remplaçait nos ducs souvent absents était tenu à une résidence particulièrement rigoureuse dans le château, puisqu'en 1485 le seigneur d'Urfé se vit enlever son office de châtelain de Bourbon parce qu'il était telle-

Fig. 4. — **Sainte Chapelle de Bourbon**

Etat au commencement du XVIe siècle.

(*Dessin de M. Gélis-Didot.*)

Puis, le château fut confisqué par François Ier, après le jugement du fameux connétable, veuf de Suzanne, la dernière de nos duchesses. Ses biens, en 1522, « firent retour » à la couronne. Le château de Bourbon fut ruiné. Ses restes passèrent, en 1661, avec le duché, au Grand Condé. Aux orages du ciel, qui déchaînèrent la foudre au cours des XVIIe et XVIII° siècles, la Révolution ajouta ses décrets, qui martelèrent les écussons fleurdelisés, brisèrent les vitraux, brûlèrent les archives, jetèrent bas les saintes chapelles. Le temps et les hommes firent le

FIG. 5. — Les ruines du Château.

reste... Ces ruines servirent de carrière pour les habitants voisins, qui édifièrent leurs maisons de leurs débris. On sait comment les tuteurs du jeune duc d'Aumale mirent en vente les restes de la forteresse pour la somme de 2.000 francs, et comment une lettre retentissante d'Achille Allier, « bourgeois de Bourbon », les fit revenir sur cette décision.

Aujourd'hui, elles sont la propriété d'une société immobilière, à laquelle les princes d'Orléans ont, dit-on, confié le soin de les conserver.

Description.

Un dicton populaire bourbonnais se rapporte à nos grands châteaux :

ment occupé en son office de grand écuyer de France qu'il « ne pouvait demeurer audit chastel ». Cette charge de châtelain de Bourbon était si importante qu'on la voit conférée à de puissants seigneurs, entre autres : Martin de Sernay ; Louis de Bourbon ; Pierre d'Urfé en 1483, Jean d'Entresgnes, seigneur de Montaré ; Mathieu, le grand bâtard de Bourbon, fils de Jean II, plus tard gouverneur de Guyenne ; Louis des Barres, seigneur de Neuvy...

FIG. 6. — **Château de Bourbon**

*Reste de peinture à l'ocre rouge du XIIIe siècle
représentant le primitif Reliquaire de la Vraie Croix.*
(Salle du 1er étage de la tour Nord-Est.)
(Dessin de M. P. Gélis-Didot.)

« Murat le riche, *Bourbon le beau*, Chantelle le fort (1) », ce qui était très justifié par l'opulence du premier castel, qui servit longtemps de douaire à nos « dames » du Bourbonnais et à nos duchesses, par la belle ordonnance du second et par la situation du troisième, bien que celui de Bourbon pût, lui aussi, revendiquer le titre de *fort*, car avant l'invention de l'artillerie, il était tout aussi « imprenable » que la forteresse de Chantelle.

Le château de Bourbon a une haute valeur au point de vue de l'histoire de nos ducs, dont il fut le berceau comme Souvigny fut leur lieu de sépulture, et au point de vue de l'archéologie, parce qu'il nous donne une idée complète d'un manoir féodal de grands feudataires français du quatorzième au seizième siècle.

La littérature de ce sujet est assez copieuse (2), mais les meilleurs guides pour le château restent Mgr Barbier de Montault (3), et M. Pierre Gélis-Didot (4).

L'ensemble des constructions qui garnissaient tout le promontoire — protégé à l'ouest par le grand étang et sur les trois autres côtés par les profonds ravins au fond desquels coule l'eau de la Burge — présentait, du nord au sud, un parallélogramme irrégulier (5).

(1) *Les Sanctuaires de Marie dans le diocèse de Moulins* (p. 130), par M. l'abbé BOUDANT.

(2) Cf. Bibliographie de l'Inventaire archéologique... des communes du département de l'Allier. *Le Canton de Bourbon....* par M. l'abbé Joseph CLÉMENT. Moulins, Durond, éd., 1890. Pour le compléter nous citerons les deux articles de M. Deshoulières dans le *Congrès archéologique de France*, LXXX session tenue à Moulins en 1913 par la Société Française d'Archéologie.

(3) *Le château de Bourbon-l'Archambault*, par Mgr BARBIER DE MONTAULT. Moulins, Desrosiers, MDCCCLXXVI.

(4) *Le château de Bourbon-l'Archambault*, par MM. Pierre GÉLIS-DIDOT et G. GRASSOREILLE. Paris, G. Chamerot, 1887. C'est de cet important ouvrage que sont extraites les jolies planches qui illustrent ce compte rendu sommaire. Elles nous furent données gracieusement par l'auteur avec l'autorisation d'en faire profiter les lecteurs des *Annales Bourbonnaises* où elles parurent jadis et ceux de la Société d'Emulation ; elles sont signées P. G. D.

(5) Voir le plan, *fig. 3* (p. 73), dont nous donnons ici la légende : A, B, C, tours du Nord ; — C, poterne : — D, tour d'angle ; — F, dernière porte du château ; — G, logis neuf ; — H, tour amirale ; — I, chemin couvert menant à l'étang ; — J, fossé du réduit ; — K, entrée du réduit ; — L, escalier de la grande salle ; M, terrasse du moulin ; — N, tour d'enceinte ; — O, poterne de la basse-cour ; — P, pont mobile ; — Q, chemin menant à la ville ; — R, tour d'angle ; — S, tour d'enceinte ; — R', corps de garde du moulin ; — S', moulin ; — T, tour d'enceinte ; — U, Rampe d'accès du moulin à la poterne V ; — V, poterne séparant la basse-cour du moulin : — X, logis de la basse-cour ; — Y, tour Qui-qu'en-grogne ; — Z, bâtiments ; — 1, tour d'enceinte ; — 2, grande salle ; — 3, entrée des caves ; — 4, puits ; — 5, trop-plein de la citerne de la tour E ; — 6, première chapelle ; — 7, deuxième chapelle ; — 8, emplacement de l'oratoire des ducs.

FIG. 7. — Le Moulin fortifié de Bourbon-l'Archambault.
(Dessin de M. P. Gélis-Didot.)

Vingt-quatre tours défendaient sa vaste enceinte (1). Au nord, on trouvait, flanqué de deux échauguettes, un pont-levis, remplacé depuis par un pont de pierre, puis la porte principale, protégée par deux grosses tours. La forteresse comprenait le vieux logis, avec, en bas, sa salle d'armes, au premier étage sa grande salle des fêtes (2), flanquées, au nord, de trois tours au parement en bossage, — édifiées au XIIIe siècle et surélevées au suivant, qui subsistent, — à l'est d'une tour semi-circulaire, à l'ouest de la tour « Amiral ». Dans la cour s'élevaient les deux chapelles, dont la dernière était un pur chef-d'œuvre ogival (fig. 4) (3); puis au fond le nouveau château, édifié par Louis II (fig. 2, F, G, K), avec un fossé (J) qui le séparait de la « baille » ou cour basse, à l'ouest de laquelle s'étend le moulin fortifié.

La cour, où s'élevaient les habitations des officiers, des chanoines, des gens de service, était fermée du côté de la ville par un mur que protégeaient deux tours flanquantes, et par la « Quiquengrogne » sur laquelle, au commencement du XVIIIe siècle, le prince de Condé fit élever une horloge, dont la cloche eut pour parrain Jacques Etienne Turgot, intendant de la généralité de Moulins, et pour marraine, Marie Madeleine de Brinon, épouse du marquis de Colbert.

Si nous écoutons avec le plus vif intérêt, cela va sans dire, cette causerie si documentée, jetant quelque lumière sur les obscurités du passé de Bourbon, les moins attentifs n'ont pas été non plus ces curieux, venus de tous les coins, surgis de toutes les demeures, gens de toutes sortes et de conditions variées. L'histoire locale passionne les érudits, mais elle ne laisse pas indifférents les plus humbles. On peut charitablement supposer qu'ils sont peu nombreux, ceux qui foulent un sol sans s'intéresser aux

---

(1) On peut utilement comparer ce château à celui de Coucy, moins le fameux donjon détruit par la haine jalouse des boches pendant la dernière guerre. Cf. Viollet-le-Duc : *Description du château de Coucy.*

(2) Elle mesurait 31 mètres 57 de longueur sur 6^m,50 de largeur, et était divisée par sept travées.

(3) Elle a été représentée dans le *Gallicanum monasticon* ; dans l'*Artiste*, par André Durand (1839), et dans le *Magasin pittoresque* (1853, p. 397). L'*Ancien Bourbonnais* a donné dans son *Album* diverses vues de cet intéressant monument que la plume experte de M. Gélis-Didot, (après le burin d'Israël Sylvestre (1648), fait revivre dans son état ancien. Les chanoines Christophe de Vernes et surtout Clément Mauclaire semblent avoir été les architectes de l'édifice ; Gilbert Margnat, contrôleur ; Jean Chanteau et Gilbert des Salles spécialement commis à recueillir les impôts consacrés, à partir de 1485, à son édification. Cf. Gélis-Didot, pp. 22-25.

Voir dans l'étude de ce dernier la liste des vitraux de la Sainte-Chapelle d'après l'*Ancien Bourbonnais* et la description de Dubuisson-Aubenay.

devanciers ; qui heurtent des murailles et ne s'enquérissent pas
des bâtisseurs ; qui ne questionnent pas : quelles armées ont passé
là ? quelle puissance, quelle richesse ont inspiré de tels chefs-
d'œuvre. Nous osons espérer que ce petit nombre se réduira encore. Dans notre sphère, l'exemple, les pieux pèlerinages aux
vestiges du passé, les conférences au pied des ruines, éveilleront
de plus en plus des attentions jusqu'alors détournées.

Pendant que notre président et que notre cicerone parlaient,
aucun carreau d'arbalète, lancé du château, n'est venu jeter le
trouble parmi nous. Les balistes, les catapultes n'ont pas déversé
leurs projectiles, jugés, de nos jours, si anodins. Et pourtant,
nous allons bien monter à l'assaut du château, mais avec de telles intentions qu'on nous eût accueillis jadis la main ouverte et le
sourire aux lèvres. A notre intention, les vins aromatisés de coû-
teuses épices eussent fumé dans les grands hanaps et le vidrecome
eût circulé sans relâche...

Ces explications sommaires données pour éclairer notre route,
les excursionnistes, emboîtant le pas alerte de notre cicerone, pé-
nétrèrent au cœur des ruines, où M. le chanoine Clément donna
quelques nouveaux détails complémentaires, pour nous permettre
de mieux apprécier ce qui reste des tours du nord et du grand
logis.

Il faut observer que chacune des trois tours, — haute de 21 mètres,
— renferme trois étages (1). Tout le rez-de-chaussée et le deuxième
étage étaient occupés, ainsi que les plateformes crénelées, par des
hommes d'armes; le premier, — de plain pied avec la grande salle des
fêtes, — plus décoré, plus soigné, muni de cheminées, était réservé à
l'habitation des seigneurs et des premiers officiers de la cour ducale ;
un escalier, dans chaque tour, reliait ces différents étages et, au sommet, les courtines.

Le puits extérieur fournissait en temps ordinaire l'eau nécessaire aux
hommes d'armes casernés dans la cour. Mais, pour ceux qui logeaient à
l'intérieur, et en temps de siège, même si la cour était occupée par
l'ennemi, les assiégés avaient la ressource de puiser de l'eau dans une
vaste citerne aménagée, à l'instar des salles basses de provisions qu'on
trouve dans tant d'anciens manoirs, dans la tour d'angle nord-ouest, et
que l'imagination de certains gardiens hantés par la lecture des ro-

(1) Les murs mesurent au rez-de-chaussée 2^m,20 d'épaisseur, et le diamètre
intérieur des tours est de 4^m,80.

mans-feuilletons de l'époque romantique, a transformée en... horrifique oubliette, à l'usage des touristes naïfs (1)...

M. Gélis-Didot a retrouvé les deux conduits qui, ménagés dans l'épaisseur des murs, y amenaient l'eau des toitures, et plus tard des terrasses, et le « trop-plein » qui rejettait l'excès d'eau à l'extérieur (2).

Les voûtes du rez-de-chaussé, partagées en sections triangulaires, sont soutenues par des nervures qui retombent sur des culs-de-lampes offrant des têtes d'hommes, de femmes, des animaux et des plantes. Dans les premiers, M. La Coûture a voulu voir des portraits, dans la tête de moine, le chapelain du château.

Les murs de la tour nord-est restent ornés de débris de peintures murales de la seconde moitié du XIIIᵉ siècle: joints d'ocre rouge, baies des meurtrières entourées d'architectures peintes. Les formerets sont cantonnés de grandes fleurs de lis rouges. Sur un mur se profile la représentation probable du primitif reliquaire de la Vraie Croix (fig. 5).

Plusieurs détails de la construction peuvent retenir l'attention des archéologues. Les pierres portent souvent des signes d'appareilleurs, comme on en retrouve dans le clocher et la flèche de l'église voisine d'Ygrande.

Les latrines de chaque étage des tours, intelligemment disposées dans les angles des courtines, pouvaient se transformer en mâchicoulis pour la défense.

Enfin, la fermeture des grandes croisées et de la porte principale indiquent un procédé qu'on rencontre dans divers châteaux bourbonnais (3) et qui est encore employé pour clore les grandes portes de nos vieilles églises romanes (4).

---

(1) M. Viollet-le-Duc, dont l'impartialité ne peut être mise en doute sur ce point, parlant des « oubliettes » dans son docte *Dictionnaire raisonné de l'architecture française*, reconnaît, après avoir visité des milliers de châteaux du moyen âge et de la renaissance, — et où l'on montre presque partout des « vade-in-pace » — qu'on ne pourrait vraisemblablement donner ce titre qu'aux fosses des trois châteaux de Chinon, de la Bastille et de Pierrefonds, et encore que celles de Chinon pourraient être des latrines, que celles de la Bastille une glacière, le canal de vidange étant si étroit qu'un homme ne pouvait y passer. La fosse de Pierrefonds, visitée par le grand architecte, n'a donné aucun reste humain. Elle pouvait être tout simplement un puits destiné à alimenter d'eau les deux cachots de la tour et cette partie du château. Aucun document de l'époque, qui parle souvent de cachots, ne permet de croire au « vade-in-pace » des romanciers.

(2) Cf. *Ouv. cité*, p. 49.

(3) A Toury-sur-Besbre (Saint-Pourçain-sur-Besbre), à Péréal (Vaumas), à Cindré...

(4) Notre concitoyen, M. Hackspill, a présenté à la Société une étude sur ce sujet et l'a accompagnée d'excellentes planches qui montrent le fonctionnement de ce système de fermeture usité pour masquer une croisée du mur ouest de la grande salle basse par un fort mantelet de bois à l'aide d'une

Nous traversons ensuite les cours, en admirant à droite et à gauche divers logis d'officiers et de chanoines, gracieuses demeures des XV⁰ et XVI⁰ siècles, que de nouveaux propriétaires utilisent aujourd'hui.

En face de la « Quiquengrogne », M. le chanoine Clément rappelle la légende dont l'*Ancien Bourbonnais*, M. le Dʳ Périer (1), Emile Montégut (2) et d'autres (3) se sont faits de complaisants échos. Louis II, qui éleva cette grosse tour au-dessus de la ville de Bourbon, pour défendre la cour basse contre une tentative d'assaut, entendant les habitants murmurer, comme devant une menace dirigée contre eux, se serait écrié, à l'adresse des bourgeois et manants: « Qui qu'en groigne, elle se bâtira! » C'est encore ur « mot historique » à abandonner !... Mgr Barbier de Montault, dans son excellente *Histoire du château de Bourbon* (4), remarque qu'on pourrait en effet aussi bien attribuer l'anecdote aux constructeurs des fortifications des villes de Tours, de Rouen, de Saint-Malo, etc.,

FIG. 8. — La Quiqu'engrogne (6).

dont les donjons ou les tours portent le même sobriquet. La locution était au Moyen-Age très répandue et avait seulement la valeur d'un nom générique pour désigner un ouvrage fortifié, employé par le sentiment de crainte, ou du moins de respect, qu'il était appelé à inspirer (5).

barre ou poutrelle, au moyen d'encoches et de glissières obliques pratiquées sur les parois des embrasures. Nous souhaitons que ce travail puisse paraître un jour dans le *Bulletin*.

(1) *Bourbon-l'Archambault sous Louis XIV*, Paris, 1873.

(2) *Revue des Deux-Mondes*, 1874. *Impressions de voyage et d'art*, p. 657.

(3) *Magasin pittoresque*, 1833, p. 182, etc.

(4) Avec la sagacité qui le caractérise, le docte prélat fait observer (p. 108) que dans le *Recueil de chants historiques français*, on trouve divers couplets qui montrent que l'expression « qui-qu'en-grogne » est en soi banale et nullement locale.

(5) Une « quiqu'engrogne » serait donc, dans une forteresse avoisinant une ville, la tour la plus imposante et la plus proche des habitations, celle qu'on édifie, bien qu'elle paraisse menaçante pour les libertés de ceux qu'elle est destinée, au contraire, à protéger.

(6) Ce cliché, comme celui de la fig. 7, p. 76, et celui du nouvel établissement, fig. 13, p. 95, nous ont été très aimablement prêtés par le comité d'initiative de Bourbon auquel nous adressons ici notre bien amicale gratitude.

Nous nous dirigeons ensuite vers le moulin fortifié (voir fig. 6), que son propriétaire actuel nous permet gracieusement de visiter.

Notre cicerone fait constater que nos ducs eussent été de parfaits ministres du Ravitaillement... Ils avaient compris l'importance de cet ouvrage, surtout en temps de guerre. Avoir, pendant un siège, sous la main, un moulin fortifié, que l'ennemi ne pourrait aisément prendre et ruiner était déjà une preuve de leur esprit de précaution pour s'assurer du pain. Mais il fallait aussi garder à l'étang toute sa puissance de protection, et pour éviter de le voir mettre à sec, placer ses vannes sous la défense d'une plateforme crénelée et appuyée par une grosse tour. C'est ce qui a été merveilleusement réalisé à Bourbon. La tour de défense offre aux deux encorbellements de sa base des culs-de-lampe intéressants, et d'une bonne exécution ; l'un représente une figure d'homme encapuchonnée, l'autre une tête d'animal. La partie ancienne de ce moulin (1), comme le dit Mgr Barbier de Montault, est bien l'un des spécimens les plus curieux de l'art industriel au XIIIe siècle.

Dans les rues de Bourbon, il n'est personne qui ne mette le nez à sa fenêtre, qui ne sorte dans la rue, qui ne s'enquière de notre qualité. Et tous de sourire, tous de nous accueillir avec cette caresse de l'œil que les étrangers admirent tant : « La race bourbonnaise, écrit Goncourt, a une caresse dans l'accueil et le service que je n'ai rencontrée nulle autre part. » Si donc les Bourbonnais sont ainsi pour les baigneurs, combien plus sympathiques sont-ils pour nous, que n'amène pas « *volentes nolentes* », le souci d'une santé chancelante, mais qui arrivons, pleins de vie et de gaieté, pour glorifier et admirer leur beau pays!

Nous parcourons la petite ville, admirant de ci et de là, rue Achille Allier, quelque vieille façade de maison, une entre autres avec une jolie porte d'entrée du xvie siècle, aux vantaux ornés de jolies sculptures, et, à l'angle de la rue Achille-Allier et de la rue des Trois Maures, une Vierge en pierre, « *Notre-Dame de la Délivrance* », portant sur son bras son divin Fils, et que la piété des habitants entoure de cierges et de fleurs renouvelés.

Comme l'heure du déjeuner n'est pas sonnée, et pour nous ménager ce soir plus de temps pour la promenade au prieuré de Vernouillet, nous décidons d'aller faire à l'église paroissiale la visite prévue pour le soir.

(1) **Cette restauration date de 1872.**

L'église paroissiale (1) de Saint-Georges est classée parmi les monuments historiques. C'est, pour la nef et ses collatéraux, un monument roman de transition (voir fig. 9). Son plan primitif est celui de la

FIG. 9. — **Eglise de Bourbon-l'Archambault.**
(Dessin de M. E. Delaigue.)

croix latine, (voir fig. 10) (2). Au XVe siècle, on ouvrit sur les bas-côtés deux chapelles aux voûtes ogivales et aux fenêtres à remplages

(1) Pour une plus complète description voir dans l'*Inventaire archéologique du canton de Bourbon*, par M. le chanoine CLÉMENT, pages 4 à 24.

Au point de vue *religieux*, la paroisse de Bourbon dépendait avant 1789 de l'archiprêtré et de l'archidiaconé de Bourbon, du diocèse de Bourges. Elle est aujourd'hui le siège du doyenné de Saint-Michel. — Au point de vue *civil*, Bourbon était le chef-lieu du *pagus Burbunensis* de *la civitas Biturigum* ; à l'époque féodale, de la châtellenie de ce nom : de l'élection de Moulins : sous la Révolution, le chef-lieu du 4e district de Cérilly ; aujourd'hui un chef-lieu de canton de l'arrondissement de Moulins.

(2) Elle mesure 52 mètres de longueur sur 14m,40 de large dans la nef.

flamboyants. Elles sont dédiées, celle du nord à saint Aubin, celle du sud à saint Georges. La première servit de sépulture aux seigneurs de la famille de Saint-Aubin, plus tard aux curés de la paroisse; elle renferme les restes de M. l'abbé Desrosiers († 1887), longtemps curé de Bourbon. Après la Révolution, on y transporta les reliques de la vraie Croix, dont la présence a fait oublier l'ancien vocable. Saint Georges, patron de la paroisse, a remplacé dans l'autre chapelle le titulaire ancien : Saint Crépin. Au XIXᵉ siècle, le chevet carré fut démoli, l'église fut agrandie d'un déambulatoire et de trois chapelles rayonnantes (1845 à 1851), sur les plans de M. Esmonnot. Enfin, les bras du transept furent prolongés pour faire la chapelle du Sacré-Cœur (1879-1880) et de la Sainte-Vierge (1871-1872).

Dans la façade, terminée par un fronton triangulaire, s'ouvre une porte romane, dont le profond ébrasement enferme quatre archivoltes, reçues par huit colonnes aux chapiteaux ornementés. L'ancien tympan de pierre a fait place à un vitrage, sur lequel se profile un saint Georges en bois. Parmi les modillons qui supportent le glacis de la porte ou l'entablement des murs goutereaux, plusieurs offrent des têtes humaines ou des ornements géométriques. Plusieurs contreforts ont été refaits, comme ceux de la façade, au XVIIIᵉ siècle; l'un porte l'inscription: BASTIEN FONROÉ, 1748 (n° 11 du plan).

Le clocher central, formé de deux étages, aux fenêtres géminées, et la flèche qui les surmonte, ont été construits de 1864 à 1866, par M. Esmonnot, pour remplacer ceux que la Révolution avait démolis et ceux qui furent édifiés très modestement plus tard.

La voûte de la nef, — qui n'est pas éclairée, — est en berceau brisé, celles des bas-côtés, d'arêtes. Les trompes de la coupole reposent sur des trompillons à tête de béliers et de loups.

Soixante-six chapiteaux au galbe uniforme, offrent des feuillages, des animaux tirés des « Bestiaires » et des scènes à personnages. Un des plus célèbres, est celui des musiciens (Y), signalé au premier congrès archéologique de Moulins (1), un autre représente l'Agneau pascal dans une couronne que portent des anges (E') ; un évêque appuyé sur sa crosse, accompagné de trois infirmes (A), un personnage monté sur un bouc et sonnant du cor devant un démon, représentation de la Luxure que M. Deshoulières rapprochait d'un chapiteau de Saint-Pierre de Montmartre et d'une console de croisillons sud de la Cathédrale d'Auxerre... Plusieurs bases ressemblent à des chapiteaux, comme à Ebreuil et dans l'ancienne église de Cusset.

Les autels sont modernes. Celui du sanctuaire, inspiré de l'art syrio-

---

(1) Voir dans le volume du Congrès de la Société Française d'Archéologie, tenu à Moulins en 1913, dont nous avons parlé plus haut, un excellent dessin de ce chapiteau par M. E. Chauliat.

chaldaïque, a été dessiné par le P. Louis Desrosiers; celui de la chapelle de la Vraie Croix, par M. Courtin.

La STATUAIRE, en dehors des modillons et des chapiteaux dont nous
venons de parler, est représentée par des statues dont trois méritent

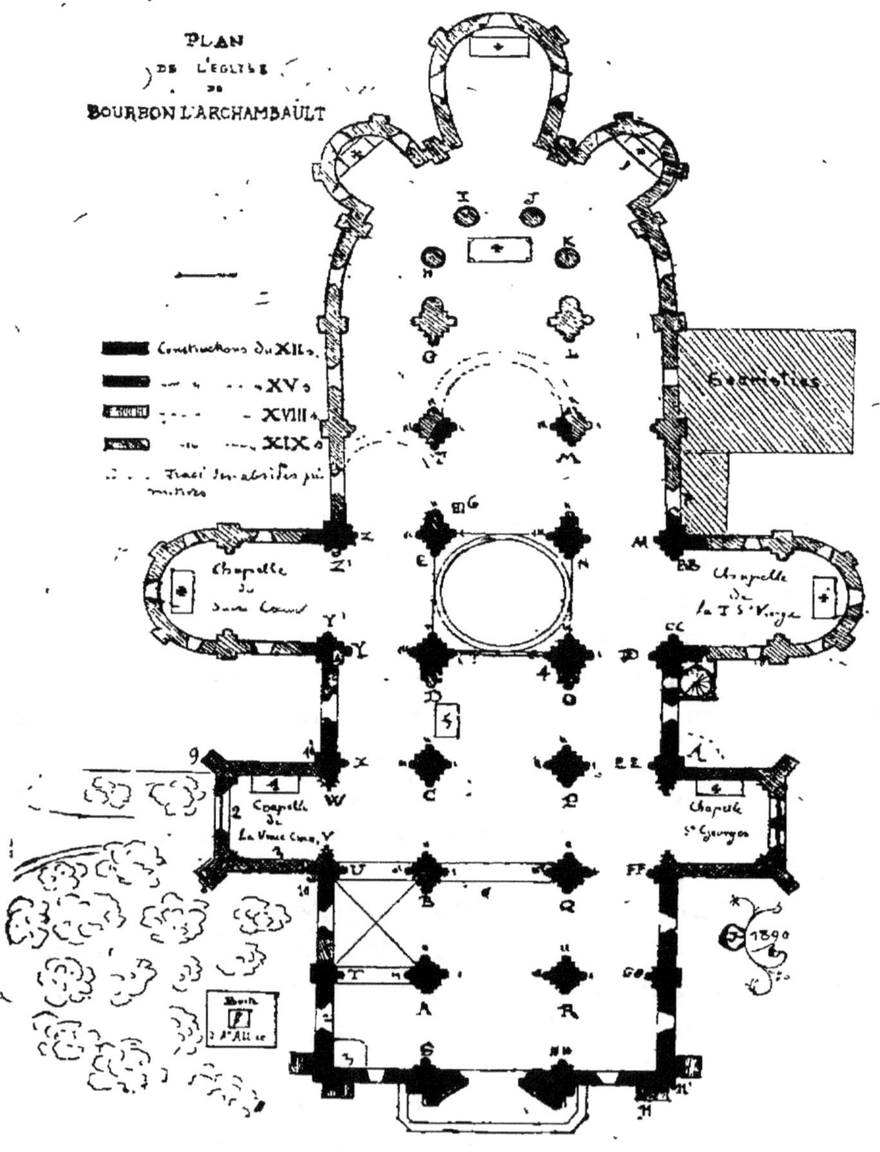

FIG. 10

une mention spéciale. D'abord la Belle Madone, en marbre, de la
chapelle de la Sainte-Vierge (fig. 11). Cette œuvre exquise du 1er tiers
du XIVe siècle, et qui provient de la Sainte-Chapelle, a été classée,
le 7 avril 1902, parmi nos richesses d'art de la France. L'image que
nous en donnons, nous dispense d'une minutieuse description. Il suffit de savoir que les révolutionnaires mutilèrent, en 1793, la tête, plusieurs doigts de la Vierge et les bras de l'Enfant Jésus, qui ont été
refaits en 1850 à Paris, sous la surveillance de Didron.

Les pierreries qui enrichissaient la bordure de la ceinture de la Vierge et de ses vêtements, ont été volées par les terroristes. — Une autre statue en pierre de la Vierge, du commencement du XVIe siècle, qui proviendrait de la Sainte-Chapelle, se voit encore dans la niche au toit semi-sphérique couvert d'imbrications, aux arêtes de. dauphin, sur le contrefort extérieur de la chapelle de la Vraie Croix (classée le 23 décembre 1918). — A l'intérieur, en face de la chaire à prêcher, se dresse la statue en pierre de Sainte Madeleine (XVe siècle), pleine de grâce, et qui porte des traces de riche polychromie (classée le 23 décembre 1918). — Le banc de la Confrérie du Très-Saint-Sacrement est du XVIIe siècle. La grille du chœur est moderne ; on remarque aussi les fonts-baptismaux, à inscription gothique, (XVIe siècle), et un bénitier de la fin du XVIIe siècle.

La PEINTURE est représentée, pour l'époque du XIVe siècle, par des restes de *peintures murales* dont un fragment orne encore l'intrados du deuxième doubleau du bas-côté nord de l'église (T), et pour le XIXe siècle, par la copieuse décoration du chœur, œuvre d'Anatole Dauvergne (1850-1852), celle de la chapelle de la Vierge, par l'abbé Taconnet, et des autres chapelles, par le P. Desrosiers. Pour les *Tableaux*, ceux qui sont encore suspendus aux murs de l'édifice, sont de valeur très inégale. On peut voir dans la chapelle de la Vraie Croix la bonne toile d'Alfred Decaen (1872), exposée au Salon en 1873 (n° 426) et donnée à l'église en 1873 par M. le baron d'Aubigny. Il représente la « Translation » de la Relique de la Vraie Croix dans le riche reliquaire donné par le généreux bienfaiteur. On y reconnaît Mgr de Dreux-Brézé, M. et Madame d'Aubigny, le vénérable curé de Bourbon, divers ecclésiastiques et des amis de M. d'Aubigny. Parmi les autres toiles, on peut s'intéresser à une *Annonciation* et à un *Christ au tombeau...*

Quelques fragments des anciens vitraux restent dans les lancettes ogivales de la chapelle de la Vraie Croix.

Le *Trésor* de l'église renferme une chapelle en argent doré, style Louis XV, et les fort beaux *reliquaires* de la Vraie Croix et celui de la Sainte Epine.

Parmi les premiers, il convient de signaler celui que M. l'abbé Petit-jean commanda en 1804 à Leclerc, de Paris, en style néogrec-impérial, pour remplacer le joli reliquaire restauré par le Bon duc Louis II (fig. 12), et qui fut brisé lors de la Révolution. Le reliquaire offert par Mgr de Dreux-Brézé, en 1884, œuvre de M. Armand Caillat, de Lyon, en bronze repoussé, ciselé et doré, orné de 56 cabochons en navettes émaillées. Nous ne pouvons voir le grand reliquaire de 1 mètre de haut, œuvre de l'éminent orfèvre lyonnais, offert par M. le baron d'Aubigny à l'église. Mais on peut admirer le reliquaire de la Sainte Epine, œuvre gracieuse du même orfèvre, offert en 1874 par les mêmes générosités pieuses et dont le grand lis héraldique émaillé, couvert de médaillons de jade, et de pierres fines, porte en son lobe central, comme dans un nimbe, l'amande de cristal qui renferme la Sainte Epine.

Enfin, près de la porte, et représentant l'art de la ferronnerie, se

Fig. 11. — **Statue de Notre-Dame de Bourbon,** marbre xive siècle.
(Provenant de la Sainte-Chapelle.)

trouve placé un lutrin, offert à l'église par la marquise de Montespan, qui vint si souvent prendre les eaux à Bourbon. Sur les pentes, il porte, d'un côté, dans un losange, les armes de France, couronnées et entourées de palmes, et de l'autre, le chiffre ajouré, peint et doré :

F. A. M. L. : Françoise Athénaïs de *Montespan* (1) ; la lettre L est évidemment une allusion au Roi.

Notre visite terminée, nous sortons de l'église pour nous arrêter sur la petite place ombreuse, dont le calme est favorable à des méditations, et où se dresse le buste d'Achille-Allier, bronze dû au ciseau d'Auguste Préault († 1879), et classé le 23 décembre 1918. Notre confrère, M. Viple, se hissant sur la balustrade qui entoure le modeste monument, retrace dans une causerie écoutée avec le plus vif intérêt, même par des étrangers, la vie de l'homme illustre auquel l'archéologie bourbonnaise doit tant.

Achille Allier (1807-1836)

La Société d'Emulation ne pouvait passer à Bourbon-l'Archambault, sans venir, devant cet humble monument, saluer la mémoire de celui qui fut l'initiateur de l'Histoire bourbonnaise.

Les générations, issues de la Révolution, ne voyaient dans les monuments et les vestiges de l'ancienne France, que les témoins importuns d'un passé condamné, et elles les abandonnaient sans remords aux ravages du temps et des hommes. Leurs ruines jonchaient le sol de notre département.

Le premier, Achille Allier, s'est rendu compte des richesses archéologiques et artistiques que possédait notre province ; il a pris courageusement leur défense et a montré l'intérêt qu'il y avait à les conserver. Il fut ainsi le promoteur du mouvement régionaliste, qui, quelques années plus tard, devait grouper les fondateurs de notre Compagnie, et qui, aujourd'hui encore, après trois quarts de siècle, nous réunit pour la glorification de la petite patrie.

Achille Allier était bourbonnais. Il est né à Montluçon, le 2 juillet 1807. Son père, ancien volontaire de 92, exerçait, rue Notre-Dame, la profession de marchand épicier. Sa mère était la fille de Grégoire-Alexandre Hennequin, notaire à Montmarault, et la sœur de Jean-François Hennequin, général et baron de l'Empire. Il avait une sœur

---

(1) Dans une brochure sur la trop fameuse marquise, M. Baguet prétend qu'il faut lire : « *Mortemart* » au lieu de Montespan, sous prétexte que la marquise, séparée de son mari, avait repris son nom de famille. C'est une erreur que M. Baguet réfute d'ailleurs lui-même dans sa brochure, quelques pages plus loin. Mme de Montespan ne cessa jamais de porter ce nom, même après sa brouille avec son mari. Tous les actes officiels signés d'elle, l'inscription de la cloche de Limoise, l'acte de sa sépulture... portent le nom de Montespan, parfois celui de *Rochechouart*, qui était en somme le nom véritable de la marquise, étant la fille de Gabriel de Rochechouart, duc de Mortemart.

qui épousa, en 1828, Hippolyte Sartine, avocat à Montluçon, plus tard représentant du peuple à l'Assemblée législative de 1849, et déporté après le Deux-Décembre.

Les parents d'Achille Allier rêvaient de faire de lui un avocat. Et, à sa sortie du collège de Montluçon, ils l'envoyèrent à Paris, étu-

FIG. 12. — Reliquaire en argent doré transformé par Louis II,
renfermant les reliques de la Vraie Croix, détruit par la Révolution.
Au pied de la croix : Sainte Madeleine,
Louis II à genoux et Anne, dauphine d'Auvergne.

dier le droit. Il ne semble pas que les études juridiques l'aient passionné beaucoup. Il fréquentait plus assidûment les boutiques des marchands d'antiquités que la Faculté. Il obtint cependant son diplôme de licencié le 27 août 1829, et s'empressa aussitôt après de revenir au pays natal.

Achille Allier était un provincial convaincu, et, à une époque où

Paris attirait déjà toutes le activités et toutes les intelligences, il s'en éloignait délibérément. Il avait déjà beaucoup réfléchi, et il était pénétré de ce sentiment qu'il devait exprimer quelques années plus tard dans la préface de son « Ancien Bourbonnais »: « Jeunes hommes des provinces, pourquoi irions-nous nous mêler à cette existence de passions dégradantes et de besoins factices?... Mieux vaut cent fois être maire de son village, notaire de campagne, cultiver son champ, que d'ajouter un nom à la liste des petits grands hommes, éclos dans les annonces des journaux.... »

Dès lors, Achille Allier avait donné un but à sa vie : faire connaître et aimer sa province.

Pendant plusieurs mois, il rédigea « L'Album de l'Allier », revue qui était imprimée à Montluçon. Puis, s'étant marié à Bourbon-l'Archambault, il vint se fixer dans cette antique capitale du Bourbonnais.

Son premier exploit en cette ville fut de sauver les ruines du vieux château. Après la mort du dernier prince de Condé, ce château était advenu au duc d'Aumale, alors âgé de 10 ans, et les administrateurs du patrimoine du jeune prince voulurent le vendre. C'est alors qu'Achille Allier adressa à la « Gazette Constitutionnelle de l'Allier », le 29 juillet 1832, une lettre pour signaler le véritable crime qui allait se commettre. Et il terminait ainsi : « Non, les tours de Bourbon-l'Archambault ne doivent pas être livrées aux tailleurs de pierres ! Si l'héritier royal des millions du prince de Condé a tellement besoin de deux mille francs qu'il lui faille vendre la seule propriété qui lui rappelle son nom, moi, bourgeois de Bourbon l'Archambault, j'achèterai le château de nos ducs aux enchères, puis je graverai en lettres profondes sur ses vieilles murailles: « Château des ducs de Bourbon, vendu à Achille Allier, bourgeois et artiste, par Mgr le duc d'Aumale, légataire universel du duc de Bourbon. »

Le château ne fut pas vendu.

C'est vers cette époque qu'Achille Allier entreprit, en collaboration avec plusieurs compatriotes, et notamment Dufour, la publication de « l'Ancien Bourbonnais ». Il se mit furieusement au travail, réunissant les documents, écrivant, dessinant.

Peut-être après un siècle d'érudition et de critique, cet énorme in folio nous paraît-il vieilli ; et cependant, il témoigne d'un effort colossal de la part du jeune homme qui l'a conçu et en partie réalisé.

Entre temps, Achille Allier publia les « Esquisses Bourbonnaises », dans lesquelles texte et illustration, tout était de lui ; il fonda « l'Art en Province » ; il exposa au Salon de 1835 « la Jolie Fille de la Garde » et à celui de 1836, « la Vie et les Miracles de Saint Pourçain ».

Son activité était considérable. La mort vint l'interrompre en plein essor. Il fut frappé d'une congestion cérébrale, et en quelques jours il succomba (le 3 avril 1836). Il avait 28 ans.

Achille Allier repose ici, en terre bourbonnaise, au pied du vieux donjon qu'il a préservé du pic des démolisseurs. Qu'il repose en paix. Son œuvre ne restera pas inachevée. L'idée régionaliste a fait son chemin ; et, de plus en plus nombreux sont ceux qui apportent leur pierre au monument qu'il avait rêvé d'élever à la gloire et pour la prospérité du Bourbonnais (1).

L'heure du déjeuner, dont le son ravit habituellement les oreilles, est arrivée. Au cours de nos pérégrinations annuelles, il nous est très rarement arrivé de faire « le mauvais festin », de voir servir des plats où brille la bonne volonté du cuisinier plus que son talent. Mais, quand un excellent déjeuner (2) est servi, comme c'est le cas aujourd'hui, dans une salle éclatante de blancheur, inondée de lumière, où la finesse du linge et la cristallerie élégante vont de pair avec le service impeccable, c'est un charme de plus, dont nous savourons tous l'attrait.

A la fin du repas, notre président prononce le toast suivant :

« Lorsque la Société a voulu reprendre le cours de ses excursions annuelles, les difficultés matérielles l'ont obligée à limiter sa première sortie à une visite à nos monuments de Moulins. Aujourd'hui, elle s'est enhardie et elle vous a prié de venir voir notre première capitale, ce

(1) Bibliographie : *Sa vie :*

H. HUOT, « Achille Allier ». (*L'Art en Province*, I, p. 221). — Emile GRENIER, « Achille Allier Montluçonnais » (*Bulletin des Amis de Montluçon*, 1913, pp. 34 et 72. — Emile FAGUET, « Achille Allier » (*Bulletin des Amis de Montluçon*, 1913, p. 65). — *Portrait d'Achille Allier*, eau-forte, dessiné et gravé par Dupont.

Ses Œuvres :

Esquisses bourbonnaises, album in-4°. Moulins, Desrosiers, 1832. — *Album de l'Allier*, lithographies. — *L'Art en Province*, tome I, frontispice d'Achille Allier. — *L'Ancien Bourbonnais*. Histoire, monuments, mœurs, statistique, d'après les dessins et documents de M. Dufour, dessiné et gravé sous la direction d'Aimé Chenavard. Moulins, Desrosiers. 1833, deux volumes, grand in-folio de texte, 1400 pages, illustrés d'un grand nombre de gravures sur bois et lettres ornées, et d'un atlas de 136 planches en lithographie sur jésus. — *La jolie Fille de la Garde*, chant populaire bourbonnais. ballade, musique et composition, 0,85 × 0,60, Moulins, Desrosiers. — *La Légende de Saint Pourçain*, composition en chromolithographie, 1,06 × 0,80, Moulins, Desrosiers, 1855.

(2) A l'hôtel du Parc et de l'Etablissement (M. Voisin).

« *castrum Burbone* », consacré par le siège de Pépin le Bref. C'est lui qui a formé le premier cristal de notre *pagus* bourbonnais, devenu, en s'agrandissant, la baronnie, puis le duché. Vous avez répondu nombreux à son appel et nous vous en remercions. Vous avez compris que cette promenade surchargée de conférences sur des sujets plus ou moins ardus, n'était pas une simple distraction. La Société, en vous faisant connaître nos richesses artistiques, espère que chacun de vous deviendra un ami, un protecteur vigilant de ces ruines, qui ont à lutter contre de nombreux ennemis: le temps, les saisons, les convoitises du trafiquant, l'envie jalouse de l'étranger. La société a besoin d'être aidée dans son œuvre de protection, que poursuit avec dévouement notre collègue le chanoine Clément. Et c'est pourquoi je me réjouis de l'innovation qui marque notre excursion: la réunion des deux sociétés d'études de Moulins. Je salue ici avec joie son jeune et actif président, M. Viple, et les membres de sa société qui l'ont suivi. Je remercie tous ceux, conférenciers et organisateurs, qui ont préparé notre journée, en particulier M. le chanoine Clément, M. Viple, M. le Dr Regnault, M. Capelin.

Je bois à la prospérité de nos sociétés d'études locales et de notre belle station thermale.

La soirée, nous descendons jusqu'à l'ancien hôpital thermal et Madame la Supérieure des Religieuses de Saint Vincent de Paul fait passer sous nos yeux une lettre autographe de Saint Vincent de Paul, puis nous allons admirer la précieuse collection de vases de Nevers de l'ancienne pharmacie de l'Hôtel Dieu, qui sont conservés dans le bureau de M. l'Econome. Ils sont intéressants par leur nombre et par leurs formes et bien des Musées pourraient les envier.

Ensuite, nous faisons le tour des bassins à ciel ouvert des « anciens bains de Bourbon », restés ce que les représentait la vieille gravure d'Israël Sylvestre, et nous nous groupons autour du Docteur Regnault, qui veut bien nous parler de l'ancien établissement thermal et du nouveau.

L'excellent docteur nous montre les trois puits dans lesquels coule à gros bouillon l'eau thermale, puis les six cabines primitives, dont l'une était réservée aux Capucins, les autres aux clients de Bourbon, dont plusieurs sont illustres : Gaston d'Orléans, Madame de Montespan, la Marquise de Montespan, Madame de Sévigné,

Boileau, le Maréchal de la Meilleraie, Madame Fouquet, Louvois, Mansard, ..., le roi, Lauzun et la Grande Mademoiselle, ... Bourbon était au xvii⁰ siècle, presque une « succursale de Versailles.... »

Après avoir donné des détails sur la qualité, la quantité et l'efficacité des eaux, sur son captage pour la faire monter aux bassins réfrigérants, le Docteur Regnault voulut bien nous faire les honneurs du Nouvel Etablissement.

Construit en 1885, sur les plans de M. Le Cœur, architecte du Gouvernement, en bordure du parc ombragé de Madame de Montespan, cet établissement, qui est un modèle du genre, offre une façade monumentale de 65 mètres de longueur sur 18 mètres de profondeur, sans compter le pavillon des grandes piscines. Il se compose d'un vaste sous-sol, d'un rez de-chaussée et d'un premier étage. Gracieuse-

FIG. 13.
Vue intérieure de l'Etablissement.

ment décoré par des faïences peintes, du meilleur goût, avec son toit de pitchpin, ses très nombreuses piscines particulières, revêtues de faïence émaillée, avec appareils pour douches, ses installations multiples, ses deux grandes piscines, ses chauffoirs, son salon de lecture, il se place au premier rang des établissements français (1).

Vers le prieuré de Vernouillet. — Notre programme comportait comme clôture d'excursion une promenade champêtre vers le prieuré de Vernouillet que nous apercevions dans la direction Nord-Ouest, à 500 mètres à vol d'oiseau de l'autre côté du bras

(1) Cf. *Bourbon-l'Archambault, ses eaux minérales et ses nouveaux thermes*, par le D⁰ P. Regnault, médecin inspecteur, lauréat de l'Académie de médecine, Paris, G. Masson, éditeur, MDCCCLXXXVI, — et *Bourbon-l'Archambault et ses thermes*, par le D⁰ A. La Couture, de la Faculté de médecine de Paris. Moulins, Crépin-Leblond, imp.-éd., 1904. — Consulter aussi l'intéressant Guide du comité d'initiative et de l'établissement distribué gratuitement aux baigneurs et aux touristes.

principal de l'étang. Nous partons en devisant joyeusement, surtout en admirant le site ravissant, surtout l'étang, que dis-je, « le lac »   pour se conformer aux usages du pays — et l'étape, d'ailleurs courte, se fait sans presque s'en apercevoir. Nous laissons à notre confrère, M. le Chanoine Clément, le soin de nous décrire le prieuré et sa statue.

Le petit prieuré de Notre-Dame de Vernouillet-lès-Bourbon, pour parler comme les anciens pouillés de l'ordre de Cluny, dépendait du prieur de Souvigny (1). Il était habité par quelques religieux, mais à la fin du XVIIIᵉ siècle, ses titulaires avaient dû l'abandonner. Vendu le 26 mars 1791, par le district de Cérilly comme bien national, il fut transformé, par ses successifs propriétaires, en domaine, et la chapelle en habitation (2). Cette dernière est un édifice solidement reconstruit vers le XIIIᵉ siècle. Il offre, dans un rectangle, un chevet plat éclairé par une fenêtre du XVᵉ siècle, de 8 mètres sur 6 mètres hors d'œuvre, couvert par des voûtes d'arêtes, dont les nervures retombent sur les consoles, et une nef de 13 mètres de long, réédifiée plus tard et complètement bouleversée par les dispositions nouvelles de l'habitation. Un simple campanile surmontait le pignon du chœur. Les parements de la partie du chœur sont en grès et offrent un moyen appareil très régulier. Les trois autels, mentionnés dans un acte notarial de 1747, avec leur « devant en cuir doré », ont disparu. Au grenier, on voit encore des restes d'anciennes peintures murales du sanctuaire. Sous les six panneaux qui subsistent, on peut encore reconnaître la Vierge et l'Archange Gabriel de l'Annonciation, et l'apôtre Saint Paul, qui offrent un certain intérêt. Dans une pièce qui occupe la place de l'ancien sanctuaire, des locataires conservent la statue de la Vierge qui décorait l'autel principal.

Cette Madone, une des plus anciennes et des mieux conservées du Bourbonnais, offre le type hiératique des Vierges romanes, dites en « Majesté » (fig. 11). On peut l'attribuer à la fin du XIIᵉ siècle (3).

(1) Il est cité par le *Thesaurus silviniacensis*, dans une transaction intervenue, en 1271, entre Yves, prieur de Souvigny, et Agnès de Bourbon, parmi les établissements qui dépendaient du célèbre prieuré clunisien. Son prieur avait sur la chapelle primitive du château de Bourbon un droit de collation dont le duc Louis I la fit affranchir en 1315.

(2) Le propriétaire actuel, M. A. Desbordes, a droit ici à tous nos remerciements pour avoir bien voulu recevoir, ainsi que sa famille, notre bruyante visite et autoriser toutes nos explorations.

(3) Elle était avant la Révolution en grande vénération dans toute la contrée et attirait, le jour de la *Nativité de la Vierge*, une foule de pèlerins qui venaient en procession des paroisses voisines. Aujourd'hui, tandis que la piété envers elle n'est plus sous le contrôle des représentants de l'Eglise, la superstition inspire les jeunes filles qui craignent de « coiffer sainte Cathe-

Elle est sculptée en plein bois de chêne (1). Assise sur un siège droit,
dont les côtés sont ornés d'élégantes arcatures, en plein cintre à l'é-
tage inférieur, trilobées à celui de dessus, la Madone tient de ses deux
mains, sur son giron, selon le type des « *Sedes sapientiæ* », — la

FIG. 11. — **Notre-Dame de Vernouillet**
(Vue sur deux faces.)

Vierge servant de siège au Fils de Dieu, la Sagesse incréée, qu'elle
présente à l'adoration des hommes, remplaçant les Mages à ses pieds (2),

rine » à suspendre des rubans à son cou comme un hommage qui doit in-
viter la Sainte Vierge à leur faire trouver infailliblement un mari dans
l'année !...

Voir dans la brochure de M. La Couture, *le Prieuré de Vernouillet* (Moulins, Et. Auclaire, 1887), la légende en patois qui a pu motiver ces usages si
étrangers à la vraie dévotion.

Cf. Les articles publiés par M. C. Guy, dans le *Libéral de l'Allier*, 20 et
27 septembre 1908. Les indications qui y sont contenues sont surtout puisées
dans la brochure de M. La Couture et dans notre inventaire archéologique.

(1) Cette statue mesure 0m,86 de hauteur. Elle a été polychromée, le manteau de la Vierge en rouge, l'Enfant en vert, le trône en blanc, avec ornements rouges et verts.

(2) Cf. : *La Représentation de la Madone à travers les âges*, par l'abbé
Joseph CLÉMENT, 1908.

— l'Enfant-Jésus bénissant les fidèles à la manière latine. On peut remarquer que la tête de l'Enfant s'inspire des profils des médailles d'empereurs romains, dont le naïf imagier, qui l'œuvra, avait pu se procurer des modèles autour de lui, tant les découvertes d'objets gallo-romains ont été fréquentes, en tout temps, dans cette région.

La tête de la Vierge est celle d'une bonne paysanne du pays, avec la cape recouvrant la tête comme un capuchon et l'arrangement de la chevelure ondulée de l'époque (1). Des coups de hache ont brisé la face des genoux et l'extrémité des pieds de l'Enfant-Jésus. Notre confrère, M. André Roy rapporte à ce sujet qu'il a entendu dire dans sa famille que l'explication de cette mutilation tient à ce que les pieux habitants de Vernouillet, voulant soustraire la vénérable statue aux profanations des énergumènes révolutionnaires, avaient dû faire ce sacrifice pour la loger dans la cavité d'un arbre, qui lui servit de provisoire cachette et d'où elle fut tirée, lorsque la fièvre de destruction iconoclaste fut tombée.

Cette statue, comme cela se pratiquait alors couramment, servait de reliquaire. Elle conserve, dans le dos, l'ouverture carrée, scellée de trois ferrements, qui servait de custode à des reliques qui ont disparu sans doute à l'époque de la Révolution.

En quittant le réduit où est conservée la madone, on admire une petite statuette en grès, décapitée (hélas!), représentant une châtelaine du XVe siècle, et qui fut retrouvée, dans un mur de clôture du jardin, au milieu de nombreux fragments de sculptures.

Maintenant, il faut songer au retour, et si ce n'est l'heure qui nous presse, c'est, du moins, la perspective d'un orage qui s'amoncelle sur nos têtes.

En hâte, nous arrivons à la petite gare de Bourbon. Qu'elles se déchaînent maintenant, les cataractes célestes, nous avons un abri

(1) Nous donnons, fig. 11, deux aspects de cette intéressante statue pour la mieux faire connaître. On remarquera spécialement la forme de la cape sur la tête, rappelant le bonnet phrygien, signe évident d'antiquité chrétienne comme le faisait observer M. Quicherat dans ses leçons, à l'école des chartes, sur le costume. — Jules de Labarte, dans son *Histoire des Arts industriels* (Paris, Morel, 1872, p. 31), cite le bas-relief d'ivoire d'un évangéliaire byzantin du XIe siècle, appartenant à la Bibliothèque Nationale, et dont les coiffures offrent le type du bonnet phrygien.

pour nous recevoir et d'où l'on peut narguer la tourmente. Puissions-nous tous, et dans tous les cas, avoir pareille chance ! *Utinam Diis !* Acceptons-en l'augure, et que cette bonne journée ait d'heureux lendemains !

E. CAPELIN.

FIN

NÉCROLOGIES

MEMBRES DE LA " SOCIÉTÉ D'ÉMULATION " MORTS PENDANT LA GUERRE

Jean-Baptiste THONNIÉ

L'EXCELLENT confrère auquel notre Société doit une si active collaboration depuis le 2 novembre 1877, date de son admission, et qui fut son distingué vice-président, était né à Moulins le 20 juin 1848.

Après de premières études au Lycée de Moulins, il alla à Paris suivre les cours du Lycée Saint-Louis, d'où il sortit bachelier, le 4 août 1866. Il fit alors son droit, couronné par le diplôme de licence (16 juillet 1870), à la suite d'une thèse remarquable sur les Testaments. Après un exposé en latin des principes du droit romain sur la question, il y traitait de la capacité de disposer ou de recevoir par donation entre vifs et par testament ; pour la procédure civile, du pourvoi en cassation.

Mais la capitale lui parut moins séduisante que la Petite Patrie, et M. Thonnié revint à Moulins se faire inscrire comme avocat au Barreau de sa ville natale, qu'il préférait à tout, et qu'il ne devait quitter qu'au moment de la guerre de 1870. Il fut nommé Conservateur de la Bibliothèque des Avocats et Membre du Conseil de l'Ordre.

Il fit toute la campagne de 1870-1871, et rentra à Moulins avec le grade de capitaine au 98e régiment territorial d'infanterie, et trésorier de la Réunion des Officiers de réserve et de l'armée territoriale de Moulins. Il se dévoua particulièrement à la Croix-Rouge, et se dépensa, sans assez compter avec sa propre santé, lors de la grande guerre de 1914-1918.

M. Thonnié avait été mêlé à la fondation et à la vie de nombreuses sociétés locales : la Société d'Emulation, le Cercle des Officiers de réserve, la Société symphonique, la Caisse d'Epargne, dont il fut le trésorier vigilant, et dont le Conseil d'Administration le nomma vice-président honoraire (21 avril 1915) en souvenir des services qu'il lui avait rendus ; la Société d'Horticulture et celle de Secours aux blessés, qui faisaient souvent appel à ses conseils éclairés et à son inlassable dévouement...

Les distinctions étaient venues reconnaître tant de zèle actif sans qu'il les eût sollicitées. Il était décoré de la Médaille Coloniale (Algérie — 15 octobre 1895) ; Chevalier du Mérite Agricole (25 août 1896). Il reçut, le 13 février 1912, la Médaille commémorative de la guerre de 1870, et avait été fait Chevalier de la Légion d'honneur (13 janvier 1907)...

Fin lettré et bibliophile des plus avertis, on doit à sa plume divers opuscules qui furent remarqués. Malgré son extrême modestie, qui lui faisait refuser de livrer au public le fruit de ses études, l'amitié, qui était si puissante sur son cœur exquis et sur sa bonté native, obtint pourtant de lui qu'il publiât ses conférences sur la *Frontière d'Allemagne* et sur *celle des Alpes*, faites à la Réunion des Officiers de réserve, en 1890 (Moulins, imp. Charmeil, 1891) ; *Vieux Livres et Vieux Auteurs Bourbonnais*, deux captivantes brochures extraites des *Archives du Bourbonnais* (nos II et III, Moulins, imp. Crépin-Leblond, 1894-1895).

M. Jean-Baptiste Thonnié réunissait d'importants documents sur la bibliographie générale bourbonnaise, dont la publication eût rendu les plus grands services aux érudits locaux ; mais, hélas ! il mourait trop brusquement, le 8 décembre 1918, sans pouvoir achever son œuvre, laissant d'unanimes regrets.

Notre Compagnie perdait en lui le plus aimable, le plus courtois, le plus serviable des confrères.

Chanoine JOSEPH CLÉMENT.

MAURICE DUNAN

L E *Bulletin* de notre Compagnie doit à M. Maurice Dunan, qui fut son si distingué Directeur, une mention très particulière. C'est Lazare Dunan, son grand-père, qui, quittant Nevers, vint s'installer à Moulins, où il était, sous la Révolution, conseiller municipal désigné par le roi, et sergent de la Garde nationale. Horloger, rue de l'Horloge précisément, et, selon Faure (II, 489), l'un des quarante notables commerçants du département, il y éleva une belle famille de quatre garçons, dont l'aîné, Adolphe, marié à Mlle Eléonore Tréville, musicienne accomplie, qui organisa les premiers concerts de musique de chambre à Moulins, fut ingénieur des Ponts-et-Chaussées ; le second, polytechnicien et officier de marine d'avenir, mourut prématurément au Sénégal ; le troisième, Louis, dont les remarquables aptitudes commerciales firent bientôt l'associé d'une importante maison parisienne, était le père de notre confrère, qui, finalement, demeura le seul représentant de cette branche moulinoise, son cousin-germain Léon, fils de l'oncle de ce nom (et reçu lui-même, dans des rangs distingués, à l'Ecole normale supérieure (1877) et à l'agrégation), étant mort en 1890, professeur de mathématiques spéciales au Lycée de Tours.

La vocation universitaire de Maurice Dunan fut encouragée, comme à son tour elle devait entraîner celle de son jeune cousin et de son fils, par un « oncle à la mode de Bretagne », inspecteur d'Académie à Angoulême. Un autre cousin, Charles Dunan, dont l'amitié avec lui fut très étroite, agrégé et docteur ès lettres, enseigna d'autre part à plus de vingt générations d'élèves, la philosophie au Collège Stanislas, à Paris.

Né à Paris, le 20 août 1850, et empêché par la guerre franco-allemande de se présenter au concours de l'Ecole normale supérieure, Maurice Dunan débuta dans l'Université comme chargé de cours d'histoire aux Lycées de Bastia et de Tournon. Reçu premier au concours de l'Agrégation d'histoire et de géographie en 1875 (concours dont ses émules moins heureux étaient son futur inspecteur général Lanier, Carré, depuis professeur à la faculté de Poitiers, Georges Duruy, le fils de l'éminent historien-ministre, Suérus, proviseur du Lycée Henri IV), il refusa la nomination à l'école française d'Athènes qui, d'ordinaire, récompensait ce brillant succès, attiré déjà par cet enseignement secondaire auquel il s'est consacré *quarante ans* avec un rare dévouement. Son succès lui valut du moins sa nomination immédiate au Lycée de Moulins, mais il n'y enseigna qu'un mois à peine, appelé par son « oncle » l'inspecteur,

à Angoulême, avancement notable dans la hiérarchie des établissements scolaires, telle qu'elle était alors organisée. Dès 1877, il passait d'Angoulême à Marseille, où son talent de parole et ses connaissances remarquablement étendues dans les domaines alors nouveaux de la géographie économique, achevèrent de le signaler à l'attention de ses chefs. C'était le temps des grandes explorations africaines, et comme secrétaire de la Société de géographie de Marseille, c'est lui qui avait reçu Stenley à son retour du Continent noir.

En octobre 1881, il était nommé à Paris, professeur aux Lycées Louis-le-Grand et Saint-Louis, et dès lors on lui confiait plus spécialement, dans ces deux pépinières de la nouvelle armée, la préparation des candidats à l'école de Saint-Cyr. N'avait-il pas eu d'ailleurs, parmi ses premiers élèves, le général Graziani, qui, chef d'état-major au ministère de la guerre, en parlait à son fils avec une émotion attendrie, quand ce dernier, blessé et infirme, eut en 1915 l'honneur d'être appelé sous ses ordres.

Ce qu'a été son enseignement, bien peu de ses élèves — et il en a eu des milliers — l'ont oublié. Une érudition sans cesse enrichie par un labeur de toutes les journées, et si présente à son esprit, qu'il n'apporta jamais une note pour étayer ses cours, une facilité d'élocution que rendait plus agréable encore une voix chaudement timbrée et doucement nuancée, un haut esprit de tolérance qui n'excluait pas des convictions personnelles et patriotiques très fermes, une rayonnante bonté, une autorité qui écartait sans heurt toute difficulté de discipline, ce sens de la pédagogie qui, hors de toute règle énonçable à l'usage des apprentis de la carrière, fait les bons maîtres et les grands maîtres, il avait tous ces dons réunis, avec une activité, une énergie toujours souriante, qui lui ont fait vivre en une seule plusieurs existences d'homme.

Bien vite, en effet, sans abandonner rien de la lourde tâche que l'Etat attendait de lui, il avait accepté de la Ville de Paris l'enseignement de sa spécialité de prédilection, la géographie commerciale, à l'Ecole primaire supérieure Arago et dans les Cours du soir de la Ville. C'était le moyen d'atteindre, à côté de l'élite parisienne bourgeoise (on retrouve ses anciens élèves dans tous les postes de l'armée et de la diplomatie), le public populaire, cet intelligent et attirant peuple de Paris, dont la mentalité et les passions ont, à tant de reprises, exercé sur l'histoire de France tout entière une influence si décisive. A redresser plus d'un préjugé, à répandre toujours plus largement les grandes leçons du passé et du présent mondial, les idées de liberté et de justice, d'ordre, de labeur et de progrès, il eut la plus douce des satisfactions humaines, celle d'avoir fait beaucoup de bien, simplement, sans grands mots, avec la modestie que tous ont admiré à Moulins, apôtre cependant — encore que ce nom eût effarouché sa réservé — et prophète de la France éternelle.

C'est cet ardent et large patriotisme qui lui avait inspiré une *Histoire nationale et populaire de la France*, publiée en livraisons chez l'éditeur Boulanger, et destinée spécialement aux classes ouvrières. Pour ses élèves, il fit éditer chez Lecène et Oudin un atlas qui eut le plus vif succès, mais les ouvrages qui rendirent son nom familier à toute une génération de professeurs et d'élèves furent les manuels classiques qu'il rédigea pour l'éditeur Garnier, conformément aux programmes de 1880, 1885 et 1890, et dont plusieurs éditions n'épuisèrent pas la vogue. *L'Histoire ancienne des Peuples de l'Orient*, à l'usage de la classe de sixième, parut la première en 1884, résumé concis et très personnel — où de plus grands que les enfants auxquels il s'adressait pouvaient trouver intérêt et profit — des données actuelles de ces sciences, alors en pleine poursuite de résultats mieux acquis depuis, l'égyptologie et l'assyriologie. Très vite on remarque ce précis d'un style sobre, dégagé des poncifs traditionnels, et où le géographe avait heureusement inspiré l'historien, en dressant dans le cours de l'ouvrage les diverses cartes qui devaient permettre aux écoliers de situer désormais facilement et clairement, dans l'espace comme dans les temps, les théâtres de ces lointaines actions, aux conséquences inépuisées. Cette réforme, ce progrès étaient si naturels, si heureux, qu'on s'étonne aujourd'hui qu'il y ait eu à les faire.

L'*Histoire de la Grèce ancienne* parut ensuite, étayée fortement sur les grands ouvrages d'érudition française et étrangère qu'il n'était pas encore de mode de citer aux enfants ébahis, mais dont la substance, assimilée par un esprit clair et entraîné à la pratique de la classe, faisait un livre aussi solide qu'attrayant. Outre les cartes multipliées, le texte s'accompagnait cette fois d'un grand nombre de gravures, reproduisant les photographies des principaux sites, des plus beaux monuments, les œuvres d'art les plus caractéristiques de l'antique Hellade : ceci encore est devenu comme la règle du genre. Non seulement l'ouvrage se répandit dans un nombre sans cesse grandissant d'établissements d'instruction, mais M. Dunan reçut du monde savant, et de maîtres illustres, comme Boucher-Leclercq — pour ne citer que le plus consacré des spécialistes français — des lettres dont, par exception aux scrupules ordinaires de sa modestie, il conserva dans ses papiers le flatteur tribut d'éloges. C'est qu'il rêvait maintenant à l'avenir universitaire du plus jeune et du plus aimé de ses petits disciples. Il avait épousé le 31 octobre-3 novembre 1883 la descendante d'une vieille famille du Rouergue, Marie Mélanie-Juliette de la Valette. Union romanesque que celle du jeune professeur républicain avec la fille du comte Adrien de la Valette de Morlhon, l'un des chefs du parti légitimiste en 48, l'homme de cœur à qui les enfants de la duchesse d'Orléans avaient dû la vie, dans la bagarre qui suivit à la Chambre le renversement de Louis-Philippe, le précurseur, alors ruiné par une idée magnifique : le percement du Simplon... Cette union devait pourtant faire le bonheur de deux vies. Faut-il révéler ici que le premier manuel scolaire avait été élaboré durant les veilles studieuses d'une première année conjugale, en face d'un adorable petit chausson de laine blanche enrubannée, qui attendait le pied futur de celui pour qui déjà travaillait le plus tendre des pères. L'enfant, qui devait à son tour imprimer bien des lignes, trottait ensuite autour de la table paternelle, quand s'y couvrirent de la fine et ferme écriture qui lui est si chère, les feuillets de l'*Histoire romaine*.

Près de huit cents pages, cette fois, condensaient pour les élèves de la classe de quatrième, les données d'une formidable enquête à travers tous les auteurs anciens, modernes et contemporains, qui avaient abordé le récit de l'une des périodes ou des institutions de ces douze siècles d'histoire. L'exposé était si nourri, les problèmes historiques si franchement abordés et si élégamment résolus, les conclusions si loyales, la documentation si riche et si solide, les sources essentielles si clairement indiquées, que plus d'un candidat à l'agrégation y chercha depuis tous les rudiments fondamentaux de sa propre science. Dans cet ouvrage de maître-historien, M. Dunan avait affirmé les qualités qui le désignaient pour l'une des chaires d'histoire ancienne des grands centres d'enseignement supérieur.

Il entamait d'ailleurs et poursuivait les travaux d'une thèse de doctorat, consacrée à l'histoire byzantine, qui devait depuis tenter les maîtres plus jeunes, Charles Diehl ou Schlumberger. Il avait réuni et commençait à annoter les chroniques de Georgius Pachymérès, et autres vénérables *octavos* du *Corpus* des écrivains de l'histoire de Byzance ; il commentait Buchon et ses énormes *Matériaux* pour servir à l'histoire de la domination française en Orient, au temps des Croisades. Mais l'engrenage de plus en plus implacable des heures de cours multipliés ne lui laissait pas le répit qu'assurent aujourd'hui des bourses d'Etat ou des fondations privées, aux fervents de ces longues recherches désintéressées. Et, plus encore que l'abandon de sa thèse, le sentiment d'une irrésistible vocation le retint à ses lycées, à son Ecole Arago, à ses cours du soir, où tant de jeunes cerveaux recevaient — de lui et de collègues auxquels l'unissaient des amitiés éprouvées — les clartés qui feraient demain l'opinion française. La plus grande joie de sa vie fut, après l'entrée de son fils à l'Ecole normale supérieure, à laquelle il l'avait destiné en lui apprenant les premiers balbutiements de l'alphabet, sa réception au concours de l'Agrégation d'histoire, qui faisait de son disciple de vingt ans son collègue et son successeur.

La maladie, résultat du long surmenage d'une santé délicate, forçait malheureusement à une retraite prématurée ce professeur en pleine autorité magistrale, en pleine maturité de talent : sa carrière était noblement remplie, puisque ses états de service portaient sur quarante années, dont trente au Lycée Louis-le-Grand, où, s'il n'eût été qu'un garçon de salle, il eût reçu la médaille des vieux serviteurs !...

Toutes ses vacances universitaires avaient été, jusque-là, consacrées à la ville de son père et de son enfance, la jolie cité aux briques roses de Théodore de Banville. Rendu à la liberté définitive, il vint avec joie s'y fixer, espérant y respirer, dans le calme des beaux soirs, les parfums nuancés des roses de son admirable jardin, planté, remanié, agrandi avec amour pendant tous les rares loisirs des années laborieuses.

Nous avons dit sa plus grande joie, apprenons maintenant la plus grande fierté, et nous oserions même dire l'orgueil de sa vie : Ce fut la récompense suprême que, après visite officielle de ses massifs aux essences les plus variées, de ses allées harmonieuses, de ses treilles ensoleillées, de sa roseraie frémissante, la Société d'Horticulture, dont il était un des membres les plus actifs, accorda à son cher parc. N'eut-il pas aussi quelques gallinacés de la cour où lui-même allait jeter le grain à ses favoris, primés et couronnés à l'Exposition d'Aviculture ?

Nous savons quel charme, peut-être héréditaire, l'attachait au vieux Moulins, avec quel amour il en recherchait les anciens aspects et les anciens titres, quel ami il fut pour ceux d'entre nous en qui il connaissait la même inclination, appréciait la même compétence...

Comme, à Paris, il avait trouvé le temps de toute une action féconde à la Société de Géographie commerciale, il fut à Moulins l'un des plus dévoués initiateurs des groupements d'études, et les archives de la *Société d'Emulation*, celles de la *Société des Etudes locales* dont il était président, celles de l'*Alliance Française* qu'il présidait aussi, pourraient facilement en établir la preuve.

Tous nos confrères de la Société d'Emulation se rappellent la séduction exercée dans nos réunions par ce vrai savant qui unissait une culture si vaste à une modestie si complète et de bon aloi, une érudition si riche et si rare à une indulgence si souriante, l'énergie de l'action à la courtoisie la plus affable.

Quel apaisement tombait de sa sérénité sur les petites divergences de méthode et les menues difficultés quotidiennes de la vie de société ! Son rêve aurait été de grouper dans la commune passion de l'histoire, dans la recherche loyale des titres du passé bourbonnais, tous les hommes cultivés du département. Ce projet doit demeurer à notre ordre du jour, mais une bonne volonté de cette envergure pour entraîner les autres ne se retrouvera pas facilement, et c'est en tout cas le regret profond qu'auront ses amis, de ne pouvoir, la tourmente apaisée, le retrouver avec eux à l'heure des reconstructions nécessaires.

Ses fonctions de vice-président et surtout de directeur de notre *Bulletin*, acceptées avec des attributions sans cesse plus étendues, la rédaction des *Bulletins*, le dépouillement des périodiques échangés avec notre Société, le compte rendu des bibliographies, qui tiraient de tels ou tels livres d'érudition les conclusions de l'histoire — comme ces complètes bibliographies sur *Les députés de Saône-et-Loire aux assemblées révolutionnaires,* de M. Montarlot (juin 1912), *Les Paroisses Bourbonnaises,* du chanoine Moret, où l'on retrouve la limpidité du style, l'affabilité des comptes rendus qui caractérisaient sa manière — ne l'absorbaient pas entièrement, et tous ses loisirs le menaient de plus en plus sur le chemin des archives où, dans la poussière des liasses ficelées, dorment les plus révélateurs des secrets du passé. Son intime amitié avec notre regretté Pierre Flament, le si distingué archiviste du département, qu'une mort glorieuse a enlevé à la science et aux savants français, lui donnait occasion, non seulement de recherches et de découvertes personnelles des plus captivantes, mais encore de travaux de classement d'un intérêt général. Le départ de l'associé le plus actif de ses travaux moulinois fut du moins compensé par la venue de M. Fazy, dont l'inépuisable obligeance et la compétence géographique lui valurent derechef plus qu'un collaborateur, un ami.

Bien que rien de ce qui était moulinois ne lui fût étranger, il avait porté ses recherches principales sur la période de la Révolution, de l'Empire et de la Restauration, et s'attachait en particulier à élucider l'histoire des institutions militaires, si mal connues malgré les apparences. Le livre qu'il publia en 1913, chez notre confrère Crépin-Leblond, sur la *Garde d'honneur du Préfet de l'Allier*, fut à cet égard une véritable révélation. Il avait complété sa documentation des archives départementales par d'heureuses trouvailles aux archives municipales (de Moulins) et nationales (à Paris), et, de l'ensemble de ces vieux papiers, éclairés par une connaissance approfondie du milieu historique et des événements généraux, qui mettait chaque détail en sa valeur exacte, il avait tiré le tableau le plus vivant d'une

curieuse institution, négligée des historiens et totalement oubliée : la compagnie de réserve de l'Allier.

Napoléon, qui avait remplacé par ses préfets, hommes d'expérience et de valeur, les impuissantes administrations électives de la
Révolution, avait voulu leur donner un instrument de force effective
et de prestige, une *garde d'honneur*, selon le mot même dont il se
servit au Conseil d'Etat. Le service de chacune des compagnies
créées par le décret du 24 Floréal an XIII pour être placées sous
leurs ordres, consistait surtout à fournir les factionnaires devant
leur hôtel et celui du payeur du Trésor, à assister par des patrouilles
la police de la ville, à surveiller le rassemblement des conscrits, et
conduire aux armées les convois de réfractaires. L'effroyable consom-
mation d'hommes des dernières campagnes amena le gouvernement
impérial à puiser sans cesse dans cette « réserve » de soldats instruits, pour les besoins du champ de bataille. La Restauration, par
esprit d'économie et par une confiance exagérée dans le zèle de la
garde nationale, licencia les compagnies de réserve, mais les rétablit
au lendemain des Cent Jours, ayant trop tard compris le danger de
l'impuissance de ses préfets. Les « compagnies départementales »
— c'était maintenant leur nom officiel — disparurent définitivement
quand le maréchal Gouvion-Saint-Cyr fit voter par les Chambres,
en 1818, la refonte complète des institutions militaires. Cette petite
troupe, « d'un caractère bien original, puisque ses soldats ne faisaient partie ni de l'armée, ni de la gendarmerie, ni de la police, ni
de la garde nationale, et qu'ils avaient pour colonels, des civils, les
préfets ». méritait en vérité cette résurrection. En la replaçant
dans le cadre du Moulins d'il y a cent ans, c'est tout un coin d'histoire locale que M. Dunan faisait revivre. En nous détaillant l'humble histoire de chacun de ces enfants de l'Allier, avec leurs communes d'origine, leurs métiers, leurs maladies mêmes, c'est tout un
tableau d'histoire militaire qu'il brossait, aussi pittoresque et plus
vrai que bien des *Mémoires* de grognards ou de généraux. La critique
accueillit très élogieusement l'ouvrage. Des grands quotidiens,
comme le *Temps*, lui consacrèrent des notices détaillées ; le directeur même de la *Revue Historique*, M. Ch. Pfister, l'éminent professeur en Sorbonne, résumant toutes ses indications essentielles,
le donna en « modèle » aux auteurs érudits. (*Revue Historique*, CXV,
p. 417.)

Ce n'était là que le premier livre d'une série où, tour à tour, d'autres institutions militaires, presque aussi ignorées, du département ou de la région, et les divers quartiers moulinois, revivraient en des monographies aussi documentées et pourtant aussi attrayantes. Il poussait à la fois, aux archives de la rue Michel-de-l'Hospital et à la mairie, les deux ordres de travaux, relevant les plans du cadastre, identifiant maison par maison, famille par famille, chaque coin de sa chère ville aux deux siècles derniers. Les matériaux sont en grande partie réunis, mais l'œuvre inachevée a connu le destin de tant des entreprises humaines commencées à cette date : la guerre vint brusquement arracher notre confrère à son rêve de consacrer aux siens, à sa maison familiale et à sa « petite patrie », les années, si fécondes pour les hommes d'étude, de la vieillesse.

Les préoccupations que lui causait la guerre, surtout le sort de son fils, M. Marcel Dunan, devaient remplir d'amertume cette belle fin de vie. Ce cher fils, parti de Vienne, où il avait eu le triste privilège d'apercevoir et de signaler, l'un des premiers, le danger qui menaçait l'Europe et le monde, le 31 juillet, avait pu rejoindre son régiment à temps, pour être de la première offensive en Lorraine libérée. Il était le 20 août à Sarrebourg, et, dernier chef debout d'une unité décimée, on le crut mort. Les angoisses répétées des jours qui suivirent, le chagrin de la blessure qui laissait son fils infirme, les inquiétudes nouvelles qu'il eut à la fin de sa mission en Bulgarie, et surtout pendant toute la tragédie serbe, où les siens furent deux mois sans nouvelles de lui, l'avaient miné... Echappé d'Albanie, son fils demeurait en Orient jusqu'à ce que la maladie et l'épuisement exigeassent son rapatriement. Tant d'émotions, multipliées par les deuils qui frappaient sa famille, ses amis, l'avaient usé au point qu'on pensa le perdre en janvier 1917. Conduit au doux soleil d'Hyères, les soins qui lui furent prodigués, la promotion au grade de capitaine de son fils, juste à ce moment, ces causes de réconfort lui rendirent quelques forces. Mais bientôt, ce fils, qui était l'objet de toutes ses préoccupations, tombait à son tour l'été suivant...

Pour se guérir ensemble, M. Dunan et sa famille allèrent s'installer à Nice, où il passa assez bien les mois les plus durs de l'hiver. Les longues épreuves du corps et du cœur avaient donné à son âme quelque chose du détachement qui, chez les philosophes antiques et surtout chez les saints, dégageait la pensée des contingences de la terre. Jamais son esprit ne fut plus haut, ses entretiens plus inoubliables, que durant ces semaines de claustration-progressive. Par un privilège que la Providence lui ménagea, son chant du cygne fut un hommage et un service rendus à l'amitié confraternelle. Ni lui-même, ni l'auteur de la *Terreur blanche en Bourbonnais*, le docteur Cornillon, n'ont jamais dissimulé leurs convictions personnelles, leur idéal politique. Qu'on relise son admirable article dans le *Courrier de l'Allier* du 14 décembre 1917. En rédigeant d'une écriture bien lasse, mais d'un esprit si ferme, l'attachant exposé de cet ouvrage « d'un caractère passionné », Maurice Dunan donnait une suprême leçon de courtoisie sympathique et de haute sérénité scientifique.

L'explosion de Moulins, les événements de Russie, un mauvais rhume, l'abattirent en février. Ses souffrances recommençaient, très cruelles et toujours stoïquement et très chrétiennement supportées. Subitement, le 19 mars, dans une grande accalmie, il s'est éteint doucement.

Il avait élevé des générations solides, produit des œuvres nombreuses et fortes, il laissait inachevées les études captivantes sur la succession des familles Moulinoises dans nos vieux logis ; il causait surtout, par sa mort, les plus vifs regrets à tous les membres de notre Compagnie.

XX...

BIBLIOGRAPHIE

La Propriété rurale en Bas-Limousin pendant le Moyen-Age,

D'après M. René FAGE

LA Société d'Emulation m'ayant demandé par la voix de son Président, de faire un compte rendu de l'étude très documentée de M. René Fage (Membre du Comité des travaux historiques), sur « la Propriété rurale en Bas Limousin pendant le Moyen-Age », nous en présentons ici un résumé avec les réflexions qu'elle m'en a suggérées.

Et d'abord, ne serait-il pas fort désirable qu'une étude semblable fût faite pour chacune de nos provinces, pour notre Bourbonnais en particulier ? Outre l'intérêt qu'elle présenterait en nous faisant mieux connaître l'origine, la formation, l'organisation et le déveloprement de la propriété rurale, les conditions du métayage, la vie des seigneurs et des paysans, ne serait-ce pas aussi l'occasion de réviser bien des points d'histoire, de rectifier de nombreuses erreurs encore accréditées sur cette époque du Moyen-Age, s'il est vrai, comme on l'a dit, que « les paysans ont écrit la moitié de l'histoire de France », et s'il est non moins vrai que « l'histoire, depuis deux siècles, ne soit, suivant le mot de Joseph de Maistre, qu'une vaste conspiration contre la vérité ». Ce serait le moyen de rétablir l'union entre les bons esprits, car, ainsi que l'affirme Fustel de Coulanges : « l'histoire imparfaitement observée nous divise, et c'est par l'histoire mieux connue que l'œuvre de conciliation doit commencer. »

Cette étude, bien que spéciale à une province, n'en est pas moins pour nous d'un réel intérêt historique ; puisque, nous dit l'auteur, « les institutions, les coutumes, l'économie domestique de cette époque ne varient pas sensiblement de province à province ». De plus, ce travail, à notre avis, offre un grand intérêt au point de vue social : il montre, en effet, que le droit de propriété n'avait pas, au Moyen-Age, le caractère absolu et arbitraire qu'on lui concède trop volontiers de nos jours, qu'il n'était pas alors le « *jus utendi et abutendi* » que notre Code civil a emprunté au droit romain, que si la propriété conférait l'autorité, elle était en même temps une fonction, un service social, grevé de lourdes obligations à l'égard des faibles, et que « la situation privilégiée des détenteurs du sol leur conférait des droits dans la mesure où elle leur imposait des devoirs ». « On possédait la terre en vertu de la fonction qu'on exerçait, et comme le dit un éminent économiste, la propriété foncière était, à l'origine, ce qu'elle devrait être toujours : une institution sociale établie en vue de la meilleure distribution et du meilleur emploi des instruments de travail naturels. »

Cette étude, enfin, nous semble démontrer que, puisque la forme de la propriété, les lois qui la régissent, ont souvent varié dans le cours des âges, rien ne nous prouve qu'elles ne puissent encore se modifier ; et si au régime féodal a succédé le régime capitaliste, l'avenir verra peut-être éclore — (non pas, espérons-le, le régime communiste ou collectiviste) — mais un régime moins irresponsable, plus conforme à la justice, au bien général, et qui, tout en maintenant la légitimité de la propriété individuelle, supprimera les abus provenant de l'égoïsme ou de la méconnaissance des devoirs qui incombent à la richesse : seul privilège, non encore aboli, et qui doit être justifié, comme jadis, par des services rendus.

L'auteur de cet ouvrage étudie successivement : la formation des grandes propriétés, — la hiérarchie des terres et le régime agricole des grandes propriétés, — les fonctions sociales des seigneurs et grands propriétaires, — la condition des hommes libres et des cultivateurs, — les charges de la terre, — la vie du paysan.

Formation des grandes propriétés. — Le Bas-Limousin ne fut jamais un pays de grands fiefs ; vers le milieu du XIe siècle, on n'en comptait que quatre : les vicomtés de Turenne, Limoges, Comborn et Vendatour ; de riches abbayes avaient été fondées ;

des repaires, des châteaux, de nombreux petits domaines, sans lien entre eux, étaient disséminés sur toute l'étendue du territoire, très morcelé à cette époque. Quelle fut l'origine des grandes pro priétés ? Il est probable qu'au début, les plus puissants person nages accrurent leurs domaines par une série de coups de force et d'usurpations ; plus tard, par des moyens légaux, donations, testaments, contrats de vente.

La *commande* fut aussi l'une des principales causes d'absorption des petites propriétés, car le petit propriétaire, menacé de perdre son fonds, son manse contre un puissant voisin, préfère faire don de son héritage à un laïc ou à un ecclésiastique, capable de le protéger, et qui lui laisse la jouissance de son bien, moyennant certaines redevances.

C'est par des donations, avec réserve d'usufruit, que disparurent beaucoup de petites propriétés, donations dont bénéficièrent surtout l'église et les monastères qui couvraient de leur sauve garde une grande étendue de pays, et dont la zone de protection s'étendait plus loin que celle des châteaux.

La constitution des grandes propriétés n'avait pas bouleversé profondément la physionomie de la terre. Les donateurs, anciens propriétaires, par l'effet des réserves de jouissance, étaient restés sur place, continuant l'exploitation de leurs petits biens. Devenus tenanciers, ils devaient à leur nouveau maître, des rentes ou redevances en nature. Le morcellement des héritages semblait subsister, mais un droit nouveau régissait la terre et mettait le vassal dans la dépendance du suzerain.

Par les *commandes* surtout et les cessions de bien, s'étaient formées les grandes propriétés du Moyen-Age et organisée en même temps la subordination des domaines et des hommes, c'est-à-dire le régime féodal.

Régime agricole des grandes propriétés et hiérarchie des terres. — La difficulté de cultiver de vastes étendues de terrain conduisait fatalement au morcellement des exploitations ; la commande supprimait les soucis de la direction et de la surveillance, c'est pourquoi le seigneur trouva avantageux de soumettre au même régime la plus grande partie de ses terres, moyennant certaines contributions. Plus que les ventes, les testaments et les partages, les concessions de jouissances, qui deviennent perpétuelles, contribuèrent à la division des propriétés.

Ces concessions, dénommées bénéfice, commande, précaire ou accensement, ne touchaient pas au droit de propriété du maître, mais peu à peu le droit viager et révocable des tenanciers se transforme, vers le XIIe siècle.

Or, un droit irrévocable et héréditaire, est un acheminement vers le droit de propriété. Les tenanciers s'appellent alors « hommes héréditaires » ou héritiers de la tenure ; leur droit à la jouissance a cessé d'être un usufruit, il est devenu un droit patrimonial qu'on peut donner, ou vendre, ou transmettre par héritage. La tenure était cependant astreinte à des redevances et, par là même, distincte de la terre libre, et celui qui la faisait fructifier était l'homme du seigneur, maître de la terre : la subordination de la terre entraînait celle de l'homme, et cette conséquence est l'essence même de la féodalité.

Des constitutions de commandes, précaires, accensements, résultait donc un lien de dépendance, mais l'ordonnance du régime formant la hiérarchie féodale, comprenait d'autres degrés.

Au sommet, le *Suzerain du Limousin*, duc d'Aquitaine, roi d'Angleterre et roi de France, hauts et puissants personnages, auxquels les grands fiefs. petits états souverains et indépendants, ne doivent que le service militaire et les contributions de guerre. — Puis, les *fiefs nobles*, les grandes propriétés laïques ou ecclésiastiques, qui constituent les seigneuries du premier et du deuxième degré ; puis enfin une nombreuse catégorie de *terres vassales*, dont les usufruitiers devaient le cens et la corvée à leur supérieur direct, mais étaient à leur tour des seigneurs par rapport à ceux auxquels ils avaient accusé des manses. Ces terres, qu'on pouvait ranger en trois ou quatre registres superposés, formaient la hiérarchie féodale.

L'*alleu* était un bien fonds, exempt de tous services seigneuriaux et de toutes charges, qu'il provienne d'héritage ou d'acquisition : c'est un bien libre, l'opposé du bénéfice, fief ou censive, et demeure en dehors de la hiérarchie féodale. Son possesseur est un homme libre. Beaucoup d'alleux, il est vrai, se transformèrent, et furent donnés aux abbayes ; beaucoup aussi se démoralisèrent, si l'on peut dire, et pas mal de roturiers, propriétaires de terres libres, n'avaient d'autre seigneur que le roi.

Le *manse* est une exploitation agricole d'une seule tenure, le *curtis* et la *villa*, un groupe de manses, comprenant plusieurs foyers. Le manse est l'unité agricole la plus commune, qui, en se morcelant, forme des bachelleries, borderies ou ténements.

Résumons l'organisation de la propriété rurale sous le régime féodal :

Par l'effet des usurpations, des commandes, des donations, des acquisitions, les grandes terres féodales, vicomtés, abbayes, évêchés et châtellenies se sont formés. Pour les faire fructifier, leurs seigneurs les ont concédées en précaires, les ont accensées ou arrentées ; mais, quel que soit le titre du tenancier, le maître a conservé son droit de propriété et reçoit de chaque possesseur des services, redevances et cens.

Le droit à la jouissance du tenancier aura beau devenir héréditaire. son domaine n'en reste pas moins dans la mouvance du seigneur, et ainsi se perpétuera, dans tout le Moyen-Age, la hiérarchie des terres, terres seigneuriales (alleux. ou terres libres), terres tenues en précaire, en censive ou en jouissance.

De cette organisation. et de ce mode de mise en culture du sol. il résulte que si les grands propriétaires ne sont pas très nombreux, les exploitations agricoles sont très divisées : il y a des petits alleux et la foule innombrable des tenures féodales : ce sont ces corps de biens, libres ou sujets, qui constituent la propriété rurale : groupés, ils forment le curtis et la villa qui deviendront les villages et les hameaux.

LES GRANDS PROPRIÉTAIRES. — Les grands suzerains : rois de France et d'Angleterre, n'existent plus que théoriquement. comme propriétaires fonciers, seuls les nobles, les abbés, les évêques sont détenteurs de la terre et. véritables souverains du pays. Leurs revenus proviennent de la culture de la terre et du produit des droits féodaux. Ils vivent sur leurs terres. au milieu de leurs vassaux, tenanciers et censitaires, faisant travailler leurs domaines par des serfs. des corvéables ou des mercenaires, menant une vie peu brillante et dépensant peu dans leurs châteaux, qui ne sont souvent que de modestes repaires. Leurs tenanciers ne donnent qu'une très minime partie des produits, et ne sont pas écrasés par les charges, qui représentent à peine l'impôt foncier d'aujourd'hui. Il résulte de la lecture des terriers que les grands propriétaires tiraient de leurs terres d'assez faibles ressources et que la condition de leurs hommes en général, sauf les années de disette, n'était pas malheureuse aux XIIIe, XIVe et XVe siècles.

Les seigneurs pourvoient à la police et rendent la justice ; l'Eglise et l'Abbaye donnent l'instruction et font la charité aux pauvres ; la campagne est prospère. Malgré les exactions et les crimes de quelques grands seigneurs laïcs, toute balance faite, les services l'emportent sur les méfaits ; et l'on peut dire que les grandes familles de Turenne et de Ventadour, les moines de Tulle et d'Uzerches, les évêques de Limoges et de Tulle, ont été favorables au pays et que les classes rurales ont bénéficié de leur fortune. On n'a que peu de documents sur la vie des seigneurs de second rang, plus rapprochés du paysan et plus mêlés à la vie rurale.

La sujétion du vassal était censée volontaire, par *l'hommage*, acte d'où dérivaient tous les droits et toutes les obligations, et rétablissait le lien féodal qui l'unissait au suzerain : les devoirs de l'un étaient corollaire des devoirs de l'autre.

Les deux grandes fonctions sociales du suzerain sont de défendre ses hommes, et de les assister dans les plaids ; il est chef militaire et juge : le petit ne s'est mis dans sa dépendance que pour en obtenir aide et protection. Ce droit de rendre justice remonte aux premiers temps de la féodalité : le peuple avait tant souffert de l'état d'anarchie et de guerres privées qui suivit la mort de Charlemagne, qu'il demande paix et justice à ses seigneurs. Au XIIIe siècle, les jugements des tribunaux seigneuriaux furent soumis à l'appel devant les juridictions royales. Par la suite, on voit les seigneurs se dessaisir de la justice. la donner en fiefs, l'accenser, comme ils faisaient de leurs terres, et en faire objet de commerce. Les mandataires du seigneur se livrèrent à des exactions. à des violences, à des injustices qui compromirent le pouvoir judiciaire.

CLASSE MOYENNE. — Le fonds solide et laborieux de la population rurale est formé par la classe moyenne, très nombreuse en Bas-Limousin : elle se compose d'hommes libres, petits propriétaires, alleutiers, censitaires et fermiers, qui travaillent eux-mêmes leurs biens ou les font valoir par des serfs. Cette classe contribua efficacement aux progrès agricoles. Beaucoup de ces exploitations furent englobées dans les grands domaines et devinrent des tenures féodales ; cependant, à la fin de la féodalité, il existe encore un grand nombre de terres libres.

CULTIVATEURS. — Ceux-ci forment la classe la plus nombreuse ; ne possédant pas de biens, ils travaillent de leurs bras pour le compte de leurs maîtres : dénommés *rustici, agricolæ, coloni, col liberti, mancipia, servi*, tous ont pour caractère commun d'être retenus dans des liens plus ou moins étroits de servitude. Le serf, tout au bas de l'échelle, est attaché à la glèbe, c'est-à-dire qu'il fait partie du domaine, comme les champs, les prés, les maisons **et peut être vendu avec eux. Peu à peu, sa situation s'améliore, dès** les premiers temps du Moyen-Age. Beaucoup deviennent censitaires ; les affranchis sont très nombreux aux xiiᵉ et xiiiᵉ siècles, et on peut se demander s'il en existe encore aux siècles suivants.

L'Eglise avait contribué pour une bonne part au développement de ce principe d'égalité dans les classes rurales et donné aux paysans le sentiment de leur personnalité. A la sortie de la messe, **les paysans se réunissaient sur la place de l'église pour discuter** leurs affaires ; ils étaient là chez eux ; parfois ils devaient donner leur avis sur les choses intéressant la commune ou les habitants et délibérer sur les intérêts de la paroisse. Le groupe des paroissiens, sans être juridiquement organisé, agissait et défendait ses intérêts. Même avant l'apparition des Communes, des communautés d'habitants, où toutes les classes étaient réunies par le lien paroissial, s'étaient formées. Le paysan des campagnes pouvait se faire entendre et avait trouvé le chemin de son émancipation. Sans doute, il n'était pas à l'abri de la misère et des abus, surtout dans les années de disette, de fléaux, de guerre, là où il y avait de mauvais seigneurs, de mauvais officiers de justice ou de finances. Mais sa situation était au moins tolérable : les malheureux étaient secourus dans des hôpitaux fondés même dans de petites localités, dans les abbayes, où ils trouvaient le vivre et le couvert. L'abbaye était aussi un asile pour le serf contre les exactions des

seigneurs, et un abri contre les incursions des bandes ennemies.
Le noble et le cultivateur, rapprochés dans la paroisse, avaient
des intérêts communs qui formaient entre eux un lien de solidarité. Ce rapprochement des classes exerçait une influence sur les
mœurs et rendait moins dure l'inégalité des conditions. **Nous au-**
rions désiré que l'auteur insistât davantage sur les bienfaits de
l'association, associations de cultivateurs, communautés de laboureurs, qui ont existé au Moyen-Age, comme à toutes les époques
de l'histoire, et fécondé le travail agricole.

PRODUITS DE LA TERRE ET REDEVANCES. — Bien que l'agriculture
ne paraisse pas avoir fait de grands progrès, le Régime féodal
a favorisé l'extension de la surface cultivée, la division de la terre
en tenures, et le morcellement des exploitations. Avant le xiv° siècle, le métayer, qui partage les fruits avec le maître dans des
proportions variables, ne se rencontre guère en Bas-Limousin,
mais à la fin du Moyen-Age, les baux à métayer deviennent fréquents et se substituent à la censive comme mode de tenure. Les
cultivateurs, qui payaient des cens, rentes et redevances, étaient
soumis en outre à des contributions et à des services personnels,
remplacés souvent par des redevances en argent. Ils payaient la
dime, instituée d'abord pour les besoins de l'Eglise, et dont, par la
suite, s'emparèrent les seigneurs en tout ou en partie. Son taux,
d'abord du dixième du produit des céréales, descendit à 5 %, et put
même faire l'objet d'un abonnement. La *taille*, quoique d'abord à
la merci du seigneur, ne semble pas avoir donné lieu à de criants
abus : au xiv° siècle, sa levée n'est plus laissée complètement au
seigneur et est réduite à quatre cas : nouvelle chevalerie, voyage
outre-mer, captivité, mariage de fille. La *corvée*, lourde charge au
début du Moyen-Age, s'allégea progressivement, et se transforma
en une prestation en nature ou en argent, semblable aux prestations d'aujourd'hui.

CONCLUSION

Si l'on jette un coup-d'œil d'ensemble sur la propriété rurale
pendant le Moyen-Age, on est frappé par ce fait que la terre, à
cette époque, était aussi divisée que de nos jours et que les exploitations agricoles étaient peu étendues. Les tenures féodales ressemblaient à nos domaines actuels, étaient composées de la même

façon, et cultivées par des familles de paysans payant un cens proportionné à la superficie et à la fertilité du bien. Si les abbayes et quelques maisons seigneuriales avaient amassé de grandes richesses, **les petits seigneurs ainsi que les paysans observaient la plus stricte économie. La campagne était aussi peuplée qu'aujourd'hui**, mais les instruments rudimentaires nuisaient au progrès de l'agriculture, l'élevage des bestiaux était fort réduit, l'habitation peu confortable. Les ruraux, habitués à cette vie simple, sans grands besoins, ignoraient le luxe et le bien être. Ils aimaient la terre qu'ils se transmettaient de père en fils, et, à condition d'en payer le cens, nul ne leur en contestait la propriété. Néanmoins les paysans criaient contre leur sort, et leurs plaintes n'étaient pas toujours mal fondées. Aujourd'hui, l'agriculture s'est transformée, la nourriture et l'intérieur se sont améliorés, les cultivateurs font de petites fortunes, ils ont appris à lire et à écrire, ils sont comme citoyens les égaux de leurs anciens maîtres. Sont-ils satisfaits ? « Je ne sais, dit en terminant M. Fage, si leurs doléances ne sont pas aussi vives que celles de leurs ancêtres du Moyen-Age. »

Leurs plaintes, ajouterons nous, sont assurément aussi vives, sans doute parce que l'homme, quelle que soit sa condition, ne **cesse d'aspirer à un avenir meilleur, et parce que les désirs augmentent avec la possibilité de les satisfaire.**

Leur situation s'est-elle du moins améliorée ? Oui et non. Les transformations économiques, les progrès scientifiques et industriels, ont, il est vrai, décuplé les moyens de production, et la masse des produits ; mais, par choc en retour, n'ont-ils pas asservi le travail et engendré de nouvelles misères sociales, telles que le paupérisme et le prolétariat ? Ecoutons de Lavelye : « Le travail, dit-il, était jadis une propriété, il est devenu une marchandise. Le sort du cultivateur et la part des fruits de son labeur étaient autrefois réglés par la *coutume* ; le métayage, les baux héréditaires, les prestations en nature ne se modifiaient point : l'avenir était assuré, l'existence ne dépendait pas de la dure loi de la concurrence. Aujourd'hui, le fermage, comme le salaire, est déterminé par la loi de l'offre et de la demande.

« Jadis, le serf était attaché à la glèbe, mais sur cette terre à laquelle il était rivé, il avait le droit de vivre et de mourir ; aujourd'hui, aucun lien juridique n'attache plus le tenancier au sol qu'il fait valoir ; chaque famille alors. moyennant certaines prestations, avait sa part du sol. Jadis, le campagnard trouvait dans la *commune* une alvéole protectrice. elle lui fournissait le bois pour bâtir, le pâturage pour le bétail : elle était bien autre chose qu'une division politique, elle était une institution économique. Dans la cité comme aux champs, le producteur détenait l'instrument de production ; c'est le travail qui possédait le capital : le salarié n'existait pas. La condition de ceux dont les bras créent la richesse était garantie par la coutume. elle dépend aujourd'hui des fluctuations du marché et des luttes de la concurrence ; les barrières traditionnelles et coutumières qui protégeaient les faibles sont tombées, et c'est la loi darwinienne de la « lutte pour la « vie » qui règne sans entraves dans le monde économique. »

Le tableau est sombre, mais à toute médaille il y a un revers, et malgré ces tristes réalités, il ne paraît pas niable qu'au point de vue purement matériel, la condition du cultivateur soit devenue meilleure, sa vie plus facile, ses mœurs plus douces ; en ce qui concerne la nourriture, le vêtement, l'habitation, le bien-être a augmenté : l'instruction s'est répandue. Mais *si les progrès matériels ont accru le bien être, ont ils augmenté le bonheur ?* C'est une autre question. Le bonheur ne dépend ni du bien-être, ni de l'instruction. mais de la modération des désirs et de la pratique du devoir. Bien-être, instruction, progrès matériels ne rendent l'homme ni plus moral ni plus heureux. mais accroissent ses forces pour le bien et pour le mal : on aurait donc tort de les maudire ou de les combattre. dussent-ils même n'être réalisés qu'au prix de beaucoup de labeurs et de luttes. Mieux vaut, nous semble-t-il, reconnaître ce qu'il y a de juste et de bon dans le progrès moderne. progrès susceptible — si l'on y joint la vertu et le sentiment du devoir.   de donner à l'homme une conscience plus nette de sa responsabilité et de sa dignité, une moralité plus haute. un épanouissement plus complet de sa personnalité. Pour travailler ainsi à l'ascension graduelle des classes populaires, loin de rejeter leurs aspirations légitimes, ce qui importe, à l'heure actuelle, c'est de développer simultanément le progrès matériel, le progrès moral et le progrès social : c'est aussi de rapprocher sur la terre « qui ne meurt pas » les possesseurs du sol de ceux qui le cultivent, ceux qui, séparés par un fossé plus profond peut-être aujourd'hui que dans l'ancienne France, deviennent trop souvent ainsi des étrangers les uns pour les autres, et, « ici comme à Rome, étrangers est synonyme d'hostiles ». Il suffit pour cela de renouer la tradition, interrompue durant un siècle d'individualisme, et de remettre en pratique les devoirs de protection et de justice qui incombent à la propriété foncière, et que le Moyen-Age n'avait pas méconnus.

« Dans une bonne constitution sociale, a écrit Le Play, les propriétaires doivent se partager le sol, mais ils ont un devoir impérieux à remplir envers ceux qui en sont dépourvus. Ils doivent les associer, dans la mesure du besoin, *aux avantages de la propriété.* Ce n'est pas seulement le devoir, c'est encore l'intérêt des propriétaires, car la paix sociale est à ce prix. »

Georges Milcent.

Mélanges d'Histoire du Bourbonnais
Par M. J. CORNILLON
(Moulins, Fernand Brosset, édit., 1919 ; in-8º de 510 p.)

Travailler, produire... Ce mot d'ordre, qui fut à la mode vers la fin de la guerre, M. le docteur Cornillon semble l'avoir pris à la lettre. Du moins n'a-t-il pas attendu l'armistice pour le mettre en pratique. Le repos, la journée de huit heures, lui sont inconnus ; il n'est pas pour les bras croisés, et peut-être partage-t-il l'opinion de l'ancien président Roosevelt qui, à propos des Boers, a écrit dans ses récits de chasse : « Ils étaient durs au travail, ils savaient se battre courageusement, ils avaient beaucoup d'enfants... Ces qualités sont indispensables, et toute race qui en perd une seule est vouée à une prompte décadence... » Graves paroles dont il faut souhaiter qu'elles ne seront pas une prophétie pour notre France. M. Cornillon, en tous cas, n'en serait pas responsable, son labeur protesterait contre une telle accusation.

Comme écrivain, il rendrait en effet des points aux plus féconds. Avec lui, les travaux se succèdent à courts intervalles, et je me souviens qu'ayant, dans le précédent *Bulletin*, à rendre compte d'un ouvrage de lui, un autre paraissait en même temps en librairie, et que cet autre c'était justement le fort volume de *Mélanges* dont nous avons à parler aujourd'hui.

Ces *Mélanges* comprennent trois études qui auraient pu chacune fournir la matière d'un volume séparé. L'auteur a préféré les réunir, et, ainsi présenté, le livre justifie amplement l'accueil si favorable dont il a été l'objet.

La première de ces études est aussi, à certains égards, la plus importante. C'est l'histoire du district de Cusset sous la Terreur et pendant la réaction thermidorienne. Une honteuse domination, dont Cusset fut le théâtre pendant la période aiguë de la Révolution, y est retracée avec un luxe de renseignements tout à fait exceptionnel. On est surpris d'une telle abondance, mais M. Cornillon a été favorisé dans ses recherches par d'heureuses trouvailles. Il a pu notamment, explique-t-il, bénéficier de la découverte de deux grosses liasses de pièces versées depuis aux Archives de l'Allier, et qui lui ont permis de décrire, dans tous ses détails, la situation politique et religieuse du district de Cusset sous la Terreur. Une foule de dossiers s'y trouvaient qui n'avaient pas été fouillés, et à l'aide desquels il a pu dépeindre la mentalité des hommes figurant au premier plan dans le mouvement terroriste du district, ainsi que la physionomie de la plupart de leurs victimes.

Ces documents ont été utilisés à merveille, et ce qui résulte de cette heureuse mise au jour, c'est une surprenante évocation de cette triste époque, la mise au pilori de quelques dangereux démagogues restés malheureusement impunis de leur vivant. M. Cornillon a peint leurs actes en justicier que rien n'arrête.

Avec la duchesse d'Angoulême, M. Cornillon nous fait assister à un très curieux imbroglio d'intrigues, dont fut l'occasion le voyage à Vichy, en 1814, de cette princesse. Certes, elle y fut étrangère, mais l'ambition gravitait autour d'elle.

Au sujet de la duchesse elle-même, les opinions ont toujours été partagées. Napoléon Ier lui fit une réclame étonnante, en disant d'elle qu'elle était le seul homme de sa famille. Née sur les marches d'un trône qui allait s'écrouler, son visage reflétera toute sa vie l'effroyable adversité de sa jeunesse captive. Au dire de Welschinger, elle se montra passionnée dans le procès du maréchal Ney, et Châteaubriand, dans ses mémoires d'Outre-tombe, la suit aux eaux de Carlsbad, où il la fait voir assez peu à son avantage. Mais passons ; ce n'est d'ailleurs pas tant d'elle qu'il est question dans le travail du docteur, que du sous-préfet de Pons et de quelques autres, avides comme lui de places et d'honneurs. Sous les manifestations ardentes des royalistes Moulinois, il y avait bien des petitesses que l'auteur n'hésite aucunement à mettre en lumière.

Comme dans l'étude sur le district de Cusset, celle-ci est établie sur des faits inédits pour la plupart.

M. Cornillon aborde ensuite la troisième partie du livre, où il traite des loges maçonniques de l'Allier pendant la première moitié du XIXe siècle. Sujet des plus intéressants, auquel il a, autant qu'il dépendait de lui, donné les développements propres à satisfaire la curiosité. Mais il ne lui était pas possible de combler mainte lacune que le mystère dont se sont constamment entourés les adeptes de la franc-maçonnerie ne pouvait manquer de laisser subsister sur le passé de la secte. Il fallait dérober des secrets qu'aucun dépôt public ne contient, chose difficile ; telle qu'elle est néanmoins, la moisson de l'auteur a été encore abondante.

Dans un exposé indispensable, M. Cornillon commence par donner quelques explications claires et succinctes sur ce que l'on sait des origines de la franc-maçonnerie et son établissement en France. Il paraît établi qu'elle s'introduisit chez nous en 1725, et qu'elle y prit une rapide extension. Provient-elle d'initiations pratiquées en Egypte et en Grèce dans les temps reculés ; est-ce une création de l'architecte du temple de Jérusalem, Hiram, ou a-t-elle été instituée par les Templiers ? M. Cornillon ne s'y arrête pas, il n'est pas de sa manière de s'attacher aux questions insolubles. Mais on sait qu'actuellement la franc-maçonnerie se distingue en trois rites principaux : l'ancien ou Ecossais, le moderne ou Français, et le rite de Misraïm. Dans chaque nation, les francs-maçons forment des loges particulières aboutissant à une loge centrale, à la tête de laquelle se trouve un conseil suprême qui en France s'appelle le Grand-Orient, dont le président porte le titre de Grand-Maître. Chaque loge particulière ou atelier a aussi un président, le Vénérable ; elle se réunit à jour fixé dans un lieu déterminé qui est le Temple, où ont lieu les initiations et les réceptions, ainsi que les autres cérémonies cultuelles.

M. Cornillon s'occupe ensuite des francs-maçons de Moulins. Il prouve qu'il existait une loge en notre ville au milieu du XVIIIe siècle, peut-être un peu avant, et que cette loge, fondée semble-t-il après la Révolution, fut l'*Espérance*, qui siégeait au couvent des Augustins, et qui, en 1815, disparut avec l'Empire. Ce chapitre 1er contient aussi le règlement, rédigé en 1808 par le secrétaire Brunat, et des notions qui font connaître les qualités maçonniques des signataires de ce document : Gudin, vénérable, Collas, premier surveillant, Tabouriech, second surveillant et Ossavy, orateur.

M. Cornillon a retrouvé les noms de quatre-vingts membres de cette loge, dont il donne la liste.

Suit une courte notice sur la loge des *Cœurs unis* de Saint-Pourçain, et sur la loge *Disis* de Moulins, peu sérieuse et qui exista sous le ministère Decaze, à l'avènement de la Restauration.

Enfin la plus importante de toutes ces loges est celle qui fut connue sous la dénomination de *Paix et Union*. Celle-ci nous rapproche davantage de l'époque actuelle, puisqu'on y rencontre des noms presque contemporains. Des événements curieux, qui ne sont pas tous restés inconnus, y apparaissent et M. Cornillon a relevé deux cent cinquante noms de notables habitants de Moulins que l'on est de nos jours bien surpris d'y rencontrer et qui y étaient affiliés. Cet étonnement cessera du reste quand on saura que *Paix et Union* a tout l'air d'avoir été à la mode et un rendez-vous de bonne compagnie ; ce qui ne fut pas tout à fait le cas de l'autre loge moulinoise dite l'*Humanité*, laquelle naquit à la fin de la monarchie de juillet du défaut d'harmonie qui avait marqué le déclin de la précédente.

L'*Humanité* eut une existence assez mouvementée de 1847 à 1855, et une fin plutôt malheureuse.

Nous ne mentionnerons que pour mémoire les petites loges de Cusset et de Commentry, dont le docteur historien ne semble d'ailleurs ne s'être occupé que par scrupule d'être complet, et nous n'ajouterons qu'un mot, c'est que le volume de M. Cornillon est du plus haut intérêt pour tous ceux que les curiosités du passé intéressent.

E. D.

« **Le Massif Central de la France** », par Ph. Glangeaud, professeur de géologie à l'Université de Clermont-Ferrand (42 pages, 31 figures dont 3 cartes et 8 cartes géologiques. — Clermont-Ferrand, 1919, Delaunay, éditeur).

Cette étude de géographie physique et de géologie intéressera tous ceux qui s'occupent de la France Centrale, car elle groupe beaucoup de faits et explique nombre de constatations concernant soit l'agriculture, soit la géographie humaine. On y trouve d'intéressants renseignements tant sur la houille verte que l'on cherche à utiliser de plus en plus, que sur les richesses de notre sous-sol : houille, lignite, tourbe, bitume, pétrole, carrières, gisements métallifères, sources minérales, etc.   GEORGES BRUEL.

« **Monographie organique de l'Allier** », par P. GUTTON, attaché à l'Intendance. (136 pages, 3 cartes. — Moulins, 1919. Imprimerie du *Progrès*.)

Cette brochure résume de façon fort claire l'enquête faite en 1917 par la XIIIe région et comble utilement une lacune de notre littérature locale. Cet ouvrage rendra certainement de grands services au département en faisant connaître nos richesses exploitées et aussi quelque peu celles qui sont latentes. Ces dernières devraient être utilisées aussi rapidement que possible, car la France pour se relever doit tirer parti au maximum de toutes les régions qui la composent. A signaler tout particulièrement le chapitre sur les forces hydrauliques exploitées, ainsi que sur les usines hydroélectriques projetées, sur l'agriculture, les industries thermales et métallurgiques.   GEORGES BRUEL.

CHRONIQUE

Bulletin des Amis de Montluçon

Les Amis de Montluçon viennent de reprendre leur publication, par les soins de leur Comité d'initiative.

Leur *Bulletin*, n° 11, janvier-février-mars 1920, a paru ; en voici le sommaire :

A nos adhérents. — Assemblée générale du 14 février 1920. — Allocution du Président.

Madame de Sévigné en Bourbonnais, par M. G. Pradel, professeur au Lycée de Montluçon.

La forêt de Tronçais, notice descriptive et historique, par M. Jacques Chevalier, Ancien élève de l'École Normale Supérieure, professeur de philosophie à la Faculté de Grenoble.

Chronique. — Le plan d'extension des villes, loi du 14 mars 1919. — La Société Bourbonnaise des Études locales. — Société de l'Ancienne Auvergne. — Le sculpteur Jean Baffier.

Chez nous. — Renouvellement du Conseil d'administration. — Plan d'extension de la ville. — Le monument aux Morts pour la Patrie. — Les artistes Bourbonnais aux salons de Paris. — Le chemin de fer de Montluçon-Gouttières, etc.

Notes bibliographiques.

Rappelons que le siège de la Société est 29, boulevard de Courtais, à Montluçon.

Les Artistes Bourbonnais au Salon

Société Nationale des Beaux-Arts

Peinture. — Boullard des Corats (Marie-Antoinette, anciennement Fournier des Corats), née à Moulins. 244. Jeunesse.

Desliens (Mlles Cécile et Marie). 425. Portrait de Mme Junot d'Abrantès. 426. Portrait de Mme Honorat (baronne de Précilly). 426 *bis*. Combien ?

Gravure. — Amédée Wetter (Henri), né à Montluçon. 1599. Acheteurs bretons (bois au canif). 1600. Les Ballons.

Société des Artistes Français

Dessins, aquarelles, etc. — Pénat (Lucien), né à Vallon (Allier). 2521. Femme nue. 2522. Étude de femme. — Pastels.

Sculpture. — Debienne (Mlle Noémie), née à Moulins. 3002. Portrait du lieutenant L. B... buste plâtre.

Gravure et lithographie. — Mouret (Pierre), 3735 à 3741. Sept gravures à l'eau forte : Portail de Reims, Portail de N.-D. de Paris, Halles d'Ypres, Arc de Triomphe du Carrousel, Arc de Triomphe de l'Étoile, Cathédrale d'Arras, Cathédrale de Strasbourg.

Pénat Lucien 4049. Portrait de Mme Pénat mère, burin.

Arts appliqués. — Diffloth (Emile), né à Couleuvre (Allier). 4197. Vitrine contenant des pièces grès et porcelaine, émaux de grand feu à cristallisations irisées.

Bulletin de la « Société Bourbonnaise des Etudes locales »

Le n° 2, 1920, vient de paraître. Il renferme : les statuts de la Société ; la composition du Bureau et de la commission ; l'Assemblée générale et la réunion de la Commission d'études ; un article de M. Joseph Viple, président, sur les monographies communales ; un essai de Bibliographie des monographies communales du département de l'Allier ; de M. Fazy : les sources de l'histoire communale aux Archives départementales de l'Allier ; de M. Usclade : une invasion de la mer en Bourbonnais. aux temps primaires ; le rapport de M. Péret sur les lectures et dictées bourbonnaises ; une Bibliographie bourbonnaise ; de M. S. Moulin, une biographie sur le professeur Victor Cornil. En variétés : l'excursion de Bourbon-l'Archambault ; une brève revue nécrologique consacrée à M. F. Chambon et au chanoine Moret ; une enquête sur le Folk-lore.

Les adhésions et cotisations sont reçues par M. Bardet, directeur d'école, rue du Jeu-de-Paume, à Moulins.

ERRATUM

Dans le *Bulletin de la Société d'Emulation* n° 8 (septembre 1919, p. 295), à propos des peintures murales du chœur de l'église Saint-Louis de Vichy, 33ᵉ et 34ᵉ lignes, l'oubli typographique de guillemets dans cette énumération pourrait faire croire que l'auteur de la note prend à sa charge deux erreurs historiques qui sont le fait du rédacteur de la description rédigée lors de la bénédiction officielle de cette décoration. « Le Frère hospitalier et le templier en costume de guerre » ne représentent pas des « ordres fondés par saint Louis ».

M. Tiersonnier nous communique aimablement la note suivante qui met les choses au point :

« L'ordre du Temple a été fondé en 1118.

« Le Frère hospitalier ne peut être qu'un membre de l'ordre souverain hospitalier et militaire de Saint-Jean de Jérusalem dit de Rodes, puis de Malte.

« Cet ordre, sorti d'une fondation faite par des marchands d'Amalfi à Jérusalem dirigée par des moines de Saint Benoît, fut fondé par le bienheureux Gérard, qui gouvernait l'hôpital de Saint-Jean-Baptiste des Amalfitains lors de l'entrée des Croisés à Jérusalem, réorganisa l'hospitalité, en fit une création nouvelle qui vers 1100 s'émancipa de la tutelle de bénédictins

« L'ordre était alors purement *hospitalier*. Il ne devint militaire que sous Raymond du Puy, successeur de Gérard, entre 1121 et 1137. En 1137 le rôle militaire de l'ordre de Saint-Jean de Jérusalem est déjà commencé.

« Du temps de saint Louis, c'est Guillaume de Châteauneuf 17ᵉ grand maître de l'ordre de Saint-Jean, et Guillaume de Sonnac, 17ᵉ grand maître de l'ordre du Temple, qui en 1249-1250 prêtent leur concours à saint Louis et vont le rejoindre devant Damiette. Ces faits expliquent la peinture de l'église de Vichy ; saint Louis entre un hospitalier et un templier, mais ne justifient pas l'erreur « ces deux ordres fondés par saint Louis. »

PROCÈS-VERBAUX

SÉANCE DU 5 JANVIER 1920

PRÉSIDENCE DE M. LE D^r DE BRINON

ÉTAIENT présents : MM. CAPELIN, chanoine CLÉMENT, DELAIGUE, GAUTHIER, GÉNERMONT, JOYEUX DE LANÇON, LEUTRAT, MILCENT, SARRAZIN.

— Lecture est donnée du procès-verbal de la précédente séance, qui est approuvé.

— M. le PRÉSIDENT procède ensuite au dépouillement de la correspondance et au compte rendu des ouvrages reçus depuis la dernière réunion.

1. — *Revue des Etudes historiques*, 85e année (mars-juin 1919).
Le mariage du comte d'Artois, par le vicomte du Reiset.

Le 4 novembre 1773, la princesse Marie-Thérèse de Savoie, qui va devenir la comtesse d'Artois, quitte la capitale de la Savoie et vient coucher à Pont-de-Beauvoisin. On lui présente sa nouvelle maison. Nous y remarquons les noms de la comtesse de Bourbon-Busset, dame d'atours; du marquis de Chabrillant, premier écuyer, et du comte de Nantouillet, maître des cérémonies; la comtesse de Bourbon-Busset est Jeanne-Marie-Louise-Thècle de Guigues de Moreton, fille de Claude de Moreton, comte de Chabrillant, et de Marie Verdelhan de Fourniels, deuxième femme de François-Louis-Antoine de Bourbon, comte de Busset et de Chalus. Elle était mariée depuis le 27 avril 1773 (DUSSIEUX: *Généalogie de la maison de Bourbon*, page 54). Le comte de Chabrillant était sans doute Jacques de Moreton de Chabrillant, colonel de cavalerie, frère de la comtesse de Bourbon-Busset, marié le 1er mars 1752, avec sa cousine-germaine, Bathilde-Félicie de Verdelhan des Fourniels. Quant au comte de Nantouillet, c'était probablement François du Prat, comte de Barbançon, brigadier des armées du Roi, fils d'autre François et d'Anne-Marie Colbert du Terron. Sa femme, Charlotte-Claire-Séraphine du Tillet de Saint-Mathieu, était morte à Bourbon-l'Archambault, en 1744; il mourut lui-même en 1799. La comtesse d'Artois, après un accueil triomphal à Lyon, continua son voyage par Roanne, Moulins, Nevers, Briare et Montargis.

Les autres articles qui complètent ce numéro très intéressant ne présentent rien de particulier. C'est une étude de Max Lauth, sur le magistrat de Strasbourg; de François Rousseau, sur Dom Carlos et les sociétés secrètes royalistes; de Félix Brun, sur la question de savoir si Jeanne d'Arc est passée par le Chemin des Dames; de E. Leroux-Cesbron, Un acteur et son théâtre pendant la Révolution: Beaulieu, de son nom François de Brimons de Rochenard.

II. — *Revue des Etudes historiques*, 85e année (juillet-octobre 1919). Ce fascicule comprend:

Un travail de M. Marcel Fosseyeux: « Le budget de la charité à Paris au XVIIIe siècle. »

Un portrait inédit de Louis XIV, par le chevalier de Lagrange-Chancel, annoté par M. A. Dujarric-Descombes. Il s'agit là d'un portrait dans le sens littéraire et non d'une peinture.

La princesse de Beïra et la police autrichienne, par le commandant Weil. Marie-Thérèse de Bourbon-Bragance, fille du roi Jean VI de Portugal, épousa au mois d'octobre 1838 le prétendant Don Carlos, veuf de sa sœur cadette, Marie-Françoise d'Assise. La princesse de Beïra, réfugiée à Salzbourg, en Autriche, avec les deux enfants de sa sœur, Don Carlos et Don Juan, plus tard Don Jaime, réussit à quitter Salzbourg et à rejoindre le prétendant en Espagne, sans que la police de Metternich s'en aperçoive. Le récit de cette invasion est amusant.

Signalons enfin, dans ce numéro, une appréciation sur Woodrow Wilson et son histoire du peuple américain, et un article sur Louis Madelin, chantre d'épopées.

III. — *Revue de l'Agenais*, 46e année (septembre-octobre 1919), n° 5. — Ce numéro contient:

La description et la photographie d'une sculpture romane qui se trouve à Villeneuve-sur-Lot. C'est une plaque de marbre, sur laquelle est représenté un personnage ecclésiastique, évêque ou abbé, avec la crosse à sa main droite et un livre ouvert dans la gauche.

« Les bastides en Agenais », premier article, de Mme Yvonne Domengic. Les bastides sont les villes neuves qui, au XIIIe siècle, furent fondées d'un seul jet.

« Les noms de lieux se rattachant aux premiers grands domaines de l'Agenais », par G. Tholin.

« Mélanges d'hagiographie agenaise », par J.-F. Angely: la passion de saint Vincent d'Agenais.

« Etudes paléontologiques dans le Sud-Ouest de la France », par le commandant Labouche. Dans la région de Laugnac, le calcaire gris de l'Agenais présente de nombreux ossements de vertébrés, paloechœrus, etc.

IV. — Programme du concours d'animaux de boucherie, qui doit avoir lieu à Moulins, du 19 au 22 février 1920.

V. — *Journal de mathématiques pures et appliquées*, 5e série, 18e année, 1902, fascicule I.

Prospectus du *Dictionnaire d'archéologie chrétienne et de liturgie*, par Dom Cabrol et Henri Leclercq.

Catalogue des nouveautés de la librairie Edouard Champion.

Revue des autographes (décembre 1919). — Mlle Gabrielle Charavay présente une pièce qui intéresse le Bourbonnais. C'est un arrêt de la cour, sur vélin, du 23 décembre 1590, pour le sieur Gaspard de Saint-Hérem contre Gilbert de Chazeron.

Gilbert de Chazeron, chevalier de l'Ordre du Saint-Esprit en 1595, maréchal et sénéchal du Bourbonnais, seigneur baron de Chazeron, Pionsat, Rochedagout, Montfaucon, Fourchault, fils d'Antoine et de Claudine Mareschal de Fourchault, épouse : 1º Gabrielle de Saint-Nectaire, morte avant 1604, fille de Jean et de Madeleine de Roffignac ; 2º en 1614, Marie-Gabrielle de la Guiche, fille de Jean-François et d'Anne de Tournon.

Gaspard de Montmorin Saint-Hérem, fils de Jean et de Gabrielle de Murols, avait épousé Claude de Chazeron, fille de Gabriel et de Gilberte de Marconnay. Claude de Chazeron avait été déshérité par sa mère. Gabriel de Chazeron, le père de Claude, était le frère de Gilbert, cité plus haut. Gaspard de Montmorin Saint-Hérem commandait à Ebreuil en 1590. Il fut tué à Cébazac, en 1593. Son fils, Gilbert-Gaspard, épousa Catherine de Castille.

VI. — *Société des Antiquaires de l'Ouest.*

Le *Bulletin* du 2e trimestre 1919 contient deux études très soignées. M. Boissonnade étudie les administrations laïques et ecclésiastiques anglo-normandes à l'époque d'Henri II Plantagenet. Il nous trace, en particulier, le portrait de l'un des grands évêques de Poitiers, Jean III Belmain ou aux Belles Mains, contemporain et ami de Thomas Becket, et nous donne l'historique de sa vie. Après un épiscopat de 20 ans à Poitiers, il passe, en 1182, à l'archevêché de Narbonne, en 1183, à celui de Lyon, et va finir ses derniers jours à Clairvaux.

Nous retrouvons, dans cet article, deux personnages qui se rattachent à nos familles bourbonnaises ; ce sont deux Chauvigny de la première race de cette grande famille féodale. André de Chauvigny figure comme témoin, en 1187, avec deux autres grands seigneurs : Guy de Thouars et Guillaume des Roches, et le sénéchal d'Aquitaine, Guillaume de Longchamps, dans une donation de Richard, roi d'Angleterre, aux Hospitaliers de la Rochelle. Cet André de Chauvigny, premier du nom, dit le *Preux des preux*, serait le fils de

Jeanne de Châtillon, petite-fille d'Hugues, comte de Blois. Il aurait épousé Denise de Déols.

Le deuxième est Hugues de Chauvigny, grand feudataire des comtes de Poitou. Il avait en horreur les Anglais, et avait juré qu'il vengerait sur l'abbé du monastère de l'Etoile, nommé Isaac, la haine qu'il professait contre les envahisseurs. Il fit irruption dans les domaines de l'abbaye, maltraitant et frappant les convers, mettant en fuite les domestiques, enlevant leurs bœufs et se répandant en propos insolents contre l'abbé. Nous ne savons pas si c'est à la suite de cet acte de brigandage ou après d'autres difficultés qu'il signa un accord avec l'abbé de l'Estoile, sous l'influence pacificatrice de l'évêque Jean III Belmain.

L'accord est daté entre 1168 et 1179. Cet Hugues de Chauvigny n'est pas, je crois, mentionné par nos auteurs.

Le deuxième article original de ce numéro est consacré à l'eau potable à Poitiers; il est signé P. Rambaud. La ville de Poitiers, comme Moulins, ne s'est débarrassée du fléau de la fièvre typhoïde que le jour où elle a fermé ses puits et ses citernes, pour faire venir l'eau à grands frais des sources protégées contre les infections de toute nature.

VII. — *Académie des Inscriptions et Belles-Lettres*. Comptes rendus des séances de l'année 1919. Bulletin de mars-avril.

Ce numéro contient les articles suivants:

« La mosaïque juive de Aïn-Doug », par M. Clermont-Ganneau. Cette mosaïque a été trouvée non loin de Jéricho, par le fait d'un obus turc tombé dans les lignes anglaises. Elle indique l'existence en ce point d'une synagogue et d'une communauté juive, qui se trouvait en contact immédiat et en lutte avec une communauté d'ermites chrétiens, vivant sur la montagne de la Quarantaine, au pied de laquelle se trouvait la cité d'Aïn-Doug, que l'auteur identifie avec Nœros, la Noorah du Talmud.

Une note du R. P. Delehaye sur le mot *miereus*, terme hagiographique, qui désigne les prêtres des faux dieux.

Un travail de M. Adrien Blanchet: Thurinus, surnom de l'empereur Auguste.

M. Paul Monceaux étudie la stèle d'un vétéran chrétien de Madaure.

Le prince Michel Soulzo lit une note sur les origines et les rapports de quelques poids assyro-chaldéens: les poids en grains; grains de blé, d'orge, et de caroubiers; leurs rapports avec la livre, la mine normale babylonnienne et les poids romains.

M. Georges Bruel, président de la section de Moulins de la Ligue Maritime Française, présente une plaquette de 16 pages : *Le Bourbonnais carrefour de Canaux*, qui contient une carte au 800.000ᵉ, en deux couleurs, avec courbes de niveau de 200 en 200 mètres. Cet opuscule, édité grâce à de généreuses souscriptions de Banques, de Sociétés ou d'industriels du département, a été tiré à 2.500 exemplaires, dont 1.700 environ ont été envoyés gratuitement aux municipalités, aux écoles du département, à 44 chambres de commerce, aux députés, aux sénateurs, aux conseillers généraux et d'arrondissement de l'Allier, aux sociétés de géographie, aux notabilités qui s'occupent de la question des canaux, etc. Les autres exemplaires sont en vente dans tout le département, au prix de 50 centimes.

Les six chapitres de cet ouvrage, d'un texte dense, mais cependant très facile à lire, sont intitulés : La navigation intérieure; le Centre de la France et les canaux; les grands projets de canaux actuellement à l'étude; les ressources minières du Bourbonnais; étude économique du Bourbonnais; moyens financiers d'exécution. Une bibliographie de 24 numéros termine cet intéressant travail.

Les auteurs, qui résument les travaux de la section de Moulins (elle tient fréquemment des réunions) rappellent tout d'abord qu'il n'y a aucun antagonisme entre les routes, les chemins de fer et les voies d'eau, qui, bien au contraire, se complètent lorsqu'elles sont intimement liées par des moyens de manutention appropriés et des tarifs combinés. Puis, ils insistent sur la situation géographique du Bourbonnais, qui se trouve dans la zone de raccord du Massif Central et de la plaine Ligérienne, c'est-à-dire dans une situation topographique permettant de creuser des canaux relativement à bon compte et de les alimenter aisément. La nature prédispose donc notre petite patrie à être traversée par des canaux reliant l'Océan au bassin du Rhône et à l'Europe Centrale, ainsi que par un canal latéral à l'Allier, qui pénétreraient utilement le Massif Central. Il est de toute urgence de mettre la basse Loire et la Gironde en communication par voie d'eau, utilisable en toute saison, avec Lyon, le bassin minier de Lorraine, l'Alsace, riche par ses industries et ses mines de patasse, le bassin du Rhin et la Suisse, pour faire communiquer ces divers pays (desservis jusqu'ici par Rotterdam et Hambourg) avec les deux Amériques et l'Afrique Occidentale.

L'utilisation de la houille verte, grâce aux barrages construits ou projetés, peut permettre au Bourbonnais de devenir un pays d'industrie familiale, puisque l'électricité permet de diffuser facilement la force motrice, si des canaux facilitent les échanges de matières lourdes et de faible valeur intrinsèque.

D'ailleurs, le sous-sol bourbonnais, à peine prospecté, semble nous réserver de riches espérances, mais on ne peut l'exploiter complètement, si l'on ne dispose que de routes et de chemins de fer. Au point de vue agricole, des canaux faciliteraient l'importation des engrais de toute nature (si nécessaires à une culture moderne), ainsi que des tourteaux et l'exportation de nos céréales. Il en résulterait donc une plus-value certaine de la propriété foncière.

Tous nos compatriotes doivent donc s'unir pour réclamer des canaux et pour exiger que le projet de grands travaux publics, actuellement à l'étude, ne se contente pas d'améliorer, de perfectionner, de compléter le réseau de navigation intérieure existant, mais prévoie aussi la construction de canaux dans le Centre de la France, tout à fait négligé jusqu'ici à ce point de vue, et qui a besoin d'être outillé à la moderne pour permettre à la France d'avoir une industrie bien répartie sur tout le territoire et non pas concentrée uniquement sur nos frontières du Nord, du Nord-Est et sur le bord de la mer.

La conclusion de cette brochure est à citer *in-extenso :*

« Il est nécessaire de décider d'agir avec promptitude, sans vouloir couper les cheveux en quatre, et, pour cela, il faut que tous consentent les sacrifices financiers indispensables.

« Mais nous avons trop longtemps souffert de la lenteur administrative et législative, nous avons vu trop souvent des coalitions d'intérêts particuliers ou régionaux faire échec à l'intérêt national, pour ne pas souhaiter qu'à l'avenir il n'en soit plus ainsi, et que l'esprit de discipline volontaire de tous permette à un nouveau Colbert de doter la France Centrale et le Bourbonnais en particulier, des voies d'eau qui leur sont *indispensables* pour se développer et contribuer au relèvement, puis à l'épanouissement de notre grande et belle France. »

M. Bruel lit ensuite un article paru dans le journal *Le Temps.* M. Charles Widor, secrétaire perpétuel de l'Académie, parlant de Georges Lafenestre, raconte que cet écrivain s'était lié d'amitié avec Marcellin Desboutins. Il semble toutefois qu'il existe une confusion ; voici le passage :

« A Florence, en particulier, un grand seigneur français, le fameux marquis de Rochefort, les traitait à table ouverte (Lafenestre, Hérédia, Gabriel Monod, Chenavard, etc.). Reconnaissons qu'ils se joignaient ainsi — mais avec l'excuse de l'esprit et du talent — à la nuée de parasites qui grugea la fortune de ce patricien. L'infortuné marquis, finalement ruiné, devint donc un beau jour plébéien de la plèbe bohémienne, hirsute et paradoxale, qui tenait ses assises dans les cafés du boul' Mich' ; jamais joueur décavé n'accepta de meilleure grâce les revers de la fortune. Il n'en fuma pas une pipe de moins. Par bonne chance, il se trouva que ce marquis maniait habilement la plume, le pinceau, le burin. De sa plume, il écrivit deux drames en vers, l'un encore inédit, *Camille Desmoulins,* l'autre,

Maurice de Saxe, que la Comédie Française accepta, joua ; la guerre de 1870 éclatait le jour même de la seconde représentation, et le pauvre drame dut s'en tenir modestement à la première. Le peintre et le graveur sont du reste plus connus que le dramaturge. Le marquis de Rochefort peignait et gravait sous le nom de Marcellin Desboutins. Son homme à la pipe est au Luxembourg. Vous connaissez tous son portrait par Degas. »

Ces lignes renferment une série d'inexactitudes que tous les Bourbonnais admirateurs de Marcellin Desboutins rectifieront sans peine. Les prétentions aristocratiques de l'illustre graveur se sont surtout bornées à se faire traiter de baron, lorsqu'il habitait sa villa de l'Ombrellino.

Le nom de Desboutins amène M. Génermont à nous annoncer la publication de notes biographiques relatives à cet artiste.

M. DELAIGUE donne lecture d'une lettre de M. Maurice Dunan adressée à Mme Julien Tissier, relative à des documents locaux du XVIIIe siècle, qui sont un testament d'une dame veuve Palierne, dont la famille était fort connue dans la Provence, et l'inventaire, après décès, de la dite dame. Cette lettre analyse les documents, et suggère des réflexions fort intéressantes à différents membres.

— La Société Archéologique de Tarn-et-Garonne offre à notre Société ses vœux en vers latins d'une très élégante facture. Notre secrétaire général demande la permission d'en accompagner ici le texte de sa traduction.

1920

En Bellona feris tandem discessit ab armis !
En decorat patriæ victricis laurea frontem !
Ejus dextra tenet fecundæ pacis olivam !
Roma iterum clausit, post prœlia, limina jani,
Et nobis rerum jaustarum enascitur ordo.
Nunc silet in campis ensis, sid fervet aratrum ;
Tormenti ignivomi strepitus non œthera pulsat,
Et cum successum scribentis carmina poscunt,
Ecce tibi occurrit pro scriptis utile tempus.
Ergo, sume, soror, calamum et compone libellos ;
Nam si gaudenter de ventis navita narrat,
Fortia tu memoras majorum gesta triumphans,
Historia est messis, spicas tu cogis opimas,

> *Heroas nostros celebrabis nomine claros*
> *Qui dulcem emerunt generoso sanguine pacem !*
> *Sic decus illorum notum super astra volabit,*
> *Et dabit afflictis animis solatia grata !*
> *Hæc mea vota Deus plenus bonitate secundet ! !*

La Société Archéologique de Tarn-et-Garonne
Montauban.

Voici que Bellone s'éloigne avec ses armes cruelles.

Voici que le laurier du vainqueur vient décorer le front de la patrie.

Sa droite tient le rameau d'olivier symbole de la paix féconde.

De nouveau Rome ferme après le combat les portes du temple de Janus. Un ordre renaît qui fera surgir des événements heureux.

Le bruit des armes ne retentit plus dans la campagne, elle est livrée à la charrue.

Le canon qui vomit le feu n'ébranle plus l'atmosphère et son éloignement sollicite les vers du poète.

Voici venir un temps propice aux lettres.

Donc, sœur, prends ta plume et compose des ouvrages.

Car si le marin parle avec plaisir des tempêtes qu'il a subies, tu rappelles, triomphante, les belles actions des ancêtres.

L'histoire est une moisson et tu recueilles les beaux épis.

Tu célébreras le nom de nos illustres héros, dont le sang généreux nous a valu la douce paix ! Et leur gloire s'envolera par-dessus les astres, versant la consolation aux âmes affligées.

Que Dieu, dans sa bonté, exauce ces vœux qui sont les miens !

— M. CAPELIN lit ensuite la relation d'une expédition militaire en Piémont en 1743, écrite par un militaire Bourbonnais.

— M. le chanoine CLÉMENT entretient la Société des armoiries de Mgr de la Celle, promu récemment au siège épiscopal de Nancy.

— M. le docteur DE BRINON prend la parole et s'exprime ainsi :

« J'offre à la Société, pour notre Bibliothèque, le travail de M. Gustave Schlumberger membre de l'Institut, intitulé : *Jean de Châteaumorand, un des principaux héros français des arrière-croisades en Orient, à la fin du* XIVe *siècle et à l'aurore du* XVe. Paris, Société littéraire de France, 10, rue de l'Odéon, MDMXIX. 52 pages, avec une photographie du château de Châteaumorand. Façade du XVIᵉ siècle, bâtie par les frères Jean et Antoine de Lévis-Châteaumorand. Cette brochure, dont j'avais eu connaissance par l'article ci-joint de l'*Action Française* du 23 décembre 1919, intéresse notre Bourbonnais.

Jean de Châteaumorand était le fils d'Hugues de Châtelus-Chateaumorand et de Guillemette de Sennecey. La *Revue Bourbonnaise* le dit fils d'Hugues et de Marie de la Porte (1885, page 127). Né vers 1355, il épousa, en 1380, Isabelle de Semur, d'avec laquelle il divorça en 1406, pour épouser, en 1408, Marie de Pralois et laisse une fille unique héritière des Châteaumorand, qui épousa, en 1423, Brémond de Lévis. Il avait eu un fils, Louis, fiancé en 1419, à Châteaumorand, à Françoise de Châtelus. Il mourut peu après ses fiançailles, détail qui a échappé à M. Schlumberger.

L'*Action Française* du 23 décembre 1919 rappelle en ces termes le souvenir de Jean de Châteaumorand :

« Nous oublions vite, en France, nos héros. Peut-être sont-ils trop nombreux ? En tout cas, rares sont les Français qui connaissent la magnifique histoire de nos chevaliers en Orient, non seulement à l'époque des grandes croisades, mais même jusqu'à la fin du Moyen-Age. M. Gustave Schlumberger, après le savant chanoine Reure, nous parle de l'un de ces preux : Jean de Châteaumorand.

« Issu de la maison de Chastellus, de tout temps dévouée aux ducs de Bourbon, ancêtres de nos rois, il naquit vers 1355, et, fidèle serviteur du bon duc Louis, il consacra sa vie à réaliser sa devise : « Quérir honneur par armes. » Il avait déjà montré sa hardiesse et sa prudence en de durs combats contre nos ennemis, lorsqu'en 1396, après la terrible défaite de la chevalerie chrétienne, à Nicopolis, il fut envoyé auprès de Bajazet vainqueur, pour négocier le rachat des prisonniers. Trois ans plus tard, il partait avec Boucicaut pour sauver Constantinople du même Bajazet. Les deux capitaines débloquèrent la ville, mais bientôt Boucicaut dut partir avec l'empereur d'Orient, Manuel, pour solliciter le secours des princes chrétiens. Châteaumorand demeura, avec quelques centaines de soldats et deux vaisseaux, pour défendre Constantinople contre les hordes barbares. Il tint ainsi trois années entières, jusqu'à la défaite de Bajazet par Timour, et son extraordinaire épopée retarda de cinquante ans la chute de l'empire d'Orient. Rentré en France, Châteaumorand, qui était devenu célèbre dans toute l'Europe, occupa ses dernières années à la défense du pays contre les Anglais. Il mourut en 1429.

« N'oublions pas trop des héros de cette taille, ne serait-ce que pour rappeler à certaines « jeunes » nations que, pour les Français, du temps d'Attila à celui de Guillaume II, sauver la civilisation européenne est un peu une habitude. »

— M. BURIOT-DARSILES, professeur au Lycée de Moulins, et polyglotte, a communiqué à la Société une brochure publiée à Venise par Antonio Favaro, en 1920. Elle est consacrée à notre compatriote Claude Guillermet. seigneur de Bérigard ou de Beauregard.

Le *Courrier* du 1er janvier 1920 publiait sur la question l'article suivant, qui l'expose en son entier :

« Peu de gens, sans doute, en dehors de quelques érudits, connaissent en Bourbonnais le nom et, surtout, l'œuvre, de Claude Guillermet, seigneur de Bérigard ou de Beauregard, né à Moulins en 1578 selon les uns, en 1590 selon d'autres auteurs.

« Docteur en médecine, humaniste de grande valeur, il s'acquit, suivant Bayle, « une telle réputation dans l'Université de Paris que le grand-duc de Florence l'attira à celle de Pise » comme professeur de philosophie. De l'Université de Pise, il passa ensuite à celle de Padoue, où il mourut en 1663, laissant comme héritier son frère Jean. qu'il avait emmené avec lui en Italie, père de Pierre de Beauregard, docteur en philosophie et en médecine, lequel, mort sans enfants, eut pour héritier Nicolas de Beauregard, arrière neveu de notre Claude Bérigard.

« (Signalons à ce propos que nous avons trouvé, dans les Registres paroissiaux de Moulins, à la date du 27 juillet 1665, l'acte de mariage de Nicolas Guillermet, sieur de « Beauregard, en Toscane » (*sic*), fils de feu Pierre Guillermet, chirurgien de Moulins, avec Catherine Simonnin, fille de noble François Simonnin, contrôleur au grenier à sel de Moulins, et de Marguerite Mayat.)

« On lira donc avec intérêt l'étude que vient de consacrer à *Claudio Berigardo*, dans sa série des *Oppositori di Galileo*, M. Antonio Favaro, professeur à l'Université de Padoue (Carlo Ferrari, Venezia, 1920). M. Favaro y tente d'élucider les points obscurs de la biographie de Claude Guillermet ; il analyse son œuvre, comprenant principalement des *Dubitationes in Dialogum Galilæi* et le *Circulus Pisanus*, et voici le jugement d'ensemble qu'il porte sur lui: « Claude Bérigard nous « apparaît « homme de bien plus grand mérite que ne l'ont prétendu « jusqu'ici les partisans de Galilée, lesquels évidemment n'ont pas su « lui pardonner de s'être élevé contre celui-ci. »

« L'étude se termine par de nombreux documents relatifs à Claude Bérigard et tirés des archives de l'Université de Pise, des archives de Venise et des manuscrits de la Bibliothèque nationale de Florence. »

« H. B. D. »

— M. le Président donne sur Claude Guillermet les renseignements suivants :

Claude Guillermet, seigneur de Bérigard ou de Beauregard, naquit à Moulins, en Bourbonnais. Son père s'appelait Pierre de Cach, médecin. Il avait 35 ans en 1627, ce qui place sa naissance en 1592. Il est alors lecteur extraordinaire de philosophie à Pise.

Son premier ouvrage est intitulé exactement : *Dubitationes* (et non *Disputationes Biobib.*) *in Dialogum Galilæi Galilæi lycæi, in gymnasio Pisano mathematici supraordinarii. Autore Claudio Berigardo in eadem academia philosophiam profitente; ubi notatur Simplicii vel prævaricatis vel Simplicitas, quod nullum efficax superesse Peripateticis argumentum ad terræ immobilitatem probandam tam facile concesserit. Ad serenissimum Ferdinandicum II magnum Hetrurice ducem. Florentiæ, ex typographia Petri Nesti, sub signo Solis. MDCXXXII.*

Claude Guillermet, d'après un rapport du Provéditeur général de Pise, avait été reçu docteur en philosophie et médecine, en 1621, et il aurait reçu ces grades à Aix. Il reste à Pise jusqu'en 1679, où il passe à Padoue, et c'est là qu'il publie le second de ses ouvrages :

« *Circulus Pisanus Claudii Berigardi Molinensis, olim in Pisano,* « *jam in lycæo Patavino philosophi primi paris de veteri et peripate-* « *tica philosophia ecc. Utini* MDCXLIII, *ex typographia Nicolaï* « *Schiratti.* » (Nº 20.6.200, de la Bibliothèque Nationale centrale de Florence.)

La deuxième édition est ainsi formulée :

« *Circulus Pisanus Claudii Berigardi Molinensis, olim in Pisano jam* « *in lycæo Patavino philosophi primi. De veteri et peripatetica philo-* « *sophia in Aristotelis libros octo physicorum, quatuor de Cælo. Duos* « *de ortu et interitu. Quatuor de Meteoris, et tres de Anima. Ubi ex* « *principiis Aristotelis probe declaratis, Charilæus philosophus osten-* « *dit universæ philosophiæ difficultates melius enodari, quam ex ullis* « *aliis. Patavii* MDCLXI, *typis Pauli Frambotti Bibliopolæ.* »

L'exemplaire de la Bibliothèque de l'Université de Padoue, coté 82 à 29, porte la dédicace autographe de Bérigard : *Bibliothecæi Lycei Patavini.*

M. de Quirielle paraît avoir fait erreur en indiquant pour la première édition : « Udine, 1643 ; Padoue, 1661 ». La première édition porte simplement : « Udine, 1643 », et la seconde : « Padoue, 1661 ».

Claude Guillermet serait mort plus ou moins subitement d'apoplexie ou de hernie étranglée, le 23 avril 1663, à 73 ans, et inhumé dans l'église de Sainte-Sophie, à Padoue. Son frère Jean aurait recueilli son héritage et l'aurait transmis à Nicolas Guillermet, fils de Pierre, et de Marie Baillet, et petit neveu des deux Claude et Jean. Ce Nicolas, seigneur de Beauregard, demeurant à Florence. a épousé à Moulins, le 27 juillet 1665, Catherine Simonin. fille de François, contrôleur au grenier à sel de Moulins, et de Marguerite Mayat.

Il y aurait lieu de faire traduire le remarquable travail d'Antonio Favaro et d'en faire un résumé pour le Bulletin.

L'abbé V. Berthoumieu cite (*Anciens habitants de Moulins*) parmi les médecins de Moulins au XVIe siècle : « Guillermet de Beauregard », qui « fut un professeur renommé à l'Ecole de Paris, 1563. »

M. Roger de Quirielle (*Biobibliographie des Ecrivains du Bourbonnais,* 1898, p. 356) : « Berigard, son vrai nom était Claude Guiller- « met de Beauregard, docteur en philosophie et en médecine, naquit « à Moulins vers 1591... » Il cite ces deux ouvrages : *Disputationes in Dialogos Galilæi* (Florence, 1632, un vol. in-4°), et le *Circulus Pisanus* (Udine, 1643 ; Padoue, 1661, 2e édition).

— Sont présentés :

M. Henry GUIBOURET, peintre-verrier, rue Rosa-Bonheur, par MM. le docteur de Brinon, Génermont, le chanoine Clément.

Le Frère GUSTAVE-MARIE (Jean Tillerot), professeur de sciences au Pensionnat Saint-Gilles, par MM. le docteur de Brinon, Milcent, chanoine Clément.

M. TIERSONNIER, par MM. le docteur de Brinon, le comte de Champfeu, R. de Quirielle.

M. Eugène THÉNOT, professeur d'histoire au Lycée Banville, par MM. le docteur de Brinon, Bruel, Chambron.

— Sont admis comme Membres titulaires :

M. le docteur Henry MONCEAU, chirurgien à l'hôpital de Moulins. Mme Henry MONCEAU.

M. Henry TRINQUE, directeur du Pensionnat Saint-Gilles.

M. FORESTIER. propriétaire à Saint-Gérand-le-Puy.

M. TISSIER, aux Bataillots, commune d'Yzeure.

— L'ordre du jour étant épuisé, la séance est levée à 22 heures.

E. CAPELIN.

SÉANCE DU 2 FÉVRIER 1920

PRÉSIDENCE DE M. LE Dr DE BRINON

Étaient présents : MM. BONY, BIDAULT, G. BRUEL, BRUNET, CAPELIN, chanoine CLÉMENT, DELAIGUE, DÉNIER, GAUTHIER, GÉDEL, GÉNERMONT, GRÉGOIRE, LEUTRAT, MILCENT, Mme MONCEAU, Dr MONCEAU, SARRAZIN, TISSIER.

— Après lecture du procès-verbal de la précédente séance, il est procédé au dépouillement de la correspondance, et à l'analyse par M. le Président des ouvrages reçus.

I. — *Mémoires de la Société historique, littéraire et scientifique du Cher*, 1918-1919, 4e série, 31e volume.

Le volume, de près de 300 pages de texte, non compris les comptes rendus des séances de la Société, nous offre :

1° La suite de l'histoire des corporations et confréries d'arts et métiers de Bourges. L'auteur, M. Hippolyte Boyer, termine ce qui a rapport à la vigne et au vin ; il passe aux cabaretiers et aubergistes, aux pâtissiers, et aux oublieurs.

2° Les seigneurs d'Ourouër en Berry, par M. le comte de Toulgoët, nous donnent des renseignements précieux sur des familles qui touchent au Bourbonnais. Ce sont les Troussebois, qui viennent à Ourouër par une alliance au XIIIe siècle, avec les Charenton, seigneurs d'Ourouër. L'auteur signale seulement la branche des *Champaigre*, dont il orthographie mal le nom, en écrivant *Champaigne*. Puis viennent les Villaines, auxquels succèdent par alliance les Pelorde ; ensuite, les Gamaches et les Grivel.

3° M. Chartier de Saint-René, par Emile Turpin.

4° Une œuvre inédite de Jean Floux, par M. Edmond Brioux.

5° Suite de la monographie de Chalivay-Milon, par les abbés C. Lelièvre et P. Vilaire. Nous trouvons aussi là quelques noms bourbonnais. Simon de la Porte, écuyer, seigneur d'Issertieux, dont la veuve, Charlotte de Méry, fait une transaction en 1569. Charles de Beaucaire, chevalier, seigneur de Lienesse, qui traite, en 1722, avec l'abbesse de Charenton, Mme de Montigon. En 1733, l'abbesse est Marie-Alexandre de Beaucaire de Montigon, qui ne paraît pas être la même ; enfin Claude de Saint-Quentin de Blet.

6° *Les Réfugiés écossais de Sancerre au XVIIIe siècle*, par Maurice Supplisson. Parmi ces réfugiés ou leurs descendants, on remarque le maréchal Macdonald et l'homme politique Hyde de Neuville. Celui-ci descendait de James Hide, qui paraît à Sancerre pour la première fois en 1748.

7° *Le curé Petitjean: un soulèvement communiste à Épineuil, en 1792*, par P. Lassœur.

8° *Deux anciens ex-libris berruyers*, par H. Ponroy. Ce sont des ex-libris de la famille Le Bègue, qui nous est bien connue. Ces ex-libris, dont l'auteur donne une belle reproduction, et qui paraissent être de la fin du XVIe siècle au début du XVIIe, nous donnent, pour les Le Bègue, des armes absolument différentes de celles indiquées par M. de Soultrait. Elles se formulent ainsi : *d'azur, à la fasce d'argent, accompagnée d'un soleil d'or, en chef, et d'une gerbe de même, en pointe.*

II. — *Bulletin-Journal de la Société d'Agriculture de l'Allier*, n° 10, 11 et 12 ; octobre, novembre et décembre 1919.

III. — *Monographie économique de l'Allier*, par Paul Guitton. Moulins, imprimerie du *Progrès*, 1919.

Cette brochure, dont nous avait entretenu M. Bruel dans sa communication à la séance de janvier, nous est parvenue par l'entremise de M. le Préfet de l'Allier. Des remerciements ont été adressés, au nom de la Société, à M. le Préfet et à notre collègue, M. Bruel.

IV. — *Société archéologique et historique de l'Orléanais*. Bulletin, t. XVIII, n° 216, 1er et 2e trimestres de 1919.

M. Eugène Jarry fait l'histoire et la description de l'ancien hôtel-de-ville d'Orléans : musée de peinture. Nous y lisons que « le marché pour les mouvements de l'horloge de la tour de ville fut conclu le 22 septembre 1453, avec Louis Carrel, de Moulins, qui vint travailler sur place dès le printemps de 1454 ». En note, l'auteur ajoute que Carrel envoya « son ménage de Moulins à Orléans, le 5 janvier, et paraît avoir travaillé toute l'année ». L'abbé Berthoumieu, dans son travail sur les Anciens habitants de Moulins (1910, p. 174), nous fait connaître qu'en 1451, ce même Louis Carrel fabrique le mouvement du soleil et de la lune qui accompagnaient les heures sur le cadran de l'horloge de Moulins.

Les autres articles de ce Bulletin ne nous intéressent pas.

V. — Le Catalogue de Saffroy frères (février 1920) renferme plusieurs pièces qui intéressent le Bourbonnais. Nous citerons :

« Le contrat de mariage de Jean Tays, dit Bridart-Donzel, avec Jeanne, fille de Hugues de Chantemerle et d'Alain de Sermaisses ; parmi les témoins, Simon de Gléné, chevalier Vignier de Jaligny ; Moulins, 1321. »

Les trois familles nous sont connues ; mais le mariage ne l'était pas, et le témoin ne se trouve pas dans nos actes.

« Terrier et livres des redevances dues à noble et religieuse personne frère Louis de Lastic, chevalier de Saint-Jean, commandeur de La Vaultfranche, à cause de sa maison et chapelle de Saint-Jean d'Entre-les-Vignes, près Montluçon. Années 1547, 1548 et 1549. »

Louis de Lastic est grand prieur d'Auvergne en 1570.

« Cession et transport par Philippa de Chappes, veuve de Jeannet du Coux, damoiseau, à Jean de Serra, de ses droits de douane à Montmarault, moyennant 8 livres de rente, jeudi avant Carême prenant 1378. » Charte en latin, sur vélin.

Les deux familles de Chappes et du Coux sont bien connues. A quelle famille appartenait Jean de Serra ? Peut-être à une famille de la Serra.

« Mémoires entre dame Silvie de Bigny, veuve de messire H. de Saint-Germain d'Apchon, Gabriel de Thouza, curateur de la veuve de H. Palatin de Dio, marquis de Montperroux, la marquise des Gouttes.

« Au sujet d'une donation après décès et des échanges des terres de Bresse, la Mothe Choisy, Boyer l'aîné, le Niel en Bourbonnais.

« Françoise de Bigny était veuve de Guy de Barbançois; le procès parut aussi au bailliage de Chalon-sur-Saône. »

Catherine-Eloïse de Bigny, veuve d'Henri de Saint-Germain-d'Apchon, était la sœur de Françoise, veuve de Guy de Barbançois, et celle-ci avait épousé en deuxièmes noces Henri-Charles Palatin de Dio, comte de Bresse. Elle est morte à Aurouër, en 1720.

VI. — *Annuaire-Bulletin de la Société de l'histoire de France*. Année 1918.

Dans la bibliographie, nous trouvons la mention de l'histoire et coutumes du prieuré de la Chapelle Aude (In-8°, X, 205 p., et carte. Paris, librairie de la Société du Recueil Sircy, par E. Chénon). Dans les articles originaux, nous signalerons: *L'Ambassade de Nicolas de Sancy en Angleterre, au mois de mai* 1596, par le comte Baguenault de Puchesse. Le roi, dit l'auteur (page 152), adjoint à Sancy l'ambassadeur de France, Beauvoir-la-Nocle. »

Beauvoir-la-Nocle est Jean de la Fin, fils d'autre Jean, chambellan de Charles IX, et de Magdelaine de Salins, dame de la Nocle. Son frère, Jacques, assassiné à Paris en 1606, avait épousé Gilberte de Montboissieu.

Vient ensuite un très curieux travail de M. Léon Mirot sur les hôtels de Rohan-Soubise au Marais, avec deux tableaux généalogiques donnant la descendance d'Olivier de Clisson et la maison de Rohan, branches de Léon, de Montauban; Guiméné, de Soubise, et de Gié.

VII. — *Mémoires de la Société Eduenne*, nouvelle série, tome quarante-troisième. Autun, 1919.

M. Paul Montarlot continue son étude sur les émigrés de Saône-et-Loire. Suivant l'ordre alphabétique, il va dans ce numéro du nom Callard au nom: Desgranges. Nous trouvons là les noms suivants qui intéressent le Bourbonnais:

Joseph-Louis Robert, duc de Caylus, fils d'Achille-Joseph Robert, et de Marie-Odette de Levis-Château-Morand, marié 1° (11 mai 1784) avec Adélaïde-Hortense de Mailly-Mareuil; 2° en 1819, avec Adélaïde le Lièvre de la Grange. Le duc de Caylus était seigneur du Breuil à la Révolution (*Bulletin Société d'Emulation*, 1903, p. 286).

Etienne-Elisabeth-Joseph-Eloi de Champeaux de Thoisy, ancien lieutenant-colonel, né le 20 octobre 1759, de J.-B. Lazare de Champeaux, écuyer, et d'Antoinette Grangier des Parpas.

Jean-Julien de Chargeris, chevalier, seigneur des Planches et de Chigy, né vers 1750, de François et de Claude de Jacquinet, marié le 27 novembre 1776, avec Jeanne-Marie-Elisabeth de Moncrif. Les de

Chargeris sont seigneurs de Villars (*Florent*), à la veille de la Révolution (*Bulletin de la Société*, 1905, p. 254).

Jacques de Clermont-Mont-Saint-Jean, né le 25 octobre 1752, de Jean-Claude, et de Marie-Magdeleine-Gaspardine de Brancion, avait épousé, le 1er octobre 1780, Louise-Adélaïde dé Mascrany, fille de François-Marie, et de Catherine-Claudine Douet, dame de Vichy. Emigré en 1792, le département de l'Allier fit vendre ses propriétés de Vesse, Charmeil et Saint-Rémy. Il est mort à Charmeil en 1827.

Charles-Henri-Jules, duc de Clermont-Tonnerre, né le 7 avril 1720, de Gaspard, maréchal de France, et d'Antoinette Potier de Novion, guillotiné le 7 thermidor, 26 juillet 1794. En 1755, il s'était fait concéder l'exploitation de la houille découverte à Epinac, dont il était le seigneur. Il s'était intéressé plus tard, en 1786, à la Société pour les mines de charbon du Bourbonnais (*Bulletin*, 1900, p. 352).

Jean-Louis Conny, écuyer, seigneur de Valoron la Fay, la Tour-Pourçain, Toury-Besbre, né en 1713, de Clément, conseiller du roi en l'élection de Moulins, et de Jeanne Jollet (et non Jollot, comme l'écrit l'auteur). Quoique domicilié au Donjon, depuis plus de 20 ans, et songeant peu à s'en éloigner, avec ses 80 ans, le département de Saône-et-Loire le porta sur la liste des émigrés, le 9 frimaire : il était propriétaire dans ce département, à Saint-Romain-sous-Versigny. Il fut rayé en l'an IV, puis définitivement en thermidor an VIII.

Jacques-Just du Bessey de Contenson, né le 10 avril 1754, de Nicolas Geneste, et d'Elisabeth Nurbrey de Malleval, mort vers 1830. Il avait épousé Anne-Laurence Nicolau de Montribloud. Il était propriétaire, à la Révolution, des Colains et de l'Espinasse (fig. I, 586), commune de Chassenard.

— Le colonel du Martray poursuit ses études sur Semelay ; église, prieuré et paroisse et donne des détails intéressants sur les Bonneau du Martray, qui avaient leur chapelle funéraire à Semelay.

M. Ch. Boëll nous raconte l'arrestation de Mesdames de France à Arnay-le-Duc, en 1791. Un incident plein de saveur marque dans cette histoire, et le héros se trouve être un Moulinois. Il s'appelait Ambert. Exerçant à Autun la profession d'aubergiste, il avait fait donner à sa fille une éducation des plus complètes : elle savait le latin, l'anglais et l'italien, et assez de français pour lire les philosophes. Convaincu que le vrai mérite ne trouvait sa suprême consécration qu'à la Cour, il avait tenté, en 1770, de conduire sa fille à Vichy, pour la présenter à Mesdames, tantes du Roi ; mais un accident malheureux avait empêché la réalisation de ce projet : il était tombé de cheval et s'était cassé la jambe. Aussi, lorsque les gardes nationales d'Autun furent appelées à Arnay, pour renforcer la garde des princesses, il obtint de faire partie d'un détachement, emmena sa fille avec lui et eut le bonheur d'être reçu avec elle par les nobles fugitives. Son discours fut très littéraire, quoiqu'un peu semé de barbarismes, dûs à l'émotion, et il revint à Autun, enchanté de son voyage.

M. A. de Charmasse donne la première partie d'un travail très complet sur la seigneurie d'Alone, aujourd'hui Toulonjon, commune de la Chapelle-sous-Uçhon (Saône-et-Loire). Nous y trouvons bien des noms bourbonnais. Ainsi, dans la liste des fiefs qui, avec Alone, relevaient de la baronnie d'Uchon, nous voyons, à Marnay, commune de Saint-Symphorien-de-Maringues, un nommé Jean d'Hostun, marié à Guyonne de Chauvigny, en 1541, et, en 1615, un certain Jean de Vichy, seigneur de Marnay, dont nous ne connaissons pas la liaison avec nos Vichy. D'autres Vichy se trouvent, de 1446 à 1535, à Bussière, commune de La Tagnière, et y sont remplacés par un Pelletier des Crots. Ces Pelletier des Crots, que nous retrouvons à Champignolle, même commune de La Tagnière, et aux Crots, commune de Saint-Eugène (Saône-et-Loire), deviennent Bourbonnais au XVIe siècle. Des Gozis en a esquissé la généalogie, qui se trouve bien complétée par le travail de M. de Charmasse.

M. le chanoine V. Terret nous donne, dans le même numéro, un historique et une description très savants de la cathédrale Saint-Lazare d'Autun. — Signalons enfin un article nécrologique sur Joseph Déchelette, l'archéologue.

VIII. — *Revue des Etudes historiques*, 85e année, octobre-décembre 1919.

IX. — *Revue Mabillon*, 10e année, n° 38, août 1914, décembre 1919.

X. — *Bulletin de la Société archéologique et historique du Limousin*, tome 66, 1re livraison, 1917. 1 vol. de 250 pages.

La propriété rurale en Bas-Limousin pendant le Moyen-Age, par René Fage. Le volume mérite une analyse détaillée, que je laisse à un collègue plus compétent.

— M. le Président rend compte en ces termes de la visite rendue, par les membres du Bureau, à M. le maire de Moulins :

« Dans sa dernière réunion, le Conseil d'administration avait décidé qu'il y avait lieu d'exprimer à M. le maire, la gratitude de la Société pour l'hospitalité qu'elle reçoit à l'Hôtel de Ville, soit pour sa bibliothèque, soit pour ses réunions. En conséquence MM. Milcent, Bruel et Capelin se sont rendus avec M. le Président, le mercredi 28 janvier, à 5 heures du soir, dans le cabinet de M. le maire. Ils ont été reçus très aimablement, et M. le maire de Moulins a paru touché de cette démarche de courtoisie. »

— Au sujet d'une phrase que renferme la brochure de M. le Dr Cornillon et où il est question de « marins », M. Milcent demande s'il y avait à ce moment des marins à Moulins, ou s'il s'agit seulement des mariniers. Les membres présents inclinent à croire qu'il y a lieu de lire mariniers, bateliers de l'Allier.

— M. G. Bruel donne l'analyse d'une étude économique faite dans le département par M. Gutton. Les intérêts agricoles, miniers, industriels, commerciaux, sont étudiés avec une compétence rare qui fait de ce livre un document des plus précieux pour l'histoire de notre région.

M. G. Bruel donne encore des renseignements sur les sondages faits à proximité de notre région.

« Les sondages pour les mines du Charollais qui avaient été momentanément abandonnés viennent de reprendre et paraissent donner d'excellents résultats.

« Des affleurements ont été relevés dans les communes de La Chapelle au Mans et Uxeau à 15 k. S.-O. de Toulon-sur-Arroux ; ils sont probablement à l'extrémité du grand bassin houiller de Blanzy et Monceau.

« La qualité du charbon n'est pas encore connue, mais ce combustible, en raison de la crise du charbon, sera rapidement enlevé.

« La couche de charbon de Montceau, qui affleure à l'Est les contreforts du Mont-Saint-Vincent, s'enfonce de plus en plus dans le sol en allant vers l'Ouest.

« Les ingénieurs compétents du service des recherches estiment que la couche, en forme de cuvette, doit passer sous la vallée de l'Arroux et se relever peu à peu sur la rive droite.

« Toutes les découvertes et les sondages faits jusqu'à ce jour sur divers points, confirment cette hypothèse.

« De nombreux sondages qui iront jusqu'à une profondeur de *mille mètres*, vont être effectués.

« Si les prévisions des ingénieurs se réalisent, ce sera un grand avenir industriel qui s'ouvrira d'ici quelques années dans la région du Charollais. »

M. F. Bidault rappelle, à ce propos, que le Société de Saint-Gobain a fait opérer des fouilles et que les résultats, sauf à Chalmoux, n'ont pas été jugés suffisants.

M. le chanoine Clément signale que la présence de minerais de fer a été depuis longtemps constatée à Saint-Léon, sur les flancs de la montagne volcanique du Puy Saint-Ambroise, dans la propriété de M. Picard.

M. Georges Bruel croit que la difficulté des transports créera une sorte de régionalisme industriel.

— M. le chanoine Clément décrit les cheminées du château de Champfeu qui portait jadis le nom de la « Brosse-Cadier ». Il fait l'historique sommaire de ce château et attribue les cheminées aux restaurations de l'abbé Hugues Sirot, « écuyer, curé d'Avermes » ; ces cheminées auraient été faites entre 1680 et 1695. L'auteur des

Fiefs en Bourbonnais (t. II, p. 172) dit qu'on peut attribuer à ce propriétaire divers aménagements intérieurs importants, tels que la transformation en chapelle du rez-de-chaussée de la grosse tour. Et c'est précisément dans cette chapelle que se trouve le plus joli bas-relief des cheminées représentant la *Pieta* ; au premier étage c'est « le Sacrifice d'Abraham » qui est reproduit. Notre confrère rapproche ces bas-reliefs de celui que conserve, dans le sous-sol, le Musée départemental, et le bas-relief de la Cathédrale : « le Baptême du Christ », qui décore les fonts baptismaux. Puis, il fait circuler de très artistiques photographies des cheminées, prises par le Frère Gustave-Marie.

Ensuite M. le chanoine Clément expose divers projets relatifs à l'excursion prochaine. Ce serait la visite de Villefranche, Chappes et Murat, ou celle de Saint-Menoux et d'Agonges. M. Delaigue propose Buxière-les-Mines. Il est décidé qu'on fixera le but de l'excursion à une prochaine réunion.

— Sont proposés à l'admission :

M. Jean VIRMAUX, ancien pharmacien, présenté par MM. le Dr de Brinon, Georges Bruel, Lucien Chambron.

M. Hubert BRUEL, ingénieur E. C. P., présenté par MM. le Dr de Brinon, Georges Bruel, Chambron.

M. Jean-Maurice BRUEL, ingénieur E. C. P., présenté par MM. le Dr de Brinon, Georges Bruel, Chambron.

M. Raoul DE VERRIÈRES, propriétaire, présenté par MM. le Dr de Brinon, chanoine Clément, Milcent.

M. André ROY, rue de Decize, présenté par MM. le Dr de Brinon, Capelin, Génermont.

— Sont admis comme membres titulaires :

MM. Henry GUIBOURET, peintre-verrier, rue Rosa-Bonheur, Yzeure.

Le Frère GUSTAVE-MARIE (Jean TILLEROT), professeur de sciences au Pensionnat Saint-Gilles, route de Paris, 87, Moulins.

M. TIERSONNIER, rue Pape-Carpentier, 36, Moulins.

M. Eugène THÉNOT, professeur d'histoire au Lycée Banville.

— L'ordre du jour étant épuisé, la séance est levée à 22 heures.

E. CAPELIN.

SÉANCE DU 1ᵉʳ MARS 1920

PRÉSIDENCE DE M. LE Dʳ DE BRINON

ÉTAIENT présents : MM. F. BIDAULT, G. BRUEL, CAPELIN, chanoine CLÉMENT, GAUTHIER, GÉNERMONT, GUIBOURET, GRÉGOIRE, LEUTRAT, JOYEUX DE LANÇON, MILCENT, SARRAZIN, THONNIER. — Excusé : M. DELAIGUE.

— Après lecture du procès-verbal de la précédente séance, il est procédé au dépouillement de la correspondance : lettre du Ministère de l'Instruction publique, accusant réception de 168 exemplaires du *Bulletin,* qu'il a reçus en bloc après un long intervalle. Ces numéros sont destinés aux diverses Sociétés avec lesquelles nous entretenons de sympathiques rapports.

— M. le PRÉSIDENT analyse ensuite les ouvrages reçus :

1. — *Académie des Inscriptions et Belles-Lettres.* Comptes rendus des séances de l'année 1919 (Bulletin de mai-juin).

Parmi les communications, nous remarquons un édit de Ptolémée Philopator relatif au culte de Dyonisos, par M. Pierre Roussel. Cet édit forme une inscription en lettres grecques sur 93 lignes et sceau. Elle est conservée sur un fragment de papyrus.

Une tablette à la cire du musée de Leuwarden, par M. Edouard Cuq. L'inscription en lettres cursives avait été tracée sur la cire ; la pointe du style ayant pénétré dans le bois, le texte a pu être reconstitué. Cette tablette a été trouvée en Hollande, dans un de ces monticules artificiels que formaient, au voisinage des villes, les accumulations de détritus. Il s'agit de l'achat d'un bœuf par un citoyen romain, probablement fournisseur des armées : il est accompagné de deux centurions. Le vendeur est un paysan de la Frise et le prix d'achat de 115 deniers (100 francs).

II. — *Bulletin de la Société des sciences historiques et naturelles de l'Yonne* (Année 1918, 72ᵉ vol., 2ᵉ. de la 5ᵉ série).

Ce bulletin comprend, entre autres articles dignes d'intérêt :

1° Une généalogie de la famille de Tenance-Saucières, par M. de Vathaire de Guerchy. Un membre de cette famille de Tenance, Louis-Marguerite-Claude, épouse à Moulins en 1770 Marie-Suzanne de Charry des Gouttes. Son père, chef d'escadre des armées navales, marquis des Gouttes, lui donna en dot le comté d'Ainay-le-Vieil, en Bourbonnais. Elle mourut deux ans après, et M. de Tenance se remaria en 1777 avec sa cousine-germaine, Marguerite de Barbançon de Contremoret. La branche des Gouttes de la famille de Charry était bourbonnaise depuis Gilles de Charry, fils de François et de Jeanne de

Maumigny, qui épousa Magdelaine de Villaines. Marie-Léonide-Suzanne de Charry était la fille de Jean-Antoine de Charry des Gouttes et de Charlotte-Françoise de Menou-Charnisay. La seigneurie d'Ainay-le-Vieil venait de sa grand'mère, Marguerite de Saint-Germain d'Apchon. Elle la céda sans doute à son frère, François Aignan, le mari de Charlotte Félicité de Luppé, qui la vendit en 1792 à Balthazar de Bigny.

Au sujet de ce mariage, il y avait contradiction entre l'auteur et les notes que je possédais. L'auteur disait que le mariage avait eu lieu à Paris et j'avais trouvé l'indication qu'il avait eu lieu à Moulins. J'ai vérifié le fait et j'ai trouvé dans le registre de Saint-Pierre des Ménestraux coté 486 que le mariage religieux avait été célébré dans la chapelle du collège de Moulins, le 18 août 1770, en présence de MM. (Vincent) Baduel, principal du collège, Etienne de Josset, sgr du Royer, président en l'élection de Saint-Amand, Jacques de Saint-Mesmin, président général de la maréchaussée, Edme-Joseph Jacquesson Herbue, directeur du vingtième, Butaud-Dupoux, curé.

2° Un travail de M. H. Prunier sur la sculpture et la peinture à l'hôpital-hospice de Tonnerre. Il y a là un saint-sépulcre du XVᵉ siècle et un tombeau de Louvois du XVIIᵉ, dont il serait intéressant d'étudier la description par rapport à nos deux monuments analogues : le Saint-Sépulcre de la Cathédrale et le tombeau de Montmorency.

3° Une étude de M. l'abbé Parat sur Villers-la-Grange : il s'agit là d'une exploitation rurale modèle, créée par les Bénédictins de Pontigny, de l'Ordre de Cîteaux. On retrouve encore une grange monumentale qui date de 700 ans et toute une organisation pour recueillir les eaux de pluie, qui rappelle les travaux romains de Tunisie : vastes citernes, etc.

III. — *Bulletin de la Société archéologique, scientifique et littéraire du Vendômois.* (T. LVII, 1918.)

M. J. de Saint-Venant publie dans ce numéro la fin de son *Inventaire raisonné des polissoirs néolithiques de Loir-et-Cher et des ateliers industriels qui les alimentaient.*

L'auteur nous fait suivre sur place les diverses phases par lesquelles passe l'instrumentation du néolithique, depuis le choix de la carrière : étage supérieur de la craie, avec son épais manteau d'argile tertiaire à silex ; l'extraction du silex par des entonnoirs reliés parfois par des galeries ; les travaux d'extraction couvrent des surfaces de vingt à vingt-cinq hectares ; la matière constitutive de l'outil à fabriquer est le silex pyromaque à grains très fins, se présentant à l'état de rognons à surface rugueuse ; les outils sont des massifs percuteurs souvent plus gros que le poing, assez faiblement marqués d'écrasements et esquillements de percussion, quelques frustes et grands grattoirs, de grandes et épaisses pointes, passant à d'assez rares pics longuement taillés. Les produits, fabriqués sur place pour profiter de l'eau de carrière, sont simplement dégrossis: ils présentent la forme de pièces subrectangulaires, ovales ou triangulaires: on en a retrouvé des séries empilées et prêtes à l'expédition. Car le travail se finissait près des polisseurs; là, l'outil était tout d'abord retouché par de fins éclatements; puis il était soumis au polissage sur les volumineux blocs d'arkose, où les sillons marquent le travail du tranchant et les cupules le travail des faces. Tout ce détail est facile à suivre sur les sept belles planches qui accompagnent cette remarquable étude.

IV. — *Bulletin de la Société bourbonnaise des études locales* (N° 1. 1920).

Ce bulletin comprend:

1) Les statuts de la société; la composition du bureau; les publications de la société; son but;

2) Un article de M. Joseph Viple sur les études locales;

3) De M. Fazy, sur les archives communales;

4) Une notice bibliographique de M. E. Mauve;

5) Une esquisse ethnographique sur la survivance d'un clan gaulois, *« chez Pion »*, commune de Lavoine, de M. A. Puechmale.

6) Une note de M. Amédée Bardet sur la trouée de Naves: son ancienne importance stratégique;

7) Le plan d'une monographie communale, par M. Desdévise du Dézert;

8) Une bibliographie bourbonnaise;

9) Un article sur Choisy, de M. Maurice Dunan;

10) Une note sur les anciennes mesures dans l'Allier;

Et une notice nécrologique.

V. — *Revue de la Haute-Auvergne* (18e et 19e année, 1917-1918, quatrième fascicule).

Nous avons à signaler dans ce numéro la continuation de la remarquable étude de M. le chanoine Chaludet sur les évêques de Saint-Flour. L'auteur termine l'étude de Pierre d'Estaing. Il nous le montre archevêque de Bourges, cardinal-légat, et il nous raconte sa maladie et sa mort. Dans son testament, figure comme légataire une de ses nièces, mariée à Louis d'Apchon.

— M. Viple, procureur de la République à Cusset, nous informe que la Société Bourbonnaise des études locales, fondée en 1912 par notre regretté confrère, M. Maurice Dunan, a décidé de reprendre ses travaux. L'appui et la sympathie de la Société d'Emulation lui sont d'ores et déjà acquis, et plusieurs de nos membres en font partie : MM. Delaigue, Grégoire, Linglin, Place, Fazy, Viple, Brunet, Bidault, etc.

Le *Bulletin* que la Société Bourbonnaise des Etudes locales vient de publier renferme, entre autres articles, une esquisse ethnographique des Pions, dont la physionomie originale a tranché longtemps sur l'homogénéité bourbonnaise. M. Georges Bruel exprime le vœu que des mensurations soient opérées et que des certitudes anthropométriques nous soient données une fois pour toutes, fixant les points originaux, ou réduisant le cours des hypothèses au sujet de ces montagnards.

— M. Capelin donne lecture de la traduction qu'il a faite de la brochure consacrée à Claude de Beauregard. Cet opuscule, paru à Venise, a été envoyé par l'auteur, Antonio Favaro, à M. Buriot-Darsiles, qui en a fait don très aimablement à la Société d'Emulation.

— M. Grégoire informe les membres présents que M. Crépin Leblond a fait relier, pour les offrir à la Société, une série d'affiches de la Généralité de Moulins, appartenant à ses collections, ou qui lui ont généreusement été cédées par diverses personnes.

— M. Milcent lit un résumé du livre de René Fage sur la propriété rurale dans le Bas Limousin. Notre confrère exprime ensuite le désir de voir imprimer la table des matières contenues dans notre *Bulletin*. On observe que la table des noms de personnes a été publiée. La table des matières sera imprimée dès que la Société pourra le faire.

M. Milcent demande s'il serait possible de faire paraître le *Bulletin* broché et non fait de folios non attachés. Le vœu sera transmis au Conseil administratif et à l'imprimeur.

— En raison des fêtes de Pâques, la prochaine réunion est fixée au 19 avril.

— M. le chanoine Clément entretient la Société du moulage de la *Pieta* de Montluçon, que l'Inspecteur des Monuments historiques au ministère des Beaux-Arts promet de faire exécuter. Notre confrère apporte aussi de Paris la promesse que le ministre s'intéressera à l'achat des volets du triptyque des Aubery.

— M. Georges Bruel donne communication d'une lettre de l'Ingénieur des mines de Clermont, signalant le résultat des recherches faites dans la région de Souvigny.

— Sont présentés :

Me Joseph Place, avocat au tribunal de Cusset, Ancien bâtonnier de l'ordre, par MM. le chanoine Clément, le docteur Choppard et Viple, procureur de la République à Cusset.

Mademoiselle COURROUX, rue Michel-de-l'Hospital à Moulins, par MM. le docteur de Brinon, Capelin et Milcent.

— Sont admis en qualité de membres titulaires :

M. Jean VIRMAUX ;

M. Jean-Maurice BRUEL, ingénieur ;

M. Hubert BRUEL, ingénieur ;

M. Raoul DE VERRIÈRES, propriétaire ;

M. André ROY, officier des forêts, propriétaire.

— L'ordre du jour étant épuisé, la séance est levée à 22 heures.

E. CAPELIN.

SÉANCE DU 19 AVRIL 1920

PRÉSIDENCE DE M. LE D^r DE BRINON

ÉTAIENT présents : MM. BIDAULT, Georges BRUEL, CAPELIN, CHAMBRON, GAUTHIER, GÉDEL, GÉNERMONT, GRÉGOIRE, JOYEUX DE LANÇON, LEUTRAT, MILCENT, Mme MONTCEAU, Dr MONTCEAU, THÉNOT, SARRAZIN, TIERSONNIER.

— Excusés : M. le chanoine CLÉMENT, M. DELAIGUE.

— En ouvrant la séance, M. le Président exprime les regrets que cause à notre Compagnie le décès de notre distingué confrère M. le chanoine Moret.

— Il est procédé ensuite au dépouillement de la correspondance.

Note adressée par M. le Dr de la Dure, signalant des publications relatives aux Burin des Roziers, nos compatriotes.

Lettre de M. Viple, procureur de la République à Cusset, soumettant pour la « Société Bourbonnaise des Etudes locales », diverses propositions : 1° admission à notre bibliothèque sous conditions de contrôle ; 2° la participation à l'excursion annuelle ; 3° la facilité d'insérer certains travaux.

La Société a été d'avis : 1° que les membres de la Société Bourbonnaise seraient admis à la Bibliothèque sur une demande individuelle du Président des Etudes locales adressée au Président de la Société d'Emulation, et après entente avec le Bibliothécaire ;

2° La participation aux excursions a été admise sur la présentation d'un de nos membres ;

3° Relativement à la publication d'articles de ses membres dans notre *Bulletin*, la Société est d'avis que les dits articles devront être soumis au Comité administratif, et prend note de la proposition de M. G. Bruel proposant une quote-part des frais qui serait prise à sa charge par la « Société Bourbonnaise des Etudes locales ».

Lettre de M Louis Lacrocq annonçant l'envoi à notre Société des Bulletins de la « Société des Sciences de la Creuse » manquant à nos collections.

M. le Président communique un mot de M. Tiersonnier au sujet du capitaine Marcel Dunan, agrégé d'histoire, attaché à l'ambassade de France à Vienne, qui fait paraître dans la *Revue historique*, t. CXXXII, 1919, un article sur le premier ministère Gouvion Saint-Cyr ; c'est le premier chapitre d'un livre consacré à la Légion de l'Allier.

Le capitaine Dunan demande que des souscriptions soient assurées pour permettre l'impression d'un tirage à part.

— M. le Président rend compte des ouvrages reçus :

I. — *Bulletin trimestriel de la Société des Antiquaires de Picardie* (Année 1919, 3ᵉ et 4ᵉ trimestres).

M. A. Hackspill consacre dans ce numéro une notice à un demi-moule en pierre pour couler des objets de parure. Ce demi-moule a été trouvé à Wiry au-Mont (Somme). Une figure reproduit cet objet curieux.

II. — *La Revue du Berry et du Centre* (Année 1919, première partie), renferme une notice de M. le Dʳ Desgardes sur les abjurations protestantes, à Argenton, à la fin du XVIIᵉ siècle ; Une autre de M. Voisin sur les prisons du Blanc au XVIIIᵉ siècle et la gabelle ; — Une note de M. Richard-Desaix sur George Sand et l'art du portrait-charge.

III. — *Bulletin archéologique du Comité des travaux historiques et scientifiques* (Année 1918, deuxième livraison).

Le *Ghirlandajo* d'Aigueperse, par M. Salomon Reinach.

Tout l'intérêt de cet article réside dans l'établissement de la date du tableau de la *Nativité* qui faisait, avec le *Saint Sébastien* de Mantegna, l'orgueil de la petite ville voisine d'Aigueperse. Un jeune homme, M. François Lenormant, qui avait copié sur le tableau l'inscription tracée par l'auteur, Benedetto Ghirlandajo, avait cru y trouver la date de 1470. M. Reinach établit que cette date ne peut être que 1489. La *Revue d'Auvergne* de 1886, comme le rappelle

M. Reinach, dans une note, avait déjà établi que les deux tableaux de Mantegna et de Ghirlandajo étaient destinés à orner la Sainte-Chapelle d'Aiguéperse, fondée en 1475, par Louis I de Bourbon-Montpensier, achevée sous son fils, Gilbert de Bourbon-Montpensier, qui avait épousé en 1482 Claire de Gonzague, fille de Frédéric de Gonzague-Mantoue, protecteur de Mantegna. Le tableau de Ghirlandajo a été peint pour Gilbert de Bourbon, comte de Montpensier et dauphin d'Auvergne, et dans sa maison. Gilbert de Bourbon est le père du connétable, qui est né justement en 1489, le 17 février. L'abbé Boudant, dans l'*Art en Province* (IX, p. 197), dit qu'on trouve la signature de Benedetto Ghirlandajo sur les peintures d'Ebreuil, et M. Grassoreille (*Revue Bourbonnaise*, 1886, p. 362), traite de sa présence à la cour de Moulins.

Dans le même numéro, M. le comte Paul Durrieu étudie une plaque de cuivre, gravée en taille douce, des environs de l'année 1500. Le sujet traité sur l'une des faces est celui de la Parenté de la Vierge, et sur l'autre, de la Messe de saint Grégoire. Enfin M. Héron de Villefosse traite de la mosaïque des Narbonnais, trouvée à Ostie. Il s'agit d'une mosaïque qui formait le pavage d'une des nombreuses cellules attribuées aux navigateurs commerçant avec le port d'Ostie: alors que toutes les autres sont attribuées à des villes d'Afrique, une seule revient à la Gaule, c'est celle des Narbonnais : l'auteur décrit à ce propos l'importance du port de Narbonne au point de vue de l'exportation gauloise.

IV. — *Revue de l'Agenais* (46e année, novembre-décembre 1919).

La franc-maçonnerie au XVIIIe siècle et au commencement du XIXe, par M. de Bonnat. L'auteur fait l'histoire des loges maçonniques qui ont fonctionné à Agen dès le règne de Louis XVI. Les deux autres articles qui constituent ce numéro sont la continuation de travaux qui ont débuté dans les numéros antérieurs: les mélanges d'hagiographie agenaise, de M. Anzely, et les noms de lieux se rattachant aux grands domaines de l'Agenais, de M. Tholin.

V. — *Revue de Saintonge et d'Aunis* (38e vol., 6e livraison, décembre 1919).

Nous y trouvons: Une étude sur l'épopée, œuvre d'un poète saintongeois de la Grande Guerre, Victor Billaud, par Paul Dyvorne; — Le début d'un manuscrit sur les souvenirs de guerre 1914-1919: il s'agit de l'occupation de Lille par les Allemands; — Enfin, dans un article intitulé: un mariage à Saint-Jean-d'Angély en 1805, nous voyons cité le nom d'un préfet de l'Allier, Guillemardot, ancien conventionnel, qui venait de la Charente-Inférieure. Il est cité dans nos *bulletins* 1910, p. 131, et 1912, p. 199.

VI. — *Société des Antiquaires de la Morinie* (60e année, 252e livraison, t. XIII du *Bulletin Historique* (juillet 1918-octobre 1919).

A signaler une note de M. le colonel baron d'Halewyn, sur la forteresse de Monthulin et sa restitution à la France à la suite du traité de Vervins (1598).

VII. — *Mémoires de la Société des sciences naturelles et archéolo giques de la Creuse* (t. XX, 1er fascicule 1916).

Ce numéro contient une série de mémoires qui nous intéressent presque tous, à raison de la complexité de nos deux provinces. Ce sont :

1) Les premières franchises de Bourganeuf (XIVe), par M. Antoine Thomas ;

2) Les domaines du prieuré de Vennes, par A. Petit ;

3) Deux lettres inédites d'Ingres, dont la femme était de la Creuse ;

4 et 5) Deux études d'histoire naturelle ;

6) Des notes sur la seigneurie de Pontarion, par M. des Chaises ;

7) Une note sur la sénatorerie de Limoges à Guéret ;

8 et 9) Deux travaux sur le flottage des bois ;

10) Une étude sur l'église de Saint Hilaire, commune de Moutiers-Rozeille ;

11) Et des notes sur les registres paroissiaux de Lavaufranche, Montaigu-le-Blanc et Bourganeuf.

VIII et IX. — *Mémoires de la Société des sciences naturelles et archéologiques de la Creuse* (Tome XX, 2e et 3e fascicules, 1917 et 1918).

Dans le fascicule de 1917 se trouve une étude intéressante sur Jean Morin d'Arfeuilles, mort le 16 juin 1512, auteur de mémoires perdus, avec des notes généalogiques sur la famille d'Arfeuilles, qui habite actuellement Moulins, et dont le séjour au Lonzat a fait une famille bourbonnaise. Nous trouvons encore dans ce fascicule un travail sur la décoration du Lys ; une note sur une sculpture gallo romaine trouvée à Chazettes, commune de Montaigut-le Blanc (Creuse) et une autre sur une plaque de cheminée aux armes de la famille Dissandes.

Le troisième fascicule du tome XX contient un travail de M. Drouault sur le servage dans les seigneuries de Magnat, l'Etrange et de Montvert, d'après un terrier du XVe ; — Une note de M. Louis Lacrocy sur le château du Cros, commune de Saint Laurent, canton de Guéret ; — Une autre de M. Henri Hugon sur les vieilles familles de Chénerailles, en particulier les Gerbaud de Malazanc.

J'ajoute que dans ces deux fascicules, M. Pichon continue le dépouillement des registres paroissiaux. Au compte rendu de la séance de la Société de la Creuse du 25 octobre 1917, je note que M. Emile Grenier, avocat à Montluçon, a fait don à la Société de deux études-conférences qu'il a publiées en 1913 sur Achille-Allier (1807, 1836). Les avons-nous ?

X. — *Mémoires de la Société des sciences naturelles et archéologiques de la Creuse* (T. XXI, 1er fasc., 1919).

Ce fascicule renferme les études suivantes:

Innocent VI et l'évacuation de ·la Chapelle-Taillefer (1367), par Ant. Thomas. L'auteur donne le texte de la bulle qui n'était que signalée dans le travail du Père Henri Denifle, sur les Archives du Vatican: il serait utile de faire pour le Bourbonnais ce que M. Thomas a fait pour la Marche, c'est-à-dire rechercher dans le travail du P. Denifle ce qui intéresse notre province;

Une revue des almanachs, annuaires et calendriers de la Creuse, par M. Ducourtieux;

Deux travaux de MM. Alluaud et Le Gendre sur l'histoire naturelle. M. Alluaud traite une question qui nous intéresse au moins autant que nos voisins: celle de la disparition de la fièvre paludéenne, malgré la persistance des anophèles et malgré le retour dans le pays des paludéens, qui auraient dû réapprovisionner les anophèles en virus paludéen;

Une note de M. Lavilatte sur l'amiral Couturier de Fournoue; – une note sur les confréries de pénitents de Bourganeuf; — et enfin une note de M. Albert Lacrocq sur quelques peintres ayant séjourné dans la Creuse; parmi ces peintres, figure un miniaturiste, nommé Aucouturier, sur lequel nos confrères de la Creuse nous demandent si nous ne pourrions pas fournir quelques renseignements.

— **M. le Président a reçu, à ce sujet, la lettre suivante :**

« Cher Monsieur de Brinon,

« Je vous prie de m'excuser si j'ai tardé à vous répondre, mais les fêtes pascales en sont cause: je suis seul et accablé par la besogne.

« Je n'ai jamais entendu parler du miniaturiste Aucouturier, demeurant à Montluçon. Il est très possible qu'il fût de notre famille, puisque, comme me le disait défunt mon grand-père (né en 1777), nous avions beaucoup de parents à Montluçon et aux environs, mais je n'ai aucune autre connaissance sur cet artiste. M. l'abbé Clément, qui est de Montluçon, et qui a étudié spécialement la région, n'en a jamais parlé...

« Veuillez agréer l'expression de mes sentiments respectueux. »

« H. Aucouturier. »

XI. — *Bulletin de la Société historique et archéologique de Langres*, t. VIII, 1er janvier 1920.

Le Docteur Michel Brocard continue la série de ses ex-libris de la région de Langres. Il donne notamment celui de Monseigneur de la Luzerne: *d'azur, à la croix ancrée d'or, chargée de cinq vannets (coquilles) de gueules;* puis un ex-libris d'Alexandre le Brun de Dinteville, abbé de Blanchelande, fils de Guillaume le Brun, d'une ancienne famille du Bourbonnais, marquis de Dinteville, et Elisabeth Orceau. Les armes sont. *d'azur, à trois chardons fleuris d'or.* Les Lebrun de

Gaudinières ont en effet ces mêmes armes, aux trois chardons fleuris. Puis, un beau fer de reliure ayant appartenu à Nicolas de l'Hôpital, marquis de Vitry, et un autre, qui était à Charles de Livron.

XII. — *Mémoires de la Société archéologique de Touraine*, t. I, 1919. Ce volume de 215 pages est consacré à Pierre Carreau et à ses travaux sur l'histoire de Touraine. L'auteur, M. le comte Boulay de la Meurthe, fait l'historique des travaux entrepris par les Bénédictins avant et après Pierre Carreau.

XIII. — La *Société des Lettres, Sciences et Arts de la Haute-Auvergne* nous annonce sa reconstitution et nous envoie la liste générale de ses membres.

XIV. — Le *Comité des Travaux historiques et scientifiques du ministère de l'Instruction Publique et des Beaux-Arts* nous envoie la liste de ses membres titulaires, honoraires et non résidents et des membres des commissions qui s'y rattachent.

Notre Société est représentée dans les correspondants du ministère par M. le chanoine Joseph Clément, notre illustre vice-président. M. le chanoine Clément figure également dans les membres non résidents du Comité, avec notre aimable archiviste, M. Fazy, et M. l'abbé Bourdot, desservant de Saint-Priest en-Murat.

Dans la liste des sociétés savantes, je vois figurer pour notre département, à côté de la Société d'Emulation, le Comité départemental pour la Recherche et la Publication des documents relatifs à la vie économique de la Révolution; la Société des Connaissances utiles, fondée le 27 janvier 1865; la Société des Sciences Médicales de Gannat et celle de Vichy

XV. — *Société historique et archéologique de l'Orne*, t. XXXIX, 1er bulletin, janvier 1920.
Rien à signaler.

XVI. — *Notices, Mémoires et Documents publiés par la Société d'Agriculture, d'Archéologie et d'Histoire Naturelle du département de la Manche*, 32e vol., 1920. — Ce volume contient :
Une étude sur Jean Hamon, le solitaire de Port-Royal; sur le blason de Saint-Lô, et en particulier sur la Lycorne qui en fait partie; et sur le cardinal Dury du Perron.

XVII. — *Comtes de Civry de la Maison souveraine de Bar* (tige des comtes de Perrette). Extrait du 5e volume du nobiliaire du XXe siècle. Paris, imprimerie Desfossés, 1918, plaquette de 16 pages.

— **Dons à la Société :**

Nous avons reçu de notre collègue M. Georges Bruel les dons suivants, qui ont enrichi notre bibliothèque, et pour lesquels nous lui exprimons notre gratitude.

1° Une belle carte du moyen Ogooué et de la N. Gounié, dressée par lui et portant la date de 1909, avec dédicace autographe de l'auteur, M. Georges Bruel.

2° Le numéro 69 de la *Bibliothèque illustrée des Voyages*, contenant un travail de M. Georges Bruel, intitulé : « L'Oubangui, voie de pénétration dans l'Afrique Centrale Française », avec de très belles photographies.

3° Un volume intitulé : *Bibliographie de l'Afrique Equatoriale Française*, par Georges Bruel, administrateur en chef des colonies. Paris, Larose. 1916, 325 pages.

4° Un article intitulé : « Les voies d'accès au bassin du Chari : avenir économique de cette région. », par M. Georges Bruel, paru dans le *Bulletin de la Réunion d'études algériennes*, 8e année, juillet-octobre 1906, p. 284.

5° Un fascicule intitulé : *Catalogue des positions astronomiques admises provisoirement par le service géographique de l'Afrique Equatoriale Française*. Paris, Chalamel, 1911.

6° *Un héros bisontin, le capitaine Faure : son œuvre en Afrique équatoriale*, par A. Nicklès, avec une préface de M. G. Bruel, administrateur en chef des colonies. Paris, Larose, 1913.

7° Un article de M. Georges Bruel, intitulé : « L'Allemagne a-t-elle un intérêt vital à posséder des colonies », paru dans *La France Nouvelle*, revue de l'Union Française, n° 5, février 1918.

8° Des notes sur la météorologie de la région du Chari, par M. Georges Bruel, extraites de l'*Annuaire de la Société météorologique*, de novembre 1905.

9° Un important travail, intitulé : « Notes ethnographiques sur quelques tribus de l'Afrique Equatoriale Française, par Georges Bruel. Fascicule I : Les populations de la moyenne Sanga, Pomo, Boumali, Babinga, avec 33 figures, 10 planches et 2 cartes. » — Paris, Leroux, 1911.

10° Un article intitulé : « Réformes à réaliser dans notre bureaucratie », par G. Bruel, parue dans le numéro 4 de *La France Nouvelle*, avril 1919.

11° La thèse du Dr André Bruel : « Traitement des chorées et des tics de l'enfance. » Paris, G. Steinheil. 1906.

12° La médaille grand module du colonel Laussedat, membre de l'Institut, 1898.

13° *L'Afrique Equatoriale*, ouvrage magistral de M. Bruel, et qui fera l'objet d'une bibliographie spéciale.

Nous avons encore reçu à titre de don pour notre bibliothèque par l'entremise de notre collègue M. Grégoire, libraire :

Une plaquette sur Lucien Pénat, peintre et graveur, par A. Clémenson : Edition des *Cahiers du Centre*, 1920. Elle renferme, outre les

portraits de Lucien Pénat, la reproduction de six de ses œuvres, savoir :
Mᵐᵉ. *Pénat mère ; Les Mendiants aveugles à Tanger ; Deux vues de
Montluçon : le château et la place de l'église Saint-Pierre ; Les Lami-
neurs de l'usine Saint-Jacques ;* et *Le père Coulon :* un pastel.

L'Intermédiaire. des chercheurs et curieux, numéro du 10 février
1920, revient sur Marcellin Desboutins, et donne l'article ci dessous,
signé Montebras :

« Marcellin Desboutins (1823-1902), était un fils de famille, d'une
vieille et forte race bourbonnaise, suivant l'expression de M. G. Lafenestre, dans la préface du catalogue des œuvres de Marcellin Desboutins, peintre et graveur, exposées à l'Ecole Nationale des Beaux-
Arts, du 1ᵉʳ au 31 décembre 1902. « Dans les dernières années du se-
« cond Empire, ajoute M. Lafenestre, il était ou se croyait encore
« propriétaire d'une villa célèbre aux portes de Florence, sur la col-
« line de Bello Squardo. Ses affaires étaient en désordre. Il n'habitait
« déjà plus la villa même, grand édifice avec une galerie de fêtes,
« naguère remplie de tableaux peu à peu dispersés, dorénavant louée
« à des étrangers souvent maudits. Le villino voisin, logis modeste
« où il s'était réfugié avec sa femme et sa fille, était d'ailleurs une
« délicieuse résidence. L'hospitalité du maître, moins fastueuse, mais
« plus intime, s'y exerçait toujours avec la même cordialité généreuse
« et imprévoyante. »

« Quoi qu'il en soit, cet excellent artiste n'était ni Rochefort ni
marquis. Son père, Barthélemy Desboutins, garde du corps, avait
seulement épousé en 1822 la sœur de deux de ses collègues, Anne-So-
phie-Dalie Farges Chauveau de Rochefort, dont il eut, outre Marcellin, une fille, Louise. »

Les Farges Chauveau de Rochefort, encore représentés et possédant encore en Italie, région de Pise, une importante terre, recon-
naissent pour auteur Joseph Farges, seigneur de Siriex, en Limousin, qui, ayant épousé en 1772 Marie Chauveau de Rochefort et hérité
des biens de cette famille, joignit à son nom celui de sa femme ;
mais Marcellin Desboutins reste bien Marcellin Desboutins et doit
perdre la couronne de marquis de M. Widor, aussi bien que le tortil
de baron de M. Béraldi : son talent lui reste, et nous suffit. L'auteur
de cet article le fait précéder, dans la même colonne de l'*Intermédiaire*, d'une reproduction de l'article de M. Clément Janin au *Figaro*
du 15 février 1920 :

« Je recherchais (dit M. Clément Janin), il y a quelques années, à
« reconstituer la vie du peintre-graveur Marcellin Desboutins, sur le
« quel j'écrivais un livre, et je fus amené dans l'Allier, d'où il était
« originaire, au château de Petit-Bois, à Cosne sur-l'Œil, qu'avait
« habité son père, Barthélemy Desboutins. Barthélemy Desboutins
« avait eu Louis-Pierre Louvel à son service au temps de ses courses
« errantes à travers la France, et l'avait occupé assez longtemps pour

« s'intéresser à lui. Il fut amené par cet intérêt même à céder aux
« sollicitations de Louvel, qui voulait revenir à Paris et à lui donner
« sa recommandation pour le faire entrer aux écuries du roi. Disons,
« afin d'écarter tous soupçons de complicité même morale, que Bar-
« thélemy Desboutins était *un ultra*, ainsi que sa femme, née de Far-
« ges de Rochefort et son fils Marcellin. Louvel s'était évidemment tu
« devant lui de son admiration pour l'empereur et de sa haine des
« Bourbon. Sans quoi son maître l'eût incontinent congédié... »

« Or, quelque temps avant l'attentat, Barthélemy étant venu à
« Paris, rencontra Louvel. Ils causèrent. Le maître s'enquit de la
« situation de son ancien valet, qui tout à coup s'écria: « *Ah! Mon-*
« *sieur, vous avez cru faire mon bonheur? C'est mon malheur que vous*
« *avez préparé.* » Puis, il quitta brusquement son maître et s'enfuit.
« Cette phrase n'aurait pas grande portée, si Louvel avait manifesté
« le moindre repentir. Mais il n'en fut pas ainsi. Il s'enorgueillit jus-
« qu'à la fin de son attentat: il le considérait comme une action utile
« à sa propre gloire. Le terme de malheur paraît donc bien inattendu,
« mais le jour où il tint ce propos, était il déjà décidé à commettre
« son forfait? Et ce cri n'est-il pas l'indice d'une lutte près de s'ache-
« ver entre sa volonté et celle d'un autre qui la dominait? On n'a
« point trouvé de complice à Louvel, mais on ne fut jamais sûr qu'il
« n'en eût pas. D'ailleurs, une complicité ne s'entend pas nécessaire
« ment d'une excitation directe. Il y a des exaltés que l'on poussera
« au crime par des propos de haine, tout en déconseillant l'acte. C'est
« affaire de psychologie, d'adresse et de suggestion. »

« Clément Janin. »

**— M. Tiersonnier nous entretient des Archives du Luc ou
Luth, paroisse de Vicq, arrondissement de Gannat.**

« Ces archives, dit notre confrère, m'ont été aimablement remises
par M. René Clayeux, et je les ai versées aux Archives départemen
tales, accompagnées d'une analyse sommaire. Les pièces les plus anciennes remontent à la fin du XVIe siècle. Ces archives se composent
d'actes de vente, baux, procédures diverses, intéressant la terre du Luc
ou Luth et ses dépendances.

« Les archives de cette seigneurie, depuis très longtemps unie à celle
de La Mothe d'Arçon (Vicq) et à celle de Mazières (Saint-Bonnet-de
Rochefort), ne nous fournissent de renseignements sur ses possesseurs que depuis le commencement du XVIIe siècle.

« A cette époque, Dame Louise de Montravel, d'une très ancienne
maison d'Auvergne, est dame de La Mothe d'Arson du Luc et de Mazières; elle a des dettes et ne peut arriver à liquider sa situation. Dès
1626, Germaine et Claude Soullier, marchands de Lyon, créanciers,
demandent la vente par criée et péremptoire des terres susdites. Une
interminable procédure s'engage; de nombreux intervenants s'oppo-

sent à la saisie et à la vente. Au cours de la procédure, Louise de Montravel meurt, et, le 8 juin 1632, est mêlée au procès Dame Françoise de Rochemoie, mère et administratresse des biens et de la personne de Messire Louis de Connisson, héritier par bénéfice d'inventaire de feu Louise de Montravel.

« Enfin, le 31 août 1632, La Mothe d'Arson, Le Luc et Mazières sont adjugés en la sénéchaussée de Bourbon et présidial de Moulins à Messire Antoine de Salvert (membre de la famille de Montrognon de Salvert).

« Les Salvert vendent bientôt Mazières, mais gardent La Mothe d'Arçon, où ils demeurent et le Luc ou Luth.

« La Mothe du Luth fut acquise le 9 novembre 1788, par Mme veuve Claude Joseph Lafeuillaud, née Antoinette de La Chaussée ; passe à Mme Lafeuillaud, sa fille, morte veuve de M. Gilbert Ponthenier. Gilbert Ponthenier Lafont, leur fils, en hérite et la laisse à sa fille : Louise Ponthenier, issue de son mariage avec Mlle Boirot.

« Mlle Louise Ponthenier porte le Luth à son mari, M. Pierre de La Planche de Fontenille, qui le laisse à sa petite fille, Louise Clayeux, mariée à M. Musnier.

« Cette terre est vendue par ces derniers, en 1919, à des paysans. M. René Clayeux sauve alors les archives de cette vieille seigneurie, et nous devons l'en remercier. »

— M. le Président donne lecture des observations faites par M. Revéret, au sujet de l'augmentation du prix du papier et des conditions fâcheuses où se trouve l'impression, en raison des hausses continues.

M. le Président propose un referendum décidant de l'opportunité d'une majoration de la cotisation et de la suppression d'un certain nombre de *Bulletins*.

La question sera tranchée par le Conseil d'administration.

— M. Georges BRUEL offre à la Société, au nom de Mme Laussedat, une médaille de M. Henry Laussedat.

— M. le Président attire l'attention de la Société sur l'intérêt que présente l'ouvrage de M. Georges Bruel, ancien administrateur colonial, l'*Afrique Equatoriale*, gracieusement offert par l'auteur.

M. Georges Bruel y joint encore le don d'une carte de l'Ogôoué, des photographies prises dans l'Oubamghi et une brochure : *Les voies d'accès au Chari*.

— M. GÉDEL offre à la Société deux portraits, destinés à notre bibliothèque : l'un de Lebrun, député de l'Assemblée Nationale 1789, né à **Jaligny**, l'autre de Joseph Goyard, député de l'Allier à l'Assemblée Nationale.

De vifs remerciements sont adressés à ces généreux donateurs.

— M. GRÉGOIRE rend compte aux membres présents de deux brochures nouvellement parues : *Guide de Montluçon, Guide de Néris.* L'une et l'autre sont écrites par M. Maurice Duportet, inventeur de la sténographie Duportet.

— M. le professeur THÉNOT donne aux membres présents des renseignements très intéressants sur la présence d'étudiants chinois au lycée de Moulins ; 49 sont déjà passés sur les bancs de cet établissement et d'autres y sont attendus.

— M. Georges BRUEL dit quelques mots de l'amiral Pierre-Roch Jurien de la Gravière. Puis il fait circuler des cartes représentant la distribution de l'énergie fluviale et demande à ce que la Société signale au Ministère des Travaux publics la défectuosité de cette carte.

— La question de l'excursion est ensuite examinée, mais, en l'absence de M. le chanoine Clément et de M. Delaigue, il est décidé qu'il serait statué sur cette question à la prochaine séance.

— Sont présentés à l'admission :

M. Augustin BERNARD, professeur à la Sorbonne, par MM. le Dr de Brinon, Georges Bruel, chanoine Clément.

M. BOURDÉRIOUX, par MM. le Dr de Brinon, le Dr Fourny, le chanoine Clément.

M. SARRASSAT, instituteur, 12, rue Landon, à Cusset, par MM. le Dr de Brinon, Linglin, Joseph Viple.

— Sont admis en qualité de membres titulaires :

Mlle COURROUX et M. Joseph PLACE, avocat au tribunal de Cusset, ancien bâtonnier de l'ordre.

— L'ordre du jour étant épuisé, la séance est levée à 22 heures.

E. CAPELIN.

SÉANCE DU 3 MAI·1920

Étaient présents : MM. Capelin, Delaigue, Dénier, Frobert, Gédel, Génermont, Grégoire, Leutrat, Milcent, Madame Montceau, Dr Montceau.

— Excusés : MM. le chanoine Clément, Gauthier.

— Après lecture du procès-verbal de la précédente séance, il est procédé au dépouillement de la correspondance.

Lettre de Mᴵˡᵉ Courroux, remerciant de son admission.

Lettre de *La Diana*, demandant à reprendre l'échange de nos *Bulletins*. Les membres présents sont heureux de cette démarche qui nous permet de renouer nos anciennes et sympathiques relations avec notre voisine.

Lettre de M. le Maire de Moulins, instituant M. le Président membre d'honneur du Comité formé pour l'érection d'un monument aux morts.

— M. le Président fait l'analyse sommaire des ouvrages reçus :

I. · *Revue de Saintonge et d'Aunis*. 3ᵉ volume, 1ʳᵉ livraison, 1920.

Très intéressante étude de M. Depoin, sur saint Eutrope et les origines de l'église de Saintes. M. Saint-Saud pose une question sur les Vauchaussade, dont un membre, François, habitait au XVIᵉ siècle le diocèse de Saintes, dans la paroisse d'Artanat.

II. — *Société des Antiquaires de l'Ouest*. Bulletin des 3ᵉ et 4ᵉ trimestres de 1919.

Rien à signaler.

III. — *Mémoires de la Société historique et archéologique de Langres*, t. IV; nᵒ 6, 1920.

Ce fascicule contient la fin d'un important travail de M. le chanoine Bresson, sur l'histoire générale des maisons canoniales; il nous donne la reproduction d'un plan de la ville de Langres avec ses fortifications, conservé à la Nationale et datant de 1760, et celle de deux magnifiques cheminées, du XVᵉ et du XVIᵉ siècle.

IV. — *Bulletin de la Société historique et archéologique du Périgord*, t. XLVII, 1ʳᵉ livraison, janvier-février 1920.

Rien à signaler.

M. le Président donne lecture d'une circulaire destinée à être envoyée à tous les membres de la Société, afin de leur signaler la position difficile créée à nos finances par la crise de l'imprimerie, et la nécessité où nous nous trouvons d'augmenter le prix de la cotisation, tout en réduisant momentanément le nombre de nos *Bulletins.*

— M. Frobert, trésorier, formule des précisions au sujet de l'augmentation jugée nécessaire. Il émet l'opinion que le chiffre doit être porté à 20 francs. Il analyse les observations faites par M. Revéret.

— M. Frobert signale l'urgence qu'il y a d'augmenter la police d'assurances relative à nos collections. La majoration qu'il juge nécessaire porterait le chiffre à 40.000 francs.

Les membres présents donnent par un vote unanime leur adhésion à cette proposition.

— Il est ensuite donné quelques aperçus généraux sur l'excursion projetée définitivement à Bourbon-l'Archambault, et dont la date reste fixée au jeudi 17 juin. M. le chanoine Clément en fera connaître le programme et l'horaire.

— M. Milcent demande des explications au sujet des portraits bourbonnais recueillis par M. Flament.

Il rappelle que parmi les portraits bourbonnais tirés en 1913, ceux de Claude-Théodore de Banville, de Zélie de Banville et de Marc-Antoine Baudot, n'ont pas encore été publiés. Les planches sont actuellement à l'imprimerie, et n'attendent que les notices qui doivent les accompagner.

A ce propos, M. Dénier signale à ceux qui continueront cette publication, les portraits suivants :

1º Dans le dossier autrefois constitué par M. Flament, figuraient des épreuves de *Pierre de Chouvigny de Blot,* trois *Berger de Nomazy, Marguerite Rougane-Prinsal,* du *Comte de Menou.*

2º Chez des particuliers : *L'amiral d'Orvilliers,* au château de Givry ; *J.-B. d'Alphonse,* au Montceau ; trois *Troussebois,* à Mauvezinière ; un *Le Borgne,* au Ryau ; *Émile Doumet,* à Baleine ; quatre *Biotière,* à Bost ; *Claude Gaulmyn,* chez M. F. Advenier ; *l'abbé Pingie,* prieur de Souvigny, à Chantelle ; *le général Camus de Richemont,* chez M. Maignol.

— Sont présentés à l'admission :

M. Pinston, propriétaire, rue des Fausses-Braies, nº 2, Moulins, par MM. Marc Dénier, Louis Grégoire et Leutrat.

M. Lassimonne, ingénieur-agronome, expert, 22, Avenue Meunier, Moulins, par MM. Dénier, Grégoire et Leutrat.

— Sont admis comme membres titulaires :

MM. Augustin Bernard, professeur à la Sorbonne ; Gabriel Bourdérioux, pharmacien à Bourbon-l'Archambault ; Sarrassat, instituteur, 12, rue Landon, à Cusset.

— L'ordre du jour étant épuisé, la séance est levée à 21 heures 1/2.

E. Capelin.

CIRCULAIRE

adressée aux Membres de la Société, et dont il a été parlé
à la Séance précédente.

La présente lettre-circulaire a le triple objet de vous entretenir 1º *de la question du* Bulletin *; 2º du taux des cotisations annuelles ; 3º de la prochaine excursion.*

1º Par suite des difficultés de tous genres que nous subissons relativement à l'impression du *Bulletin :* hausse générale — et de plus en plus ascendante — des prix du papier, des clichés, de la main-d'œuvre, etc., notre *Bulletin* ne peut — momentanément du moins — continuer à paraître mensuellement. Nous espérons cependant pouvoir, en 1920, publier deux forts numéros, qui feront à la fin de l'année un volume sensiblement comparable à ceux des années précédentes. Dès l'an prochain, nous comptons que nos ressources nous permettront de revenir à une publication *trimestrielle,* en attendant mieux...

2º En espérant que nous pourrons un jour revenir à des prix normaux, et pour faire face, cette année, aux dépenses du *Bulletin,* les membres du Conseil Administratif de notre Compagnie, pressentis par quelques confrères et à l'instar de plusieurs Sociétés savantes avec lesquelles nous sommes en rapport, estiment que, pour éviter de restreindre encore la périodicité du *Bulletin* ou d'en amoindrir trop notablement l'importance, il y aurait nécessité d'élever à partir de 1921, **à 20 francs** *la cotisation annuelle des membres,* à **15 fr.** *celle* *des abonnés*, et à **10 fr.** *celle des membres de l'enseignement,* auxquels la Société consent une réduction de 50 °/₀.

Mais avant de prendre définitivement cette mesure, et par déférence pour votre opinion, cher Confrère, le Conseil vient solliciter, comme par un amical « *referendum* », votre avis sur ce point, et vous serait très reconnaissant de vouloir bien le lui faire connaître le **8 juin** au plus tard. Il espère que vous l'autoriserez à interpréter votre silence comme un acquiescement à sa proposition.

3° Notre Compagnie, tenant compte d'une part du désir exprimé par de nombreux Membres de reprendre nos excursions habituelles si cordiales et si intéressantes, et d'autre part voulant éviter les frais excessifs des voitures en restreignant au minimum les dépenses de cette sortie, a décidé dans sa *séance du 19 avril* dernier que l'Excursion de cette année aurait lieu à **Bourbon-l'Archambault,** qui n'a pas encore été visité officiellement et archéologiquement par ses Membres.

Des conférences seront faites sur les monuments et les œuvres d'art qui s'offriront à notre curiosité. Nous nous bornons à signaler :

1° **L'église paroissiale de Saint-Georges,** romane de transition, avec chapelles du xvᵉ siècle et son prolongement au xixᵉ siècle ; diverses statues remarquables, entre autres la Vierge en marbre du xvᵉ siècle ; divers chapiteaux intéressants, comme celui des musiciens ; le tableau d'Alfred Decaen, qui a figuré au Salon de 1872 ; les peintures murales d'Anatole Dauvergne ; les superbes reliquaires de la Vraie Croix et de la Sainte Epine, œuvres justement remarquées et très précieuses du grand orfèvre religieux Lyonnais, Armand Caillat ; le lutrin en fer polychromé donné par Mᵐᵉ de Montespan.... ;

2° *Le buste d'*Achille Allier, né à Montluçon le 2 juillet 1806, mort à Bourbon en 1836 après avoir été l'initiateur des études artistiques et archéologiques en Bourbonnais, dont le monument a été élevé en 1839, et le buste en bronze œuvré par Préau... ;

3° Les **Vieilles maisons** et l'Ancien Etablissement de bains qui est resté dans l'état où le dessinait Israël Sylvestre ;

4° **Le Château,** autrefois un des plus beaux du duché, œuvre des xiiᵉ, xiiiᵉ, xivᵉ siècles, démantelé à la défection du connétable, et dont les ruines mêmes sont intéressantes à parcourir ;

5° Le **Moulin fortifié** ;

6° Enfin, pour ceux que quelques centaines de mètres de marches n'effrayeront pas, l'antique **prieuré de Vernouillet**, assis sur les bords de l'Etang de Bourbon, et dont l'ancienne église, transformée en maison d'habitation, conserve une de nos plus anciennes Madones romanes.

Le jour de cette excursion est fixé au jeudi 7 juin prochain.

Aller : départ de la gare de Moulins à 6 h. 20 du matin. Arrivée à Bourbon, à 7 h. 51. — Retour : départ de Bourbon à 18 h. 16 ; arrivée à Moulins à 18 h. 42.

Si l'horaire du chemin de fer Economique était changé avant la date de l'Excursion, les journaux locaux l'indiqueront en rappelant aimablement l'Excursion elle-même, dans le courant de la semaine précédente.

Le prix sera approximativement de 16 fr., comprenant le chemin de fer, le déjeuner de midi et le service à Bourbon.

Tous nos confrères ne prenant pas le train à Moulins, il serait difficile de prendre des billets collectifs. Chaque membre voudra bien prendre personnellement son billet « aller et retour » au guichet de la gare. M. le Trésorier de l'excursion recevra seulement le prix du déjeuner à l'hôtel.

⁂

Suivant le courtois usage de notre Compagnie, toute personne présentée à M. le Président par un de nos confrères pourra prendre part à l'excursion. — Les membres qui font de la photographie sont priés d'apporter leur appareil afin de permettre de mieux illustrer l'excursion.

⁂

Les membres qui désireront y participer voudront bien *envoyer leur adhésion* **avant le 8 juin** prochain, à M. Edgard CAPELIN, secrétaire général de notre Compagnie, qui veut bien accepter d'être son trésorier pour cette journée (rue de Bourgogne, n° 81, Moulins).

SÉANCE DU 7 JUIN 1920

Présidence de M. le Dʳ de Brinon

Etaient présents : Mˡˡᵉ de Bonand, MM. Bony, Capelin, Chambron, chanoine Clément, Dénier, Gédel, Génermont, Grégoire, Leutrat, Roy, Sarrazin, Tiersonnier.

— Excusés : MM. Bruel, Delaigue, Mᵐᵉ Monceau, Dʳ Monceau.

— Il est donné lecture du procès-verbal de la précédente séance. Il est adopté.

— MM. Marc Dénier et le chanoine Clément donnent les détails complémentaires sur les portraits bourbonnais, dont la publication est activement préparée.

— Il est procédé au dépouillement de la Correspondance :

Lettre de la *Revue Mabillon,* demandant à reprendre l'échange des *Bulletins.* — Lettre de M. Fazy, archiviste, signalant de son ami, M. Mallet, un rapport qui intéresse Souvigny. — Lettre de M. G. Bruel, demandant à la Société de mettre à son ordre du jour la question du rattachement de notre département à une région économique déterminée. La Société, avant de prendre une décision, se propose d'en référer à M. Thénot, qui sera prié d'exposer ses vues à une prochaine réunion. M. Chambron, examinant la question, en développe les arguments contradictoires, et déclare que la municipalité s'emploie activement à l'obtention d'une solution.

— M. le Président analyse les ouvrages reçus depuis notre dernière réunion :

I. — *Mémoires de l'Académie de Stanislas,* 1918-1919, 169ᵉ année, 6ᵉ série, tome XVI, Nancy, 1919.

Je trouve à signaler :

Les comtes de Salur et l'abbaye de Sénones aux XIIᵉ et XIIIᵉ siècles, suite, par M. Louis Schaudel.

Une étude de M. Léon Germain de Maidy, sur le sens primitif du mot danse, dans les danses macabres : il signifie marche d'un cortège, procession.

Une autre sur une ancienne enseigne de Nancy: *Le Maure qui Trompe*, enseigne qui se retrouve dans d'autres villes, et sur lequel il s'est fait un jeu de mot: le mort ou la mort qui trompe.

Enfin, un épisode de la déportation ecclésiastique, en 1792. L'affaire des Deux Ponts, par M. l'abbé Constantin. Le conventionnel Grégoire y joue un rôle assez important.

II. — *Précis analytique des travaux de l'Académie des sciences, belles-lettres et arts de Rouen*, pendant l'année 1918. 1 vol., 800 pages.

Je signale dans ce volume le discours de réception de S. E. le cardinal Dubois. L'éminent récipiendaire fait l'historique de la vie de son prédécesseur sur le trône de Rouen, le cardinal Dominique de la Rochefoucauld; c'est une des grandes figures de l'épiscopat à la veille de la Révolution. L'étude du cardinal Dubois est à lire. Même, tout est à lire dans ce volume: cependant, certains articles me paraissent dignes d'être notés. Ainsi, l'étude sur la vie bourgeoise de P. Corneille, par M. G.-A. Prévost; l'étude du chanoine Davranches, sur l'antique obligation de prier debout; une étude très curieuse de M. E. Layer, sur le vrai Jean Valjean. L'auteur montre combien Victor Hugo a été mal inspiré, en défigurant un épisode de la vie de Mgr de Miollis, évêque de Digne. Le forçat qu'il reçut à l'évêché, l'arrachant par charité chrétienne à la misère où il était réduit par le fait de son passage au bagne, a racheté, en se faisant tuer à Waterloo, la flétrissure de sa condamnation, et le portrait de cet homme et celui de l'évêque sont autrement beaux que ceux tracés par la plume du poète.

— « L'arme gauloise au temps de l'occupation romaine. » M. Ed. Delabarre démontre que, contrairement à l'opinion de Jullien, les Gaulois n'ont jamais accepté de cœur la domination romaine, et que l'avènement de Constance Chlore a marqué leur libération, après un dur esclavage, de près de quatre siècles.

III. — *Mémoires de la Société des sciences naturelles et archéologiques de la Creuse*. Tome XXI, 2ᵉ fascicule, mars 1920.

A signaler une note sur le plus ancien tapissier de Felletin actuellement connu (1457).

IV. — *Bulletin de la Société nationale des Antiquaires de France*, 1918. Un vol. de près de 300 pages.

Nous y relevons les faits suivants, qui intéressent notre région:

M. Deshoulières attire l'attention sur le procédé de construction de certains arcs romans qui, au lieu d'être entièrement composés de pierres d'appareil, présentent une partie de blocage; seules, les arêtes sont appareillées avec des claveaux, laissant voir, dans l'intrados, une fourrure en mortier. Ces arcades fourrées ont été relevées, notamment, à Ebreuil, vers 1050; à Néris, au début du XIIᵉ; Saint-Désiré Allier, vers 1100; Châtelmontagne, vers 1120.

Dans un article sur l'église de Chaudardes (Aisne), M. Demaison rappelle que la clef de voûte du chœur porte inscrit en lettres capitales gothiques le nom du maître d'œuvres qui en a opéré la pose, Wibelés le Baveur, et il ajoute que cette famille Le Baveur était possessionnée, en 1335, sur le terroir de Chaudardes : on trouvait là les hoirs de feu Regnaut Le Baveur. Or, ce nom de Le Baveur se retrouve dans nos annales. Messire Guy Le Baveur est un des chevaliers qui accompagnaient le duc Louis II à sa sortie de Brives (1366) (Chazaud, *Chroniques*, p. 58).

M. René Fage entretient la Société d'un type de clochers plats, constitué, le plus souvent, par un exhaussement du mur de façade de l'église, n'ayant que l'épaisseur de ce mur et percé de baies pour la suspension des cloches. Il cite de nombreux exemples de ces clochers-arcades ou clochers murs, notamment, dans notre voisinage, celui de Saint-Quentin (Creuse). Il me semble qu'il en existe en Bourbonnais.

M. Max Prinet lit une note sur l'hôtel Bourbon, situé entre le Louvre et l'église Saint-Germain-l'Auxerrois, somptueusement reconstruit à la fin du XIV° siècle, par le duc Louis II. Cet hôtel a eu pour noyau primitif une maison achetée en 1303, par Louis Ier, fils aîné de Robert de France. Confisqué en 1527, sur le connétable, il fut alors saccagé ; mutilé, au cours du XVII°, pour dégager le Louvre, il fut rasé en 1758. On le connaît sous le nom de Petit-Bourbon.

L'auteur s'attache à la description de la fameuse bretache, balcon couvert, que Louis II avait fait décorer de ses emblèmes : il en donne une description, trouvée avec des croquis dans les manuscrits de Peiresc. Peiresc dit notamment qu'au plus haut étage du corps de l'hôtel qui aboutit sur la Seine, il y a un balcon, avec garde-fou en pierre de taille. Les pierres représentent des fleurs de lys, encadrées dans des losanges, et, dans les encoignures des losanges, le sculpteur a ménagé les lettres de l'inscription en devise de l'Espérance.

M. Prinet fait remarquer que la description de Peiresc diffère sensiblement de celle de Pavyn, qui trouvait, dans ce garde-fou, la vraie façon du grand collier de l'Ordre du Chardon, dont il attribue la fondation à Louis II, et il ajoute que M. l'abbé Clément a réédité, il y a quelques années, dans les curiosités bourbonnaises, les opinions émises par Pavyn, touchant l'Ordre du Chardon.

« Sur ce perron, je continue la description de Peiresc, il y a un auvent en forme de couronnement, tout revêtu de plomb, à petites voûtes d'ogives, aboutissant en cul-de-lampe, dont les nervures sont enrichies de feuillages de chardons dorés, et le bord qui est à l'entour est rempli de ceintures bouclées, avec l'inscription d'*Espérance* en lettres d'or, mises en rouleaux, accompagnées de grosses fleurs de lys naturelles... Et, à chaque bout, il y a, d'un côté, un ange qui tenait la même ceinture d'espérance, et, de l'autre, un vieillard qui tenait un rouleau, dont l'écriture est effacée. »

« Par-dessus ce couronnement, les armes de Louis II y sont portées en écu, revêtues de plomb doré, lesquelles consistent en un grand écu, semé de fleurs de lis, au bâton de Bourbon, suspendu en penchant à un trône de fer, qui supporte le heaume doré, fait à l'antique, en forme aiguë par le feste, aboutissant à un bouquet ou trousseau d'une queue de paon. Et, pour couronne, il y a un petit bourrelet, garni de quelques feuilles, qui semblent feuilles de laurier... »

J'ai suivi la description de Peiresc presque mot à mot, en supprimant seulement quelques détails secondaires. On remarquera que l'écu porte les fleurs de lys multiples. On sait que Louis II fut le dernier à les porter.

A une séance ultérieure, le même M. Prinet entretient la Société d'une pièce de tapisserie, qui avait été exécutée entre 1488 et 1503, pour le duc Pierre II de Bourbon, et qui se trouvait encore au XVIIe siècle à l'hôtel de Bourbon, près du Louvre. Il en étudie le décor héraldique, que nous font connaître un dessin et une description de Péreisc. Il serait précieux pour nos archives d'avoir une note de M. Prinet sur ce sujet.

Enfin, je vous signale une note de M. P. de Mély, sur le peintre de Flémalle. Il établit que, parmi les œuvres attribuées à cet artiste inconnu, il a pu identifier les signatures de Roger Van der Weyden, Bernhard et Kuhn : bien que cette question ne se rattache pas au Bourbonnais, elle intéressera ceux de nos membres qui se passionnent pour l'histoire de l'art.

V. — *Société historique et scientifique des Deux-Sèvres*. Mémoires, 15e et 16e années, 1919-1920.

Ce volume est entièrement consacré à une étude sur le conseil de prud'hommes de Niort (1818 1918).

VI, VII, VIII, IX. — *Recueil des publications de la Société havraise d'études diverses*. 1918, quatre trimestres.

Je signale à votre attention, dans le troisième trimestre, un article sur l'ornementation romane en Haute-Normandie, par M. Pierre Dubois. Qu'est ce qui a guidé l'imagier roman des églises de Normandie ? Quelles sont les influences qui ont agi sur ses conceptions ? Ruines celtiques, franques et carolingiennes; racines scandinaves; œuvres d'art exotiques: étoffes, ivoires, bronzes ? Ce sont surtout les manuscrits des abbayes.

X. — *Procès verbaux de la Société archéologique d'Eure-et-Loir*. Tome XIII, 1919.

XI. — *Mémoires de la Société archéologique d'Eure-et Loir*. Tome XIV, 1905-1914.

Ce volume comprend la fin d'un travail sur le bonnet beauceron, avec de nombreuses figures; un travail sur la prière à Notre-Dame, poésie du XIIIe siècle, d'après un manuscrit de la Bibliothèque de Chartres, avec trois planches hors-texte.

Dons à la Société: par notre confrère, M. Philippe TIERSONNIER: *Quelques miettes d'Histoire bourbonnaise* (Extrait de la *Revue du Centre*, Moulins, Imp. Régionale). — Trois articles: 1° Le Féminisme de Boucicaut le Jeune: c'est l'histoire de la fondation, vers 1391 ou 1392, d'un ordre de chevaliers, intitulé l'Ordre de la dame Blanche à l'écu vert. L'auteur donne des renseignements sur les douze membres qui composent la première et unique promotion, et dont le maréchal Boucicaut était le chef. Le deuxième article est consacré aux conventionnels régicides, et le troisième, à une lettre annonçant l'entrée d'Henri IV à Paris. L'auteur et le destinataire de cette lettre appartiennent à la famille Gravier, de Vichy, sur laquelle notre confrère fournit d'intéressants détails.

Don par l'auteur: Claude RENAUD, rédacteur au *Courrier de l'Allier: La Catastrophe de Moulins, 2/3 février 1918, avec plan et illustrations.* Moulins, Imp. Crépin-Leblond, 1920.

La Société est heureuse de recevoir pour sa bibliothèque cette plaquette, qui fixera pour nos descendants l'histoire de cette tragique explosion. Elle en remercie l'auteur.

— M. le Président a aussi reçu de M. Dénier le manuscrit d'une étude sur « Soupaise » — *Le château, ses paroissiens, la paroisse.*

Dans cette monographie de 50 pages, notre confrère retrace, d'une manière très exacte, les vicissitudes par lesquelles a passé la propriété de Soupaise, depuis le XIVe siècle jusqu'à nos jours. Nous y voyons défiler une série de familles bourbonnaises, dont la plus intéressante est la famille des Charry, émigrée de la Nièvre : ses membres ont brillé dans la marine au XVIIe et au XVIIIe siècle. La paroisse ne nous est connue que par quelques fondations ; M. Dénier a pu réunir une liste assez complète des curés, dont le dernier, l'abbé Molle, est mort pour la foi. Pour l'ensemble, nous le remercions de ce travail très consciencieux, qui est renvoyé au Comité administratif en vue de sa publication.

— M. le Président lit une note relative aux artistes bourbonnais exposant au Salon de 1920, et qu'on retrouvera à notre Chronique.

Il lit ensuite une note de M. Max Prinet sur la tapisserie de l'hôtel Bourbon à Paris, dont il a entretenu notre Compagnie. Elle sera publiée, ainsi que la reproduction de cette intéressante pièce, dans un prochain numéro du *Bulletin.*

— M. CHAMBRON signale ensuite le danger que courent les cheminées du château de Fontaine, à Treteau, propriété des hospices. Il croit qu'un moyen susceptible de les garantir contre toute dégradation serait de les revêtir de bois. Les membres présents le remercient de son zèle et le prient de s'en occuper.

— M. Louis GRÉGOIRE remet à la Société l'important travail de

M. Camille Grégoire, son père, sur le canton d'Hérisson. C'est l'histoire de cette région, depuis les origines jusqu'en 1789.

— M. le chanoine CLÉMENT, après avoir donné quelques aperçus sur l'excursion projetée, parle ensuite de Laurent, curé d'Huillaux, dont il fait circuler un portrait finement gravé. Ce portrait est destiné à illustrer l'article publié dans le *Bulletin* par notre confrère, M. Viple.

— M. Albert SARRAZIN annonce la fondation à Moulins de la Société des *Amis de la Musique*, dont le but est de faire connaître et aimer les œuvres musicales. Cette Société donnera des auditions et des conférences. Elle se consacrera particulièrement à l'exécution des chefs-d'œuvre si profondément expressifs, composés depuis le XVIIe siècle jusqu'à nos jours dans les différentes formes de la musique de chambre, concert, sonate, trio et autres formes avec piano, quatuor à cordes, œuvres vocales, etc.

Notre confrère exprime le vœu que la sympathie de la Société d'Emulation soit acquise à cette nouvelle Société, qui doit grouper les musiciens et amateurs locaux, et contribuer au développement de l'éducation et des études musicales en Bourbonnais.

M. Tiersonnier rappelle les souvenirs au XVIIIe siècle, à Moulins, de l'Académie de musique.

La Société d'Emulation accepte avec empressement le parrainage réclamé par M. Sarrazin.

— M. TIERSONNIER dit quelques mots sur trois Bourbonnais qui émigrèrent au Canada sous l'ancien régime, et s'y fixèrent : Jean-Baptiste Migeon, d'une famille originaire de Charroux, et fixée à Moulins dès la première moitié du XVIIe siècle, qui devint juge-bailli à Montréal, et eut une belle postérité (1636-1693).

Maïeul Pierre du May, né en 1665, mort au Canada à une date indéterminée, fixé à Québec.

Antoine Girouard, né à Montluçon le 20 mai 1696, fut huissier et procureur postulant à Montréal. Sa descendance subsiste au Canada dans la magistrature et l'armée.

L'armorial du Canada français par E.-L. Massicotte et Régis Roy, 2e série, Montréal, 1918, librairie Beauchemin, nous fait connaître les armes de cette famille montluçonnaise : *de gueules, à trois girouettes, les deux du chef d'or, celle de la pointe d'argent.*

M. Tiersonnier signale que la bienheureuse Louise de Marillac, Mademoiselle Legras, se rattache à notre région par son ascendance.

La maison de Marillac a en effet possédé Poëzat et Saint-Priest-d'Andelot, qui sont encore dans les limites actuelles de l'Allier.

De plus, plusieurs Marillac furent de dévoués serviteurs de nos ducs, sauf toutefois Gabriel de Marillac, qui se rallia facilement et promptement à Louise de Savoie, quand le connétable de Bourbon fut dépossédé de ses biens.

C'était le frère de Gilbert de Marillac, que ses possessions, ses charges à la cour ducale et son *histoire* de la maison de Bourbon, permettent de classer parmi nos écrivains provinciaux.

On dit d'ordinaire les Marillac originaires d'Aigueperse. Ce n'est pas là qu'il faut chercher leurs origines premières. C'est en Haute-Auvergne, aux environs de Lastic, qu'on les trouve tout d'abord, et la forme première de leur nom, Marlhac, semble autoriser des Gozis à les croire issus de la maison de Marlat, en Haute-Auvergne.

— M. le chanoine Clément, chargé par la Société d'établir la plaque de marbre qui conservera le nom de nos confrères morts pour la France au cours de la dernière guerre, donne lecture à la Société de son projet qui est approuvé après les retouches indiquées par les membres. Notre confrère est chargé de s'entendre avec M. Seguin, qui a bien voulu se mettre à la disposition de notre Compagnie pour l'exécution de ce pieux mémorial.

Il offre ensuite, pour notre Bibliothèque, un important volume de l'abbé J.-B. Martin, docteur de l'Université, ancien professeur à la Faculté catholique de Lyon, et qui a pour titre : *Conciles et Bullaire du diocèse de Lyon*, des origines de la réunion du Lyonnais à la France en 1312. On y trouve des pièces se rapportant à plusieurs seigneurs du Bourbonnais : Aimon, Odon, Archambaud ; à saint Odillon dont on connaît le rôle important en Bourbonnais ; à Saint-Pourçain et à Souvigny.

— Notre confrère, appelé par la famille Thuret à établir un dossier sur l'église de Pouzy en vue de son classement, fait circuler quelques photographies de l'intérieur de cet édifice roman, dont l'intérieur est très intéressant. Il en décrit les particularités et signale une statue en pierre de saint Roch qui mériterait d'être classée parmi nos richesses d'art.

— M. le chanoine Clément nous entretient ensuite de deux brochures qui intéressent le Bourbonnais.

La première est le *Bulletin des Amis de Montluçon* qui reparaît, après cinq années d'interruption (n° 11, janvier-mars 1920).

La seconde publication est celle que M. Fazy nous a signalée dans sa lettre. C'est la *Position des thèses* soutenues par les élèves des Chartes de la promotion de 1920 pour obtenir le diplôme d'archiviste-paléographe. On y trouve la remarquable thèse de M. Alfred Mallet, qui est venu cette année étudier aux Archives départementales les documents relatifs au prieuré de Souvigny. De son *Etude sur la province clunisienne d'Auvergne jusqu'à la guerre de Cent Ans*, nous détachons les passages suivants qui offrent pour nous un très grand intérêt. Dans l'introduction, une bibliographie critique où sont mises au point « les erreurs de Chazaud dans la *Chronologie des sires de Bourbon* »... Chapitre premier consacré aux fondations : Aymar fonde Souvigny en 920 ; problème des origines du prieuré et de la maison de Bourbon ;... mort de saint Mayeul à Souvigny ; saint Odillon (994-1049), sa naissance au Mercœur de Lavoûte, son éducation à Saint-Julien de Brioude ;... origines de l'abbaye de Mozac (dont dépendaient de nombreuses paroisses de notre diocèse)... Chapitre ii, sur le temporel ; dans les conditions des personnes : « Favorisés par l'animosité des monastères, les bourgeois s'enrichissent... A Souvigny, ils obtiennent des libertés civiles, mais malgré plusieurs insurrections, notamment en 1341-1342, ne peuvent conquérir les libertés politiques »... au chapitre v : relations avec la société ecclésiastique, on trouve divers renseignements sur les archevêques de Bourges ; différentes donations à Souvigny... les visites de Simon de Beaulieu (1254-1257) ; le chapitre vi étudie les relations avec la société laïque : les seigneurs de Bourbon..., différents accords avec le prieur de Souvigny au sujet des droits de justice ; depuis 1213, association au droit de frapper monnaie...

Les conclusions générales sont à citer : « Cluny dut son développement à son organisation et à l'exemption. Grâce à l'exemption, elle put rétablir dans toute sa rigueur la règle bénédictine. Ses institutions, en établissant au profit du chef-ordre une véritable monarchie monastique, lui permirent de maintenir la cohésion entre les divers monastères.

Mais peu à peu les évêques et les métropolitains, les seigneurs et surtout les rois, étaient arrivés au xive siècle à mettre les monastères clunisiens « dans leur main ». Telle est la vraie cause de leur décadence, qui fut d'ailleurs précipitée par l'apparition d'ordres nouveaux et par les malheurs de la guerre de Cent Ans. »

La Société s'associe au vœu de notre confrère que cette remarquable thèse soit publiée, et recevrait avec reconnaissance pour notre *Bulletin*, les passages relatifs à l'étude critique de la *Chronologie des sires de Bourbon*, de M. Chazaud.

— Le gardien du Musée signale qu'il a été trouvé entre Montilly et Villeneuve, sur les sables au bord de l'Allier, une cinquantaine de silex, parmi lesquels figurent une petite hache en diorite, deux couteaux mesurant l'un 5 c. de long sur 3 de large, l'autre 6 centimètres sur 3 1/2, ce dernier en silex noir ; plusieurs perçons bien conservés, des racloirs légèrement émoussés. Ces divers objets ont été acquis et offerts au Musée de Moulins par un membre de notre Société.

M. Vouilloux fait circuler une pointe de flèche à ailerons d'une finesse remarquable. Cette pièce a été trouvée au domaine de Froidefonds, propriété de M. Chambron, membre de la Société.

— M. Chambron fait part aux membres présents du projet, conçu par la municipalité, d'élever au cimetière de Moulins un monument commémoratif dressé en hommage aux combattants de la dernière guerre et surmontant un ossuaire. Il demande la souscription de la Société. Cette motion est unanimement acceptée, et le comité administratif en fixera le chiffre dans sa prochaine réunion.

— Sont admis comme membres titulaires :

MM. Pinston, propriétaire, rue des Fausses-Braies, et Lassimonne, géomètre-expert, avenue Meunier.

— Est présenté à l'admission :

M. Gabriel Morand, avenue Nationale, Moulins, par MM. Tiersonnier, chanoine Clément et le Dr de Brinon.

— L'ordre du jour étant épuisé, la séance est levée à 22 heures.

E. Capelin.

Le Gérant : E. Revéret.

Moulins. — Imp. Et. Auclaire : Revéret, succ^r.

LES PEINTURES MURALES DE L'ORATOIRE

DU CHATEAU DE BUSSET

Une Visite archéologique au Château de Busset
— 20 JUILLET 1920 —

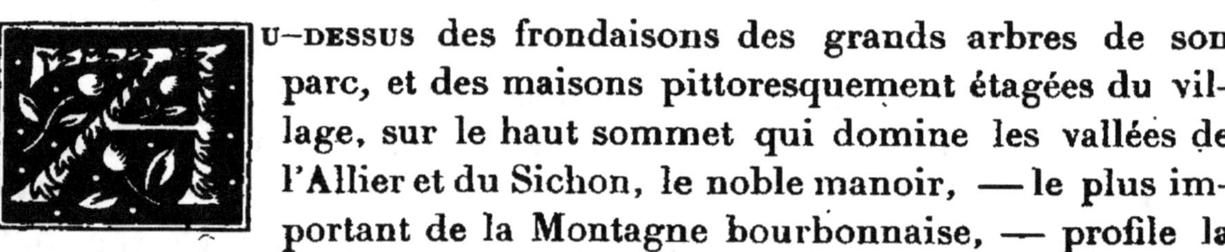

Le Château

U-DESSUS des frondaisons des grands arbres de son parc, et des maisons pittoresquement étagées du village, sur le haut sommet qui domine les vallées de l'Allier et du Sichon, le noble manoir, — le plus important de la Montagne bourbonnaise, — profile la silhouette féodale de ses tours et de ses logis. De sa terrasse, et surtout du haut de la grosse tour, la vue embrasse un vaste horizon que ferment au Sud, par delà les riches plaines de la Limagne, le Puy-de-Dôme et la série de ses pics, et au loin le Sancy, roi des monts du Centre, comme un décor de féerie. Il apparaît à la fois château féodal et somptueuse demeure, chargé des souvenirs du passé, gardien des traditions ancestrales.

L'Auteur du *Voyage pittoresque* qui clôt l'*Ancien Bourbonnais*, écrivait : « Je ne connais pas de château qui soit dans une plus curieuse situation ; d'un côté, sur les limites d'un pays sauvage et souvent aride ; de l'autre, près des plus belles campagnes de France. Il a été habité depuis le xv siècle par la famille de Bourbon-Busset, et les descendants de cette maison l'occupent encore de nos jours (1). »

(1) Cf. : *Journal de Vichy*, août 1875. — *Tableaux de la France, en Bourbonnais et en Forez*, par Emile MONTÉGUT, Hachette, 1875, pp. 151-161 ; — *Annales Bour-*

Deux grands corps de logis, se coupant à angle droit, occupent au Sud et à l'Est deux côtés d'une vaste cour, fermée au Nord par la porte d'entrée protégée par ses tours, le pont-levis et une large douve, qui isolent le château de l'extrémité du plateau qui lui sert d'assiette (*fig. 1*) (1).

Trois grosses tours rondes flanquent les logis à l'Est, à l'angle Est-Sud et à l'Ouest. La première est appelée « la grosse tour » et semble le vrai donjon du château ; on la nomme aussi la Tour Henri IV, en souvenir du passage du Béarnais. Celle de l'angle Sud-Est a servi de prison, et renferme à un étage supérieur l'ancien oratoire, qui sera l'objet d'une minutieuse visite. Celle de l'Ouest, ou « Tour de Riom », couronnée par un hourdage qui porte la toiture, et que tant de « vues » ont popularisée, conserve, enchâssée dans le glacis de sa base, une dalle sculptée aux armes de Tourzel-d'Alègre, dont nous parlerons bientôt.

Dans son ensemble, l'édifice paraît remonter au xive siècle, époque des grandes constructions militaires que la guerre de Cent Ans fit surgir partout chez nous, que suscita tout autour de lui le bon duc, Louis II, et que réclamait d'ailleurs la haute situation territoriale des nouveaux seigneurs de Vichy et Busset. Le xve siècle y a laissé aussi ses traces. Enfin, au xixe siècle, le château n'a pu échapper complètement à l'influence des adaptations « romantiques ».

Nous ne saurions taire ici qu'après l'intérêt puissant qu'offraient pour nous les nombreux monuments archéologiques fidèlement conservés au château et dans ses dépendances (2), nous remportions de

---

bonnaises, juillet 1887, p. 212 ; — *Les Fiefs du Bourbonnais*, par Aubert de la Faige, t. I.

(1) Le plan qui accompagne cette étude a été dressé à l'aide du plan cadastral de Busset, mis au point par M. Léon Burias, élève de l'Ecole des Chartes, qui a bien voulu nous apporter son dévoué concours.

(2) Au point de vue de l'architecture militaire, nous devons signaler, au-dessous du château, un petit logis des plus intéressants. Placée comme en sentinelle avancée au-dessus du second mur d'enceinte, cette maison, destinée à recevoir un officier, un intendant peut-être, offre cette particularité que toutes ses ouvertures sont percées dans le mur sud, protégé par la muraille d'enceinte et par de profonds fossés. Sur les trois autres côtés, elle est entourée d'une sorte de chemise en maçonnerie, reliée à la tour d'escalier, qui la protège sur les autres faces plus accessibles. Des planchers mobiles font au premier étage comme des couloirs d'accès. En temps de guerre, et dans le cas d'un siège de cette maison, les habitants n'avaient qu'à retirer les planches pour être à l'abri de toute entreprise, car l'ennemi cherchant à y pénétrer par les rares ouvertures pratiquées du côté du château, se

cette trop hâtive visite, avec un vif sentiment de gratitude pour le
distingué accueil et la haute courtoisie qui la rendaient si agréable,
l'impression que l'œuvre d'habile et rationnelle « restauration » du

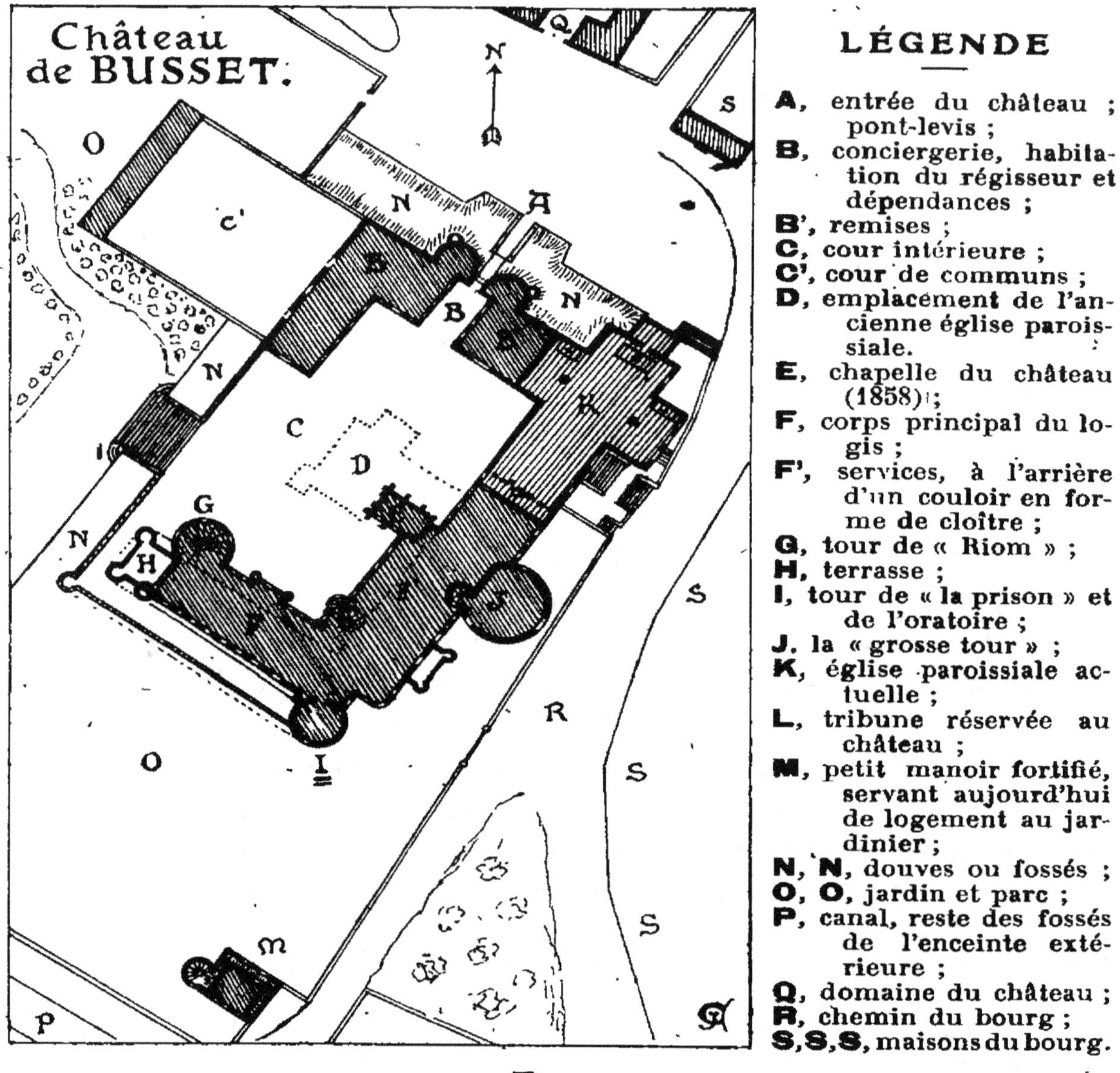

Fig. 1

château serait conduite par la volonté la mieux avertie, et le souci
éclairé de la rendre digne du passé de cette seigneuriale demeure (1).

trouvait devant des vides profonds, faisant alors fonction de fossés naturels et très
malaisés à combler. Viollet-le-Duc, lui-même, semble ignorer cet heureux disposi-
tif de défense d'un petit manoir. Celui-ci mériterait d'être connu. Il reste un
spécimen précieux de l'art militaire au Moyen-Age (*fig. 1*, m).

(1) Les propriétaires actuels du château de Busset sont M. le Comte François de
Bourbon-Busset et Madame la Comtesse née de Colbert, fille du Marquis de
Colbert.

Les Peintures murales de l'ancien Oratoire

Au sommet de la tour dite de la « Prison », on trouve une salle circulaire dénommée communément « le Trésor », parce qu'il renferme aujourd'hui les très riches archives du château, mais qui, depuis le xve siècle, était aménagé pour servir d'oratoire intérieur. C'était en somme la chapelle primitive intime du château (1) (*fig. 1*, 1).

Si cet oratoire n'a pas conservé son ancien mobilier religieux, du moins ses murs sont encore décorés de très intéressantes peintures murales (2). C'est même une des décorations les plus remarquables

(1) D'après une note fournie à M. L. Dussieux (*Généalogie de la Maison de Bourbon, de 1256 à 1872*, Paris, Lecoffre, éd. 1872, p. 48), et le rapport rédigé en 1841, par M. l'abbé Thoret, alors curé de Busset, (à une demande officielle sur l'état des églises du diocèse), l'ancienne église paroissiale de Saint-Jean ayant été vendue sous la Terreur, l'édifice qui servait au culte pour la paroisse — au sortir de la Révolution — était bâti au milieu de la cour actuelle du château, qu'il séparait presque entièrement en deux. Comme il tombait en ruines, on construisit dans les fossés l'église actuelle dédiée à saint Vincent, et bénite le 24 décembre 1840, la partie arrière, engagée dans les bâtiments, restant à l'usage de ses propriétaires et à celui de leur personnel. A la même époque, ce qui restait de la vieille église s'étant écroulé, on la démolit complètement, et, sur l'emplacement du chœur, sous lequel se trouvait le caveau des Bourbon-Busset, on construisit l'élégante chapelle mortuaire du château, de style gothique, qui ne fut terminée qu'en 1858, époque à laquelle on y transporta les corps des membres de la famille, qui reposaient dans le sol de l'ancienne église, en laissant dans la chapelle Sainte-Marguerite, du cimetière paroissial, les corps de ceux qui y avaient été inhumés, et que la Révolution, d'ailleurs, avait elle-même respectés.

D'après les documents fournis en 1841 par le curé de Busset, M. l'abbé Thonat, cette chapelle « Sainte-Marguerite » aurait été bâtie par Marguerite de Larochefoucauld en « 1740 » ! Si ce renseignement a été puisé à bonne source pour le nom de la bienfaitrice, du moins la *date* est fausse. En effet, Marguerite de Larochefoucauld, fille d'Antoine, baron de Barbezieux, et d'Antoinette d'Amboise, veuve de Pierre du Puy, seigneur de Vatan, avait épousé par contrat du 7 mai 1564, Claude I de Bourbon, d'abord baron puis comte de Busset, fils de Philippe de Bourbon et de Louise Borgia.

La chapelle servait encore au moment de la loi de séparation au couvent voisin des religieuses de Saint-Joseph, qui dirigeaient l'école libre de la paroisse.

(2) Bien qu'oubliée par nos contemporains, cette décoration avait été signalée par l'auteur du *Voyage pittoresque* dont nous avons parlé plus haut. A propos du château, l'auteur écrivait : « Il existe encore des salles du xve siècle et des peintures gothiques représentant des sujets religieux accompagnés de devises. »

du Bourbonnais, après celle qui fait la gloire de l'église de Jenzat (1),
et presque à l'égal de celle de la chapelle du château de Langlard, à
Mazerier. Ce qui en fait l'intérêt tout particulier, c'est qu'elle se place
comme époque entre la décoration de Jenzat et celle de Langlard,
fournissant ainsi un précieux anneau à cette chaîne artistique de nos
peintures murales.

Nous commençons la description de cette décoration par les panneaux peints du xvᵉ siècle.

Fig. 2

I. — Au-dessus de la place occupée jadis par l'autel, et lui servant
vraisemblablement de tableau, le peintre de Busset a reproduit une
importante *Descente de Croix*. (Larg. 1ᵐ85 ; haut. 1ᵐ49, *fig.* 2.)
Joseph d'Arimathie et Nicodème détachent du glorieux gibet le corps
du Rédempteur. La Vierge à droite, saint Jean à gauche, avec
sainte Madeleine, au curieux costume (2), se tiennent de chaque

(1) Cf. : *La Piété et l'Art en Bourbonnais*, Moulins, Et. Auclaire, éd., 1909, p. 54.
(2) En effet, c'est le corsage tout ouvert et simplement tenu par de larges et
souples lacets, que les gravures du xivᵉ siècle attribuent à celles que la langue de

côté de la Croix. Au premier plan sont peints les instruments qui servirent à la crucifixion, sans oublier la tunique sans couture, jouée aux dés par les soldats, la bourse de Judas, etc., tandis qu'au fond du tableau, se silhouettant sur l'horizon, la ville de Jérusalem étend ses monuments « gothiques » derrière les hautes murailles crénelées, avec un anachronisme savoureux, qui rappelle les pages enluminées des missels et livres d'heures des xiv° et xv° siècles, mais révèle aussi les connaissances religieuses étendues de l'imagier qui n'ignorait aucun texte évangélique se rapportant à la Passion.

II. — A gauche de cette scène si magistralement rendue et d'une conservation parfaite, le peintre a représenté l'*Agonie de Notre-Seigneur au jardin de Gethsémani.* (Larg., 1ᵐ58 ; haut., 1ᵐ28.) Dans le clos des Oliviers, fermé par de hautes clôtures de bois, le Christ à genoux prie son Père d'éloigner de lui le Calice des souffrances qui le torturent. Les trois Apôtres qui l'accompagnaient, très identifiables quoique en partie « effacés », dorment près de lui. Par la porte du jardin qu'il vient d'entr'ouvrir, on voit s'avancer Judas, qui fait signe d'entrer aux satellites porteurs de lanternes posées au sommet de piques, et qui paraissent au-dessus des clôtures.

En tête du tableau, une inscription en lettres gothiques reproduit un texte emprunté au récit de la Passion selon saint Matthieu :

𝔓𝔞𝔱𝔢𝔯 𝔪𝔦, 𝔰𝔦 𝔭𝔬𝔰𝔰𝔦𝔟𝔦𝔩𝔢 𝔢𝔰𝔱, 𝔱𝔯𝔞𝔫𝔰𝔢𝔞𝔱 𝔞 𝔪𝔢 𝔠𝔞𝔩𝔦𝔵 𝔦𝔰𝔱𝔢 [1].

III. — Dans l'ébrasement de la fenêtre, on voit *sainte Elisabeth de Hongrie* portant dans la main droite une triple couronne, et donnant de la gauche un pain à un pauvre agenouillé devant elle. (Larg., 1ᵐ ; haut., 0ᵐ74.)

IV. — Le panneau voisin a perdu une grande partie de la scène

l'époque appelle « ribaudes, filles de joie » et qui constitue le plus caractéristique costume des courtisanes. C'est la première fois que nous rencontrons un tableau religieux où l'artiste rappelle si brutalement le scandaleux passé de l'illustre pécheresse dans une scène où l'Art même ne donne souvent d'ordinaire, à sainte Marie-Madeleine, que les traits de la « Repentie » et de la « Pardonnée ».

(1) Cf. : Saint Matthieu, ch. xxvi, v. 39 : « Et s'étant avancé un peu plus loin, Il (Jésus) se prosterna le visage contre terre, priant et disant : « *Mon Père, s'il est possible, que ce calice s'éloigne de moi ;* cependant, qu'il en soit, non pas comme je veux, mais comme vous voulez. »

qui le décorait. Il n'en reste qu'un personnnage que rien ne permet d'identifier.

V. — En continuant l'examen du mur, du côté Nord. l'artiste a représenté une scène (larg., 1ᵐ ; haut., 0ᵐ85) empruntée à la *légende de sainte Ursule* (1). La fille de Dionatus, roi de Cornubie, en Ecosse, voulant mettre en sûreté sa virginité et celle de ses compagnes, a quitté sa patrie, et, montée sur un navire, vogue sur la mer du Nord, se dirigeant vers Cologne, sa première étape (2).

VI. — On trouve ensuite la représentation de la scène évangélique de la *Visitation*. (Larg. 0ᵐ68 ; haut. 0ᵐ85.) Sainte Elisabeth, devant la porte de la ville qu'elle habite et dont on voit les demeures au second plan, est venue recevoir l'auguste visiteuse et se met à genoux devant la Vierge qu'accompagne saint Joseph.

VII. — Le panneau suivant (larg. 0ᵐ68 ; haut. 0ᵐ85) offre un

(1) Au vᵉ siècle. Son martyre est placé au 21 octobre.
Cf. : *Vie des Saints*, dans les *Bollandistes* ; et *La légende de sainte Ursule, princesse britannique et ses onze mille Vierges* d'après les tableaux de l'église Sainte-Ursule, à Cologne, publiée par F. Kellerhoven, avec le texte de Dutron, Paris, 22, rue des Acacias, aux Ternes (1860). Cette belle publication reproduit les vingt-sept volets dus au pinceau d'un artiste inconnu de l'école de Cologne, œuvre magnifique du milieu du xvᵉ siècle, et qui a visiblement inspiré à la fin du même siècle le grand artiste brugeois, Jean Memling, pour les panneaux de la célèbre châsse de l'hôpital Saint-Jean de Bruges (1475-1485).
De nombreuses images témoignent que la légende de sainte Ursule était très populaire au xvᵉ siècle et au suivant. Cf. : *Les Arts au Moyen-Age*, par Du Sommerard (t. V, p. 174, 10ᵉ série, pl. xl) ; deux tableaux du Musée de Cluny, attribués à Israël Van Meckenen, 1450 ; — *Les Heures d'Anne de Bretagne* (fin xvᵉ siècle et commencement du xvɪ') ; — la *Légende de sainte Ursule* de l'ancienne collection Armand Queyroi, de Moulins (vendue à Paris en 1907), poliptyque à 16 compartiments représentant, sur fond d'or, les diverses scènes de la vie de l'illustre princesse, œuvre d'un artiste byzantin travaillant en Italie au xvᵉ siècle sous l'influence des Maîtres Toscans. Dans la plupart des œuvres, comme à Busset, ce n'est pas une flottille, mais un *seul* grand navire qui emporte Ursule et ses onze mille vierges.
Le peintre vénitien, Vittore Carpaccio (1493-1522), a consacré à la même légende dix tableaux qui font la gloire de l'Académie des Beaux-Arts de Venise. — L'illustre peintre d'Anvers, Pierre-Paul Rubens (1577-1640), a exécuté plus tard *Le martyre de sainte Ursule et des onze mille vierges*, etc. Il faudrait un volume pour citer tous les artistes qui « illustrèrent » la vie de sainte Ursule, et attestent ainsi la popularité séculaire et universelle de la martyre.

(2) Elle devait descendre ensuite à Lyon pour gagner Rome, avant de revenir sur le Rhin.

intérêt très spécial, car son encadrement renferme deux saints, dont le premier est une précieuse indication pour l'âge de ces peintures. En effet, on voit côte à côte un évêque qu'aucune caractéristique ne permettrait d'identifier, et saint Sébastien, attaché à une colonne et percé de flèches suivant la traditionnelle représentation qu'on en fait. Heureusement qu'au-dessous de l'évêque mitré, crosse en main, l'artiste dérogeant à sa coutume, a écrit un nom tout entier : « 𝔖. 𝔅ertrandus », *Saint Bertrand* (1), qu'on voit rarement représenté à cette époque et qui ne paraît là évidemment que comme patron de Bertrand de Tourzel-d'Alègre, le maître du lieu, l'ordonnateur de la décoration de l'oratoire.

VIII. — La scène qui suit (larg. 1ᵐ30 ; haut. 1ᵐ18), a presque complètement disparu. Les traces d'une tête de cerf portant le crucifix entre ses cornes, nous indiquent pourtant que ce panneau était consacré à représenter *saint Hubert.*

IX. — Entre cette dernière scène et la porte d'entrée, un petit panneau (2) est divisé en deux compartiments ; celui du haut enferme la figure symbolique de *la Trinité :* le Père Eternel tenant de ses deux mains la Croix sur laquelle est cloué le Fils. La colombe, emblème ordinaire du Saint Esprit, manque. — Dans le compartiment du bas, *saint Christophe* porte sur son épaule l'Enfant Jésus, selon l'usage traditionnel (3).

X. — A côté, l'encadrement enferme une des scènes du Calvaire qu'on identifierait avec *la Pieta*, mais qui répond surtout à ce que les quatrocentistes désignaient eux-mêmes sous le nom de « *Lamen-*

(1) Le Catalogue officiel des Saints mentionne sous ce nom : au 6 juin, un patriarche d'Aquilée et martyr, vénéré à Udine ; au 30 juin, un saint évêque du Mans ; au 16 octobre, celui qui est représenté à Busset : saint Bertrand, né à l'Isle Jourdan, fils d'Othon de l'Isle et de Germaine, fille du comte de Toulouse, d'abord archidiacre de Toulouse, puis évêque célèbre de Comminges, mort vers 1123.

(2) Ce panneau et l'encadrement qui renferme la Vierge de Pitié mesurent ensemble : 0ᵐ85 de hauteur et 1ᵐ22 de largeur.

(3) On sait combien était populaire, pendant tout le Moyen-Age, cette représentation. Saint Christophe mettait à l'abri de la mort subite, il suffisait de voir son image pour être assuré de ne pas mourir dans la journée : « *Christophorum videas, postea tutus eas.* »

tations sur le corps du Christ ». C'est une scène intermédiaire bien connue dans l'art marial *(fig. 3)*.

Le Christ est descendu de la Croix, mais il ne repose pas sur les genoux de sa Mère, ce qui constitue à proprement parler la représentation dite de la *Pieta* (1). Le corps du Sauveur est posé sur le sol même ; il va être mis au tombeau, et Marie, entourée des saintes femmes, pleure « sur Lui ». Le sujet ainsi compris est familier aux pein-

Fig. 3

tres de l'époque, et les peintures du *Beato,* au couvent de Saint-Marc, le rendent dans toute son ampleur. Mais la représentation de l'oratoire de Busset est intéressante, parce qu'elle montre la Mère du Christ tenant le corps de son Fils dans ses bras, comme dans les scènes spéciales de la *Pieta.* — Cette peinture a beaucoup souffert des injures du temps. Pourtant on y voit encore, assez bien conservées, la ville de Jérusalem dans le lointain, et au premier plan, les figures du Christ et surtout de la Vierge.

XI. — Au-dessus de la porte d'entrée, une scène (larg. o^m36 ;

(1) Cf. Notre « *Représentation de la Madone à travers les Ages* ». Bloud, éditeur.

haut. o^m52) reste encore à identifier : une sainte, reconnaissable à sa longue chevelure, porte dans ses mains un ciboire tandis qu'elle semble donner la communion à une de ses compagnes, dont la tête apparaît au travers de la grille d'une prison ou celle d'un cloître ! ?

XII. — Le panneau suivant (larg. o^m60 ; haut. o^m74), est consacré à la représentation de *saint Nicolas*, le célèbre évêque de Myre, qui tient un livre dans une de ses mains. Elle est en bien mauvais état. On voit cependant les trois enfants ressuscités sortant de la légendaire cuve de bois.

XIII. — A la droite de cette scène, l'encadrement de la suivante (larg. o^m70 ; haut. o^m85) enferme *saint François d'Assise* et *saint Jean l'Evangéliste (fig. 4).*

Le séraphique d'Assise reçoit les stigmates du Christ, qui apparaît dans les airs sur la Croix, couvert de quatre paires d'ailes, selon la traditionnelle représentation de cet événement (1).

Quant au disciple bien-aimé, il bénit de la main droite le calice qu'il porte à gauche et d'où s'échappe un petit dragon noir ailé. C'est la traduction d'un fait connu de sa légende (2). On sait que le saint ayant été mis au défi par le grand-prêtre Aristodème, de boire du poison pour prouver la vérité de sa doctrine, on fit d'abord l'épreuve du breuvage sur deux condamnés à mort qui succombèrent à l'instant. L'apôtre, prenant alors la coupe, sur laquelle il fit le signe de la Croix, la but sans rien éprouver, et ressuscita ensuite les deux hommes qui avaient été tués par cette liqueur. Les artistes, pour figurer le fait, indiquent par le petit dragon qui s'enfuit de la coupe la disparition du poison. Et le calice d'où sort un petit serpent ou un dragon ailé comme signe de breuvage empoisonné est l'attribut le plus ordinaire de l'apôtre, quand on ne le représente pas avec l'aigle à ses pieds pour rappeler son rôle d'Evangéliste.

XIV. — A côté, très effacée, *sainte Barbe* portant un livre et la palme du martyre, se tient debout devant la tour habituelle, dont une des trois fenêtres est seule indiquée ici avec netteté. (Larg. o^m67 ; haut. 1^m10.)

---

(1) Cf. les peintures de Jenzat, dans *la Piété et l'Art en Bourbonnais*, p. 78.
(2) Cf. la « *Légende Dorée* », au 25 décembre.

XV. — Il nous faut renoncer à parler du panneau suivant (larg. 1ᵐ46 ; haut. 0ᵐ76), tant il en reste peu de chose. C'est à peine si quelques têtes ont laissé dans le haut des traces légères.

XVI. — Nous pourrions dire la même chose du dernier panneau

Fig. 4

(larg. 0ᵐ65 ; haut. 0ᵐ94), sur lequel pourtant il semble que se tient l'*Archange saint Michel*, dont l'extrémité des ailes est seulement visible, avec la silhouette d'un long objet qu'on pourrait identifier soit avec la hampe de la lance dont il transpercerait sans doute Lucifer, soit avec un fléau de la balance qui lui sert, si souvent dans ses représentations du xvᵉ siècle, à peser les âmes.

Pour compléter cette description trop sommaire, nous devons mentionner que toutes ces scènes sont enfermées dans un encadrement d'ocre rouge, serti à l'intérieur d'un fort trait noir (1), et qu'entre les panneaux l'artiste a peint des troncs d'arbres coupés, d'où s'échappent des tiges de pins portant trois fruits (2).

Une autre décoration est venue, quelques années plus tard, s'ajouter aux tableaux ; ce sont des initiales souvent répétées entre les panneaux, au-dessus ou à côté des branches de pins, dans les espaces vides... Elles se composent des lettres minuscules gothiques ♭ et ♫ (3) liées par une cordelette dont les extrémités portent une petite houppe (*fig. 3 et 6*).

Au siècle suivant, c'est-à-dire au seizième, un peintre a reçu l'ordre de semer dans les endroits libres, parfois même sur les scènes qui étaient en partie déjà effacées (comme au viii° panneau consacré à saint Hubert), des monogrammes du Christ et de la Vierge : IHS, MA, pour *Jesus hominum Salvator* et *Maria*, tantôt séparés, tantôt réunis et mêlés comme dans le joli chiffre de l'embrasure de la fenêtre ouest (*fig. 5*).

On a aussi alors accusé les montants, et les cintres de la porte, de la fenêtre, des réduits, par un appareil un peu lourd, de diverses couleurs, avec marbrures : système décoratif que nous avons déjà

(1) Les couleurs employées dans ces peintures sont : l'ocre rouge, l'ocre jaune, le vert, le bleu, le brun, le lilas (robe de Judas). L'or se retrouve dans l'auréole du Christ, dans les liens attachant les vêtements de sainte Madeleine, dans certains détails des ornements épiscopaux de saint Bertrand, etc. Mais, ici, toutes ces couleurs sont peu solides, et c'est ce qui explique l'état dans lequel se trouvent actuellement de nombreux panneaux.

(2) Les tiges de pins terminées par trois fruits se trouvent peintes abondamment dans cet oratoire. Ailleurs, on songerait peut-être à en expliquer la présence par le goût de l'époque à emprunter et à répéter une décoration inspirée par un spécimen du règne végétal. (A l'église de Châteloy, près d'Hérisson, par exemple.) Mais comme on les trouve aussi sculptées à *Busset* dans les monuments antérieurs, sur la dalle qui porte les armoiries de Tourzel d'Alègre, dans les ornements de l'escalier, etc., on peut penser que le peintre de l'oratoire s'en est directement inspiré. Nous dirons plus loin, en parlant de la dalle du xiv° siècle, ce qui, dans une certaine mesure, pourrait justifier la présence de pins dans les armoiries anciennes des Tourzel d'Alègre.

(3) Avant de présenter une explication de ces initiales, nous tenons à faire observer qu'il s'agit ici de la lettre Y et non de la lettre V, comme il faudrait le supposer, si on y voulait voir Bourbon-Valentinois, par allusion au mariage de Louise Borgia avec Philippe de Bourbon. La lettre minuscule *v* n'aurait pas cette queue très retournée qui est propre à la lettre *y*. Sans doute, cette dernière était originairement surmontée d'un point, et jusqu'au xv° siècle on en peut donner de nombreuses preuves. Mais les exemples ne manquent pas non plus à partir de la fin du xv° siècle, de lettres Y peintes et sculptées sans ponctuation supérieure.

retrouvé à l'église de Mazerier (1), dans celle d'Autry (2), très en vogue à la fin du xv⁰ siècle, et surtout dans la première moitié du suivant.

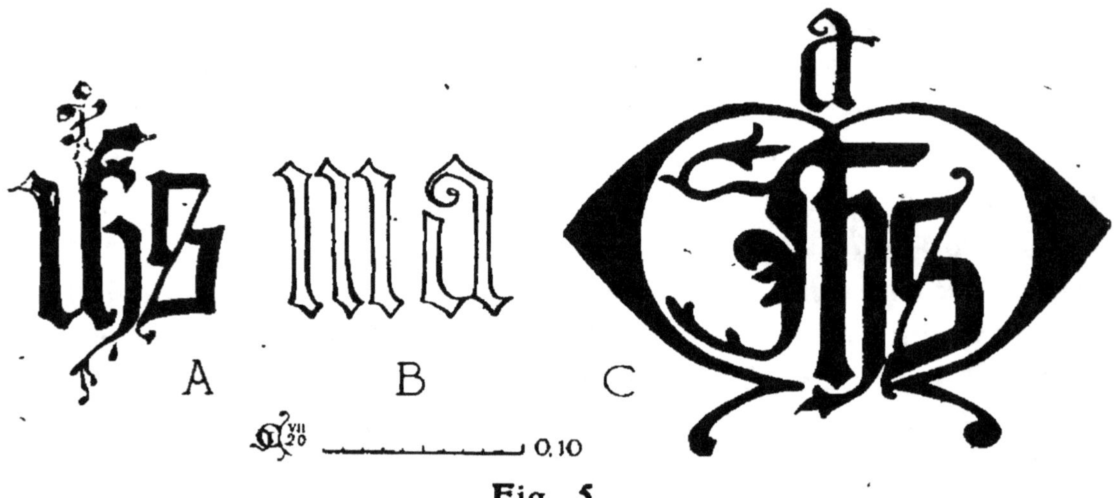

Fig. 5

Enfin, dans l'embrasure de la fenêtre, du côté ouest, joignant les initiales *b* et *y* signalées plus haut, l'artiste du xvi⁰ siècle a dessiné une tête de mort, et, sur une banderole, a écrit en lettres minuscules gothiques : (*fig. 5*)

Respissæ *(sic)* **Finem**
« *Regardez la fin* »

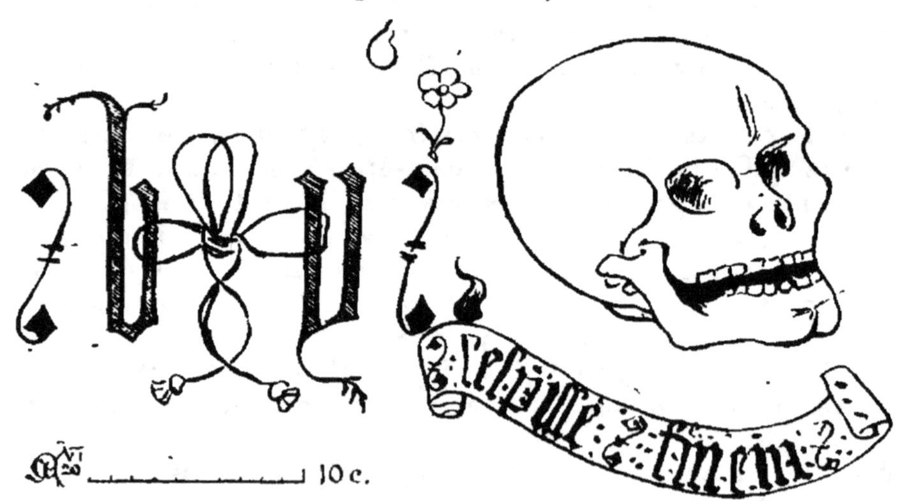

Fig. 6

(1) Cf. : *La Piété et l'Art en Bourbonnais*, Moulins, p. 41.
(2) Cf. : *La Peinture décorative en France, du xi⁰ au xvi⁰ siècle*, par MM. Pierre Gélis-Didot et Laffillée.

Considérez cette tête de mort : c'est la fin de tout, le terme final, l'aboutissement de toute grandeur, de toute fortune, de toute gloire. Utile et salutaire leçon, très souvent donnée par les peintures et les sculptures (1) de ces âges de foi. et qui avait d'ailleurs bien sa place dans un oratoire où tout rappelait l'œuvre de notre Rédemption et les saints protecteurs à l'intercession desquels il était plus aisé d'assurer son salut, « l'unique chose nécessaire »...

Age des Peintures

Il est d'ordinaire assez malaisé d'assigner des dates précises à des œuvres anonymes et dont ne parlent pas des documents contemporains, tant il faut tenir compte, dans les éléments d'appréciation, de l'état plus ou moins avancé des Arts de la région, de la persistance de certains types, des habitudes des artistes locaux, dont le pinceau n'évoluait pas aussi rapidement que l'Art lui-même, et qui restaient prisonniers des formules et des poncifs de leur formation première qu'ils répétaient jusqu'à leur mort, enfin des exigeances des « employeurs » réclamant souvent des formes périmées...

Heureusement qu'à Busset nous trouvons au-dessus des deux principales scènes, au Nord et au Sud, enfin au-dessus de la fenêtre, les armoiries peintes des d'Alègre qui firent vraisemblablement exécuter cette décoration. Et l'histoire de ces propriétaires du château est aujourd'hui assez connue pour permettre de lui assigner une date avec une certaine précision.

Le fief, puis le château de Busset, furent la propriété de la puis-

(1) A la Cathédrale de Moulins, on lit, au-dessus d'un cadavre d'un réalisme saisissant, avec la date de 1557, la légende : Il était beau autrefois, ce corps qui est maintenant en pourriture, il en sera de même pour toi demain. — Dans l'église Saint-Samson de Clermont (Oise), un cadavre un peu plus ancien que celui de Moulins, dit au visiteur, comme la tête de mort de l'Oratoire de Busset :

« *Respice* », et ajoute : « *Plora !...* »

On peut encore rapprocher de la tête de mort et de la devise qu'on voit à Busset, les mêmes motifs qui décoraient un drap mortuaire de l'église de Folleville, dans la Somme, aujourd'hui au Musée d'Amiens. Cf. : Sépultures et funérailles, dans la *Vie militaire et religieuse au Moyen-Age*, par le bibl. Jacob, p. 543.

sante famille de Vichy, au moins depuis l'an 1050 (1) jusqu'en 1387. A cette date, et par contrat du vendredi après la fête de la Toussaint, Guillaume de Vichy, seigneur de Busset, et sa femme Isabelle de Jaligny marièrent leur unique fille Smaragde (2) de Vichy (3) à Morinot ou Maurin de Tourzel, baron d'Alègre, qui apporta à son mari, auteur de la seconde maison d'Alègre (4), la terre de Busset et ses fiefs de Puysagut, Saint-Priest, etc...

(1) Théodebert ou Théodart de Vichy est le plus ancien personnage connu de cette maison chevaleresque qui possédait Vichy et ses environs. Il figure en 1050 comme témoin de la fondation par Artaud, fils de Boson, comte de Périgord, de l'Abbaye de Saint-Rigaud, au diocèse de Mâcon. Les Vichy portaient : *de vair plein.*

Cf. pour cette maison et les familles dont il sera parlé ici : *Dictionnaire de la noblesse* par de La Chesnaye des Bois ; — Rietstap ; — *Armorial du Bourbonnais* par M. de Soultrait, 2e édition ; — *L'Ancien Bourbonnais ; — Les fiefs du Bourbonnais* par M. Aubert de la Faige, tome I, 1896 ; — *Armorial d'Auvergne*, par Bouillet ; — *Généalogie de la Maison de Bourbon*, par L. Dussieux, 2e édition ; — *Dossiers des Gozis*, archives départementales de l'Allier.

(2) L'Eglise célèbre la fête de plusieurs saints de ce nom : un des quarante martyrs de Sébaste, le 10 mars ; un martyr à Nicodemie en Bithynie, sous l'empereur Dioclétien, le 12 mars ; un martyr à Rome, sous l'empereur Maximien, le 8 août ; un martyr d'Antioche, le 28 octobre.

(3) Elle fut enterrée dans l'église de la Chaise-Dieu. C'est son mausolée qui a été pris à tort pour celui de la reine Edwige d'Angleterre. Le coussin sur lequel repose la tête de la gisante est encore « semé de petits écussons de vair plein », c'est-à-dire aux armes des Vichy.

(4) Alègre est le nom d'une terre importante de la haute Auvergne, qui entoure un château-fort situé au sommet d'une montagne, vers les limites de l'ancien Velay, à 25 kilomètres du Puy. Aujourd'hui, c'est un des chefs-lieux de la Haute-Loire.

La première maison d'Alègre commence en 1224 avec Armand I et se termine en 1361 dans l'héritier d'Armand III : Bertrand de Saint-Nectaire, son neveu, qui céda la baronnie à Jean de France, duc de Berry. Celui-ci en fit don, en 1385, à son favori, Morinot, seigneur de Tourzel, qui devint ainsi le chef de la seconde maison d'Alègre, illustrée par un grand nombre de personnages distingués dans la « carrière des armes » et par les plus hautes alliances comme celles des d'Apchier, Baufremont, Bourbon, Chabannes, Colbert, du Prat, Espinchal, Estouteville, Flageac, Foix, Langeac, Lastic, Montboisier, La Trémoille, etc...

La baronnie d'Alègre fut érigée en marquisat en 1576, en faveur d'un descendant de Morinot, Yves d'Alègre, pour les services rendus à la royauté par cet homme de guerre.

Les d'ALÈGRE ANCIENS portaient : *de gueules, semé de fleurs de lys d'or.* — Les seigneurs de la seconde maison, les TOURZEL D'ALÈGRE, avaient pour armoiries : *de gueules, à la tour ouverte d'argent, maçonnée de sable, accompagnée de six fleurs de lis, rangées en pal, trois à dextre et trois à senestre.*

Bouillet fait remarquer qu'il existe en Languedoc, près d'Uzès, une autre terre

Morinot de Tourzel d'Alègre testa en 1418 et fut enterré dans la chapelle qu'il avait fondée dans la Cathédrale de Clermont. Il laissait deux fils et deux filles. La terre de Busset et ses dépendances échurent à l'aîné de ses fils : *Yves*. Celui-ci était né vers 1390 et mourut en 1442 à la bataille de Tartas, dans les Landes, laissant de sa femme Marguerite d'Apchier (1), fille de Bernard et de Jeanne de la Gorce, huit enfants : Jacques, baron d'Alègre, qui continue la descendance ; Gabriel et Christophe, qui furent chanoines, le premier de Clermont, le second du Puy ; Marie, qui épousa le baron de Magnac ; Anne, mariée à *Antoine de la Roche ;* Louise, qui entra dans la famille des de Dinteville ; Antoinette, qui eut pour mari son cousin Pierre de la Gorce ; et enfin *Bertrand,* qui eut pour sa part la terre de Busset.

Bertrand de Tourzel d'Alègre fut chambellan du roi en 1474. Marié deux fois, il épousa d'abord vers 1460, Jeanne de la Tartière, qui mourut sans laisser d'enfant, et en secondes noces, le 30 novembre 1471, *Isabelle* ou Jeanne *de Levis* (2), fille d'Eustache, seigneur de Florensac, Villeneuve, etc., et d'Alix Damas de Couzan qui lui donna trois filles (3).

d'Alègre qui donna son nom à une famille éteinte depuis longtemps qui portait : *d'azur, à trois pommes de pin d'or.*

Observons de notre côté que les premiers seigneurs de la maison Tourzel d'Alègre ne portaient primitivement que la Tour, comme on peut s'en convaincre par les armoiries de l'oratoire et par la dalle sculptée du château de Busset. Ce n'est que plus tard que les descendants de Morinot ajoutèrent les fleurs de lys, pour rappeler sans doute le souvenir des premiers d'Alègre. Cf. *Les Fiefs du Bourbonnais,* ouvrage cité, p. 126.

(1) Les d'Apchier portent : *d'or, au château sommé de trois tours de gueules, maçonné, ajouré, coulissé de sable, la tour du milieu plus élevée, les deux tourelles à dextre et à senestre, sommées chacune d'une hache d'armes d'azur, le tranchant faisant face aux flancs de l'écu.*

(2) Les Levis de Couzan portent : *d'or, à trois chevrons de sable, accompagnés en chef d'un lambel à trois pendants de gueules ; chaque pendant chargé de trois besans d'or rangés en pal.*

La maison de Couzan, dont le nom patronymique était : de Damas, portait : *d'or à la croix de gueules.* Elle s'est éteinte en 1459, dans la maison de Lévis, avec substitutions de nom et d'armes.

(3) La seconde fille de Bertrand de Tourzel d'Alègre se fit religieuse. La troisième : Catherine d'Alègre, la plus jeune sœur de Marguerite, avait épousé, par contrat du 18 avril 1493, Charles de Bourbon, prince de Carency, seigneur d'Abrest, Vendat, etc., issu des comtes de la Marche, cousin de Pierre de Bourbon et déjà veuf pour la seconde fois. Charles était fils de Jacques de Bourbon-

L'aînée, Marguerite d'Alègre, dame de Busset (1), Puyagut, le Temple, Saint-Priest, Bancherelle, etc., contracta une première alliance, en 1493, avec Claude de Lénoncourt, seigneur de Harouel, qui mourut à la fin de 1496 ; en secondes noces, elle épousa, par contrat du 1er janvier 1498, le fils aîné de Louis de Bourbon, qui fut évêque de Liège : *Pierre de Bourbon*, auquel elle apporta Busset et ses autres terres. Et depuis cette époque, le château de Busset n'a cessé d'appartenir à cette noble maison.

Les armoiries peintes à trois endroits portent aux 1er et 4e quartiers « la tour » des armes des premiers Tourzel d'Alègre ; aux 2e et 3e, des quartiers peu visibles, mais qui semblent *tiercé de fasce*, ou, par suite du changement de teinte opéré par le temps : *d'azur à deux fasces de sable* (?).

Or, en procédant par voix d'élimination, ce ne sont ni les armes de la femme de Morinot, ni celles de Marguerite d'Apchier, femme d'Yves, ni celles d'Ysabelle–Jeanne de Levis-Cousan, seconde femme de Bertrand,

Logiquement, on est donc amené à attribuer ces quartiers inconnus à Jeanne de la Tartière, que Bertrand épousa en premières noces vers 1460, et qui mourut vers 1470, puisque le 30 novembre 1471, celui-ci épousait en secondes noces Isabelle, dite aussi Jeanne de Levis-Couzan.

Ainsi, les seize panneaux de peinture de l'oratoire auraient été peints entre *1460* et *1470*, sur l'ordre et aux frais de Bertrand de Tourzel d'Alègre et de sa première femme, Jeanne de la Tartière, dont nous posséderions par surcroît les armes familiales, qui paraissent inconnues à nos héraldistes. Cela expliquerait en outre la présence de « saint Bertrand » dans cette procession des saints protecteurs de Busset.

Carency et d'Antoinette de la Tour d'Olliergues. Il mourut en 1503, au château d'Abrest et fut enterré dans l'église des Célestins de Vichy, laissant à sa femme la jouissance viagère des terres d'Abrest, Vendat, Rochefort, pour lesquelles elle rendit foi et hommage au duc de Bourbon, en 1506. — Ce fut sans doute cette alliance avec un membre de la famille de Bourbon qui explique le mariage, en 1498, de la sœur aînée, Marguerite, avec Pierre de Bourbon.

(1) Dans un acte de l'année qui précéda son mariage avec Pierre de Bourbon, en 1497, Marguerite d'Alègre est qualifiée de « dame de Busset » dans un acte d'aveu et d'hommage pour les terres et seigneuries de Puy-Agathe, Blancherelle et Saint-Priest, en Auvergne (*Noms féodaux*).

Quant aux lettres *b* et *y* liées — selon un usage féminin très en vogue déjà au xve siècle (1) — qui ont été peintes en nombreux endroits, il me semble qu'il conviendrait d'y voir les initiales des noms de baptême du même seigneur de Busset, *Bertrand de Tourzel d'Alègre*, et de sa seconde femme *Ysabelle*, appelée aussi Jeanne de Lévis–Couzan, qui lui donna Marguerite, épouse de Pierre de Bourbon.

Ysabelle de Levis-Couzan, en arrivant au château de Busset, aurait trouvé l'oratoire décoré sous la châtelaine qu'elle remplaçait, mais du moins elle eut la satisfaction d'y faire peindre un peu partout — et même en empiétant sur le panneau central — ses initiales liées à celles de son mari.

Et ainsi cette seconde décoration pourrait être placée dans le dernier tiers du xve siècle.

Quant aux monogrammes du Christ et de la Vierge, à la tête de mort accompagnée de sa légende, nous les plaçons, ainsi que la décoration des encadrements de la porte du placard et de la fenêtre, au xvie siècle, sans pouvoir, en l'absence de tout document, déterminer à la pieuse initiative de quel seigneur de la famille de Bourbon–Busset il convient de les attribuer.

Cependant, le château de Bourbon-Busset n'offre pas seulement à l'estime des archéologues que ces précieuses peintures.

Il conserve d'abord dans ses Archives familiales de nombreuses pièces du plus haut intérêt pour les historiens du Bourbonnais, et pour les fervents de la paléographie médiévale (2).

Ensuite une *statue*, des *bas–reliefs* et des *inscriptions* qui méritent d'être signalés.

(1) On peut rapprocher ces initiales et les dispositions qu'elles présentent d'un chiffre semblable qui reproduit la planche XC de l'*Imitation de Jésus-Christ*, éditée par Gruel et Engelman, d'après un livre d'heures de la fin du xve siècle ou du commencement du xvie, de la Bibliothèque de l'Arsenal.

(2) Nous ne parlerons pas ici des richesses de la bibliothèque, de ses précieuses « reliures », de ses collections d'estampes, ni des porcelaines chinoises estimées, ni du mobilier ancien, ni des tableaux et des portraits, ni enfin des « souvenirs » historiques fort intéressants.

A. — Statue.

a). — Dans la partie de l'église paroissiale actuelle (1) dépendante du château, et réservée, en rez-de-chaussée, au personnel de la maison, se dresse, dans une niche pratiquée dans l'épaisseur du mur, une statue en bois de la Madone, sous le titre de « *Notre–Dame de Bonne Grâce* » (2) (*fig. 1*, L).

Sculptée au **xvi**ᵉ siècle, elle a été fâcheusement dorée au **xix**ᵉ siècle. La Vierge est debout, admirablement drapée dans un large manteau aux plis harmonieux. Elle porte sur le bras droit l'Enfant Jésus, qui tient de ses deux mains un livre ouvert. A part les têtes qui sont plus que médiocres, surtout celle de l'Enfant Jésus, déformée encore par la préparation qui porte la dorure, les personnages sont l'œuvre d'un bon imagier de la région.

B. — Bas-reliefs

b). — Au pied du grand escalier qui gironne dans la tour dite de « Riom », et placé en tympan au-dessus d'une porte de service, est posée une large dalle représentant peut-être une scène de tournoi (?) (3), que j'attribuerai au **xiv**ᵉ siècle (4), et qui offre un cavalier atteignant de sa lance un autre chevalier dont on ne voit qu'une partie sortant de l'encadrement.

---

(1) Puisque nous parlons de l'église paroissiale, nous devons mentionner, dans la sacristie, un tableau très malade, à peu près « mort », représentant le *Sacrifice d'Abraham*, toile quelconque, d'ailleurs, du xviiiᵉ siècle, qui a pourtant été classée le 14 novembre 1907, parmi nos richesses d'Art national ! Il mérite moins cette faveur et les mesures de conservation qu'elle comporte, que la *Madone* dont nous parlons ici.

(2) Elle mesure 1ᵐ20 de hauteur.

(3) Cette scène pourrait bien être inspirée de la légende de Charlemagne et de la célèbre chanson de Roland. La cathédrale de Chartres possède un vitrail du xiiiᵉ siècle qui reproduit la même légende. Or, un des panneaux, en losange, consacré à la bataille de Roncevaux, offre deux chevaliers qui se combattent et qui ont une extrême analogie avec le principal personnage de la pierre sculptée de Busset. (Cf. *Histoire illustrée de la Littérature française* par Desgranges. Lib. Hatier, Paris, rue d'Assas, 1914, p. 44-45.).

(4) Dans les *Fiefs du Bourbonnais* (t. I, p. 131), M. Roger de la Boutresse a donné un dessin de ce bas-relief ; mais c'est par une erreur évidente que la légende imprimée au-dessous l'attribue au xiiᵉ siècle.

c). — Sur le talus de la même tour, on voit une dalle en pierre (1), que l'on considère comme un reste de pierre tombale, mais qui me paraît plutôt le fragment d'un tympan. Elle devait timbrer primitivement soit la porte d'entrée du castel, soit la porte principale du logis, ou mieux la hotte d'une vaste cheminée. Elle offre en fort relief l'écusson chargé de la tour des Tourzel-d'Alègre sous un casque au tortil de baron, surmonté d'une tour entre deux bars renversés, le tout encadré de rinceaux et de branches de pins (2). C'est bien une œuvre de la fin du xive siècle, qu'on peut attribuer à Morinot, baron de Tourzel-d'Alègre.

d). — L'oratoire a reçu en dépôt une pierre sculptée, aux armoiries des Bourbon et des Borgia, qui passe pour avoir recouvert la tombe d'un enfant : Henri de Bourbon, fils de Philippe (3) et de Louise de

---

(1) Cf. *Les Fiefs du Bourbonnais*, p. 127 ; et le cul-de-lampe qui termine cette étude.

(2) Les branches de pins ne seraient-elles pas une allusion aux possesseurs de la terre d'Alègre, en Languedoc, qui portaient en effet : *d'azur, à trois pommes de pin d'or*, et avec lesquels les Tourzel, devenus seigneurs d'Alègre, auraient eu quelque alliance (?), ou faut-il voir dans ce fait une façon de réunir, sans toutefois les incorporer dans les armes particulières aux Tourzel, les meubles des armoiries des différentes maisons des d'Alègre ?

Nous avons vu que pour rappeler la première famille d'Alègre qui portait des fleurs de lis dans leurs armes, les descendants de Morinot accompagnèrent la tour de leur blason des six fleurs de lis de l'ancienne maison. Mais il n'y a pas lieu, sans doute, d'insister ici sur ce problème qui paraît insoluble.

(3) Philippe, né vers 1500, de Pierre de Bourbon et de Marguerite de Tourzel dite d'Alègre, avait épousé par contrat passé à Saint-Germain-en-Laye, le 3 février 1530, Louise Borgia, duchesse de Valentinois, fille unique de César Borgia, duc d'Urbin et de Valentinois, et de Charlotte d'Albret. Louise Borgia était née le 17 mai 1500. Elle mourut en mai 1553 et fut enterrée dans l'église de Busset. Philippe fut tué à la bataille de Saint-Quentin, le 10 août 1557.

On remarque sur cette pierre sculptée les armes pleines de Bourbon-Busset : *d'azur à trois fleurs de lys d'or, au bâton de gueules en bande brochant sur le tout*, qui est de Bourbon ; *au chef d'argent, chargé d'une croix potencée d'or cantonnée de quatre croisettes de même*, qui est de Jérusalem. (Cf. *Armorial du Bourbonnais*, seconde édition, p. 37.) Plus tard, les descendants de Philippe de Bourbon adoptèrent comme brisure particulière de leur branche — comme le firent les princes de Condé et les Conti — le bâton *péri en bande*.

Quant au chef de Jérusalem, voici comment le justifie un volume manuscrit des archives du château de Busset consacré à la généalogie de cette branche des ducs de Bourbon :

« Le chef des armes de cette maison vient des armes du Duché de Bouillon qui fut vendu par Godefroy de Bouillon, roi de Jérusalem, aux évêques de Liège, qui

Borgia, duchesse de Valentinois. Ce petit Henri, né à Bomiers, en Berry, le 21 septembre 1533, eut pour parrain Henri II, sire d'Albret, roi de Navarre, son oncle à la mode de Bretagne — comme le fait remarquer Saint-Allais — et pour marraine, Suzanne de Bourbon, sa tante paternelle. Il ne vécut que quelques mois, étant mort le 7 mars 1534.

C. — Inscriptions funéraires

e). — On conserve dans la cour du château une pierre tombale qui doit provenir de l'ancienne église paroissiale démolie vers 1840. Elle recouvrait les restes de Louise de la Roche,.. sœur de noble Jean de la Roche..., décédée en octobre 1611. Cette Louise de la Roche paraît avoir appartenu à la famille de la Roche dont nous avons vu un fils : Antoine, épouser Anne de Tourzel-d'Alègre, sœur de Bertrand, propriétaire de Busset, petit fils de Morinot et l'auteur des peintures de l'oratoire, ce qui explique la présence de cette dalle funéraire dans les caveaux de l'église du château de Busset. Elle resta sans destination quand la nouvelle chapelle s'ouvrit pour recevoir les restes des membres de la seule famille de Bourbon Busset.

f). — Enfin, dans la chapelle mortuaire de Sainte-Marguerite, une dalle recouvre, devant le marche-pied de l'autel, la sépulture d'un Bourbon. On lit sur cette pierre (qui mesure 1ᵐ85 de hauteur sur 0ᵐ60 de largeur à la tête et 0ᵐ40 aux pieds) :

CY GIT | FRANÇOIS | LOUIS | ANTOINE | DE BOURBON | BUSSET | LIEUTENANT | GÉNÉRAL DES | ARMÉES | NÉ LE 26 | AOUT 1722 | DÉCÉDÉ | LE 16 | JANVIER | 1793 | REQUIESCAT | IN PACE | LE PÈRE DES | PAUVRES.

l'ont depuis cédé à MM. de la Marche, qui, au moïen de cette vente, sont devenus souverains de ce duché...

« Godefroi de Bouillon, roi de Jérusalem, vendit le duché de Bouillon à Obert, évêque de Liège, moïeniant la somme de 6.000 marcs d'argent. »

— Quant aux Borgia, ils portaient, d'après Rietstap : *Ecartelé : au 1ᵉʳ d'or, au bœuf de gueules passant sur une terrasse de sinople ; à la bordure du second émail chargé de huit flammes d'or ; au 2ᵉ palé d'or et de gueules, de huit pièces ; au 3ᵉ d'azur à trois fleurs de lys d'or ; au 4ᵉ fascé d'or et de gueules.*

La pierre sculptée du château de Busset, reproduite d'ailleurs dans *les Fiefs du Bourbonnais*, p. 130, offre, à côté des armes pleines des Bourbon-Busset que nous venons de décrire, celles des Borgia et des d'Albret mêlées, où les cantons « aux armes de France » s'enchevêtrent avec ceux d'Albret : *de gueules plein.*

Il s'agit ici d'un personnage marquant de la noble maison de Bourbon : François-Louis-Antoine, comte de Busset et de Chalus, baron de Vézigneux, lieutenant général des Armées du Roi, qui servit avec distinction pendant la guerre de la succession d'Autriche et celle de Sept Ans. Il avait été premier gentilhomme de la chambre du Comte d'Artois. Né le 26 août 1722, de Louis II, comte de Busset, et de Marie-Anne de Gouffier de Thois, baptisé en l'église Saint-Vincent de Busset, le 26 août 1722. Il avait été marié deux fois ; en premières noces, le 23 avril 1745, avec Magdeleine-Louise-Jeanne de Clermont-Tonnerre, fille de Gaspard, maréchal de France, qui lui donna entre autres nombreux enfants, Louis-François-Joseph, qui continua la descendance ; en secondes noces, avec Jeanne-Marie-Thècle de Guigues de Moreton, fille du comte de Chabrillant. François-Louis-Antoine mourut à Busset, le 16 janvier 1793, en méritant de voir inscrire sur sa tombe, malgré les fureurs révolutionnaires de l'époque, ce titre qui caractérise la générosité de sa race et proclame au grand jour sa charité personnelle : « le Père des pauvres ».

Chanoine Joseph Clément.

La Madeleine, Août 1920.

JOURNAL DE LA CAMPAGNE

FAITE EN PIÉMONT

PAR LES

TROUPES FRANÇAISES ET ESPAGNOLES

AU MOIS DE SEPTEMBRE 1743

Par un " Militaire Bourbonnais "

(Cette relation inédite, dont nous respectons l'orthographe, a été communiquée par M. Edgard Capelin, à la séance du 5 janvier 1920.)

« L'armée française au nombre de *14* bataillons partit du camp de *Labaissée* (1) le 11 septembre, pour se rendre à *Guilestre*. Elle formait 3 brigades, celle d'Anjou, composée de 2 bataillons de ce nom, de celui de Ségur, de Beauce et de Gâtinois. Elle était commandée

(1) Les localités dont il est fait mention : la Bessée, Guillestre, Ceillac, Molines en Queyras, Saint-Véran, sont comprises dans le département des Hautes-Alpes, et Villevieille dans les Basses-Alpes.

Par les cols de l'Agnel et de Saint-Véran, très rapprochés du Mont Viso, l'armée franco-espagnole débouchait dans la vallée de la Varaita di Chiana (Varoche sur les cartes françaises). Les montagnes environnantes s'élèvent à des altitudes de 3 297, 3.054 ; à Castello, le torrent coule à la cote 1491, ce qui explique les pertes d'hommes dans les neiges.

Le village de Lachanas est devenu Chianale, le château de Pont n'est autre que Pontechianale.

La chronique de 1743 indique les faits suivants : capitulation de Prague ; évacuation du Palatinat ; bataille de Dettingen ; évacuation de l'Allemagne ; capitulation d'Egra ; traité signé à Worms par Marie-Thérèse,

par Mr de Faudois, brigadier et colonel d'Anjou, les deux bataillons de Vigier, et ceux de ... formaient la seconde sous les ordres de M[r] de vigier, et la troisième était sous les ordres de Mr de Sceau, colonel de quercy...

les espagnols s'étaient mis en marche deux jours auparavant, une partie pour prendre la même route que nous et l'autre en passant par la vallée de gueyras, pour aller à moulines et à Saint-Véran où leur artillerie devait se rendre. Cette artillerie était composée de 12 pièces de canon, de 4 livres de bales, que le roy de france avait donné à l'infant, et qu'on avait tiré moitié d'ambrun et moitié de montdauphin. Ils avaient outre cela une vingtaine de petites pièces portées à dos de mulet, la nôtre étant encor à montdauphin où les officiers qui en composaient l'équipage devaient la prendre. Leurs quartiers d'assemblée était à grenoble d'où ils devaient conduire nombre de mulets et caissons chargés de munitions. Leur départ n'avait été fixé qu'au 23 septembre ; le nombre des pièces de canons était de 12 du calibre de 4.

le jour que nous partimes de Labaissé, les espagnols décampérent de guilestre et furent à seillac où nous n'arrivâmes que le 28, c'est-à-dire le jour qu'ils en étaient décampés. Le 29, les deux armées se réunirent dans la gorge de Saint-Véran ; les espagnols étaient à moulines et les français plus ayant le long d'un ruisseau ; l'infant que l'on avait voulu retenir à briançon méprisa les conseils timides de la cour, trompa la vigilance de ses gardes et se rendit à queyras où il vint passer son armée en revue le 30.

notre quartier général était établi au village de Saint-Véran qui était occupé par un détachement de milice, on séjourna encor dans ces endroits le 1er octobre pour donner le temps à l'artillerie et à la partie des troupes espagnoles qui formaient leur première colonne de s'avancer par le col de l'agnel.

ce 1er octobre (trois) brigades françaises et la 2me colonne espagnole se mirent en marche sans équipages et furent campés au col de Saint-

Georges II, le roi de Serdaigne et l'électeur de Saxe, s'unissant contre la France, 13 septembre ; alliance avec Gênes.

Les événements rapportés dans le manuscrit anonyme sont consécutifs au traité de Worms et une des phases de la lutte contre l'Autriche et son allié, Charles-Emmanuel III. Un pacte de famille engageait la France à conquérir le Milanais au profit de Philippe V. d'Espagne.

Véran. Le projet était de gagner les hauteurs et venir tomber sur Lachanas, premier village de piémont...

le lendemain la générale qui devait être battue avant jour fut retardée sur l'ordre que donna un soldat suisse égaré. Il croyait (?) avoir vũ un camp sur la hauteur de la droitte, la nuit l'avait empêché, disait-il, de se commettre plus avant, il avait observé en silence un nombre de tentes (?) considérables, même des feux, et cependant aucun mouvement, en supposant 10 bataillons dans cette position, la notre devenait embarrassante, qui les eũt empeché après notre départ de prendre le camp que nous quittions et de nous mettre entre deux feux (?).

on envoya un expres à M^r de la mina pour lui faire part de cette nouvelle, les generaux espagnols détacherent 200 miclets sur cette montagne. M^r de courier, maréchal de camp qui commandait le corps francois en l'absence de M^r de marcieux, resté malade à St véran, représenta que c'était risquer de les envoyer sans les faire soutenir, que les piémontais se voyant découverts pouvaient ou changer ou précipiter leur marche et qu'enfin il était nécessaire de faire marcher un corps de troupe capable d'écraser celui que l'on supposait en haut.

apres bien des pourparlers et des reflexions, on fit partir tous les grenadiers, cette marche fut aussi pénible qu'inutile, on vit de dessus la hauteur que le soldat s'était trompé, et du moins cet evenement servit il à nous faire connaitre que nous étions en savoie de ce coté là, il était tard quand les troupes revinrent et elles étaient fatiguées ; nous restâmes le 3 dans notre meme camp.

les miquelets espagnols partirent le 4 et descendirent à lachanas sans obstacle ; toutte les troupes y arriverent le meme jour ou dans la nuit, car la difficulté des chemins, la neige et les mauvais temps retardèrent beaucoup la marche, on campa comme l'on put, les espagnols en avant dans la gorge et les francois pele mele plus pres de lachanas. le 5 fut employé a reconnaitre le chateau de pont (Pontechianale et Catello) et les retranchements du roy de Sardaigne; le 6 au soir l'artillerie arriva et le 7 toutte l'armée partit, laissant son camp tendu, et emportant du pain pour tout l'équipage. les espagnols prirent la droite dans la gorge, 2 brigades françoises le centre, et la brigade d'anicu les hauteurs de la gauche pour tacher de prendre les retranchements de terres pendant que l'on attaquerait par la

droite et par le centre. apres avoir passé deux villages le terrain qui
iusqua la magdelaine est resserré, s'ouvre et forme une plaine. A
droite, il y a des montagnes couvertes de bois séparées de la grande,
ou le roy de sardaigne avait posé des troupes, par un ravin immense,
les hauteurs de la gauche sont plus praticables en apparance,
mais elles ne communiquent pas non plus avec les retranchements
et sont encore plus éloignées que celles de l'autre cotté.

Il fallait d'abord forcer le village de pont et emporter ensuite le
chateau pour parvenir ensuite aux retranchements faits en amphi-
téatre et appuyés de droitte et de gauche a des montagnes imprati-
quables. Les miquelets gagnerent les bois de la droitte pour débus-
quer un poste de piemontais et pour les occuper de peur qu'ils ne
vinssent nous inquieter dans notre position. ils y trouverent de la
resistance et successivement on y fit filer des compagnies de grenadiers qui escarmoucherent avec beaucoup d'opigniatreté toutte la
journée mais sans succès decidé.

comme on voulait attaquer le chateau de pont on fit avancer
l'artillerie qui battit le village jusqu'a la nuit et les troupes vinrent
en bataille dans la plaine qui est entre la magdelaine et l'église reale.
on fit marcher le soir 8 compagnies de grenadiers soutenues par
12 canons avec des haches et des fagots goudronées pour mettre le
feu au village et au chateau, mais les piemontois abandonerent l'un
et l'autre, sans tirer un seul coup.

on comprend difficilement par quel motif ces postes furent abban-
donees l'un et l'autre evidemment susceptible de deffence et on ne
pouvait les emporter sans perdre beaucoup de monde. peut etre
etait ce pour nous engager a aller nous defaire aux retrachements.
par bonheur on n'avait pas encore eü de nouvelles de la brigade
d'anjou et on se conserta de se poster dans le village et chateau de
pont sans aller plus avant (ainsy se fut une paine de moins), mais
ce succes quelque mediocre qu'il fut fut regardé par les espagnols
comme une victoire complette et comme une certitude d'un passage
aisé.

cette idée, toutte depouillée de vraisemblance quelle fut, causa le
malheur de la brigade d'anjou. Mr de Carnolan qui la commandait
avait mandé le lendemain matin 8eme que les chemins étaient impra-
ticables et qu'il ne pouvait tourner les ennemis. Monsieur de la mina
lui fit reponce que le chateau était abandonné, que les retranche-

ments ne seraient que peu ou mal deffendüs et qu'il n'avait qu'a revenir a nous par le chemin le plus court.

on n'executa que trop ponctuellement ces ordres et au lieu de descendre par les memes hauteurs, on prit un chemin qui cottoyait les retranchements, les piémontois s'en apercurent et profitant de l'avantage du terrain passerent par les armes cette brigade qui ne put pas meme se deffendre. elle se retira en desordre favorisée par le feu des grenadiers et miquelets, ce qui lui sauva son entier desastre. on connut alors qu'on s'était engagé mal a propos ; il fallut songer a la retraite et elle fut decidé dans un grand conseil de guerre tenu le 9 le soir du meme jour, l'artillerie partit et les regimens de quercy et des landes retournerent s'emparer de la hauteur de St veran, le 10 on battit la generale 2 heures avant jour ; l'assemblée, une heure apres.

les espagnols par je ne sais quel motif. ridicule avant de quitter le chateau de pont y mirent le feu, et les piemontois a qui il était arrivé du canon s'en vangerent en tirant vivement sur eux et sur nous, malgré l'obscurité ils pointaient au feu assez juste et tuerent quelques soldats.

au lieu de differer notre marche, cela la precipita un peu dans le premier moment mais l'ordre se retablit hors de la portée du canon. nous arrivames a lachanas le meme jour apres avoir fait defiler nos malades, nos blessés et nos provisions, nous y séjournames le lendemain sans voir aucun ennemy. le 12 nous primes le chemin St veran et les espagnols celui du col de l'agnel avec des pertes considérables par la quantité de soldas restés dans la neige. l'artillerie espagnole ne put pas monter, les efforts que l'on fit pour la retirer furent inutiles, apres l'avoir enclouées, avoir perdu un tems considérable a vouloir casser les pièces et affuts et les mettre hors de service et ce sans y avoir trop réussi, puisque le roy de sardaigne ayant le lendemain de notre retraite fait visiter ces pièces avec assez de facilité elles ont été transportées a main et ont tirés en signe de réjouissance. on prit le parti d'abandonner la dite artillerie avec une partie des munitions de guerre ; le 13 on alla a villevielle, et le 14 toutte l'armée fut canonnée partie dans l'ambrunois le briançonnois et la vallée de queyras, tandis que les espagnols apres une expédition aussi mal executée que conçue ont repris le chemin de la Scavoye passant par grenoble ou le prince a sejourné 3 jours et en partit le 29 octobre pour se rendre a chambery. »

Le Bourbonnais
CLAUDE GUILLERMET

Seigneur de Bérigard ou Beauregard

Docteur en Médecine et Humaniste distingué

Né à Moulins, vers 1592 ; mort à Padoue le 23 avril 1663 [1]

Monsieur Buriot-Darsiles, directeur des *Cahiers du Centre*, professeur au Lycée de Moulins, a fait don à la Société d'une brochure que l'auteur, « il signore Antonio Favaro », lui avait envoyée.

Cet ouvrage fait partie d'une série, où l'auteur étudie successivement les divers contradicteurs de Galilée. L'opuscule, qui vient de paraître à Venise en 1920, nous intéresse, car il est consacré à Claude Guillermet, dit « Bérigard », né à Moulins, professeur à Pise et à Padoue.

Antonio Favaro a recherché dans les archives de Florence, Pise et Padoue, tous les documents susceptibles de nous renseigner sur la vie de notre compatriote en Italie. Pour se renseigner sur les années d'enfance de Bérigard, Antonio Favaro s'est adressé à M. Buriot-Darsiles, à Moulins. Malheureusement, cette période de la vie de Bérigard semble échapper aux investigations.

Monsieur le Président m'ayant chargé de traduire et de résumer la brochure, j'ai noté ce qui avait trait à la vie de Bérigard, en passant sous silence ses arguments contre le système galiléen, objections qui ont cessé depuis longtemps d'être scientifiques ; je me suis borné à mentionner les noms des principaux ouvrages de Bérigard.

E. C.

(1) Cf. : La note du *Courrier de l'Allier* et les renseignements fournis sur ce personnage. Procès-verbal de la séance du 5 janvier 1920, dans le fascicule précédent du *Bulletin*, p. 138.

« Le 21 février 1632, se terminait à Florence l'impression du Dialogue sur les principaux systèmes, et immédiatement Galilée en faisait l'envoi à ses amis et ses protecteurs. Quel accueil lui fut fait, ce n'est pas le cas de le répéter ; il suffira de rappeler sommairement que, pendant que d'une part il excitait la plus vive et la plus haute admiration, d'autre part il soulevait de terribles oppositions, non seulement dans le camp des doctrinaires ecclésiastiques, mais aussi dans celui des péripatéticiens, même parmi ceux qui n'étaient pas aussi directement attaqués dans le Dialogue. Galilée rencontrait l'opposition la plus déterminée dans cette même Université de Pise où il avait été étudiant et lecteur, et où il portait le titre de Mathématicien supérieur.

« Pendant que d'autres préparaient une plus rude attaque, le premier à commencer les hostilités, tout en déguisant ses objections sous la forme de doutes, fut le Lecteur de Philosophie supérieure de l'Université de Pise, Claude Bérigard, qui se hâta de formuler ses critiques peu de mois après l'apparition du Dialogue. C'est de leur auteur que nous nous proposons de vous entretenir, puisque le but de cette publication est d'étudier les contradicteurs de Galilée, et nous le ferons d'autant plus volontiers que cela nous donnera le droit de rectifier les nombreuses erreurs commises à l'égard de ce philosophe qui nous apparut comme beaucoup plus sérieux que ne le représentent les admirateurs de Galilée, qui ne surent lui pardonner de s'être élevé contre lui, alors que tant d'autres et de si violentes tempêtes allaient fondre sur sa tête. »

Claude Guillermet, seigneur de Bérigard ou de Beauregard, naquit de Pierre, médecin à Moulins, en Bourbonnais ; mais nous trouvons des divergences à l'égard de l'année de sa naissance, car, pendant que Niceron en fixe la date au 15 août 1578, d'autres, se basant sur des éléments de valeur indéniable, supposèrent qu'il était né quelques années plus tard. A ce moment, on n'avait pas connaissance de son acte de décès qui, en indiquant son âge, donne le moyen de calculer avec une sûreté relative l'année de sa naissance. On peut croire qu'il naquit vers 1590, ou peut-être un ou deux ans plus tard.

Dans un ouvrage de Bérigard, paru en 1643, et dont nous nous occuperons plus loin, existe son portrait gravé sur bois, et autour duquel on lit « *Claudius Berigardus Molinensis Philosophus. et Medicus aet LI* », si bien qu'en admettant comme probable que le portrait ait été fait pour l'ouvrage et que celui-ci ait paru à la date indiquée, la date calculée avec le registre mortuaire se trouve à peu près confirmée. Le même portrait et la même inscription figurent dans une nouvelle édition du même ouvrage parue en 1661, mais évidemment c'est la même gravure qui servit les deux fois, et le calcul au sujet de l'époque de la naissance doit partir de l'époque de la première édition.

Nous ignorons la date de son arrivée en Italie. Targioni-Tozzetti (1), qui est tombé dans de nombreuses erreurs, au sujet de Bérigard, écrit « à bien compter il serait venu à 14 ans », mais comme il s'est trompé sur l'année de sa naissance, il se trompe là encore certainement. Ce qui est sûr, c'est qu'il n'y vint pas seul, mais avec un frère, car nous les verrons tous les deux employés à la Cour de Toscane.

Dans une liste des « Stipendiés de Madame Sérénissime Mère, payés par Buti son trésorier », se trouve porté un « Claude, Français » ; mais s'il est vrai que le registre, sans date, ne paraît pas postérieur à 1610, puisque les dernières inscriptions seraient du 9 février 1609, ce Claude, Français, ne peut être Bérigard que nous ne pensons pas être venu en Italie avant 1625. L'emploi qu'il occupait près de la Grande Duchesse Christine était celui de secrétaire pour les lettres françaises. Toutefois, dans la préface de l'ouvrage dédié au Grand Duc Ferdinand II, il énumère les bienfaits qu'il reçut de la Maison de Médicis et se dit « *Serenissimæ Christinæ a Lotharingia ascitus ab epistolis gallicis* », préposé par la Sérénissime Christine de Lotharingie à la rédaction des lettres françaises. Il ajoute peu après « *atque ad hujus* », etc., et en plus de ces faveurs, admis au nombre des diplomates qui accompagnèrent le Sérénissime prince Matthias en Allemagne.

Il règne la plus grande incertitude relativement à la jeunesse de Bérigard, et il contribua à l'entretenir en ne faisant sur lui que de rares communications, que nous n'avons pu vérifier.

Dans la préface d'un de ses ouvrages, il parle du temps « *quo in*

---

(1) Targioni-Tozzetti. *Notice sur les progrès des sciences physiques en Toscane dans le cours du XVIIᵉ siècle.*

academiis Parisiensi, Pisana et Patavina, etc. », où dans les Universités de Paris, Pise et Padoue, il s'occupait de philosophie. Cette phrase pourrait faire croire qu'il s'est borné, à Paris, à étudier et non à enseigner la philosophie ; mais dans une autre préface il écrit qu'il fut pendant quelques années Lecteur à l'Université de Padoue et qu'il ignore si d'autres Français que lui ont occupé cette place. Il écrit « *mihi et Parisiensi in Pisanam olim accito* », etc., il ne put m'empêcher à moi qui fus appelé à Paris, à Pise, puis à Padoue pour occuper une chaire de philosophie, de la placer à un rang où elle n'était inférieure à nulle autre. Ici, il paraît affirmer explicitement qu'il fut appelé de l'Université de Paris à celle de Pise. Au frontispice du même ouvrage, il dit « jadis philosophe à Pise, maintenant à Padoue », sans mentionner l'Université de Paris, où en raison de sa jeunesse il est peu vraisemblable qu'il ait occupé une chaire.

Brucker toutefois corrobore cette assertion, en écrivant que « *cum in Pisana Academia* », etc., lorsqu'une chaire de philosophie vint à manquer à l'Université de Pise, un des hommes éminents qui en ce temps étaient l'ornement de Paris, Bérigard, fut appelé pour l'occuper.

Bayle confirme aussi la même opinion, en écrivant : « il s'acquit une telle réputation dans l'Université de Paris que le Grand Duc de Florence l'attira à celle de Pise. »

Targioni-Tozzetti répète, sans commentaires, cette affirmation de la chaire occupée à Paris par Bérigard, avant d'être appelé à Pise, puis, d'une façon inexplicable, il en arrive à dire que c'est le Grand Duc Ferdinand II qui le choisit ainsi. Or Ferdinand était mort depuis 1609. Targioni-Tozzetti commet toute une série d'erreurs, comme de placer Bérigard professeur pendant 12 ans et abandonnant sa chaire en 1618, alors qu'à cette date il n'occupait pas encore ce poste. Nous ignorons sur quoi il se base pour dire que Bérigard a fait ses études à Pise.

Nous n'attachons pas d'importance à la note fournie par Niceron prétendant qu'il avait obtenu les doctorats en philosophie et en médecine à Aix, le 22 juillet 1601. Si le fait est vrai, la date est fausse, puisque Bérigard n'aurait pas eu à ce moment plus de neuf ou dix ans. Peut-être fut-il docteur en 1621, et Fabroni le mentionne sans en faire la preuve : « *testis est Sommaja...* Sommaja fut témoin qu'il reçut le laurier universitaire en 1624 » ; probablement là encore il y a une erreur d'impression, et on a mis 1624 pour 1621.

Nous pouvons dire seulement avec certitude qu'il consacra ses jours à l'étude de la philosophie. Par la légende autour de son portrait, nous savons qu'il était médecin, et nous en trouverons ailleurs la preuve. Il se dit docteur en théologie sacrée, non sans rappeler aussi qu'il était très versé dans les sciences naturelles, puisqu'il fut un certain temps directeur du jardin botanique de l'Université de Pise. Niceron veut qu'à ce moment, et c'est inexact, il ait enseigné les mathématiques. Ce qui est vrai, c'est qu'il était très versé dans les sciences, et nous tenons pour très juste ce qu'écrit Brucker : « Quelle que soit l'Université où Bérigard ait fait ses études, il n'en est pas moins vrai qu'il possédait la philosophie ancienne et moderne et qu'en même temps il avait commencé l'observation des phénomènes naturels et la recherche de leurs causes. »

De grande valeur pour la biographie de Bérigard sont les notes de Mgr Girolamo da Sommaja, provéditeur général de l'Université de Pise, écrites lors d'un cours spécial de philosophie, le 24 octobre 1627. Il est dit que Bérigard avait alors 35 ans, ce qui confirme sa naissance en 1592 ; de plus, nous apprenons qu'il occupait un rang élevé à Florence en 1626 ; qu'il avait un frère avec lui, et il nous paraît qu'il a rempli pendant un peu plus d'un an l'emploi dont nous avons parlé auprès de la grande duchesse Christine de Lorraine. Le confesseur de la grande duchesse ne pouvait donner que d'excellents renseignements sur son compte.

Cette note du provéditeur n'avait d'ailleurs d'autre but que d'engager le Grand Duc à attacher Bérigard à son service. En effet, Bérigard fut nommé Philosophe extraordinaire avec un traitement annuel de 130 écus, par décret grand ducal du 19 novembre 1627, qui nommait comme Philosophe ordinaire de la même Université Scipione Chiaramonti.

Au sujet de sa nomination à l'Université de Pise, Bérigard, dans sa dédicace de l'ouvrage qui nous intéresse au sujet de Galilée, écrit : « *Celsitudo tua serenissima...* Votre Altesse Sérénissime a choisi, pour enseigner la Philosophie, un athlète gaulois pour qu'entre tant de nations qui combattent le noble combat, dans cette arène de Pise, pas une ne manquât d'être représentée. »

En 1628, la chaire d'humanité se trouvant vacante, le provéditeur général proposa encore Bérigard, faisant remarquer que, dans le discours inaugural de son enseignement philosophique, il s'était montré un grand humaniste, mais Bérigard n'obtint cependant pas cette charge qui fut donnée à Paganino Gaudenzio.

Il paraît bien cependant que c'était un humaniste de mérite. La profonde connaissance qu'il avait de la langue grecque lui permettait, dans l'étude qu'il faisait d'Aristote, de se passer des traducteurs ; ce que ne pouvaient faire bon nombre de professeurs de cette époque qui, au lieu de puiser directement aux sources, enseignaient une doctrine absolument contraire à celle de l'auteur. Il aborda dans son enseignement les questions brûlantes alors d'actualité, c'est-à-dire le mouvement stellaire, les taches solaires, les mouvements des marées, la ligne méridienne, toutes études qui pouvaient fournir des arguments au sujet du mouvement diurne et annuel de la terre. C'est pourquoi il n'est pas étonnant qu'à l'apparition du « Dialogue », Bérigard présentât une publication appelée « *Dubitationes* » (doutes), qui le classa aussitôt comme le principal contradicteur de Galilée.

Le *curriculum vitæ* de Bérigard à l'Université de Pise, est pour lui extrêmement honorable.

Du 18 octobre 1629, nous avons un rapport du provéditeur général, disant que Bérigard a fait preuve, en deux années d'enseignement, d' « excellent philosophe et de très bon humaniste » et qu'il propose pour lui une augmentation de traitement que le Grand Duc réduisit à trente écus. Une autre demande d'augmentation, faite en 1631, ne paraît pas avoir réussi.

En 1633, le provéditeur général revenait à la charge, faisant observer que quatre années s'étaient écoulées sans que Bérigard eût obtenu d'augmentation ; il écrit que, bon philosophe, humaniste et poète latin, il s'acquitte avec honnêteté et dignité de ses fonctions. Cette fois le traitement fut augmenté de quatre-vingt-dix écus.

Finalement, en 1634, il fut promu à la plus haute classe et en 1636 son traitement était de douze cent cinquante écus.

En deux autres occasions, il est fait mention de Bérigard sur les registres de l'Université de Pise.

Nous le rencontrons aussi comme postulant au « Jardin », c'est-à-dire à la direction du jardin botanique, en même temps que son frère Joseph-Guillaume, chirurgien ; mais on ne prit aucune décision favorable à l'un ou à l'autre.

La mission de s'occuper du « Jardin » incomba cependant à

Claude Bérigard, lorsqu'on nomma comme lecteur Jean Tellier, français-lui aussi, désigné en 1637, à la suite d'un examen passé dans ce même Jardin en présence des personnalités compétentes, parmi lesquelles Bérigard, comme philosophe et expert en arts.

Après avoir obtenu ce poste, Bérigard adressa au Grand Duc une supplique, à l'effet d'obtenir la somme de soixante-dix écus, donnés annuellement pour la direction du « Jardin » ; malgré qu'il n'eût rempli la fonction que pendant cinq mois, cette demande reçut satisfaction.

Une autre mention que nous avons de lui, se rapporte à une demande d'autorisation de quitter l'Université au commencement de l'année scolaire 1637-38, pour se rendre en Allemagne, auprès de son frère, le chirurgien, qui avait suivi le prince Matthias et qui avait été envoyé momentanément au prince Jean-Casimir de Pologne pour remplir les fonctions inhérentes à sa profession. Cette demande fut accueillie favorablement et on lui conserva sa chaire, mais sans ses appointements.

Même en dehors de l'Université, Bérigard jouissait d'une très grande considération.

Dans un des rapports du provéditeur général, que nous avons cités, on lit que Bérigard avait obtenu le titre de docteur en 1621, sans dire, cependant, où il l'avait obtenu, mais nous savons d'autre part qu'il avait reçu ce doctorat à Aix et non seulement en philosophie mais aussi en médecine ; nous avons vu, en outre, que la légende « *Medicus* » se lit autour de son portrait et que lui-même dit avoir suivi à Pise les leçons de l'anatomiste Ruschi. Comme confirmation de ses talents médicaux, nous noterons que l'historiographe de l'Université écrit : « *multi in gravioribus morbis...* beaucoup de gens atteints de maladies graves faisaient appel à ses soins », il rapporte une lettre de Redi à Giovanni Neri dans laquelle il est question d'un remède souverain contre le scorbut, trouvé par Bérigard, et qui n'avait pas son pareil.

A Pise, donc, tant par la réputation qu'il s'était acquise comme professeur de philosophie à la chaire suprême, tant par sa culture littéraire, tant par son habileté clinique, Bérigard était hautement estimé. Nous savons en outre qu'il fut membre de l'Académie Désunie, puisque Paganino Gaudenzio, dans la préface de l'ouvrage qui en mentionne les fastes, cite parmi les plus éminents des académi-

ciers, Lelio Mancino, lecteur ordinaire de droit civil et il ajoute :
« Nous devons aussi parler du docteur Claude Bérigard, de natio-
nalité française, lecteur ordinaire de philosophie, homme très érudit, sachant bien le grec, bon latiniste en vers et en prose, et qui
explique sa pensée avec beaucoup de facilité, de clarté et de pureté
de langue. »

Toutes ces raisons, outre certaines autres d'un caractère familier,
ne réussirent pourtant pas à retenir définitivement Bérigard en
Toscane et à l'Université de Pise, où comme nous l'avons vu, il
jouissait d'une position très enviable, puisqu'en 1639. il accepta
l'offre d'une chaire de professeur ordinaire de Philosophie, à l'Université de Padoue, en second, ayant comme compensation la parité
avec le titulaire en premier, qui était Giovanni Cottunio. Cette
chaire était parmi les principales, et Liceti, qui l'avait occupée deux
ans auparavant, était un péripatéticien passionné mais de grande
réputation, c'est pourquoi les recteurs apportèrent le plus grand
soin à le remplacer dignement.

Ainsi que nous l'apprenons par le décret même de l'élection de Bérigard, les négociations furent menées par le Résident de la République
de Venise à Florence, et comme nous l'apprenons d'autre part, avec
la participation de M⁽ᵍʳ⁾ Gaspare Lonigo, déjà lecteur de l'Université
et conseiller de la sérénissime République en matière féodale.

Bérigard arriva à Padoue le 20 mai 1639, comme titulaire en second de la chaire de Philosophie ordinaire, mais sur le pied d'égalité
avec le titulaire en premier, pour les quatre années habituelles
d'exercice et deux d'honorariat, avec des appointements annuels de
huit cents florins, soit presque la moitié en plus de ce qu'il avait
à Pise. Il fut convenu en outre qu'il jouirait, à l'Université, de toutes les prérogatives, préséances et autres faveurs, dans la même
mesure que son collègue. De plus, il lui fut versé une fois pour
toutes, à titre d'indemnité de voyage, une somme de cent florins.

Cet acte fut cité par Papadopoli comme exemple : « *Venetœ libe-
ralitatis erga elari nominis professores*, de la générosité vénitienne à
l'égard des professeurs renommés. »

A l'expiration de cette première période, Bérigard demanda, à la
date du 15 décembre 1645, à être maintenu dans ses fonctions avec
l'augmentation habituelle. En cette occasion, il fait entendre une
plainte pour la raison qu'il n'avait pas joui pendant les six années

écoulées des prérogatives annexes, conformément aux promesses du Doge en date du 20 mai 1639, et qui devaient consister, selon lui, à faire partie du collège de l'Evêché ainsi qu'à présider à son tour dans le collège del Bô, enfin à avoir la préséance sur tous les professeurs adjoints dans ces deux établissements. Ces trois demandes furent accueillies favorablement, il fut maintenu dans sa chaire pour une période égale et son traitement fut élevé à mille florins annuels.

A l'expiration de cette seconde période, il en sollicita une autre ; l'obtint avec les mêmes éloges et un traitement porté à douze cents florins, par décret du 8 avril 1652.

Finalement, au bout de ce temps, il obtint une autre prorogation et une augmentation qui lui valut quatorze cents florins, par décret du 2 avril 1659, mais il n'arriva pas à terminer cette dernière période.

Dans le second et le troisième décret de prorogation, on insiste sur le mérite de Bérigard comme professeur et comme auteur d'ouvrages « relatifs aux questions principales de philosophie naturelle ». Nous citerons ces œuvres. Au cours de son enseignement, nous savons qu'il lut : en 1648-59, le 1er et 2e livre *de Physique ;* — en 1653-54, 1er et 2e livre *de l'Ame ;* — 1655-56, *Du Ciel ;* — 1658-59, *de la Génération et de la corruption ;* — 1660-61, 1er et 2e livre *de Physique ;* — 1661-62, les livres *Du Ciel ;* — 1662-63, troisième livre *de l'Ame.*

L'ouvrage auquel est surtout attaché le nom de Bérigard est celui qu'il a intitulé *Circulus Pisanus.* Ce livre vit la lumière pour la première fois en 1643, imprimé à Udine, chez Nicolo Schiratti, qui, au xviie siècle, était chargé, de préférence aux imprimeurs de Padoue, d'éditer les œuvres des Lecteurs de l'Université. Cette première édition contient, avant le frontispice, un sous-titre gravé, dans le genre du xvie siècle. Le mot *Circulus* est fractionné en six parties, comme le sont les six balles de l'écusson des Médicis, avec une inscription entre chacune ; en outre, un numéro progressif et le nom du prince de la maison de Médicis à qui l'œuvre est dédiée.

Le livre est en effet distribué en six parties ou cercles, à savoir :

I. *De veteri et Peripatetica,* etc. De l'ancienne Philosophie péripatéticienne dans les premiers livres de physique d'Aristote. Dédié au Sérénissime Ferdinand II, grand duc d'Etrurie.

II. De l'ancienne philosophie péripatéticienne dans le 8e livre de physique d'Aristote. Dédié au Sérénissime Jean-Charles d'Etrurie.

III. De l'ancienne philosophie péripatéticienne dans les livres d'Aristote : *du Çiel*. Dédié au Sérénissime Matthias d'Etrurie.

IV. De l'ancienne philosophie péripatéticienne dans les livres d'Aristote. Dédié au Sérénissime Léopold d'Etrurie.

V. De l'ancienne philosophie péripatéticienne dans les livres météorologiques d'Aristote. Dédié au Sérénissime Laurent d'Etrurie.

VI. De l'ancienne philosophie péripatéticienne d'Aristote dans les trois livres d'Aristote : *de l'Ame*. Dédié au Sérénissime et Révérendissime Charles, cardinal d'Etrurie.

Chacun de ces cercles est subdivisé en plusieurs autres cercles plus petits, en manière de chapitres.

En tête du volume il y a, comme nous l'avons déjà dit, une belle gravure reproduisant le portrait de l'auteur, avec l'inscription précédemment citée et renfermée dans son ovale ; en dessous on lit :

« *Ellipsi minima physici solertis imago Clauditur æthereo meus nequit orbe capi.* » : « Dans ce cadre restreint est l'image d'un habile physicien ; dans le monde éthéré l'esprit peut être environné mais jamais enfermé. »

L'ouvrage a la forme d'un dialogue entre deux interlocuteurs, Carilaüs et Aristeüs. Le premier soutient que les difficultés de la philosophie ne peuvent se résoudre que par les principes d'Aristote, le second fait appel aux doctrines d'Anaximandre : sous le nom d Aristeüs se dissimule l'opinion de Bérigard. — (Suit un très long exposé qu'il serait oiseux de résumer.)

Malgré qu'il eût abandonné l'Université de Pise, Bérigard avait conservé des liens avec la Toscane et en particulier avec Florence où résidait la famille de son frère et auprès de laquelle, comme nous l'apprend Fabbroni, il se rendait pour passer les vacances.

Des relations qu'il avait conservées avec les savants florentins, il nous est resté plusieurs documents : à la Bibliothèque nationale de Florence on conserve un manuscrit intitulé : *Traité du très auguste sacrement de l'Eucharistie*, par Jacob Gaddi, à la fin duquel on lit : « *Ego Claudius Berigardus, etc....* Moi, Claude Bérigard, docteur en théologie sacrée et en philosophie, professeur ordinaire à l'Université de Padoue, j'ai lu l'œuvre très érudite du très remarquable Jacob Gaddi, puisée aux sources les plus pures de la théologie, et très sincère, je n'ai rien remarqué de contraire à la foi, aux bonnes mœurs et tout en exprime la meilleure doctrine et la piété. Florence, la veille des Kalendes d'octobre MDCXLIV (1644). »

Ce Jacob Gaddi, fils du sénateur Camillo, naquit à Florence dans les premières années du xviie siècle. Il étudia à Pise, Bologne, Venise et Padoue et séjourna longtemps dans cette dernière ville où il se lia d'amitié avec les plus notables familles et aussi avec les plus célèbres professeurs de l'Université. De retour dans sa patrie, il s'adonna exclusivement à l'étude et fit paraître plusieurs ouvrages surtout de poésie, mais aussi historiques et biographiques ; on en conserve encore d'autres inédites, dans la collection des manuscrits, à la Bibliothèque nationale de Florence.

Il créa l'Académie des Svogliati (délicats) et fit partie de celle des Incogniti (inconnus). Il mourut en 1668, selon Cinelli ; beaucoup plus tard, en 1675 ou 1677, selon Bandini.

Bérigard était en relations épistolaires avec Gaddi et nous avons deux lettres qu'il lui adressait de Padoue, l'une à Florence, en date du 19 mars, l'autre en date du 12 novembre 1649, à Lyon, où Gaddi s'était rendu pour surveiller l'impression de son ouvrage : *De scriptoribus non ecclesiasticis.* Dans ces deux lettres, Bérigard le renseigne sur leurs amis communs et les faits de l'Université.

Les relations qu'il entretint avec Vincenzio Viviani sont plus importantes pour nous, quoiqu'il ne nous en soit resté que deux lettres de Viviani et une de Bérigard, les deux premières sont un brouillon, la troisième est la missive même. Toutes trois figurent dans les manuscrits de Viviani. Dans l'une, Viviani prie Bérigard de lui préciser la manière de : « vitrifier le plomb et de le rendre diaphane comme le cristal ». Manque la réponse de Bérigard, qui, du reste, s'est occupé de la transfusion des métaux dans le livre *Circuli Pisani.* Plus intéressante est la lettre où Bérigard décourage Viviani de solliciter une chaire à Padoue.

Claude Bérigard avait formulé le vœu de revenir plus tard dans sa patrie. Il avait annoncé au prince Léopold de Médicis son intention de se retirer à Florence à la fin de sa dernière période de professorat, mais il mourut subitement d'apoplexie, comme nous l'apprend l'acte de décès rédigé le 23 avril 1663. Il avait 73 ans et fut enterré dans l'église de Sainte-Sophie.

L'épitaphe placée par les soins du curé, non loin de la porte de l'église et dans la muraille, était ainsi conçue : « *Claudii Beri-*

gardi galli, Philosoph et Medi : Ici est la dépouille de Claude Bérigard, Philosophe et Médecin français, professeur en premier à l'Université de Padoue, triomphateur du mal français (*sic*), *Gallicæ luis profligatori* (*sic*). Pour que la mémoire d'un tel homme ne pérît pas, Ferdinand Pegorucci, de Vincence, I U D, curé de cette paroisse, a veillé à l'inhumation. Sous cette arcade, à la longueur, du développement des portes, il a élevé ce monument, grâce à de pieuses offrandes. Etait podestat de la ville de Padoue, l'Illustrissime seigneur Annibal Zacco. L'an de salut 1670, 9 des Kalendes de septembre. »

De la première partie de cette inscription, il résulte que, comme à Pise, Bérigard exerça la médecine et qu'il s'était acquis une grande réputation dans le traitement des maladies vénériennes. De la seconde partie, il résulte que le curé de l'église Sainte-Sophie, Bernardino Pegorucci, recueillit les ossements dans une sépulture commune et qu'il voulut alors transmettre à la postérité le souvenir d'un homme de bien, opérant avec les dons des fidèles, et qu'il plaça le corps dans une meilleure place, sous une arcade, près des portes d'entrée de la vieille église.

Niceron écrit que Bérigard mourut à Padoue en 1663, d'une hernie ombilicale, à l'âge de 85 ans ; qu'il eut comme héritier son frère, Jean Beauregard, déclaré noble du Saint-Empire en 1635, pour avoir compté dans ses ancêtres quatre aïeux paternels et maternels nobles, père de Pierre de Beauregard, docteur en philosophie et en médecine, mort célibataire à Pise, et dont l'héritage fut recueilli par le comte Niccolo de Beauregard, petit-neveu de Jean et de Claude.

De Pierre Bérigard qui se qualifie de florentin, et qui est compté parmi les écrivains italiens, par Mazzuchelli, nous pouvons noter la publication, en vers rythmés, des aphorismes d'Hipocrate (Udine, imprimerie Schiratti, 1645). La Biographie universelle d'Hœfer lui attribue des épigrammes au sujet des statues du Jardin de Pise, 1645.

Nous n'avons plus rien trouvé qui se rattachât directement ou indirectement à Claude Bérigard. Il n'y a pas de doute, cependant, qu'une oraison funèbre n'ait été prononcée, selon l'usage d'ailleurs, pour un professeur aussi éminent, mais jusqu'ici elle a échappé à nos plus diligentes recherches.   E. CAPELIN.

HÉRISSON [1]

INTRODUCTION

A l'époque gauloise, le pays qui devait devenir le territoire de la future châtellenie d'Hérisson, dépendait de la cité des Bituriges, qui possédaient de ce côté l'arrondissement actuel de Montluçon, tout entier, moins quelques communes du canton de Marcillat, le canton de Chantelle (arrondissement de Gannat), du Montet, de Bourbon et de Lurcy (arrondissement de Moulins).

Selon toute probabilité, ce pays était couvert, en grande partie, d'immenses massifs forestiers, dont il ne reste que les forêts, que l'on trouve, en allant du sud au nord : Espinasse, le bois de Venas, Soulongis, Tronçais, à l'est Dreuille et Gros-Bois ; d'autres bois très grands venaient à l'ouest, presque jusqu'à la rive gauche du Cher, finir au dessus des collines de la rive ; on retrouve encore quelques parties sous le nom de bois d'Huriel, de la Chapelle-Aude, de la Crête du-Suave et du Delat.

Les premiers habitants du sol n'ont laissé sur ce vaste territoire que peu de débris de leur séjour : on a trouvé près de Tronçais, au Brethon, quelques silex taillés, des haches assez volumineuses.

---

(1) Cette étude est l'œuvre posthume de notre regretté confrère M. Camille Grégoire. Rédigée par lui, pendant son séjour à Saint-Pourçain, comme juge de paix, et au cours de la longue maladie qui a précédé sa mort, elle a été offerte à notre Société par la piété filiale de son fils, M. Louis Grégoire, pour être publiée dans le *Bulletin*.   N. D. L. R.

des couteaux et des polissoirs ; autour d'Hérisson, des haches, des couteaux, des flèches, à la lisière du bois dit de la Madeleine, actuellement défriché, près d'Epalais, de l'étang de la Motte-Archambaud, de Givarlais, de Maillet, dans les terrains qui dominent le ravin de l'OEil, aux Simons, près de Venas.

Ces découvertes ont été peu importantes, sauf au Brethon, où un certain nombre de haches, éclatées ou polies, avaient des dimensions réellement exceptionnelles ; à Hérisson, une hache en pétrosilex poli est superbe ; les couteaux, les grattoirs étaient des plus ordinaires : un couteau trouvé près de Châteloy, avait une grande dimension. On n'a relevé aucune trace d'habitation ; les peuplades construisaient leurs huttes de pieux et clayonnages, couvertes de branchages, qu'elles abandonnaient dès qu'elles tombaient de vétusté et leur emplacement ne devait laisser aucune trace.

Des rivières arrosaient le pays : le Cher et ses ruisseaux, avec ses affluents principaux, l'Aumance et le Bandais. Comme toutes les rivières, à cette époque, le Cher avait un cours plus régulier qu'aujourd'hui, les eaux venant des forêts voisines, s'écoulant graduellement jusqu'à son lit et maintenant son étiage ; il traversait la contrée du sud au nord ; des deux côtés de son cours, sur les deux rives, des terrains étaient propres à la culture, et il est supposable qu'ils furent toujours occupés par les populations recherchant des champs fertiles, le bois des forêts pour leurs constructions, du gibier et des poissons pour leur nourriture.

Les vallées de l'OEil (l'Aumance) et ses affluents offraient un accès moins favorable pour la pénétration des premiers occupants ; jusque sur les rives de ses cours d'eau, les bois, les broussailles, laissaient peu de terrains propres à la culture, sauf au confluent de l'OEil, de l'Aumance, du Bandais, et près d'Hérisson.

Tel était l'aspect général du pays, pour ces époques préhistoriques et même au temps des Gaulois.

A l'époque gallo romaine, le sol a commencé à se dénuder, les forêts ont été déjà entamées, les grandes voies traversent le territoire, celle venant de Bourges et passant le Cher vers Drevant, pour rester dans le bas de sa vallée, sur la rive gauche ; une autre, arrivant également de Bourges, quittait Drevant, longeait la rive droite du Cher jusqu'à Montluçon ; au même point de Drevant, une autre se dirigeait sur Meaulne, Cordes et Cosne, où trois embranchements gagnaient : le premier, Gipcy, Souvigny, Moulins et l'Allier ; le deuxième allait par Le Montet vers Saint Pourçain et Varennes : le troisième vers Néris.

Le long de toutes ces routes, des centres s'étaient créés ; un seul, celui de Cordes (Châteloy), a donné des débris de l'époque gauloise, ainsi que des poteries, des monnaies et d'autres vestiges de l'époque gallo-romaine ; partout ailleurs, c'est cette dernière période que signalent les découvertes dont nous parlerons pour les communes du canton d'Hérisson.

Un grand nombre de lieux dits ont une origine gallo-romaine ou mérovingienne et ont été la propriété des riches colons de ces époques. Ces lieux, pour ne citer que ceux de l'actuel canton d'Hérisson, sont restés des terres importantes ; quelques unes : *Calvaniacum* (Chouvigny), *Cirraïcus* (Civrais), *Variniacus* (Vérigny), *Espaliacum* (Epalais) étaient ou avaient été le siège de fiefs avant la Révolution : d'autres : *Torteziacum* (Tortezais), *Vallis* (Vaux), *Givarliacum* (Givarlais), *Stivaliculæ* (Estivareilles), *Nassiniacus* (Nassigny), *Malliacus* (Maillet). *Cosna* (Cosne), *Nova villa* (Neuville), *Vallonia* (Vallon), *Reuniacus* (Reugny), devinrent le chef-lieu de paroisses, comme les *oratoria* édifiés à Louroux-Hodement (*oratorium*) et à Louroux-Bourbonnais, (*oratorium Borbonense*) : plus tard, dans les cinq premiers siècles, d'autres paroisses furent créées : *Erictio* (Hérisson), *Biganelia* (Bizeneuille), *Sanctus Caprasius* (Saint-Caprais), *Venatus* (Venas), *domus Bretoni* (Le Brethon).

Quelques-unes de ces localités constituèrent au VIe siècle une partie du patrimoine du prieuré de la Chapelle-Aude : *Aldum* (Audes), *Vassiniacus* (Nassigny), *Malliacus* (Maillet), *Giverlaicus* (Givarlais), *Stivalicolæ* (Estivareilles), *Vallum* (Vaux), d'autres y figurent plus tard, églises ou terres, *Epaliacus* (Epalais), *Sanctus Caprasius* (Saint-Caprais).

Au Xe siècle, les possessions des sires de Bourbon apparaissent et elles s'étendaient de siècle en siècle, jusqu'au XVIe. Avant le XIIe siècle, ils avaient probablement le territoire dont dépendait Hérisson, car en 1152-1180 (1), Archambaud V dut se reconnaître

(1) **Chazaud**, *Chronologie des sires de Bourbon*, p. 179.

vassal d'Henri Ier, comte de Champagne, pour ses terres d'Hérisson, Ainay, Huriel, Epineuil, Saint-Désiré (canton actuel d'Hérisson, Cérilly, Huriel). En 1077, Constancius, vicaire ou viguier d'Hérisson, intervient comme témoin, dans une charte du prieur de la Chapelle-Aude, et en 1030-1036, le *castrum Iricionense* est visé dans une lettre à Wulcran, archevêque de Bourges, à Guido d'Hérisson, archiprêtre, pour frapper d'excommunication ceux qui avaient molesté les moines de Saint Denis et s'étaient réfugiés dans la forteresse et le château appelé Aix.

Du xe au xiie siècle, les archiprêtres d'Hérisson, Guido, Géraldus, Humbaldus, Matheus, Rainaldus, Windo, sont nommés dans le cartulaire de la Chapelle-Aude ; on peut conclure de cette remarque que le *castrum* ou *vicus* mérovingien était bien avant la date des chartes de ces cartulaires, le *titulus* de cet archiprêtre, centre habituel de la vie des institutions religieuses et du culte rural des paroisses voisines.

En 1569, Nicolas de Nicolay nous montre quelle était alors l'importance de la châtellenie d'Hérisson : cinquante villes, bourgs et paroisses la composent, ayant une population de 2.756 feux, dont 1.586 sont imposés de la taille : ces 2.756 feux se décomposent ainsi : Hérisson 180, Châteloy 153, le Vilhain 40, le Brethon 272, Vitray 24, Meaulne 109, Urçay 36, Vallon 91, Nassigny 37, Reugny 29, Estivareilles 43, Sauljat 28 (Saint-Victor), Vieure 120, Saint-Victor 45, Vimeix 90, Bizeneuille 89, Louroux-Hodement 75, Venas 97, Maillet 80, Givarlais 64, Saint-Caprais 84, Cosnes 158, Tortezais 62, Sauvagny 50, Argentières 21 (Vaux), Chazemais 68, Courçais 66, Huriel 184, Neuglise 46 (Huriel), Saint-Christophe 38, La Nage 39 (La Chapelle-Aude), Givrette 82 (Domérat), Viplaix 80, Saint Désiré 50, Nocq 77, Epineuil 156 (Cher), Saint-Vitte 79 (Cher), La Chapelaude 41, Mesples 34, Saint-Maur-de Bresse 42 (Creuse), Saint Palais 40, Saint-Sauvier 43, Treignat 59, Montbras 17, Frontenat 22 (Archignat), Archignat 58, Saint-Martinien 92, Aude 50, Pérelle 36 (Domérat), Onrouzat 36 (La Chapelle-Aude), Louroux-Bourbonnais 153.

D'Argouges apporte au xviie siècle à ces paroisses des changements : Le Lacq, nouvelle paroisse créée près d'Hérisson, 27 feux, Valigny 30 feux, Buxières-en Hérisson 20 feux, La Chapelette 52, Les Prugnes 18. La population comprenait 3.389 feux, vers 1686.

En résumé, la châtellenie d'Hérisson avait quatre communes du canton actuel de Cérilly, le canton d'Hérisson actuel tout entier, douze communes de celui d'Huriel et deux de celui de Montluçon ; en outre, Epineuil et Saint Vitte (Cher), Vieure, de Bourbon, les paroisses de Givrette (Domérat) et d'Argentières (Vaux), Saint-Maur-de-Bresse (Creuse) ; le territoire de cette châtellenie repré sentait près de la moitié des communes de l'arrondissement de Montluçon.

Nous ne parlerons point des divisions qui furent faites aux époques révolutionnaires et modernes et renvoyons le lecteur à notre étude sur le canton d'Hérisson et de Saint Hilaire pendant la Révolution.

En ce moment encore (1912), bien que réduit à 18 communes, le canton d'Hérisson est un des plus grands du département de l'Allier. Sa superficie de 44.266 hectares, sa population comprend 14.500 âmes, d'après les derniers recensements.

Les deux pôles d'activité commerciale et industrielle de cette région se sont fixés sur le chemin de fer économique à Cosne-d'Allier, où sont les ateliers de la Société Economique, au croisement de la ligne Cosne-Moulins et Sancoins,-Lapeyrouse-Saint-Eloi, dans une vallée ouverte aux belles prairies : et à Vallon-en-Sully, vallée du Cher, près du canal du Berry et sur la ligne de Montluçon à Bourges et Paris ; c'est là que se trouvent des fours à chaux, nécessaires aux terres granitiques de ses hauts plateaux.

Le chef lieu de canton, isolé des voies ferrées et des grandes routes, se contente avec mélancolie d'exploiter les souvenirs artistiques attachés au séjour d'Harpignies et des peintres élèves de ce maître paysagiste, attendant depuis plus de vingt ans la voie ferrée économique ou normale, qui doit relier ses bois, ses rochers, au réseau général et permettre l'exploitation des richesses de son sol fertile, où s'étalent les beaux vignobles et les terres à blé aux superbes moissons.

LA VILLE D'HÉRISSON

Quelles que soient les routes par lesquelles on arrive à Hérisson, c'est à peine si, de loin, du haut des côtes élevées sur lesquelles elles sont assises, on aperçoit le sommet de la tour en ruines du vieux château ; il faut arriver aux portes de la ville pour découvrir ses maisons, cachées au fond de la vallée ; par la route de Montluçon, comme par celle de Cosne.

Des chemins d'accès les plus pittoresques, on a un panorama de toute la vieille cité : au premier plan, à gauche, sur un mamelon élevé, le Puy-Beau, dominant une prairie, qu'entourent des colli nes boisées, se dresse une chapelle, dite du Calvaire, que construisirent les chanoines du Chapitre de Saint-Sauveur d'Hérisson (1). Au fond, derrière un petit édifice et à perte de vue s'étagent des maisons, des vignes, des champs et des bois.

A droite, on aperçoit des enclos de jardins, les maisons du faubourg du Pont, que domine majestueusement le château, avec ses remparts écroulés, ses tours dégradées et son antique donjon éventré, mais couverts de lierre.

Au dessous de cette belle ruine, appuyée à ses murailles, s'étend la ville, le clocher de son antique chapitre, son église moderne, sa rue principale, ses maisons, les unes vieilles de plusieurs siècles, aux grands pignons de pierre, aux toitures pointues, les autres construites de nos jours, aux toits d'ardoises ou de tuiles roses, aux murs soigneusement blanchis, partout émergent des arbres, des jardinets fleuris descendent jusqu'au pied des collines élevées, que baigne la rivière, dont les eaux se bri-

(1) La chapelle du Calvaire avait été construite au commencement du XVIIIe siècle pour remplacer un petit édifice très ancien ; à certaines époques, les membres du chapitre de Saint-Sauveur y disaient une messe solennelle suivie et précédée d'une procession ; l'intérieur du Calvaire n'a rien de remarquable, au-dessus de la porte d'entrée on a déposé les fragments d'une belle Pieta, plus grande que nature, deux anges qui devaient décorer un autel et des fragments d'écussons ; on ne sait si ces sculptures proviennent de la chapelle ou se trouvaient dans l'église du chapitre avant la Révolu--tion.

sent et grondent parfois contre les blocs de granit formant les barrages des moulins.

L'existence de cette petite cité est fort ancienne ; plusieurs des
chartes données par Chazaud dans ses fragments du cartulaire de
la Chapelle Aude, parlent des archiprêtres d'Hérisson, ayant sous
leur juridiction un certain nombre de clercs, de basiliques, d'*oratoria* qui, depuis le vi^e siècle, étaient installés autour de cette
ville ; 48 paroisses en dépendaient, et l'on sait que les divisions
ecclésiastiques sont calquées sur les cercles d'administration gallo-
romaine, eux mêmes provenant des territoires des tribus gauloises ; bref, le *castrum Iricionense* existait déjà et des habitations
s'étaient construites à l'abri de ses remparts.

Au xie siècle, une donation faite par Archambaud aux moines de
Montcenoux (Villefranche) constate de nouveau l'existence du château (*castrum Iricionense*). Il était alors indépendant de la ville
construite à ses pieds ; elle fut entourée de murailles et de tours,
qui vinrent se souder à l'ouest à l'enceinte de la forteresse ; ce fut
peut-être une des conditions ou une conséquence de la charte de
franchise accordée à Hérisson en 1381 ; cette date est la seule que
nous connaissions. De ce jour, la forteresse et la ville se trouvèrent
en état de résister à toutes les attaques.

En 1400, le duc Louis obligeait les habitants des paroisses environnantes à contribuer aux réparations des murailles de la ville
d'Hérisson, dans laquelle ils avaient l'habitude de se réfugier en
temps de guerre.

Les événements historiques ont laissé peu de souvenirs sur la
ville, pour la période de la guerre de Cent Ans. On lit dans le
compte fait à messire « Bertrand des Bret sire de Malermort,
de ce que Monsieur de Bourbon et son pays la estoient tenus pour
argent presté pour le rachat de Chozy et la Roche et autres forte-
resses anglaises, fait à Moulins, le xxi janvier, l'an mccclxiii (1) » ;
il est question de 200 florins « pour les chevaux de Héliot, Taillant
et ses compagnons, pris à Hérisson ». La Roche et Hérisson
avaient été au pouvoir des Anglais. En 1437, Charles VII, revenant de Montpellier, châtia les bandes de Villandrado, qui rava-
geaient son royaume, se dirigea sur Hérisson (2) ; ces routiers

(1) Titres de la Maison de Bourbon, 2864.
(2) La Mure, *Histoire des ducs de Bourbon*, tome IIe, p. 177.

ne l'attendirent pas, et, avant de fuir, pillèrent aux portes de la
ville, les bagages du roi, conduits par ses fourriers et domestiques.

Pendant la guerre du Bien Public, en 1465, Hérisson, ville du
Duc de Bourbon, un des chefs de la Révolte, fut investie par le
Roi (1), qui la canonna, la prit et lui imposa pour gouverneur
Jehan de la Gardette, son maître d'hôtel ; une colline située près
des écoles publiques porte le nom de champ des canons et rappel
lerait le souvenir de l'emplacement des batteries royales ; le lieu

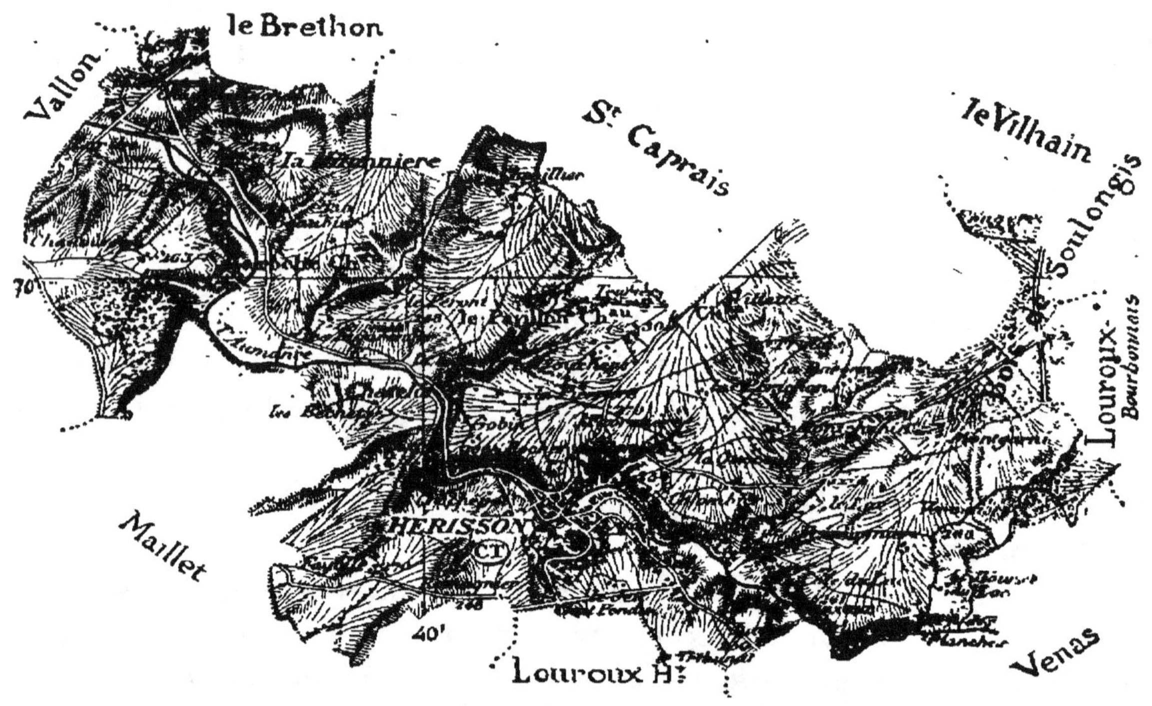

Fig. 1. — **La commune d'Hérisson**
(d'après la carte de l'État-Major).

était bien choisi pour bombarder la ville ; de cet endroit on la
domine tout entière à courte distance.

Nous ne savons pas si Hérisson eut un rôle militaire pendant
les guerres de religion ; nous ne le pensons pas, car le capitaine
châtelain du château et de la ville, de Fougières, se tenait sur ses
gardes, et avait reçu de Diane de France, à qui appartenait sa
châtellenie, l'ordre de rester sur les lieux de sa charge et de
veiller à la conservation de la place.

Au moment des Troubles de la Fronde, fin de juillet 1650, Hé-

(1) CHAZAUD, « La ligue du Bien Public », *Bull. Soc. Emulation.* p. 18.

risson fut attaquée dans des circonstances audacieuses : de Persan, qui commandait à Montrond les troupes des « princes mécontents », s'entendit avec un gentilhomme voisin, Samson ou Sanson de Brie (1), pour prendre la ville et le château ; pendant que Persan se cachait dans un bois (2), avec 100 chevaux et 100 fantassins, de Brie, allié avec de Fougières, sieur du Creux, gouverneur de la ville et du château, alla avec Saint-Louis, valet de Persan, trouver de Fougières, pour lui demander de recevoir dans sa forteresse trois grands coffres contenant, disait-il, des meubles qu'il voulait mettre en sûreté.

Le fils du châtelain, âgé de 16 ans, s'étant présenté à la porte du château, pour l'accueillir poliment, de Brie se saisit de lui, pendant que dix soldats sortaient des coffres, les armes à la main. Il menaça le gouverneur, assis devant une fenêtre, et impuissant à cause de son grand âge et des gouttes dont il souffrait alors, de poignarder le jeune de Fougières, s'il ne faisait ouvrir les portes du donjon ; le châtelain répondit à Samson par un beau coup d'arquebuse, qui le jeta à terre, et il tua d'un autre coup de feu le domestique qui le suivait.

Au bruit des coups de feu, les habitants accoururent pour secourir de Fougières, tuèrent deux soldats sortis des coffres et firent les autres prisonniers.

A ce moment, un trompette de Persan arriva pour sommer le gouverneur de rendre la place ; on lui répondit que si le marquis s'approchait, il serait traité comme les traîtres qui avaient tenté le coup de main ; de Persan n'insista pas, se retira fort affligé de son insuccès et de la mort de son valet.

Samson survécut pendant quelques heures à sa blessure ; mort, il fut jugé que son corps serait livré à l'exécuteur des hautes-œuvres, en l'espèce un mendiant, remplaçant le bourreau qui ne pouvait voyager à cause des troubles ; le corps de Samson, traîné sur une claie par la ville et les faubourgs, fut décapité et sa tête mise au bout d'une fourche, placée sur la plus haute tour du château ; ses biens furent confisqués, son manoir rasé et ses bois de haute futaie abattus.

(1) Château-sur-Maillet.
(2) Peut-être le bois de la Madeleine défriché depuis quelques années.

Les troupes de Montrond réussirent plus tard à prendre la ville, en novembre 1651 (1) : de ce quartier fort, ils pillaient les paroisses voisines : elles étaient commandées par le sieur de Busserolles ; le comte de Saint-Gérand, gouverneur et lieutenant-général pour le roi en Bourbonnais, résolut de faire le siège de la place. Il convoqua la noblesse du pays à Ygrande et partit de Moulins, la veille de la Toussaint, avec sa compagnie de gens d'armes, commandée par le sieur d'Hauterive, et celle de ses gardes, conduite par le sieur de Saint-Sornin, les troupes des sieurs de Montgeorges et de Launay, et quelques milices du Bourbonnais, de Lapalisse et d'autres endroits, à la tête desquelles était le sieur Deschamps, capitaine major de son régiment d'infanterie.

Le 2 novembre, la ville fut investie, mais de Saint-Gérand ne pouvait l'attaquer, n'ayant pas encore d'artillerie : quelques jours après, à la suite d'une attaque vigoureuse du côté du faubourg de la Varenne, la ville se rendit. Le château continuant à se défendre, Saint-Gérand l'attaqua avec toutes ses forces ; il avait été renseigné par un prisonnier sur un point faible de la défense, la tour Saint-Martin ; il tenta, le 2 décembre, un assaut qui réussit et le rendit maître d'une partie de la forteresse : la garnison effrayée capitula le 9 décembre, à quatre heures du soir : elle comprenait (2) six officiers, quatre sergents et 38 soldats : il y avait dans la place 300 quintaux de poudre, du plomb et des mèches à proportion, plus de 200 boisseaux de farine, cinq à six cents pains cuits, quantité de chair salée, quatre pièces de vin, vingt poinçons d'eau, quatre gros faulconneaux, bon nombre de boulets, grenades, arquebuses à crocs, plus de cent mousquets et fusils.

La garnison se retira librement ; mais les bourgeois, qui avaient participé à la défense, ne furent pas compris dans le traité, et il est probable que quelques-uns furent sévèrement punis.

C'est le dernier évènement militaire que nous connaissions sur le château et la ville.

La plus ancienne description d'Hérisson a été écrite par Nicolay,

(1) Voir *Archives du Bourbonnais*, tome I, pp. 69, 101, 133 (*la Fronde en Bourbonnais*, par C. GRÉGOIRE).

(2) Commandant de Busserolles, les sieurs de Pontcharault, de la Jarie, du Lys, d'Albinière, Ferrault.

en 1569, et nous croyons qu'elle rappelle ce qui existait longtemps avant cette date.

« Au-dessous du chastel est la ville, qui est petite et bien troussée, située sur le fleuve d'Œil, environnée de portes et de hautes murailles hors d'échelles et garnies de tours bien flanquées, et sy y a trois portes, l'une, la porte du Pont, l'autre la Varenne, et la porte Moussau, et de tous coustés commande le chastel à ladite ville, joignant laquelle sur le dit fleuve d'Œil (1), il y a un beau pont de pierre de taille à cinq arces et autour d'icelle y a ung beau faulxbourg et sur le dit fleuve, y a plusieurs tanneries.

« Dans la ville d'Hérisson, qui est capitale en la chastellenie, y a un collège de chanoines du tiltre Saint-Saulveur, fondé d'un doyen et vingt-deux chanoynes et deux vicaires, dont deux prébendés sont affectés au maistre des enfens de cueur pour l'entretenement de luy et de cinq enfans de cueur qu'il nourryt et apprend, et sont les dites prébendes de la fondation d'Archimbaud, sieur de Bourbon, et paru à la collation de Monsieur le Duc de Bourbonnois, fors le doyenné qui est à la nomination des chanoynes.

« En la dyte ville et chastel, y a ung capitaine et chastellain, qui a cinquante livres de gages pour raison de l'estat de chastellain; car pour la capitainerie, il n'a que les guets.

« Il y a aussi un lieutenant général pour l'exercice de la justice, qui a trente livres de gaiges; un procureur du Roy et de Monsieur le Duc, sans gaiges, un recepveur, qui a quarante livres, un greffier-fermier et un exécuteur de la haute justice.

« *Foires et marchez*. — En la ville d'Hérisson, il y a six foires l'année, ainsy que s'ensuit: le mardy après Pasques; le mardy après la Penthecostes; le lundi après saint Hillaire, en juin; le jour saint Loup, en septembre; le jour saint Craipain, en octobre; le jour saint Nicolas, en décembre.

« Et tous les mardy et samedy y a marché et jours de plaids. »

Deux nouvelles foires furent créées au xviie siècle pour les 30 janvier et 26 juillet. Elles étaient franches de tous droits. Pour les autres, on donnait pour chaque mouton vendu deux deniers, et dix deniers pour les autres animaux.

A la foire de janvier, le lundi après saint Hilaire, les droits

---

(1) C'est l'Œil qui passe à Hérisson ; tous les documents anciens le constatent. Qu'il s'agisse d'Hérisson, des fiefs voisins ou de Chateloy, c'est toujours la rivière (*de Oculi*) qui est signalée. Par erreur ou mauvaise habitude légalisée par les cartes de l'Etat-Major, les gens du pays de notre époque l'appellent l'Aumance, nom d'un de ses affluents qui vient le rejoindre à Cosne.

étaient perçus par le chapitre, afin de l'indemniser des dépenses faites par lui en 1458, pour relever une tour et partie des remparts. Mais les foires d'Hérisson n'eurent jamais beaucoup d'importance, à cause des six foires de Cosnes, qui avaient, depuis un temps immémorial, une grande réputation et attiraient les marchands du Berry, de la Picardie, de la Champagne et de la Bourgogne.

D'autres écrivains parlent aussi d'Hérisson.

En 1614 (1), Férault-Dagnet dit que « Hérisson, qui contient environ deux cents feux, est bastie entre des rochiers, et au pied de son mur, du costé du soleil levé et bize passé, le grand ruisseau de Deurs (2) ; cette petite ville est fort civilisée, il y a deux petits faubourgs l'ung sur le costé de bize, l'autre sur le costé vers Saint-Amand ; elle fut autrefois bastie ou est la paroisse Chasteloy, ce qui paraist encore. »

En 1686 (3), l'intendant d'Argouges consacre à Hérisson les lignes suivantes de son rapport :

« La ville a 169 feux, pays de seigle et vignes, il y a six foires dans l'année et un marché tous les mardis. Il y passe une rivière, sur laquelle il y a un pont de pierre en bon état. »

Son collègue et successeur Le Vayer nous dit, en 1697 :

« Hérisson est une petite ville assez jolie, bien fermée de murs, arrosée par la petite rivière de l'OEil. Il y a chastellenie, composée d'un juge, son lieutenant et un procureur du Roi. Il y a un maire, le procureur du roi de ville : le juge, le sieur L'Huylier (4) est riche et honnête homme, le maire, nommé Revel (5), est un homme dangereux, intéressé et pauvre, et qui n'a pris cet emploi que pour gagner ; le procureur du Roi est peu considéré et de très peu de mérite. Il y a 558 personnes et 168 feux. »

(1) **Topographie du Duché de Bourbonnais.**
(2) **Sur l'Œil.**
(3) **Procès-verbal de la Généralité de Moulins (Ed. VAYSSIÈRE, 1892).**
(4) **Claude Luylier, sieur de Couture (voir Venas). Avant le XVIIIᵉ siècle il y avait un syndic et quatre consuls ou échevins.**
(5) **Le maire était Vancys (rég. par.) son greffier échevin Gilbert Collinet. Nous n'avons que ces renseignements sur les maires. En 1711, on avait vendu un office de lieutenant du maire acquis par Gabriel Huguet.**

Coiffier-Demoret cite Hérisson, dans son édition de 1816, comme l'une des possessions des Bourbon. Il y dit que la ville fut toujours petite et sa description semble empruntée à Nicolay.

Trois rues principales partaient des portes de la ville : celles de la Varenne, au nord, celle du Pont, au sud; et celle du château à l'est ; elles aboutissaient près de l'église du Chapitre, où reste encore le vieux clocher, à une place de l'église du Chapitre, place de la Ville, place du Marché. C'était et c'est encore le lieu de réunion des gens de la campagne qui y venaient, comme de nos jours, vendre aux habitants les volailles, fruits, œufs, fromages et grains.

A ces grandes voies se soudaient un certain nombre de ruelles tortueuses, que l'on retrouve encore aujourd'hui : rues des Prêtres, de l'Enfer, de l'Egoût, de la Rivière, du Pressoir, du Chapitre, du Moulin, de Gateuil, de l'Eglise, du Four-Banal, dont certaines viennent d'être débaptisées et portent le nom de quelques illustres enfants d'Hérisson.

Sur la place et dans la rue des Prêtres, se trouvaient des immeubles d'une certaine importance : hôtels de Vaux, de Montchenin, de Civrais, habitations d'hiver et pied à-terre construits jadis par les châtelains des fiefs des environs.

La porte du Pont, entrée des routes de Montluçon et de Cosne, est celle dont l'ogive en pierre est encore visible en bas du château, vers la rivière : le pont qui y conduisait et lui donnait son nom, était placé en amont de l'actuel ; son emplacement, bien choisi, au point de vue de la défense, et pour arriver directement à la porte, l'était très mal pour la conservation de l'ouvrage, à cause d'un violent courant venant sur la première arche, à la sortie de l'écluse du petit moulin de Gatœil. Aussi, dans les vieux documents, on parle souvent de la destruction d'une ou de deux arches, lorsqu'on ne constate pas que la rivière a emporté le pont tout entier. Enfin, en 1766, on se décida à le changer de place, et l'endroit choisi fut maintenu plus tard, quand on construisit le pont encore existant (1).

La porte du château servait d'entrée à la route de Cérilly (le casse-cou, comme on l'appelait alors qualification bien méritée, si

____

(1) **Projet de rectification du Pont d'Hérisson** (Bibliothèque Nationale).

on en juge par la partie de ce chemin existant encore, vers l'é
glise, un peu au-dessus de l'auberge de la Girouette) ; cette dési

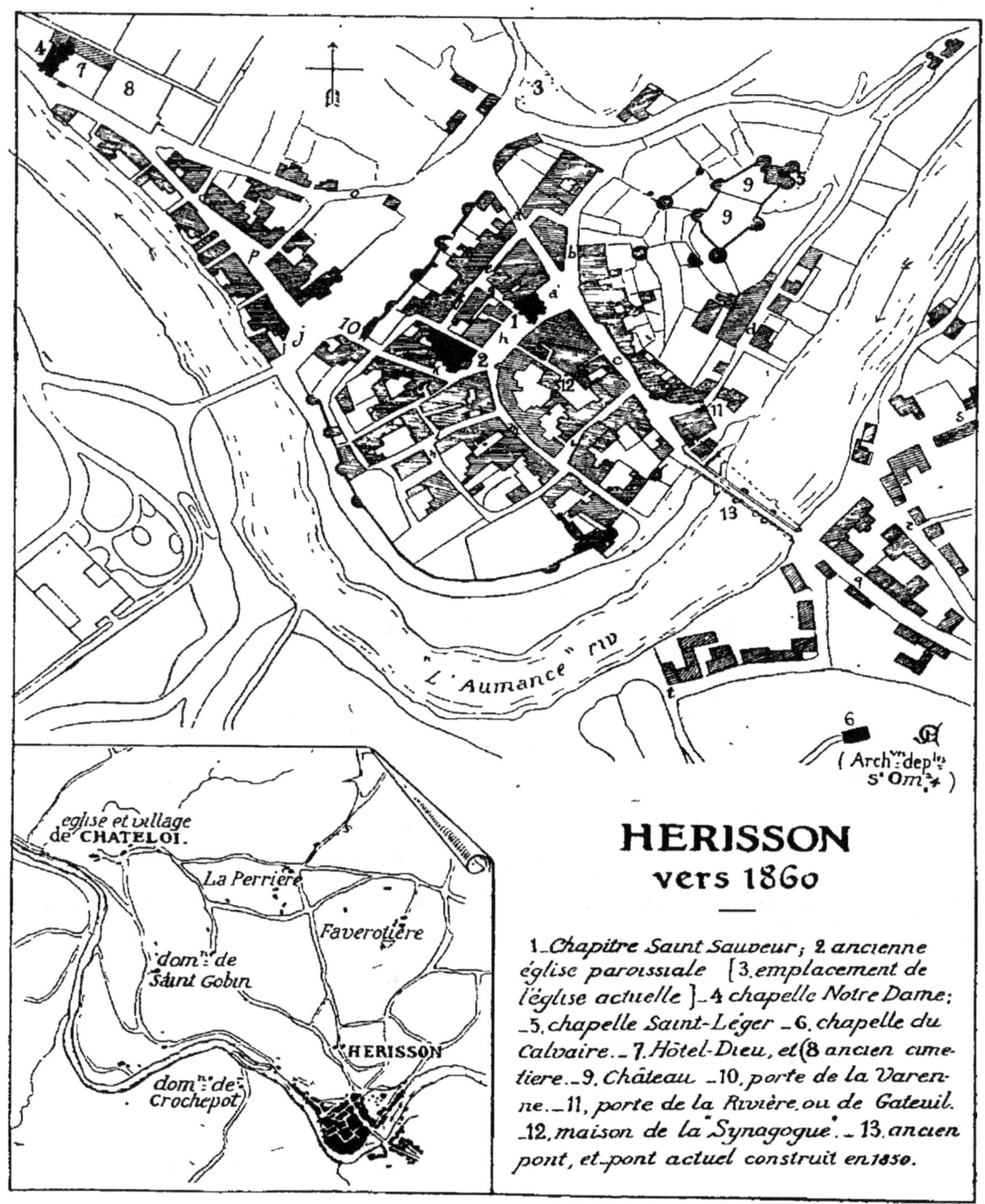

Fig. 2

gnation de la Girouette est fort ancienne, puisque nous l'avons
relevée dans un document du xvie siècle.

Cette porte, dominée par les courtines du château s'appuyait à une tour de la ville et à une maison assez importante, donnée en 1353 par le duc Louis Ier à la famille Mousse ou de la Mousse, en échange d'une autre maison qui nuisait à la défense de la forteresse. Cet immeuble fut, pendant longtemps, le logement du doyen du chapitre ; il fut l'habitation de la famille Deschamps de Verneix, le logis de l'hôtelier Ville, et il sert en ce moment de gendarmerie nationale. La porte du château, à cause du nom des propriétaires voisins, s'appela aussi porte Mousse ou Moussa. Elle a été démolie.

La porte de la Varenne, route de Berry, a été conservée comme celle du Pont.

Dans les rues, les quelques anciennes maisons qui restent ont été notablement modifiées, leurs dispositions intérieures n'étaient pas toujours très commodes. Quant aux vieilles façades et aux vieux pignons, avançant sur la voie publique, ils ne pouvaient résister longtemps aux règlements de voirie et à l'indifférence artistique des municipalités, qui font le désespoir des peintres et des archéologues.

Sur la place, une ancienne maison, appartenant à la famille Domin, se compose de deux bâtiments, l'un en façade, l'autre en aile, sur une cour intérieure ; les étages se réunissaient par des galeries de bois ; sur les combles reposent de remarquables charpentes, formant une voûte ogivale, dans le genre de celles de l'hôtel Demoret, à Moulins ; elles couvrent deux salles spacieuses, veuves de leurs vastes cheminées, dont le corps entier a été démoli par de malencontreuses réparations modernes et l'installation de cloisons galandages.

Les intervalles des chevrons de ces remarquables toitures étaient soigneusement lambrissées en bardeaux peints en gris ; sur chaque chevron était cloué un gros boudin décoré d'ornements rouge et gris foncé. Les murs des hauts pignons, qui supportent les charpentes, avaient une décoration de grands feuillages, largement dessinés, grisaille sur fond d'ocre jaune.

Cette décoration, dont l'aspect général devait être harmonieux, se continuait sur les murs de l'escalier de la Tour ronde, par laquelle on arrive aux combles, et sur les murs des galeries.

Une partie de l'ornementation représente la lutte antique, *figurée par un combat d'une sirène et d'un centaure* ; au-dessous,

la gracieuse figure d'une femme tenant deux penons, sépare deux
cavaliers armés. C'est la lutte courtoise au XIVe siècle ; la maison
dut être l'hôtel d'une famille noble des environs, Montchenin ou
Civray. Ces peintures doivent être l'œuvre de ces artistes italiens,
peintres ambulants, dont on retrouve des traces dans un grand
nombre d'églises ou de châteaux du Bourbonnais.

On a baptisé cette habitation du nom juif de Synanogue, sans
qu'un document justifie cette dénomination fantaisiste ; elle fut
acquise, en tout état de cause, probablement avant 1717. par
Antoine-Augustin Huguet (1), du Lys, sieur de la Chaise, juge
châtelain de la Creste, qui avait pris, à tort, le titre de sieur de
Montchenin, car, à cette date, le fief de Montchenin, tout au moins,
appartenait aux Le Borgne, de Montchenin.

Hérisson a conservé jusque dans la dernière moitié du XIXe siècle. du côté de la rivière et des anciens fossés transformés en promenade publique, des restes importants de murs d'enceinte, et
quelques tours. témoins des anciennes défenses. Malheureusement,
il a fallu donner de l'espace aux rues, et certaines tours et des

(1) Les Huguet sont originaires de la châtellenie d'Hérisson : le premier,
Jean Huguet, était bourgeois d'Hérisson en 1505 ; on trouve également au
XVIIe siècle, autre bourgeois, Huguet, maître tanneur ; Etienne, consul ;
Pierre Huguet, notaire royal à Hérisson ; Jean Huguet, notaire royal à
Hérisson (1629) ; Michel, notaire royal (1651) ; Marie Huguet, femme de
Pierre Courtois, sieur de Favières ; Gabriel Huguet, notaire royal au Bre-
ton ; Antoine Huguet, receveur des domaines à Hérisson ; Antoine, notaire
royal ; Gilbert, procureur à Hérisson ; Pierre, maître des eaux-et-forêts en
la maîtrise de Cérilly ; Jacques Huguet, conseiller du roi, sous-correteur de
la chambre des comptes de Paris, intendant des affaires de la maison de
M. le maréchal Duvivier.

Plusieurs chanoines du chapitre, que nous retrouverons dans la liste de
ses membres ; Marguerite Huguet, épouse de Pierre Marceau, conseiller du
roi, consul d'Hérisson ; Gabriel, lieutenant du maire d'Hérisson ; Pierre-
Auguste Huguet du Lys, juge de paix d'Hérisson, avant l'an VIII, dont une
fille épousa Gilbert-Victor des Champs de Verneix, percepteur des contributions directes ; des Huguet furent sieurs de Seauve, Chavenon, d'une partie du Lac, de la Tuilerie, d'autres habitaient Montmarault, Cérilly, Ainay,
Theneuiile.

Vers 1682, Antoine et Pierre Huguet eurent les Goùts (le Brethon) ; nous
retrouverons à Cosne une branche dite Huguet du Lys.

En général, tous les membres de cette famille eurent une situation fortunée dans le pays jusqu'à sa disparition au début du XIXe siècle.

Gilbert Huguet, procureur de la châtellenie d'Hérisson, fut inscrit à l'*Armorial général* en 1701 et reçut un blason d'office.

pans de murailles ont été sacrifiés ; il subsiste une tour intacte dans un café de la promenade ; sur le champ de foire, des fragments de ces tours d'enceinte sont convertis en chambres ou en terrasses de jardins.

Pour combler le fossé du nord et en faire un champ de foire, en 1833, tous les habitants participèrent aux travaux ; quelques-uns fournirent les arbres et les plantèrent de leurs mains : bourgeois, artisans, gendarmes. receveur d'enregistrement même participèrent aux travaux (dit le procès verbal chargé de transmettre ces faits à la postérité). (Délibération du 10 février 1833.)

En 1644, une horloge fut placée sur une tour de l'enceinte du château, le cadran regardant la ville, avec une cloche pour le timbre ; cette cloche porte une inscription qui rappelle son parrain et sa marraine : François de Fougière. écuyer, sieur du Creux, capitaine châtelain du château. ville et châtellenie d'Hérisson. et demoiselle Jeanne Le Borgne. femme de Pierre De may, écuyer, seigneur de Romagné. conseiller du Roi, lieutenant général civil et criminel de la dite ville et châtellenie. Pierre Lemur (Lemyre). Procureur du Roi. C'est cette même cloche qui tinte à l'horloge du clocher du chapitre.

La maison Mousse, dont nous avons parlé, a conservé dans ses vastes dépendances, des restes anciens : tourelle intérieure et façades aux fenêtres en ogive. à croisillons de pierre ; ailleurs. on retrouve des portails cossus. des tourelles d'angle d'escaliers et de vieux murs de pierres rouges et jaunes, couverts de mousse et de lierre.

La ville avait. comme toutes celles du pays. ses tailleurs d'habits, cordonniers, barbiers, gantiers, armuriers, maçons, menuisiers, tisserands, les hôtels du Cheval blanc et de l'Ecu ; elle possédait aussi des fabriques d'étoffes. Nicolay signale des mailléries à draps. des moulins Saulinard. Parreau, des Foucauds ; le moulin de Gatoeil servait de maillerie à écorces pour les tanneurs (1).

---

(1) Les tanneries étaient situées au bout du chemin de la Varenne, route de Chateloy, là et à proximité de la Maillerie à écorces de Gateuil se trouvait la tannerie Huguet, nous ne serions pas étonnés d'apprendre que la maison Luylier, située Grande-Rue vis-à-vis de la mairie, fût le logis de cette famille importante d'industriels ; les jours nombreux pratiqués dans

Quant au commerce de plumes à écrire (plumes d'oie), les Hérissonnais seront bien étonnés d'apprendre que leur ville en fut jadis le principal canton, comme l'affirme, d'après quelque farceur, un auteur moderne.

Au XVIIᵉ siècle, on comptait environ 500 âmes à Hérisson ; 900 au XVIIIᵉ siècle : 1.000 au XIXᵉ.

Il n'y a pas vraiment d'industrie à Hérisson, et l'éloignement de la voie ferrée ne permet pas d'espérer maintenant surtout qu'il s'en crée quelqu'une de longtemps. Les deux moulins subsistant permettent de fournir à la région la mouture des grains qu'elle récolte dans ses campagnes : au temps de Nicolay et d'Argouges, la région avait des terrains fertiles en blés, seigles, vins, avoine et millet, ses bestiaux et ses porcs ; quantité et valeur à part, c'est encore la production agricole qui constitue la richesse de ce pays.

Au XVᵉ siècle, une famille d'Hérisson, donc portant le nom de cette ville, eut plusieurs de ses membres qui occupèrent des charges et emplois importants à la Cour de nos Ducs (voir Civray, paroisse de Louroux Hodement). Ils possédaient le fief de Civray.

Dans les temps modernes, le souvenir de deux enfants d'Hérisson, mérite particulièrement d'être rappelé : celui de Gilbert Davenières (1), né à Hérisson le 14 novembre 1770, lieutenant au 2ᵉ bataillon de l'Allier en 1792. Davenières eut de beaux états de services militaires dans l'infanterie et l'artillerie ; retraité comme capitaine, officier de la Légion d'Honneur, il remplit les fonctions d'entreposeur des Tabacs, fut sous-préfet des Andelys, de 1830 à 1843.

Gilbert Tardy, né à Hérisson, le 5 janvier 1772 ; volontaire de 1792, devint chef de bataillon après de longs services, chevalier de la Légion d'Honneur à sa retraite, il fut maire de sa ville natale, conseiller général de 1830 à 1835, mort en mai 1835.

Citons encore le colonel du génie Gilberton et M. Simonnet, maire, conseiller général et député de l'Allier.

Hérisson est aussi le pays d'origine de MM. Bignon, fondateurs

la façade Nord au premier étage et presque tous bouchés ne seraient-ils pas les ouvertures d'un séchoir à cuirs occupant tout cet étage de cette longue maison ?

(1) Dans *Le canton d'Hérisson pendant la Révolution*, nous avons donné un résumé exact des états de services de ces Hérissonnais.

du célèbre Café Bignon, à Paris, dont les descendants sont devenus de riches propriétaires de notre région et comptent parmi les bienfaiteurs de cette ville (1).

Dans nos recherches sur les registres paroissiaux et dans les documents relatifs à Hérisson ét aux autres communes, nous avons recueilli quelques noms concernant les personnes notables du pays.

Voici d'abord ceux des capitaines châtelains. Ils étaient, avant la création des lieutenants généraux, les représentants du duc ou des engagistes de la châtellenie.

Guillaume Agier (2), en 1242; — *Loys des Barres* (3), confirmé le 9 février 1456; — *Jean de la Gardelle* (4), conseiller et maître d'hôtel du duc, nommé le 4 juin 1465; — *Loys des Barres* (5), chevalier et chambellan du duc, nommé le 12 avril 1466, puis nommé sénéchal; — *Loys de Villars* (6), écuyer tranchant du duc, nommé le 9 octobre 1466; — *Jean de Saint-Priest*, 1471; — *Louis de Culant*, 1481-1486; — *Bompard de Laage* (7), conseiller et chambellan de Mgr le Duc, nommé le 15 novembre 1486, confirmé dans son office le 26 décembre 1488; — *Gilbert de Lorris*, 1514-1515, sieur du Condé; — *Philippe des Escures* (8), écuyer, nommé le 5 octobre 1515; — *Jean de Bar*, 1522; — *Jacques de Bar* (9), nommé le 25 aôut 1528; — *Jean de Villars*, capitaine châtelain d'Hérisson et de La Bruyère d'Aubépin, maître des Eaux et Forêts; — *Jean de Breschard*, 1600, époux d'Anne de Villars; — *Jacques de Fougières*, sieur du Creux; — *Christophe de Fougières*, sieur du Cluzeau; — *François de Fougières*, sieur du Creux.

Il est probable que, déjà sous ce dernier capitaine, la ruine du château était commencée. Vingt ans plus tard, Le Vayer put constater qu'il était entièrement démoli.

Lieutenants généraux

Gilbert de Culant, 1488; — *Pierre Andeyne* (10), 1488; — *Pierre De-*

(1) Don du parc des écoles, d'un lavoir, des ruines du château rachetées au comte d'Irisson et remises au Touring-Club.
(2) Charte de franchise de Montluçon.
(3) DU FOURNY, 3e registre, folio 53.
(4) Id. 3e registre, folio 56.
(5) Id. 3e registre, folio 71.
(6) Id. 3e registre, folio 88.
(7) Id. 5e registre, folio 191.
(8) Id. 8e registre, folio 373.
(9) Id. 10e registre folio 183.
(10) Id., 5e registre, folio 301.

may, 1650-1667, président, lieutenant général ;. — *François Luylier*, 1667-1670, président, lieutenant général ; *Jacques Luylier*, 1677, président, conseiller du Roy ; — *Claude Luylier*, 1680-1722, sieur du Plaix, conseiller du roi, lieutenant en la maîtrise des Eaux et Forêts ; — *Pierre Luylier*, 1722, conseiller, président, lieutenant général ; — *Nicolas-Claude Luylier*, 1764 ; — *Sébastien de Villeaumont*, 1789.

Procureurs du Roi

Gilbert de Culant, 1490 ; — *Charles de Culant*, 1497 ; — *Gilbert de Favine*, 1590 ; — *Anthoyne Advenier*, 1593 ; — *Pierre Luylier*, 1605 ; — *Pierre Le Myre*, 1612 ; — *Michel Manceau*, 1613 ; — *Jehan Boussaud*, sieur des Granges, 1661 ; — *Michel Tiollet*, sieur de la Côte-Pinguot, 1666 ; — *Jean Lemyre*, sieur de Périgny, 1701 ; — Jean Gozard, sieur des Engerands, 1705 ; — *Claude Bourderye*, 1758 ; — *Jean-Baptiste Bélin*, 1758 ; — *Gilbert Petit*, sieur de Culan, 1779.

Substituts

Pierre Andeyne ; Gilbert de Culant, 3 décembre 1488.

Avocats du Roi

Pierre de Bobier, 1617 ; — *Jehan Cluzet*, 1618 ; — *Martin Dubost*, 1700 ; — *Jean Roucron*, sieur de Saint-Gobin, 1723 ; — *Pierre-Huguet du Lys*, 1758.

Administration communale

Philipp Vancys, maire perpétuel, 1715 ; — *Gilbert Collinct*, greffier, 1699 ; — *Gabriel Huguet*, lieutenant du Maire, 1711.

Recteurs du Collège

Denys Galland, 1603 ; — *Guillaume Solignac*, 1637 ; — *Brejon*, 1648 ; *Martin Rouyer*, 1662 ; — *Florent Mornillé*, 1664 ; — *Crustays*, 1670 ; *Pierre Robiéri*, prestre, 1698 ; — *François Aubergier*, 1705.

(A suivre.)   C. GRÉGOIRE.

Claude-Théodore Faullain de Banville

L E portrait que publie ci-contre le *Bulletin*, est celui de l'Officier
de marine qui fut le père de Théodore de Banville. Lui-même
était le fils de Jean-Louis, ingénieur des ponts-et-chaussées à
Moulins, mort le 10 germinal an IV (30 mars 1796).

Ce Jean-Louis de Banville n'est pour ainsi dire pas connu.
Jusqu'à présent le seul M. Max Fuchs, dans l'ouvrage très littéraire et si documenté qu'il a consacré au poète moulinois (1), s'en
est occupé un peu. La présente notice est une occasion de raviver
son souvenir. On verra d'ailleurs, si peu qu'il en soit question,
que cet ancêtre se recommande réellement à d'autres titres qu'à
celui d'avoir été banalement le grand-père d'un homme célèbre.

On sait que les Banville étaient de bonne noblesse et originaires
de Normandie, ayant possédé, dans le Cotentin, des biens jusqu'après
la Révolution (2). Ils étaient, explique M. Fuchs, établis dans cette
région depuis le début du xvie siècle, lorsque Louis Gohier, sieur
de Banville, fut anobli par Louis XIV. Sous Louis XIII, il avait
combattu à Saint-Jean-d'Angély, à la Rochelle et en Italie. Quand il
mourut, sans héritiers directs, probablement, son titre passa à
Germain Faullain, dont le fils, Claude-Balthazar, fut nommé en 1691
porte-enseigne d'une compagnie de gardes des côtes du Cotentin.
Celui-ci eut trois fils. Le dernier, mort en 1794, eut lui-même deux
filles qui ne se marièrent pas, et deux fils : Charles-Bernardin et
Jean-Louis, l'ingénieur.

(1) *Théodore de Banville* ; Paris. chez Edouard Cornély et Cie, édit., 1912.
(2) *Théodore de Banville*, p. 9.

CLAUDE-THÉODORE FAULLAIN DE BANVILLE

Jean-Louis vint s'établir à Moulins en 1780. Il y épousa, en 1785, la fille d'un grand entrepreneur qualifié d'architecte, Jean Trésaguet de l'Isle, dont un frère était ingénieur en chef de la généralité de Berry, et un autre inspecteur général des Ponts-et-Chaussées. Parmi les grands et nombreux travaux dont il avait l'entreprise, on cite notamment le pavage du pont de Moulins, alors en cours d'exécution (1), la construction de tout ou partie des casernes de la Madeleine, le balisage de la rivière d'Allier, navigable à cette époque, l'entretien des turcies et levées, depuis Vichy jusqu'au confluent de la rivière avec la Loire, etc. Mais il mourut presque aussitôt que Jean-Louis de Banville fût devenu son gendre, et ce fut ce dernier qui dut s'occuper d'achever ses travaux, l'administration ayant accepté qu'il lui fût substitué dans ce but.

M. Trésaguet de l'Isle passait pour très riche. Les marchés conclus par lui s'élevaient, à sa mort, à 335.000 livres (2), mais M. Fuchs croit que ses affaires n'étaient pas brillantes. C'était, d'après lui, une façade trompeuse, sillonnée de lézardes. Pour lui, la situation transmise à Jean-Louis était obérée, et la preuve, dit-il, c'est que « dès 1786, l'ingénieur en chef du Bourbonnais avait dû intervenir pour lui faire payer 15.000 livres d'arriéré *et le sauver de la faillite.* » M. Fuchs ajoute qu'au printemps de 1789, la débâcle de la Loire lui avait fait subir des pertes considérables « dont il ne fut, semble-t-il, jamais indemnisé ». Mais est-il bien certain que le fait d'avoir fait intervenir l'ingénieur en chef pour obtenir paiement de ce qui lui était dû par l'administration, ait eu la signification que M. Fuchs lui attribue ? La première condition dans les affaires, est de faire rentrer ses capitaux exactement, surtout quand il s'agit de sommes aussi importantes, et on emploie, pour cela, les moyens dont on dispose. Quant aux pertes qu'aurait fait éprouver à Banville la débâcle de la Loire, ce n'est qu'une simple supposition.

Quoi qu'il en soit, le crédit de l'ingénieur-entrepreneur n'était nullement ébranlé à Moulins au début et même pendant la période aiguë de la Révolution, du moins est-on porté à le croire par les

---

(1) Ce qui a permis à Théodore de Banville d'écrire la phrase connue : « Ce vieux pont de granit bâti par mon aïeul. » Et encore, avec une belle assurance : « Depuis lors il a passé bien de l'eau sous le pont que mon bisaïeul a jeté sur l'Allier. »

(2) *Théodore de Banville*, p. 6.

taxations arbitraires dont il allait bientôt avoir à se défendre, ce qui sera pour lui une dure épreuve. En attendant, il se débat avec les pouvoirs publics pour des réceptions de travaux. En 1791, il est accusé de malfaçons, cela a pour conséquence l'ajournement de règlements réclamés par lui avec instances. Ce n'est qu'en 1796 que le conflit prendra fin, peu de jours avant sa mort.

D'une façon générale, l'accalmie des affaires pèse lourdement sur lui, et il se voit obligé de reprendre du service dans les ponts-et-chaussées. Il y est admis sans difficulté, car son honorabilité n'a pas été mise en doute. M. Fuchs dit que ses fonctions étaient extrêmement pénibles et que « sur sept districts que comprenait le département, le citoyen Faullain devait en surveiller quatre et demi ».

Le 8 février 1793, il obtint sans contestation son certificat de civisme ; mais avec les terribles derniers mois de cette même année surviennent, dans la politique du moment d'effroyables complications. C'est la Terreur. Il est classé parmi les « riches égoïstes » et inscrit au nom de « Foulen Banville », sous le numéro 75, sur la liste des citoyens désignés « pour la contribution provisoire et nécessaire à la solde de l'armée révolutionnaire ». On le taxe à 4.000 livres (1).

Cette taxe de 4.000 livres, disons-le en passant, devait, d'après une proportion établie à « Commune Affranchie », correspondre à un revenu de 1.200 à 1.500 livres. C'était une évaluation très approximative. Ce régime n'avait ni le temps ni le souci d'examiner les choses de près, il n'y a donc pas lieu d'en faire état. En tout cas il proteste avec énergie et le 10 octobre, il n'avait encore rien payé. Le Comité de surveillance refuse alors de viser son certificat de civisme et il est compris avec 37 autres dans une liste de suspects. Pris de peur, sans doute, (il y avait de quoi), le 21 octobre il s'exécute partiellement, pensant calmer les appétits qui le poursuivent. Il verse 1.000 livres au trésorier Place, mais on n'en perquisitionne pas moins chez lui la nuit suivante. L'opération est dirigée par Antoine Saulnier, membre du Comité de surveillance, assisté de huit individus faisant partie de l'armée révolutionnaire. On confisqua dans son ménage une paire de pistolets, deux couverts d'argent et une cuillère à café. Et l'on s'empara de sa personne.

(1) Registre des séances du Comité de surveillance du département de l'Allier ; Arch. dép. L 779, f° 9, v°.

Il resta emprisonné jusqu'au 13 janvier 1794. A cette date, il est élargi, mais rendu à la liberté son inquiétude est grande. Le visa de son certificat de civisme est toujours refusé, sous le prétexte, cette fois, que « son affaire est trop récente ». Or, sans certificat de civisme son emploi d'ingénieur ne peut lui être restitué. Il intercède infatigablement, et, après mille efforts, il est enfin réintégré dans sa fonction. Le 16 pluviôse an III (4 février 1795), il redevient ingénieur et est envoyé à Montmarault. Son traitement n'était que de 2.400 livres, et encore en avait-il été privé pendant quinze mois ! C'était, ne l'oublions pas, à une époque de cherté de vie si excessive qu'on n'en connut jamais de comparable.

Pour comble de malheur, son père venait de mourir. Il laissait un autre fils avec deux filles, et lui aussi des affaires en désarroi (1).

Suprême aggravation de toutes les calamités, on était sous le Directoire, c'est-à-dire qu'allaient revenir les contributions arbitraires. En ventôse an IV, il est taxé à 40.000 livres, et en même temps, après une enquête sur les travaux des casernes, un règlement avec la ville de Moulins intervenait, par lequel il se reconnaissait débiteur de 8.019 livres payables en six mois s'il reprenait « les matériaux et équipages », ou, dans le cas contraire, de 40.820 livres payables en dix ans.

C'était la ruine, conclut M. Fuchs. On croit sans peine, en effet, que tant de déplorables événements ne pouvaient manquer d'y aboutir. Il n'eût pas été étonnant même que la santé et le courage de Jean-Louis de Banville, aussi vaillants qu'on les suppose, eussent été entamés au point de hâter sa fin. C'est, du moins, à cette adversité persistante que M. Fuchs semble l'attribuer, quand il mentionne que, le 18 germinal an IV (7 avril 1796), les deux « ci-devant » religieuses recueillies dans sa maison vinrent déclarer son décès devant la municipalité.

Et pourtant ce n'était pas cela. Compris parmi les trente-huit notables habitants de Moulins que l'on jugeait à propos d'imposer extraordinairement, il ne devait pas être tout à fait ruiné. Et puis ces deux religieuses ne font-elles pas croire encore à une aisance relative ? Enfin son traitement de fonctionnaire ne devait-il pas le garantir du désespoir ? D'ailleurs, la correspondance de l'ingénieur

______

(1) *Théodore de Banville*, p. 16.

en chef avec lui, très active, témoigne de rapports non seulement cordiaux, mais amicaux. Il l'appelle son « cher camarade ». A la date du 25 frimaire an IV (16 décembre 1795), vingt jours avant son décès, cette correspondance fournit la preuve irréfutable que ce n'est donc pas rongé par le chagrin qu'est mort Jean-Louis de Banville. En effet, ce jour-là, dans une lettre de service qu'il lui envoie, son chef ajoute : « J'apprends avec grand plaisir, par votre dernière lettre, que tout respire dans votre maison la joie qui résulte de bonnes et promptes convalescences ; je vous en félicite et je désire aussi que votre épouse soit promptement délivrée du fardeau qu'elle porte toujours avec courage... » (1).

C'est une allusion à quelque indisposition de Banville ou des enfants, et à la dernière grossesse de Madame de Banville. Cette lettre ne s'adresse certainement pas à un homme que toute espérance a abandonné.

Ce qui en réalité était survenu, c'est un accident trivial et fatal qui, dans la nuit du 9 au 10 germinal, a causé la mort du malheureux ingénieur. La lettre suivante, copiée textuellement et qui a échappé aux recherches de M. Fuchs, en donne l'explication :

« Le 10 germinal (an IV), au Ministre de l'Intérieur.

« Après un travail très appliquant dont nous nous occupions encore hyer à sept heures de l'après-midi, le citoyen Faullain, l'un des ingénieurs ord^res des ponts et chaussées de ce département, me quitta, et ce matin, à six heures, il n'existe plus. Une petite incommodité qu'il avait eue la nuit, dont il a voulu débarrasser sa chaise percée en se levant, a été cause de ce funeste accident. L'appuy de sa fenêtre étant très usé et n'habitant momentanément sa chambre que depuis quelques jours, il est tombé, lui et ce qu'il tenait à la main, d'un troisième étage, sur le pavé, dans la rue. Il laisse une jeune femme et quatre enfants en bas âge, dont le sort est digne de pitié. C'était un sujet rare et que j'ai regretté plus que je ne saurais l'exprimer (2). »

Cette fin, bien imprévue, terminait les tribulations d'un homme qui en fut véritablement par trop accablé. Son malheur fut de venir à une époque où se créait la France nouvelle à travers des orages

---

(1) Archives de l'Allier, L 330, f° 1 (corr. de l'Ingénieur en chef des ponts et chaussées).

(2) Arch. de l'Allier, L 330, f° 23 ; corresp. de l'Ingénieur en chef des ponts et chaussées.

où les fortunes privées s'écroulaient les unes sur les autres. La
sienne n'y résista sans doute pas, ainsi qu'il arriva à tant d'autres.

Il n'avait que quarante-trois ans et il laissait quatre enfants : Rose-
Auguste, âgé de douze ans ; Claude-Théodore, de onze ans ; Marie-
Claudine, de sept ans, et un pauvre bébé, François-Eléonor, dont les
yeux venaient à peine de s'ouvrir à la lumière (il n'avait pas trois mois).

« La vie ne fut guère plus clémente à Claude-Théodore qu'elle ne
l'avait été à son père », écrit M. Fuchs. Il est certain que la situation de la famille a dû être terriblement pénible après cette catastrophe. L'ingénieur en chef le dit très explicitement dans la lettre
qu'on vient de lire, mais il est permis de penser que les deux oncles
de Madame de Banville ne voulurent pas laisser sans assistance une
semblable détresse.

Au moment où ils devinrent orphelins, les fils étaient élevés à
l'école centrale de Moulins. L'année suivante, soit qu'il y inclinât
de lui-même, soit plus vraisemblablement désir d'apporter par là un
allègement aux lourdes charges de la mère, on fit contracter à
Claude-Théodore un engagement dans la marine. A douze ans !

Il fut d'abord envoyé en Egypte. Il y devint presque aveugle d'une
ophtalmie. Epuisé de plus par des fièvres, sa vie fut en danger jusqu'à ce qu'il eut recouvré la santé à Moulins. Rentré dans le service,
il fait, en 1804, partie de l'escadre de l'Escaut. Il est de nouveau
gravement malade dans l'île de Walcheren, puis, vers la fin de
l'Empire, il prend part à des essais de cloches à plongeur, ce qui
lui valut des rhumatismes articulaires compliqués d'une affection
cardiaque. Il prit sa retraite en 1820 et revint dans sa ville natale
où il épousa Mlle Zélie Huet, fille d'un avoué de la rue de Bourgogne.

Mlle Huet était riche et, dit-on, charmante, d'une rare exubérance
de gaieté. Ce qui est sûr, c'est qu'elle était très artiste. Elle avait le
don de la poésie d'une manière très prononcée, se plaisant à rimer,
même les lettres les plus courantes. Des spécimens de sa correspondance, conservés dans sa famille, en font foi. Sa grande ambition
fut que son fils devînt poète, et, à cet égard, elle eut de bonne heure
pleine satisfaction, car la précocité de Théodore de Banville fut
presque égale à celle de Victor-Hugo et de Musset. C'est d'elle, à
n'en pas douter, qu'il posséda par hérédité le génie lyrique qui lui a
valu l'universelle illustration dont rayonne son nom (1).

(1) Elle mourut à Paris le 4 mars 1876, veuve en deuxièmes noces de M. J.-A.

Cependant, la situation de Claude de Banville n'était pas de celles qui se passent d'activité. Il y avait pour tous ceux que leur capacité mettait à même d'en profiter nombre d'emplois dans le cadastre, que l'on était alors occupé à confectionner dans l'Allier. Il y eut recours jusqu'à la Révolution de Juillet, que lui et son beau-père, accueillirent chaleureusement. Comme il était fort lié avec l'ancien constituant Destult de Tracy ; il dut à son influence d'être nommé immédiatement (16 août 1830) conseiller de préfecture à Moulins. En juillet 1832, il devient secrétaire général, mais le 22 février 1834, il est révoqué à la suite d'incidents provoqués par le passage à Moulins d'une colonne d'émigrés polonais se rendant de Besançon à Bergerac. Son rôle dans la politique locale (assez important) était fini.

Si l'on veut des détails plus complets à ce sujet, on les trouvera dans le livre de M. Fuchs. Pour nous, cela nous entraînerait trop loin, l'espace nous étant mesuré.

Claude de Banville, quoique la République eût été grandement dommageable à son père, était en somme chaudement républicain. Ami, avons-nous dit, du comte de Tracy, il était, en outre, soutenu par le préfet Dunoyer, l'économiste distingué, créateur et ancien directeur avec Charles Comte du *Censeur Européen*, ce vaillant journal qui, le premier et dès 1815, combattit l'absolutisme de la royauté restaurée. Son successeur, le comte de Sainte-Hermine, lui fut au contraire hostile.

Il était chevalier de Saint-Louis et Chevalier de la Légion d'Honneur. Son revenu était de six mille livres, ce qui passait, au début du xixe siècle, pour une fort belle fortune. Il avait, avec une femme aux qualités exquises, deux charmants enfants. Il était donc heureux et si M. Fuchs a pu dire que la vie ne fut guère plus clémente pour lui qu'elle ne l'avait été pour son père, cela ne doit s'entendre que de la première partie. Il était heureux et encore ne connaissait pas tout son bonheur, qui était d'être le père de Théodore de Banville.

Il mourut à Paris le 5 novembre 1846, âgé de 61 ans.

E. Delaigue.

Delaire. Jusqu'à la fin elle eut le goût de rimer et même en 1862 elle composa et fit imprimer chez Brière, 157, rue Saint-Honoré, des fables dont Mme Blandin, sa cousine, a eu l'amabilité de nous communiquer quelques-unes : *Le Renard et le Geai ; les deux Oiseaux ; la Souris et les Violettes.*

NÉCROLOGIES

Chanoine Jules-Jacques MORET

Le lundi 19 mars 1920, mourait à Moulins M. le chanoine Moret, qui fut un érudit aux œuvres nombreuses, un très digne prêtre et un confrère plein de dévouement.

Né à Franchesse, le 17 juillet 1846, M. Moret passa son adolescence à Commentry, donnant déjà, au milieu de l'agitation de la cité ouvrière, et plus tard à l'Institution Saint-Joseph de Montluçon, les signes évidents d'une forte vocation sacerdotale. Ordonné prêtre le 3 juillet 1870, il fut successivement vicaire à Arfeuilles (1er août 1870-28 mars 1871) et à Notre-Dame de Montluçon (28 mars 1871-13 juillet 1875) ; puis, le 13 juillet 1875, curé de Montvicq, dont il fit construire la belle église moderne, élevée par M. Jean Moreau, père de notre distingué confrère. Il fut nommé curé-doyen de Saint-Menoux le 19 mai 1888 et enfin chanoine titulaire de la Cathédrale le 22 mai 1907.

On doit à ce grand laborieux de multiples ouvrages, qui tendaient tous, end éfinitive, à mieux faire connaître et aimer la religion, car la caractéristique de notre confrère fut d'être avant tout un apôtre (1).

(1) Voir à ce sujet l'article nécrologique que lui consacra un de ses anciens élèves dans la *Semaine Religieuse* du diocèse de Moulins, le 8 mai 1920 ; enfin la bibliographie que nous avons rédigée dans l'introduction de son dernier ouvrage : *Calendrier historique du culte de la très sainte Vierge dans les paroisses bourbonnaises.*

Le portrait que nous publions ici du regretté chanoine nous a été aimablement communiqué par M. Abel Moret, son frère, auquel nous adressons notre bien vive gratitude.

Nous donnons ici la liste de ses publications par ordre chronologique :

1879 : *Vie de saint Eloi*, dédiée « aux ouvriers qui travaillent le fer et les métaux » ; *Vie de sainte Barbe*, « patronne des mineurs, artilleurs..., et de la Bonne Mort » (imprimerie C. Desrosiers) ;

1880 : Vingt-six pièces de *comédies* pour moraliser la jeunesse et qui parurent de 1880 à 1892, à Saint-Amand, par les soins de la « Société Anonyme de l'imprimerie Saint-Joseph », rue du Pont-du-Cher ;

1884 : *Le médecin d'Escarbagnac ou le moyen de se faire une clientèle* (imprimerie A. Ducroux et Gourjon-Dulac), qui fut publié en 1884 ;

1885 : *L'anarchiste* (de la même imprimerie) ;

1886 : *Le Catéchisme expliqué aux enfants du peuple* (imprimé à Saint-Amand), qui, soutenu par diverses approbations épiscopales, devait avoir plusieurs éditions ;

1891 : il donne, chez A. Ducroux et Gourjon-Dulac, *le Livre des Familles*, pour les maintenir dans les traditions chrétiennes ;

— *Le Bulletin paroissial de Saint-Menoux*, publication mensuelle ;

1892 : Le *Catéchisme sur l'Histoire Sainte* (imprimerie Ducroux) ;

1893 : *Saint Menoux*, sa vie et son culte (imprimerie Ducroux) ;

— *Louis Aubery*, fondateur des Ecoles chrétiennes de Moulins, 1682-1730 (imprimerie Ducroux) ;

1894 : *Le Symbole des Apôtres* (Saint-Amand) ; — *Les Sacrements* (imprim. Auclaire, deux éditions) ; — *Les Homélies* (deux volumes, Arloing et Boucher, Cusset, la deuxième édition à la librairie Brunet, 32, rue Gambetta, à Arras) ; — *Le Décalogue* (imprimerie Crépin-Leblond) ; — *Toute la doctrine chrétienne* (même imprimerie, trois éditions) ; — *Agenda pastoral* ; — les *Ecoles Bourbonnaises avant 1789*, publiées dans la *Croix de l'Allier* (imprimerie Auclaire) ; — enfin la revue mensuelle bien connue : *le Ministère pastoral dans les petites paroisses* ;

1895 : *Les Confréries de Notre-Dame et la dévotion à la très sainte Vierge dans le Bourbonnais avant 1789* (imprimerie Bourbonnaise) ;

1896 : *Les Pénitents noirs de Moulins, 1700-1790* (imprimerie Crépin-Leblond) ;]

1897 : La monographie bourbonnaise : *Néris, 1574-1794* (imprimerie Auclaire) ;

1898 : *Un pays où l'on vit longtemps*, moyens de parvenir à une heureuse vieillesse (id.) ; — *Le saint Temps de l'Avent et les fêtes de Noël dans les petites paroisses* (id.) ;

1899 : *Le Manuel de la Confrérie de Saint-Roch*, « vie de saint Roch, son culte dans le Bourbonnais » (imprimerie Et. Auclaire) ; — *Nos Martyrs bourbonnais, 1793-1795* (imprimerie Bourbonnaise) ;

1900 : *Le Tumulus de Saint-Menoux*, sépulture celtique, avec carte et planches hors-texte (imprimerie Auclaire) ;

1901 : *Manuel des Curés et des Prédicateurs*, à l'occasion du Jubilé de 1901 (imprimerie Auclaire) ; — *Vie des Saints et pieux Personnages qui ont édifié le Bourbonnais* (imprimerie Auclaire) ; — *Missionnaires et Prédicateurs du Bourbonnais depuis le xviie siècle ;*

1902 : *Les Sermons d'Avent prêchés à la Cathédrale de Moulins, du 1er décembre 1901 au 2 janvier 1902* (imprimerie Auclaire) ;

— *Notes pour servir à l'histoire des paroisses bourbonnaises*, « les origines, le Moyen-Age, la Féodalité », honoré de plusieurs et flatteuses approbations épiscopales, devait fournir aux curés des paroisses et aux érudits bourbonnais des documents sur toutes les paroisses du diocèse de Moulins, groupées par archiprêtrés, dans les anciens diocèses d'Autun, de Bourges, de Clermont, de Nevers, dont elles dépendaient en 1789. Le premier volume parut en 1902, à l'imprimerie Bourbonnaise ; les suivants sortirent des presses de M. Crépin-Leblond. Le tome IV, consacré à des archiprêtrés qui faisaient partie du diocèse de Bourges, a paru après la mort de M. Moret. L'ouvrage complet devait avoir une dizaine de volumes...

1903 : *La Corbeille de noces ou la Cassette de l'Avare* (imprimerie Auclaire) ; — *Dialogue pour la fête de Noël*, publié à Paris (chez Vic et Amat) ;

1905 : *Choses anciennes : La peste en Bourbonnais* (imprimerie Auclaire) ;

1907 : *Histoire de Saint Menoux*, « les temps préhistoriques, l'Abbâye, la Paroisse, là Commune, l'époque révolutionnaire, les temps modernes », magnifiquement illustrée de photogravures et de dessins, volume in-8°, de plus de 500 pages (imprimerie Crépin-Leblond) ;

1909 : *Devins et Sorciers dans le département de l'Allier, 1840-1909* (imprimerie Auclaire) ;

1911 : *L'abbé Fayet*, 1815-1900, « sa vie, ses œuvres » (imprimerie Crépin-Leblond), qui faisait revivre la belle figure sacerdotale de l'éminent professeur et du délicat poète.

1915 : *Nos chers Soldats tombés au champ d'honneur* (imprimerie Régionale) ;

1916 : *Le Carême pendant le temps de la guerre* (imp. Régionale, deux éditions) ;

1918 : L'infatigable chanoine, toujours préoccupé d'édifier le public autant que de l'instruire, entreprenait un *Calendrier bourbonnais*, qui devait, en trois ou quatre forts volumes (sortis des presses de l'imprimerie Régionale), faire connaître la vie des saints qui évangélisèrent le Bourbonnais ou y séjournèrent, et des pieux personnages qui travaillèrent à sa sanctification. Les deux premiers volumes ont paru.

La mort, hélas ! est venue interrompre le bon ouvrier au milieu de ses recherches !

1919 : *Le Carême d'après guerre pour 1919* (imprimerie Régionale, deux éditions) ;

Enfin, en ce mois de novembre 1920, paraît (à l'imprimerie Régionale), comme œuvre posthume de M. Moret, le *Calendrier historique du culte de la très sainte Vierge dans les paroisses bourbonnaises*, extrait de son *Calendrier bourbonnais*, et que l'Amitié a pu terminer, grâce aux notes laissées par le docte M. Moret.

Comme on le voit par cette bibliographie, le pieux chanoine a fait, par ses travaux, autant honneur au clergé du diocèse de Moulins qu'à notre Compagnie.

J. C.

Ambroise REIGNIER

L_A Société d'Emulation a perdu récemment en la personne de M. le Dr Reignier un de ses membres les plus attachés : bien qu'il ne fit partie que depuis peu de notre Association.

Héritier d'une longue série de médecins, le Dr Reignier est un exemple de ce que peut produire la direction déterminée dans un sens unique pendant plusieurs générations.

Né le 1er août 1850, à Yzeure, à l'asile Sainte-Catherine, où logeait son père comme médecin-chef, Ambroise Reignier a eu pour premier professeur de médecine son père, le Dr J.-B.-L. Reignier, élève de Dupuytren, praticien d'une haute valeur médicale, qui a exercé son art avec le dévouement d'un philanthrope éclairé.

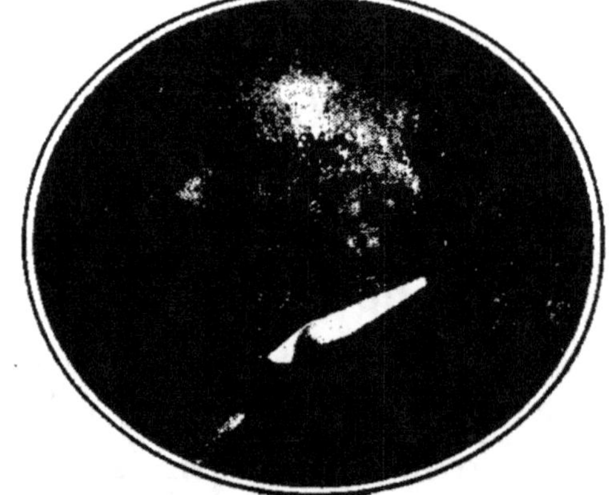

Il passa sa thèse en 1879, sur les hernies ventrales, avec le professeur Trélat comme président de thèse. Le sujet, à cheval sur la chirurgie et la médecine, convenait bien au tempérament éclectique de notre confrère.

Il s'agissait d'une variété de hernies relativement rares, les hernies ventrales, dont il avait observé un cas remarquable dans le service du professeur Terrier. On retrouve, en relisant cette thèse, toutes les qualités de fond, de finesse, d'observation, de jugement, qui caractérisent le Dr Ambroise Reignier. Il a poussé son étude aussi loin qu'on pouvait le faire à cette époque ; et si ses conclusions, qui sont celles de Terrier, peuvent paraître un peu timides aux chirurgiens qui opèrent aujourd'hui, il faut tenir compte des progrès immenses qu'a fait faire l'asepsie dans la chirurgie abdominale. Evidemment, on n'irait plus, je crois, rechercher la hernie par l'orifice de la gastritomie : on se porterait sans hésiter sur le point malade ; mais en 1879 on était tenu à plus de prudence. Quoi qu'il en soit, un travail aussi consciencieux faisait honneur à celui qui l'avait produit.

A peine installé à Moulins, le Dr Ambroise Reignier fut immédiatement saisi dans l'engrenage des fonctions publiques.

Dès 1882, il est membre du Conseil d'hygiène et de salubrité de l'arrondissement de Moulins, et lorsque ce Conseil est réorganisé par la loi du 15 février 1902, il entre dans le Conseil départemental et en devient vice-président en 1904.

En 1885, il assume la charge de médecin de la maison d'arrêt et du Parquet. Cette fonction comprend les expertises médico-légales ; redoutable fonction, qui exige des connaissances particulièrement difficiles et une grande responsabilité.

En 1888, il devient médecin en chef de l'hôpital, et il remplit ses fonctions avec un zèle et un dévouement qui ne seront pas oubliés de longtemps dans cette maison.

En 1901, il est nommé membre de la Commission de surveillance de l'asile d'aliénés.

En 1907, la Légion d'honneur vient récompenser ses multiples services, et en 1908 le service médical du lycée, la charge de médecin des épidémies et de médecin des écoles normales de garçons et de filles viendront compléter le cycle de ses labeurs quotidiens, qui eût fait reculer une nature moins vaillante que la sienne.

Il faut dire qu'il avait conservé une santé merveilleuse et ne paraissait pas connaître la fatigue.

La guerre est venue jeter une perturbation tragique dans cette existence entièrement consacrée aux malades et à la famille. Un fils, tendrement aimé, après avoir échappé aux dangers, est prisonnier et pendant des années cette captivité devient un sujet d'inquiétudes persistant.

La santé est ébranlée par les émotions et les signes avant-coureurs d'une grave maladie sont observés par le savant sur lui-même, comme s'il s'agissait d'un malade d'hôpital. Il en prévoit froidement la marche, et avec un courage stoïque, attend l'issue fatale, cherchant surtout à rassurer sa famille. Jusqu'au bout, il gardera cette égalité d'humeur, cet enjouement mêlé de finesse gauloise, qui donnait tant de charmes à ses entretiens. Ne pouvant plus faire de médecine, il étudiait avec passion les questions d'histoire et d'archéologie et transportait dans ce nouveau domaine les méthodes de clarté, de recherches scrupuleuses qu'il avait coutume d'appliquer aux problèmes d'ordre médical.

Il se disposait à faire à notre Société des communications que son long passé bourbonnais eût rendues très intéressantes. Ses amis, ses confrères en médecine et la Société d'Emulation garderont le souvenir de cet esprit ouvert et de cette profonde érudition.

Lé Dr Reïgnier est mort le 12 mai 1920. Il laisse un fils, qui, nous l'espérons, viendra quelque jour prendre sa place dans nos rangs.

D[r] DE BRINON.

PIERRE-ALPHONSE VILLE

Né, à Saint-Pierre-le-Moûtier (Nièvre), le 20 septembre 1839, M. Ville se fixa tout jeune à Moulins pour y diriger, en association avec son beau-frère, un important commerce de mercerie en gros.

Conseiller municipal de cette ville depuis 1871, il devint maire en 1884 et remplit ces fonctions jusqu'en 1892. Il fut élu député de la circonscription de Moulins-Ouest aux élections générales du 22 septembre 1889, et réélu en 1893, en 1898, et en 1902, puis élu sénateur du département de l'Allier le 4 janvier 1903 et réélu le 7 janvier 1912.

Estimant que son âge et son état de santé ne lui permettaient plus de prendre part activement aux travaux législatifs, il démissionna le 15 mars 1918, après avoir siégé pendant plus de trente années au Parlement. Il est décédé, à Moulins, le 8 mai 1918.

M. Ville était un des plus fidèles abonnés du *Bulletin de la Société d'Emulation* et suivait ses travaux avec un vif intérêt.

JOSEPH VIPLE.

La sœur de Théodore de Banville

L A sœur de Théodore de Banville, Marie-Anne-Zélie, était plus âgée que lui de deux années, comme étant née à Moulins le 18 août 1820. Elle fut mariée deux fois, en premières noces avec M. Alphonse de Friberg, avocat, originaire de la Guadeloupe, qui fut avoué à Châteaudun et qui mourut à Paris le 11 août 1860, âgé seulement de quarante ans. Elle épousa ensuite M. Eugène d'Izalguier, lequel, après des tentatives malheureuses d'exploitation agricole, vint avec sa femme se fixer au Moulin d'Abron (plus tard *Villa Banville*), auprès de Mme Delaire, mère remariée de Banville. C'est là qu'elle mourut le 12 avril 1867.

La vie de Mme d'Izalguier, quoique très anecdotique, ne comporte pas d'autres développements pouvant trouver place ici. On devine bien, d'ailleurs, que c'est au seul titre de sœur de l'auteur des *Exilés* que son image est reproduite en ce *Bulletin* (1). Toutefois il n'est que juste d'ajouter qu'à en juger par ce portrait d'allures un peu romantiques, c'était une très agréable personne dont les grâces sémillantes se trouvaient, paraît-il, accompagnées de cette gaieté banvillesque qui, dans la famille, fut comme un don de nature.

Ses restes furent transportés à Paris pour être inhumés au cimetière Montparnasse, dans le caveau des Banville.

E. D.

(1) La *Société d'Emulation* doit à l'amabilité de M. le docteur Dénozier, de Lucenay-les-Aix, parent, ami et contemporain de Banville, d'avoir pu en faire prendre une photographie d'après un portrait en peinture qu'il possède en sa maison des Coquats.

ZÉLIE DE BANVILLE.

BIBLIOGRAPHIE

Guide de Montluçon. — M. Maurice P.-G. Duportet, bibliothécaire municipal à Montluçon, qui prend les titres de Directeur-
Gérant de la Revue *La Trace* et d'inventeur, de la Sténographie
Duportet, vient d'éditer à ses frais par les soins de S. A. D. A. G.,
un guide de Montluçon et des communes de son arrondissement où,
en 62 pages de texte, il nous donne un résumé d'histoire, de géographie, de biographie, de bibliographie de la région Montluçonnaise.

C'est cet essai dont nous désirons ici faire la critique.

Examinons le chapitre préliminaire Bibliographie, nomenclature
réservée aux ouvrages relatifs à Montluçon, isolé du Bourbonnais ;
l'auteur a le grand tort à nos yeux d'adopter l'ordre chronologique
par dates pour son classement ; il a senti lui-même l'imperfection de
sa méthode, et une liste par noms d'auteurs s'efforce de compléter la
première liste sans y parvenir, et en donnant le résultat de la dou-
bler en augmentant la confusion ..

M. Duportet cite parmi nos périodiques le *Bulletin* de notre Société, la *Revue*, les *Annales*, la *Quinzaine*, etc.; il omet l'*Art en Province*, la *Chronique* et les *Archives Bourbonnaises*. Pages 12 et 13
un tableau de l'Iconographie nous laisse rêveur. Citons textuellement : Archambault Ier, cathédrale de Moulins : « le Jugement
dernier », peinture murale à la cire (h. 3m40, l. 19m24), par Lamaire,
1872. Dans la zone inférieure, à droite, Archambault Ier est représenté soulevant la pierre de son tombeau, etc., etc.

Nous aurions désiré voir M. Duportet emprunter aux listes de
monuments classés publiées dans notre *Bulletin* par les soins du
chanoine Clément, une bonne étude sur tous les monuments, sculptures. peintures, gravures connus de l'arrondissement dont il s'occupe, et nous l'invitons à reprendre soigneusement son travail en
compulsant les travaux publiés dans notre *Bulletin*, dans la *Revue
des Amis de Montluçon*, ainsi que les ouvrages des auteurs Montlu-

çonnais, des Gozis, H. de Laguérenne, Janin, Mlle Duchet-Giraud et J Clément

Cela lui permettra de reprendre avec un esprit critique mieux averti son chapitre III, celui de la chronologie Montluçonnaise, bien faible pour les périodes du Moyen-Age, car il me semble reproduire sans les mettre au point les notes de Perrot de Saint-Angel.

Nous passerons rapidement sur les autres parties du texte de cet annuaire : Etude sur l'homme depuis les temps préhistoriques jusqu'à nos jours, dont les *titres* (l'Homme, Travail, les Arts, les Lettres), nous donnent une idée imparfaite, puisque l'auteur semble vouloir faire un résumé d'histoire générale du monde, tout en terminant son texte par une biographie de quelques-uns des auteurs nés à Montluçon ou dans l'arrondissement : de Barjaud, Achille-Allier, jusqu'à Charles Louis-Philippe et Montusès.

Un plan de Montluçon, au verso duquel est une carte de l'arrondissement de Montluçon sans grand détail ni relief, des planches en noir d'après des cartes postales quelconques, terminent ce volume dont la partie pratique comprend : une liste d'habitants de la ville de Montluçon par rues, par professions et de nombreuses réclames payantes. Sur la couverture, une vue de Néris...

— Signalons du même auteur, dans la forme des « Guides de Syndicat d'initiative » : *Néris-les-Bains*, guide Duportet. « Nouveau guide complet et illustré de Néris-les-Bains, avec des illustrations provenant du guide ; Vve Menauteau, in-8° de 80 pages, plus 14 de réclames. Imprimerie Joachim, Clermont-Ferrand, 1920. »

Itinéraires de Paris à Néris par routes et voies ferrées. Schéma de promenades à pied et en auto, en voiture, à 50 kilomètres autour de Néris, dans la vallée du Cher, de la Tarde, de la Sioule, de l'Aumance.

Dans ce guide, l'auteur, s'en tenant au pratique, a mieux réussi à nous satisfaire. Signalons-lui seulement, pour une région que nous connaissons bien, à propos de la visite à la vallée de l'Aumance, le conseil qu'il devrait donner aux touristes de descendre la vallée jusqu'à *Meaulne*, en visitant l'église de Châteloy, et le retour à Néris par la vallée du Cher aux larges horizons ouverts sur la Marche et le Berry.

Louis Grégoire.

PROCÈS-VERBAUX

SÉANCE DU 5 JUILLET 1920

PRÉSIDENCE DE M. LE Dr DE BRINON.

ETAIENT présents : MM. CAPELIN, CHAMBRON, Chanoine CLÉMENT, DELAIGUE, Docteur FOURNY, GÉNERMONT, LASSIMONNE, LEUTRAT, MILCENT, Madame MONTCEAU, Docteur MONTCEAU, THONNIER.

— Excusé : M. TIERSONNIER.

— Il est donné lecture du procès-verbal de la précédente séance, qui est adopté.

— M. le PRÉSIDENT procède ensuite au dépouillement de la correspondance et analyse les articles intéressant le Bourbonnais, parus dans les publications reçues dans le mois.

CORRESPONDANCE. — La bibliothèque d'art et d'archéologie, 16, 18, rue Lhomet, a reçu la cotisation pour 1920 de notre Société. On lui demande ce qui a paru entre juillet 1914 et 1919. — M. le comte Costa de Beauregard nous a envoyé une carte d'invitation à l'inauguration du monument Déchelette, au musée de Saint-Germain en-Laye, le 23 juin. Réponse du ministre des travaux publics pour la carte d'énergie électrique. — Les centres de Tourisme. — Bulletin paroissial de Bourbon Lancy du 25 mai 1919 : 2 notes de M. Max Boirot, l'une relative à deux chapelles oubliées de la paroisse de Bourbon-Lancy: la chapelle du Fourneau et la chapelle de Sainte-Baudile, à la Cornière ; l'autre relative à une saison que fit à Bourbon Lancy le cardinal de Richelieu, du 21 septembre au 30 octobre 1642.

— *L'Intermédiaire*, n° 1519. vol. LXXXI, colonne 352 (10-20 mai) :

« Marcellin Desboutins a écrit un drame intitulé : *Le cardinal Dubois*. Le manuscrit a été entre mes mains : je crois qu'il n'a jamais été imprimé.

« Que d'erreurs, soit dit en passant, l'on colporte sur mon ami Desboutins. Jamais il ne se donna comme marquis, ni comme grand d'Espagne, et il n'utilisait pas son de Rochefort. Il avait, sans doute, grande allure, malgré sa pauvreté, mais il ne vivait que pour sa famille et pour son art. A Genève, il faisait lui même son marché, coiffé d'une petite calotte rouge, et marchandait chez les fournisseurs du quartier. Son logis consistait en une arcade séparée en deux parties par une tenture : dans l'une était l'atelier où il n'y avait guère plus de deux chaises ; dans l'autre logeaient le père, la mère et les trois enfants. C'était moins qu'une pauvre roulotte de bohémiens. Et dans ce milieu, l'artiste à la voix claire, au cœur chaud, heureux et enthousiaste, ne se plaignant jamais, travaillant sans cesse, peignant et gravant ses admirables pointes sèches, en imposait tellement à tous par sa culture et son caractère, que la médiocrité de son existence disparaissait devant cette prenante personnalité. Je ne comprends pas que personne n'ait encore étudié ce remarquable artiste et son œuvre.

« NISIAR. »

SOCIÉTÉS SAVANTES. — *Bulletins et mémoires de la Société d'Anthropologie de Paris*, VIe série, tome 8e, fascicule 4, 5 et 6, 1917. Tome 9e, VIe série, 1918. — *Bulletin de la Commission historique et archéologique de la Mayenne*, 2e série, tome 35e, 1919. *Revue historique et archéologique du Maine*, tome 73, années 1914 à 2e semestre 1919. — *Revue historique et archéologique du Maine*, tome 75, année 1914, premier semestre. 1 vol. de 350 pages. — Je signale deux articles de M. Robert Triger: un rhinocéros gallo-romain au musée du Mans; il avait été pris pour un sanglier; les bronzes représentant le rhinocéros sont rares; et une description des fortifications du Mans: en particulier, de la porte du château; et un article de M. l'abbé Louis Calendini sur les noyades des prêtres à Nantes. Il y en a eu deux: une dans la nuit du 16 au 17 novembre 93; les prêtres étaient au nombre de 90; l'autre dans la nuit du 9 au 10 décembre 93; 57 victimes. — *Bulletin historique de la Société des Antiquaires de la Morinie*, 69e année, 253e livraison, tome XIII, novembre 1919 mars 1920.

Académie des Inscriptions et Belles-Lettres. — Comptes rendus des séances de l'année 1919. Bulletin de juillet-août. — Il est question dans ce numéro de deux inscriptions anciennes, qui ont été surchargées: l'une provient des fouilles des thermes de Caracalla; le dieu Serapis, d'abord accolé au dieu Mithra, a été finalement supplanté sur l'inscription par celui-ci; mais la première inscription reste encore nettement visible. A la maison carrée de Nîmes, une susbtitution analogue a été opérée: la dédicace d'Agrippa a été remplacée par une autre à Caïus et Lucius César.

— *Académie des Inscriptions et Belles-Lettres*. — Comptes rendus des séances de l'année 1919. — Bulletin de septembre-octobre. — Dans une communication que fait M. de Mély, sur les maîtres d'œuvres des cathédrales, il cite une inscription d'Autry-Issards, ainsi conçue : « *Cuncta Deus fecit, Homo factus cuncta refecit, natalis me fc.* »

— *La Diana* nous envoie trois beaux volumes, qui font partie du recueil des mémoires et documents sur le Forez. Ces volumes sont consacrés à la bibliographie des écrivains foréziens, jusqu'en 1835, par notre confrère, le chanoine O. C. Reure. Ils portent les numéros 13, 14 et 15 de la série et la date de 1914-1915 et 19. Dans cette biblio-graphie, qui vient enrichir notre collection d'une source incomparable de documents, nous nous intéressons surtout à relever les noms des Bourbonnais, qui sont devenus foréziens à un titre quelconque, et retrouvons là la plupart des noms que nous a déjà donnés la bio-bibliographie de M. de Quirielle. Bien que la liste en soit un peu longue, il m'a paru intéressant de la relever:

1° Guillaume d'Albon, sieur de Chazeul, probablement un Forézien. Avis de la défaite de 17 compagnons des gens de pied et 300 chevaux du Comte de Brienne, apporté par le sieur de Chazeul, à Lyon, 1584. C'est le fils de Claude et de Françoise de Sugny; marié à Claudine de Roybons.

2° Artaud d'Apchon, époux de Marguerite d'Albon. Mémoire des enfans d'..., publié avec note par le seigneur d'Albon, 1909.

3° Jacques d'Apchon de Saint-Germain (3e fils d'Artaud et de Mar-guerite d'Albon), successivement marié avec Claude de la Fin, Cathe-rine Seguier, Jeanne de Saint-Priest-Epinac et Isabelle de la Brosse du Verdier. Le chanoine Reure cite de lui quatre ouvrages, dont un, l'*Irénophile*, discours de la paix, renferme à la préface des sonnets de Claude Billart et de Philibert du Ryau (un Popillon).

4° Claude-Marc-Antoine d'Apchon, évêque de Dijon, puis archevêque d'Auch.

5° et 6° Gaspard Bachot et Jean Banc.

7° Pierre Bardet, jurisconsulte.

8° Gilbert Damalis.

9° Charles Grillet de la Baume, ingénieur à Roanne.

Tome XIV. 1915. 10° Claude de Monjournal (*sic*), seigneur de Cindré et Trezelles, gentilhomme bourbonnais, commandant à Char-lieu. Bref discours sur l'avènement de Henri III. ...A Lyon, Michel Jove, 1574 (ne se trouve pas, je crois, dans la bio bibliographie de M. de Quirielle).

11° Jean Papon: Commentaires de la contrée du Bourbonnais. En latin, Jean de Tournus, 1550.

12° Jean Robertet et son fils François, tous deux secrétaires des ducs de Bourbon.

13° Le Docteur T. Vissaguet, né à Estivareilles: Aperçu sur les fluxions. Thèse, 1810.

— *Bulletin de la Diana.* Tome XIX, N° 4, octobre décembre 1913, N° 5, janvier-mars 1914; N° 6 et 7, avril-décembre 1914. — Dans le numéro 5, une communication de M. le chanoine Reure nous fait connaître que l'édition originale du *Sireine* d'Honoré d'Urfé, dont on connaissait l'existence, bien qu'aucun exemplaire n'en fût connu, a été trouvé récemment en Angleterre. Le privilège est du 17 août 1604; une seconde édition, qui parut en 1606, était jusqu'ici seule indiquée. Cette édition de 1604 nous intéresse vivement, parce qu'elle est précédée de trois pièces, qui sont dues à des Bourbonnais, et que ces pièces ont été supprimées dans l'édition suivante. Ces pièces sont une préface du Bourbonnais Jean Aubery et des vers de notre poète Jean de Lingendes. Parmi ces petits poèmes, il y a des stances intitulées: « Le berger Philène à Monseigneur d'Urfé. » Le berger Philène est le héros plaintif des changements de la bergère Iris. Lingendes annonce la prochaine publication de ces changements, qui, fait remarquer le chanoine Reure, sont bâtis sur le modèle du *Sireine.* Cette dédicace est assez curieuse, en ce sens qu'elle établit que le médecin Jean Aubery, ayant eu l'occasion de séjourner à Château-Morand, déroba un exemplaire manuscrit du *Sireine* et le fit imprimer sans permission de l'auteur. Il s'en excuse en offrant le *Sireine* à Diane de Châteaumorand, la Béatrice du poète, et le chanoine Reure, à cette occasion, insiste sur la thèse qu'il a déjà soutenue que Honoré d'Urfé était vraiment le berger mis en scène dans son poème.

Dans le numéro 6 et 7, le même chanoine Reure raconte la visite à Châteaumorand de Christine de France et de saint François de Sales, 3 et 4 octobre 1619. On sait que le motif de ce voyage était le mariage projeté entre la fille d'Henri IV et le prince de Piémont Victor-Amédée. La princesse était accompagnée par le Grand Prieur de Vendôme, la duchesse de Vendôme, saint François de Sales et un certain nombre de personnages. Le cortège se rendit de Tours a Chambéry, par Bourges, Moulins et Lyon; il arriva le 30 septembre à Moulins; il était le 2 octobre à Varennes sur Allier, d'où saint François de Sales écrivit à la Supérieure de la Visitation de Bourges et vint coucher à Châteaumorand. Le reste du voyage ne nous intéresse plus.

— *Bulletin de la Société neufchâteloise de géographie.* — Tome XXVIII, 1919. — Ce volume renferme un article sur le port d'Anvers, que je signale à l'attention de notre confrère, M. Bruel, pour sa Ligue Maritime.

— *Bulletin de la Société historique et archéologique de Langres.* — Tome VIII, 1er avril 1920.

— *Bulletin de la Société historique et archéologique du Périgord.* — Tome XLVII, 2e livraison, mars-avril 1920.

— *Revue de la Haute-Auvergne.* — 21e année, 1919-1920, 1er fascicule. — M. Marty donne une analyse très poussée du Massif Central, le grand ouvrage du professeur Glangeaud, que je vodrais voir sur les rayons de notre bibliothèque. Dans la chronique, un article consacré au régionalisme et au tourisme vient à point nous fixer sur les éléments du débat soulevé par la question de M. Bruel. La 17e région économique, dite de Clermont-Ferrand et du Centre, comprend les chambres de commerce d'Aurillac et du Cantal, avec celles de Moulins, Montluçon, Ambert, Clermont-Ferrand, Riom et Thiers. Ce groupement réunit, comme au temps des ducs de Bourbon, le Bourbonnais et l'Auvergne. A côté de ce groupement, il y a la région agricole, où nous ne sommes plus compris dans le cercle de Clermont; il y a encore la région postale et enfin la région touristique. Dans ce dernier groupement, Vichy s'est rattaché à la zone d'Auvergne.

M. le ministre des Travaux publics, répondant à une communication faite le 4 mai dernier, sur la demande de M. Georges Bruel, l'informe qu'il complétera la carte n° 48 des distributions d'énergie électrique, en ce qui concerne la ligne Moulins-Saint-Pourçain.

— Lettre de la Préfecture de l'Allier demandant s'il y a lieu de considérer certains points de la région comme stations de tourisme susceptibles de percevoir une taxe de séjour.

— La souscription de la Société au monument des morts, est fixée à cinquante francs.

— Il est donné quelques renseignements sur la plaque à ériger dans notre bibliothèque, en l'honneur de nos confrères tués à l'ennemi. Les membres présents émettent leurs opinions respectives sur la teneur de l'inscription. M. le chanoine Clément est prié de s'entendre avec M. Seguin, pour l'établissement de cette plaque commémorative.

— M. le Président parle en ces termes de l'excursion récemment faite : « L'excursion a eu lieu le 17 juin. M. le chanoine Clément veut bien en préparer le compte-rendu. Au nom de la Société, j'adresse des remerciements à tous ceux qui nous ont prêté leur concours : notre dévoué secrétaire, M. Capelin, qui a organisé tout ce qui concernait le matériel de l'excursion ; M. le chanoine Clément, à l'érudition duquel nous devons d'avoir pu goûter la valeur des monuments que nous avons visités ; à M. le docteur Déchet et à M. Voisin, qui sont venus, l'un au nom du Syndicat des médecins, l'autre au nom du Syndicat d'initiative local, nous ont accueillis à la gare et nous ont servi de guides ; à notre collègue, M. Bourdérioux, pharmacien, qui nous a rendu service par sa connaissance approfondie de la localité ; à M. le docteur Regnault, qui nous exposa l'histoire des sources. »

— Communication faite par M. le chanoine Clément, au sujet de l'église de Pouzy. Edifice roman de la fin du xie, établissant une transition entre l'école Poitevine et l'école d'Auvergne. Intéressante par ses chapiteaux. Notre confrère fait circuler diverses photographies prises dans l'église et conclut que ce monument mériterait d'être classé.

M. le chanoine Clément donne ensuite quelques renseignements sur les planches destinées à illustrer l'excursion. Il signale enfin des articles parus dans le bulletin des « *Amis de Montluçon* ». L'un est relatif au séjour de Mme de Sévigné en Bourbonnais, l'autre est consacré à la forêt de Tronçais. Puis notre confrère nous entretient de la thèse d'archiviste paléographe de M. Mallet, qui fait ressortir le rôle important du prieuré de Souvigny.

— M. Milcent demande si la question controversée du lieu de naissance de Berwick a reçu une solution. M. le Président répond que souvent étudié dans « *L'intermédiaire des chercheurs et des curieux* », le problème n'a pas été résolu.

— M. le chanoine Clément offre à notre bibliothèque l'ouvrage important : « *Conciles et Bullaire du diocèse de Lyon* », par l'abbé Martin, docteur de l'Université de Lyon.

— On vote ensuite pour l'admission de M. Gabriel Morand, présenté à la précédente séance. M. Morand est élu.

— L'ordre du jour étant épuisé, la séance est levée à 22 heures.

E. C.

SÉANCE DU 4 OCTOBRE 1920

Présidence de M. le Dr de Brinon.

— Etaient présents : MM. Bonny, Georges Bruel, Capelin, Chambron, chanoine Clément, Génermont, Grégoire, Sarrazin, Thénot, Tiersonnier.

— Excusés : MM. Delaigue et Guibouret.

— Après lecture et approbation du procès-verbal de la précédente séance, il est procédé au dépouillement de la correspondance et donné lecture des articles intéressant le Bourbonnais, parus dans les publications reçues.

— *Mémoires de l'Académie des Sciences, Inscriptions et Belles-Lettres de Toulouse.* — Onzième série. Tome VII, 1919.

— *Société archéologique et historique de l'Orléanais.* — Tome XVIII, n° 217, 1920.

— *Mémoires de la Société d'Emulation du Doubs.* — 8è série, 9e volume, 1914-1918. — A signaler dans ce numéro une notice sur les chemins gaulois de Beure (près de Besançon). Ces chemins se sont conservés, parce qu'ils sont creusés dans une roche très dure, de sorte que les ornières des roues donnent et la dimension des jantes et la mesure de l'espace entre jantes.

— *Bulletin trimestriel de la Société des Antiquaires de Picardie.* — Année 1920, 1er trimestre.

— *Revue de Saintonge et d'Aunis.* — 34e volume, 2e livraison, 1920.

— *Recueil des publications de la Société Havraise des Etudes diverses.* — 1919, 1er, 2e, 3e et 4e trimestres. — Ces numéros contiennent des études intéressantes sur l'amélioration des logements ouvriers ; sur le remède à la crise des logements des familles nombreuses; sur l'amélioration et l'embellisssement du Havre.

— *Bulletin de la Diana.* — Janvier-décembre 1919.

— *Mémoires de la Société des Sciences naturelles et archéologiques de la Creuse.* — Deuxième série, tome IX, 1re partie, 1903. — Nous trouvons dans ce numéro la fin d'un travail de M. Toumieux sur le comté de la Feuillade : l'auteur y achève la généalogie commencée dans un numéro précédent, de la famille d'Aubusson, complète son étude par un armorial des familles nobles citées. Une note de M. Pérathon, sur Issoudun et la seigneurie d'Hautefaye. L'abbaye du moûtier d'Ahun, par M. Delannoy, avec la liste des abbés et la continuation des fouilles de l'abbé Dercier, au Mont-Jouer, paroisse de Saint-Goussaud. Le savant archéologue démontre que le mont Jouer est le *praetorium* de la carte de Peutinger, et l'étude qu'il fait de cette carte intéressera certainement ceux d'entre nous qui, à la réunion de Bourbon-l'Archambault, ont pu se rendre compte de la valeur de ce document.

— *Mémoires, ut supra*, 2ᵉ série, tome IX, 2ᵉ p. — A signaler dans ce numéro un travail de M. Gabriel Martin sur Aigurande : il s'agit d'Aigurande-sur-Bouzanne, chef-lieu de canton de l'arrondissement de la Châtre (Indre). L'étymologie qui s'applique aux nombreux Aygurande et à leurs dérivés, Guérande, Ygrande, Ingrande, comporte l'idée principale d'une localité frontière, servant de limite à deux peuples gaulois. De même qu'Eygurande, dans la Corrèze, se trouvait à la frontière des Arvernes et des Lemovices, Aigurande-sur-Bouzanne se trouvait à la limite, entre les Lemovices et les Bituriges. Notre Ygrande bourbonnais ne marquait-il pas la limite entre les Arvernes et les Bituriges, à l'époque où l'Auvergne descendait presque jusqu'à Châtel-de-Neuvre.

— *Mémoires, ut supra*, 2ᵉ série, tome X, 1ʳᵉ partie, 1905. — Travail de généalogie de M. Toumieux sur les Esmoingt de Lavaublanche.

— *Mémoires, ut supra*, 2ᵉ série, tome X, 2ᵉ partie, 1906.

— *Mémoires, ut supra*, tome XVII, 2ᵉ partie, 1910. — Travail de M. Lacrocq sur la sculpture dans la Creuse avec de belles reproductions photographiques.

— *Mémoires, ut supra*, tome XVIII, 1ʳᵉ partie. — Travail du général Vaureix sur l'ancien pays de Combrailles, dont une partie est en Bourbonnais : l'étude sur la valeur militaire de cette région au point de vue historique, est particulièrement intéressante. L'auteur est amené incidemment à étudier la question de la traversée de l'Allier par César et il admet la thèse de la traversée vers Varennes.

— *Mémoires, ut supra*, tome XVIII, 2ᵉ partie. — Dans ce numéro, nous remarquons un travail de M. Lacrocq sur l'orfévrerie et l'émaillerie limousine et un autre, de M. P. Valadeau, sur la ville de Breith. Les résultats remarquables obtenus à Breith et au mont Jouer nous font regretter l'abandon des fouilles de Bègues.

— *Mémoires, ut supra*, tome XIX, 1ʳᵉ partie, 1913 ; tome XIX, 2ᵉ partie, 1915.

— *Revue des Etudes historiques*, 86ᵉ année, avril-juin 1920. — Les quatre articles qui forment le fond de ce numéro ne touchent en rien le Bourbonnais ; mais ils présentent un intérêt général qui mérite l'attention. Ce sont l'histoire de la garde constitutionnelle de Louis XVI, par le maréchal de Bièvre ; la bataille de la Malmaison, 23 octobre 1917, par M. R. Villatte des Prugnes ; un prélat d'ancien régime : Jean-Marie Champion de Cicé, évêque de Rodez (1770-1781), par M. Combes de Patris ; et une lettre de François Filelfe à Charles VII, en 1451.

— *Bulletin du Comité des travaux historiques et scientifiques du ministère de l'Instruction publique et des Beaux-Arts.* Section des sciences économiques et sociales. — Année 1918.

— *Société historique et archéologique de Langres.* — Le cinquantenaire de l'élection de Charles Royer, 1920. *Une vieille maison bourgeoise de Langres: l'hôtel Royer,* sa rue, ses anciens propriétaires, ses collections, par le chanoine Marcel, Langres, 1920.

— *Bulletin de la Société de l'Histoire de Paris et de l'Ile-de-France,* 45e année, 1918.

— *Rapport sur les progrès du Musée national des Etats-Unis pour l'année finissant le* 30 *juin* 1920: Smithsonian Institution. 1 vol. relié de 212 pages avec illustrations. A voir page 103 une belle reproduction du squelette monté du *Dimetrodon gigas,* gigantesque lézard de la faune paléontologique.

— *Bulletin de la Société archéologique de Nantes et de la Loire-Inférieure.* Tome LIX, années 1917-1918-1919. — Dans ce volume de plus de 300 pages, nous signalerons une communication de M. le chanoine Durville sur les moines d'Aindre, qui, comme ceux de Noirmoûtiers, durent emporter leurs reliques pour échapper aux Normands. Une note de M. Leroux, sur les divinités protectrices des eaux: en particulier, le dieu BORVO, origine de notre nom de pays, et un très intéressant travail de M. G. Ferronnière, sur l'hermine dans l'histoire et la légende.

— *Bulletin de la Société historique et archéologique du Périgord.* — Tome XLVII, 3e livraison, mai-juin 1920.

— *Bulletin de la Commission historique et archéologique de la Mayenne.* — 2e série, tome XXXVI, 1920.

Société des Antiquaires de l'Ouest. — 1er trimestre de 1920. Ce numéro contient une remarquable conférence de M. G. Chauvet, où l'auteur, à propos des collections du musée de Poitiers, expose, en un brillant raccourci, l'état actuel de la science préhistorique. De belles planches reproduisent les pièces typiques du musée de Poitiers et permettent d'avoir une idée du classement des âges quaternaires.

— *Mémoires de la Société de l'Histoire de Paris et de l'Ile-de-France.* — Tome XLV, 1918. — Ce volume comprend les mémoires suivants: La disette du pain à Paris en 1709, par le commandant Herbaut; un inventaire des fondations de la paroisse Saint-Eustache, au XVe siècle, par Léon Mirot; Histoire de l'abbaye de Pentémort, par P. Rousseau.

— *Bulletin de la Société d'Etudes scientifiques et archéologiques de Draguignan* — Tome XXXII. Mémoires 6, 7, 1918-1919. — La moitié de ce bulletin est consacrée à une étude intitulée: *De quelques préjugés historiques.* L'auteur est M. Frédéric Mireur. M. Mireur est un homme du peuple; ses parents étaient de modestes artisans. Lui-même, fonctionnaire à la mairie de Draguignan, s'est élevé peu à peu par son travail et son talent au rang le plus élevé de l'intelligence. Les discours qui ont été prononcés sur sa tombe prouvent en quel estime le tenaient ses collègues de l'Académie de Draguignan. Son étude des préjugés historiques est aussi intéressante pour le Bourbonnais que pour la Provence :

1° Les prisons et les juridictions seigneuriales, pour le vulgaire, « toute construction voûtée au-dessus du sol est une chapelle ; au-dessous une prison, et toute prison d'autrefois est un lieu d'iniquité, preuve matérielle de l'oppression du peuple par les seigneurs ». Or, la plupart, sinon toutes ces salles voûtées au-dessous du sol, sont des greniers où l'on gardait les provisions nécessaires aux habitants du château. L'ordonnance d'Orléans, de 1560, interdit de garder les prisonniers plus bas que le rez-de chaussée. Il y avait bien des prisons : elles étaient le complément obligé de toutes justices, mais le plus souvent elles étaient vides et ne servaient que de prison préventive en attendant le jugement ; les seigneurs ne désiraient qu'une chose, c'est d'éviter les frais de garde du prisonnier, et ce qu'il y a de plus notable c'est que, lorsque le seigneur négligeait son devoir de constituer une prison en marge de sa justice, c'était la population elle même qui réclamait et l'obligeait, bon gré mal gré, à rétablir cette prison qui, loin d'être un moyen d'oppression, était considéré comme une sauvegarde indispensable.

L'esprit féodal de la démocratie provençale au moyen-âge nous montre un aspect inattendu de la mentalité ancienne. Il arrivait que par suite des circonstances les paysans d'une commune devenaient propriétaires des droits seigneuriaux. L'étude des anciennes archives paroissiales montre que, dans ce cas, l'application des droits seigneuriaux était poursuivie par le cultivateur avec plus d'âpreté qu'il ne l'était par le plus sévère des seigneurs féodaux.

Rapport de l'église et de la commune dans l'ancienne province : la commune était-elle, comme on le dit, l'humble servante de l'église ? Bien loin de là, les textes montrent que les anciennes édilités étaient au point de vue religieux plus royalistes que le roi et que la moindre négligence du pasteur à remplir ses devoirs était immédiatement dénoncée à l'autorité ecclésiastique ; et c'est au point qu'on voit l'autorité municipale prescrire au curé de faire telle cérémonie, telle procession dont il ne demanderait pas mieux que de se décharger.

Origine des droits féodaux. L'auteur montre qu'il s'est passé, en Provence, en 1557, un fait, l'essai de fondation de cités Maximes Vars, qui établit l'origine des droits féodaux. Un abbé possédant un vaste territoire inculte fait publier qu'à une date fixe ce terrain, partagé en lots, sera attribué par voie de sort, moyennant une redevance minime, à ceux qui en feront la demande. Les demandes sont nombreuses. L'attribution des lots a lieu et les bénéficiaires s'installent. Mais les circonstances générales ne permettent pas à l'entreprise de prospérer. Il n'y a pas moins là une reproduction de ce qui s'est passé à l'origine.

L'exemption des impôts en faveur du clergé et de la noblesse. On croit que l'impôt foncier, la taille, pesait exclusivement sur le Tiers-Etat et qu'il suffisait d'exciper un titre clérical ou un parchemin pour en être exempt. Erreur. L'auteur montre avec quelle rigoureuse exactitude étaient constitués les terriers; seuls étaient exceptés les biens appartenant en corps à l'Eglise et les fonds réputés nobles; et cela, parce que ces biens étaient grevés de charges compensatrices.

La particule nobiliaire n'a sa raison d'être que dans la possession d'une terre. Elle n'a jamais été un signe de noblesse, et elle devient un contre-sens lorsqu'elle s'ajoute à un nom propre.

— *Un prolétaire:* JULES RAVATÉ, par Georges Deherme. Edition des *Cahiers du Centre.* Moulins, 1920.

— *Bulletin trimestriel de la Société des antiquaires de Picardie.* — Année 1920. — Ce numéro contient un article de notre compatriote, M. Hackspill: Fragment de grille en fer forgé provenant de Sélincourt, fin du XIVe siècle.

— *Bulletin archéologique, historique et artistique de la Société archéologique du Tarn-et-Garonne.* — Tome XLVII. Année 1919. — Dans un travail de M. Henri de France sur la généralité de Montauban et ses intendants, on relève le nom d'Antoine-Jean Terray, qui passa de Montauban à Moulins, en 1781. Il était le neveu du contrôleur général des finances de ce nom. Il avait 31 ans quand il vint en Bourbonnais.

— *Bulletin trimestriel de la Société archéologique de Touraine,* tome XXI, 1917-1920, 2e série.

— *Revue du Berry et du Centre.* Année 1919, 2e partie. — Article de M. André Mornet, magistrat, sur le caractère original de la région dans l'unité française.

Bulletin de la Société historique et archéologique du Limousin. Tome 68, 1920. Ce numéro contient: une définition de la *baccalaria:* terre appartenant à un bachelier; prêtre remplissant une fonction analogue à celle d'un chapelain, et un article de M. Lacrocq sur les tapisseries anciennes d'Aubusson et de Fellerin.

— Deux volumes des *Archives de la France monastique.* Vol. 18e. Recueil des chartes et documents de Saint-Martin-des-Champs, monastère parisien, par J. Depoin, 1917; — vol. 19e, Abbayes et prieurés de l'ancienne France; — tome VIII, Province ecclésiastique de Tours, par Dom Besse, 1920.

Annuaire-bulletin de la Société de l'Histoire de France, année 1919.

— *Bulletin de la Société Bourbonnaise des Etudes locales.* — A signaler: Une invasion de la mer en Bourbonnais aux temps primaires, par J. Usclade.

— Le *Bulletin de la même Société,* no 3, juillet-août-septembre, contient: une étude de M. Fazy, sur les régions économiques, qui conclut au rattachement de l'Allier au Cher, à la Nièvre et à la Saône-et-Loire et repousse l'hypothèse du rattachement au Puy-de-Dôme et à la Creuse: une note de la rédaction dit que le bulletin ouvre ses colonnes à la discussion de cette question. Une petite monographie de Saint-Clément, par M. Gerbe.

— CORRESPONDANCE. — Lettre de Mademoiselle Jeanne Thomas, directrice du Lycée de jeunes filles, remerciant de l'envoi du Bulletin contenant le compte-rendu de l'excursion. — Lettre de M. le secrétaire de la Société archéologique de la Creuse, demandant l'envoi du *Bulletin de la Société des Etudes locales* (1). — Lettre de M. Dulau, libraire, 34, Margaret Street, London, demandant qu'il lui soit fait l'envoi du *Bulletin*, tome 22, 1914-1919. — Lettre du Ministère des Beaux-Arts, accusant réception des 86 exemplaires envoyés récemment. — M. le Conservateur du Musée de Moulins communique une lettre du Directeur du Musée de Naples ; elle est relative à l'objet en bronze, à griffes retournées, dont la Société s'était occupée. Le signore Vittorio Spinnoziola, précédemment consulté sur le même sujet, émet l'opinion suivante : « Dans notre Musée, on conserve plusieurs instruments de bronze semblables. Ils étaient destinés à retourner les cendres des animaux dans les sacrifices. »

— Lettre de M. Viple, invitant la Société d'Emulation à l'excursion que la Société des Etudes locales se propose d'effectuer en 1921, dans la région de Vichy. M. Viple exprime le vœu que cette réunion, accomplie lors de la 75e année d'existence de notre Société, soit une manifestation régionaliste.

La Société des Etudes locales, désireuse de voir reprendre la série interrompue des Conférences faites à l'Hôtel de Ville, demande l'appui et le concours de la Société d'Emulation.

Les membres présents se réjouissent de l'initiative de la Société des Etudes locales et se déclarent prêts à y concourir dans toute la mesure du possible.

— La Société archéologique de Draguignan a publié les noms de tous les membres mobilisés, dans le but d'honorer les vivants, tout en glorifiant les morts : la Société d'Emulation se fera un devoir d'imiter cet exemple de justice patriotique.

— M. le Chanoine CLÉMENT signale l'effort fait par le Ministère des Beaux-Arts, pour la préservation et la conservation du mobilier historique. Il prépare un important projet de classement pour de nombreuses statues intéressant l'Art national.

— MM. Grégoire et Tiersonnier demandent que le vote par correspondance soit autorisé pour l'admission des nouveaux membres. Cette demande déjà formulée par divers confrères, modifiant un article de nos statuts, sera soumise à la prochaine assemblée générale.

— M. Thénot donne, à la demande spéciale qui lui a été adressée à ce sujet, des renseignements extrêmement précis et intéressants sur les « régions économiques », créées sous le ministère de M. Clémentel, dans le but de grouper les intérêts, stimuler les initiatives, favoriser les entreprises régionales. L'Allier est classée dans la 17e région, dont le centre est Clermont. La Chambre de Commerce de Moulins se trouve réunie à celles de Riom, Aurillac, Clermont, Tulle et Brioude.

— M. Chambron émet quelques remarques au sujet de ce classement, d'où les intérêts agricoles semblent être exclus.

— M. Georges Bruel fait observer que le Ministère a eu en vue surtout les intérêts industriels et commerciaux.

Un échange de vues a lieu entre MM. Bruel, Chambron et Thénot, au sujet de l'intérêt que pourrait procurer au Bourbonnais le détachement ou le rattachement complet ou partiel à telle ou telle région, Bourges ou Clermont par exemple, ainsi que l'opportunité de se joindre éventuellement à la Nièvre ou à la Saône-et-Loire.

M. le Président remercie nos collègues des explications qu'ils nous ont données, si copieuses et si intéressantes.

— M. le Chanoine Clément informe la Société que dans une tour peu fréquentée du château de Busset, se trouvent des peintures de la fin du xve siècle. Ces panneaux, au nombre de dix-huit, représentent des scènes religieuses où se remarquent de curieux détails. En un coin figurent les armoiries de Bertrand de Toursel-d'Allègre, écartelées avec celles de sa première femme. Cette étude paraîtra dans le prochain *Bulletin.*

Notre confrère fait ensuite circuler diverses planches qui faisaient partie de la collection de M. Francis Pérot. Ce sont des œuvres de Dufour, de Tudot et de Bariau, tous les trois si connus et si appréciés. Les exemplaires qui circulent représentent des objets anciens, vases, tessons, croquis pris çà et là en Bourbonnais. Ces œuvres, principalement celles de M. Dufour, soulèvent l'admiration générale et soulignent le vide qu'a laissé la mort de ces éminents artistes.

— M. TIERSONNIER informe les membres présents que M. Guy de Montlivault soupçonnant l'existence de ruines Gallo-Romaines en un coin de sa terre des Echerolles, a entrepris des fouilles pour les mettre à jour. Il est convenu entre M. Chambron, M. Tiersonnier et le chanoine Clément que ces confrères se rendront aux Echerolles pour se rendre compte du degré d'intérêt que représentent ces trouvailles.

— Sont présentés comme membres titulaires de notre Société : Mme PINGEON (Rachelle), professeur de dessin, au lycée de jeunes filles, demeurant 45, avenue d'Orvilliers, par MM. le Dr de Brinon, Chanoine Clément et le professeur Thénot ; M. le comte François DE BOURBON-BUSSET, au château de Busset, commune de Busset (Allier), par MM. le Comte de Brinon, Baron de Waldener-Freundstein et le chanoine Clément.

— L'ordre du jour étant épuisé, la séance est levée à 23 heures.

E. CAPELIN.

SÉANCE GÉNÉRALE DU 8 NOVEMBRE 1920

PRÉSIDENCE DE M. LE CHANOINE CLÉMENT.

Etaient présents : MM. BONNY, CAPELIN, CHAMBRON, DELAIGUE, DELINIÈRE, abbé DUMONT, abbé DUPUIS, FROBERT, GÉDEL, GÉNERMONT, GRÉGOIRE, Frère GUSTAVE-MARIE, Mme MONCEAU, Dr MONCEAU, ROY, SARRAZIN, THONNIER DE LA BUSSERIE, TIERSONNIER.

— Excusés : MM. le Dr DE BRINON, Léon BIDEAU, BRUEL, abbé LIGIER, MÉRAUD, MILCENT, RAYMOND, VIPLE.

— Il est donné lecture du procès-verbal de la précédente séance. Après son approbation, il est procédé au dépouillement de la correspondance

Circulaire du Ministère de l'Instruction publique et des Beaux-Arts, conviant les membres de la Société d'Emulation au 54e congrès des Sociétés Savantes. qui s'ouvrira à Paris, à la Sorbonne, le mardi 29 mars 1921, pour se clôturer le samedi 2 avril. Plusieurs programmes des travaux à l'étude sont distribués aux membres présents.

— M. Georges BRUEL fait don à la Société d'une brochure intitulée : *Un canal de pénétration par la vallée de l'Allier*, extraite du *Courrier de l'Allier* des 22 et 23 septembre 1920. La Société offre à l'auteur ses remerciements et ses félicitations, pour son zèle à doter notre département d'un organe de richesse et de prospérité.

— M. le chanoine CLÉMENT, au nom de notre Président, lit le compte rendu des volumes des Sociétés Savantes, reçus depuis notre dernière réunion :

« *Bulletin de la Société Nivernaise des lettres, sciences et arts.* 26e vol., 1er fascicule, 1920. — La Société a étudié la question de Nevers chef lieu de région. — Le colonel du Martray expose une phase peu connue de l'histoire des eaux de Saint-Honoré : c'est la période de formation de l'établissement, 1825-37. Un architecte de Moulins, M. Agnety, dressa les premiers plans pour les fouilles et pour l'installation des bâtiments. — M. Edmond Duminy étudie Jeanne d'Arc en Nivernais ; il parle de son voyage à Moulins après le siège de Saint-Pierre-le-Moutier. Il repousse le trajet par la rive gauche avec traversées de l'Allier au Veurdre, admis sans preuves, dit il, par M. Le Brun. Il admet que de Moulins la Pucelle se dirigea par Sancoins sur Bourges.

— *Bulletin de la Société Nivernaise des lettres, sciences et arts.* 26e vol., 2e fascicule, 1920. Il est consacré à l'histoire du Jansénisme dans le diocèse de Nevers, par M. le chanoine J. Charrier.

— *Discours prononcés à la séance de clôture du Congrès des Sociétés savantes, à Strasbourg,* 29 mai 1920, par MM. Bémont-Lauget et Honnorat.

— *Bulletin de la Société historique et archéologique du Périgord.* T. XLVII, 4e livraison, 1920.

— *Bulletin de la Diana.* T. XX, janvier-mars 1920. — M. de Saint-Pulgent établit la liste des Foréziens qui ont servi dans la diplomatie. La plupart des noms qu'il cite nous sont connus ; ce sont, entre autres, Jean de Chateaumorand, Jacques de Chabannes la Palice, le maréchal de France, Jean d'Albon Saint-André, le père du maréchal, Guillaume de Gadagne seigneur de Bouthéou. — M. le comte de Neufbourg, à propos d'une constatation judiciaire d'armoiries au XVIIe siècle, étudie les armes des Rochefort du Forez : branches des Beauvoir, d'Epercien et de la Valette. Les armes anciennes des Rochefort sont un écu à la bande. A un moment donné, ils ont adopté le parti de vair et de gueules.

Annales de la Société historique et archéologique de l'arrondissement de Saint Malo. Années 1915-18.

— *Académie des Inscriptions et Belles-Lettres.* Comptes rendus des séances de l'année 1919. Bulletin de nov.-déc. — *Académie des Inscriptions et Belles-Lettres.* Comptes rendus des séances de l'année 1919. Bulletin de janvier-février.

— *Revue de Saintonge et d'Aunis.* 39ᵉ vol., 3ᵉ livr.

— *Répertoire des travaux de la Société de statistique de Marseille.* T. 48, 1911-20.

— *Bulletin Archéologique du Comité des Travaux historiques et scientifiques.* Année 1919, 1ʳᵉ livraison. — Ce numéro contient, entre autres rapports de grand intérêt, le rapport de M. Prinet sur le travail de M. le chanoine Chartraire, et le travail *in-extenso* du même chanoine. Il s'agit des vierges allaitant. M. Chartraire décrit celle de Villebret et en donne une double photographie due à M. le baron de Montaignac, du Plaix.

— *Société d'Histoire naturelle d'Autun.* 27ᵉ Bulletin, 1914. — Nous trouvons dans ce numéro une notice biographique sur Adrien Thieullen, par M. Stanislas Meunier. Thieullen, préhistorien amateur, a soulevé des controverses passionnées, notamment la question des éclats siliceux du diluvium parisien, et la question des silex présentant des formes figurées.

— *Mémoires de la Société archéologique et historique de l'Orléanais.* T. XXXV, 1920. — Je signale particulièrement, un article très documenté sur la céramique orléanaise, par le Dʳ Garsonain. Nos confrères trouveront dans ce travail, non seulement les caractéristiques des principaux genres sortis des fours d'Orléans, mais des planches représentant les plus beaux spécimens et les marques de fabrique.

— *Le Catalogue 1920 de Saffroy* renferme de nombreux articles qui intéresseront notre pays.

— *Bulletin philologique et historique du Comité des travaux historiques et scientifiques du ministère de l'Instruction publique et des Beaux-Arts.* Année 1918.

— *Mémoires de l'Académie des sciences, arts et belles-lettres de Dijon.* 5ᵉ série, t. I. Années 1913-16. — Ce numéro contient les tables générale et particulière des travaux contenus dans les *Mémoires de l'Académie de Dijon*, 1769-1913, par A. Corneriau, président.

— **La Bibliothèque a reçu, offert par M. l'abbé Auzel,** *Essai sur les sénéchaux de Bretagne, des origines au XIVᵉ siècle,* **par André Oheix, Paris, Poutemoing 1913, 1 vol. de 253 pages.**

Remerciements.

— **La réciprocité d'échange de** *Bulletins* **est admise à l'égard d'un certain nombre de Sociétés savantes.**

— **M. Vouilloux, le gardien du Musée, qui prend très à cœur l'embellissement de notre musée, a fait exécuter une magnifique photo-**

graphie du triptyque de Beaune. M. le Président lui a demandé de vouloir bien communiquer cette belle pièce à la Société. Il y a deux personnages identifiés : à gauche, le chancelier Nicolas Rollin, et à droite Guigone de Salins.

La Société admire cette belle œuvre et exprime ses remerciements à M. le gardien du Musée.

— M. le Président donne ensuite communication d'une proposition émanant de notre confrère, M. Joseph Viple, et relative à un projet d'organisation de conférences à faire donner à Moulins sous le patronage de notre Compagnie :

« La Société d'Emulation et des Beaux-Arts du Bourbonnais, et la Société Bourbonnaise des Etudes locales,

Egalement animées du désir d'encourager, dans le département de l'Allier, toutes les études qui ont pour but de faire mieux connaître et aimer le Bourbonnais;

Constatant que, jusqu'à ce jour, le résultat des recherches historiques et littéraires poursuivies par les historiens régionaux est resté confiné à un petit cercle, et ne pénètre ni dans le grand public ni dans la jeunesse des écoles;

Décident d'organiser un ensemble de conférences sur les matières comprises dans leurs programmes respectifs d'action et d'études;

Dans ce but, il est constitué un Comité d'organisation et de direction, composé des présidents, de deux vice-présidents, des secrétaires généraux, des trésoriers, des deux Sociétés fondatrices, de l'inspecteur d'Académie, de l'archiviste départemental, et du conservateur du musée départemental.

La présidence est exercée annuellement, et à tour de rôle, par chacun des deux présidents.

Les fonctions de secrétaire général et de trésorier sont également exercées alternativement par chacun des secrétaires et des trésoriers.

Ce Comité est chargé de rédiger un projet complet d'organisation de conférences, qui sera soumis à l'approbation du Conseil d'administration de la Société d'Emulation et de la Commission d'études de la Société Bourbonnaise des Etudes locales. Il sera chargé ensuite de son exécution.

Toute modification apportée ultérieurement au projet approuvé devra être soumise également à la ratification de ces deux commissions. »

La Société donne en principe son entière adhésion à un vœu de notre confrère, qui doit étudier un programme définitif et le soumettre à une de nos prochaines réunions.

Puis le Président fait connaître à la Société que le même confrère propose, en son nom et au nom de nos membres vichyssois, de décider, dès maintenant, que l'excursion annuelle de notre compagnie aura lieu en 1921 à Vichy et dans la région, faisant valoir que nous trouverions, dans notre grande cité thermale, des concours précieux. La Société accepte cette proposition et charge M. Viple d'en étudier le programme et les moyens de réalisation, qui seront proposés à une des réunions du premier trimestre 1921.

— M. Louis Grégoire fait circuler divers objets de l'époque préhistorique : grattoirs, pointes, etc., trouvés sur l'emplacement d'un atelier, commune de Venas, au lieu dit Bourdoiseau ; également deux anneaux de bronze, provenant d'un collier, ainsi qu'une hache, en pétrosilex poli, de 18 centimètres, d'une belle conservation.

— M. Tiersonnier signale, dans la bibliothèque de l'Ecole des Chartes, année 1919, pages 145 et suivantes, un article de Ph. Lauer, intitulé « Un nouveau document sur Rodrigue de Villandrando. Le meurtre de Giraud de Goulard, bailli de Berry (1437) ». Le fait de la mort de Giraud de Goulard, chevalier, avait déjà été signalé dans l'ouvrage consacré à Villandrando, par Quicherat. Le document publié par M. Lauer apporte quelques détails nouveaux sur le hardi chef d'écorcheurs qui eut tant de liens avec le Bourbonnais, par ses faits de guerre, ses possessions territoriales, et son mariage avec une bâtarde de la maison de Bourbon.

— M. le chanoine Clément fait circuler des photographies des volets du triptyque des Aubery de la cathédrale. Notre confrère a pu reconstituer, en photographie, cette œuvre intéressante. Il espère que, grâce à la bonne volonté et au goût artistique des propriétaires actuels des volets, et à la générosité intelligente du Comité des Monuments historiques, ce beau triptyque pourra, dans un avenir prochain, être reconstitué à la cathédrale, où il attirera sûrement l'attention des artistes et des touristes. La photographie qui est présentée par notre confrère donne exactement l'idée de l'œuvre complète, avec son panneau central, et les volets qui représentent, ouverts, la Nativité et la Résurrection, et fermés, une très belle *Annonciation.*

M. le chanoine Clément rappelle ensuite à la Société que cette séance générale statutaire a pour but spécial, ce soir, de renouveler son bureau et de statuer sur diverses modifications à apporter aux statuts en vigueur.

Avant de procéder au renouvellement des membres du Bureau et du Conseil administratif, notre confrère fait observer que le règlement de notre Compagnie (Titre II, art. 1) déclare que le président est élu pour « *deux ans* » ; que nous nous trouvons en face d'une interprétation forcée du règlement en ce qui concerne l'élection du président en cette séance de novembre.

La scrupuleuse délicatesse de M. le Dr de Brinon lui ferait résigner ses fonctions dès aujourd'hui. Mais élu le 27 avril 1919, tout le Bureau estime qu'il doit continuer de plein droit à le présider jusqu'en 1921, et qu'en considérant, d'une part, les services rendus par lui à notre Compagnie et, d'autre part, les inconvénients de reporter en avril prochain la nomination du seul président, ce qui modifierait même la date statutaire de l'élection présidentielle, il propose de reporter la nomination d'un nouveau président en novembre 1921, avec celle de tous les autres membres sortants.

L'Assemblée est unanime à partager la manière de voir du Bureau. En conséquence, ont été réélus pour l'année 1920-1921 :

Président : M. le D^r DE BRINON.
Vice-Présidents : MM. MILCENT et BRUEL.
Secrétaire-adjoint : M. THONNIER DE LA BUSSERIE, avec comme suppléant : M. Albert SARRASIN.
Directeur du « Bulletin » : M. Marcel GÉNERMONT.

Restent en fonctions, d'après les statuts :
Secrétaire général : M. Edgard CAPELIN.
Trésorier : M. Henri FROBERT.
Conservateur des collections : M. QUEYROI.
Bibliothécaire-archiviste : M. LEUTRAT.

Sont réélus les neuf administrateurs en fonctions et rééligibles : MM. CHAMBRON, Dr CHOPARD, chanoine CLÉMENT, CRÉPIN-LEBLOND, DÈLAIGUE, GÉDEL, Roger DE QUIRIELLE, SABATIER, VIPLE.

Enfin, M. le Président communique à l'Assemblée générale des propositions adoptées par la Société dans ses réunions antérieures et relatives à diverses modifications à faire aux statuts.

1º Titre I, article 2, le passage relatif à la cotisation annuelle sera modifié de la façon suivante :

« *La cotisation annuelle est de 20 francs pour les membres titulaires, les correspondants et les abonnés, avec réduction de 50 pour cent en faveur de Messieurs les professeurs, instituteurs de l'enseignement public et libre, et Messieurs les membres du clergé. »*

2º Titre II, article 1, relatif à l'élection des membres du Bureau et du Conseil. Il est proposé, en considération du vœu émis par plusieurs de nos Confrères, de voter par correspondance, à l'instar d'un certain nombre de sociétés, afin de faire participer aux élections nos membres éloignés ou absents de Moulins. Le texte suivant est soumis à l'approbation : « Les membres du Bureau et du Conseil sont élus à l'Assemblée générale de novembre, à la majorité absolue des suffrages, par les membres présents et ceux de nos confrères qui auront fait parvenir leur vote. Le Secrétaire général est chargé par le Bureau en exercice de prévenir tous les membres de notre Compagnie de la date de ces élections, en leur faisant connaître ses propositions pour éclairer leur choix. »

3º Il est en outre décidé que, sur la proposition de MM. Viple et chanoine Clément, le texte du règlement intérieur adopté dans l'Assemblée générale du 6 mars 1911 et resté à l'état de minute dans le registre officiel des délibérations de la Société, sera publié dans un prochain numéro de *Bulletin*.

Ces trois propositions sont adoptées.

— Sont admis comme membres titulaires : Mme PINGEON, professeur au lycée de jeunes filles.

M. le comte François DE BOURBON-BUSSET, château de Busset, Allier.

— Sont présentés comme membres titulaires de la Société :

Mme la comtesse DE FRADEL, par MM. de Brinon, Tiersonnier, le chanoine Clément.

M. Louis COLLAS, ingénieur agronome, propriétaire à Besson, par MM. Roy, Génermont et Gedel.

M. Louis-Edouard MONNAC, notaire, successeur de M. Sabatier, place de Paris, par MM. le Dr de Brinon, Sabatier, Delaigue.

M. VOUILLOUX, gardien-chef du musée, par MM. le Dr de Brinon, le chanoine Clément, E. Delaigue.

— L'ordre du jour étant épuisé, la séance est levée à 22 heures.

E. CAPELIN.

SÉANCE DU 6 DÉCEMBRE 1920

Présidence de M. le Dr de Brinon

— Étaient présents : MM. Georges BRUEL, CAPELIN, CHAMBRON, Dr CHOPARD, chanoine CLÉMENT, DELAIGUE, Dr FOURNY, GAUTHIER, GÉNERMONT, GRÉGOIRE, Mme MONCEAU, Dr MONCEAU, DE QUIRIELLE, ROY, SARRAZIN, THONNIER DE LA BUSSERIE.

— Excusés : MM. GÉDEL, LASSIMONNE, MORAND, TIERSONNIER.

— Après lecture et approbation du procès-verbal de la précédente séance, M. le Président adresse à nos confrères ses remerciements relatifs à la prorogation de ses fonctions.

— Il est procédé ensuite au dépouillement de la correspondance :

Lettre du professeur Léon Bideau, faisant part de son avancement et promettant son coucours de plus en plus empressé.

Lettre du bibliothécaire de la ville de Genève proposant un échange d'ouvrages, proposition à laquelle il n'est pas jugé avantageux de donner suite.

Lettre de M. Viple :

« Monsieur le Président,

La Commission d'études de notre Société s'est réunie ce matin, à la mairie de Moulins. Elle a approuvé le projet ci joint d'organisation des conférences, et a désigné pour faire partie du Comité d'organisation et de direction prévu, outre le Président, Mlle Gervy, professeur d'histoire à l'Ecole normale d'institutrices, M. Mauve, professeur d'histoire à l'Ecole normale d'instituteurs, M. Bardet, directeur d'école à Moulins. Je vous serais très obligé de vouloir bien soumettre ce projet au Conseil d'administration de la Société d'Emulation, à sa prochaine réunion, ainsi qu'à la Société elle-même à sa réunion de décembre.

Si la Société l'approuve, elle voudra bien désigner trois délégués pour composer le Comité d'organisation dont vous aurez la présidence.

Ainsi que vous pourrez le voir par le texte que je vous envoie, il ne restera pas grand'chose à arrêter à ce Comité.

J'ai écrit à M. Buvat, maire de Moulins, pour demander le grand salon de la mairie, chauffé et éclairé si possible. J'attends sa réponse, que j'espère favorable.

Il restera à fixer les dates des trois conférences. Il semble à notre Société que, le *jeudi, à 5 heures du soir,* convient le mieux.

Enfin, il y a la question des conférenciers. Je suis entré en correspondance avec plusieurs membres de nos Sociétés, et j'espère vous envoyer avant une huitaine un programme précis..... »

La Société désigne comme membres devant faire partie du comité d'organisation, MM. Bruel, le chanoine Clément et Delaigue.

— M. le Président procède à l'analyse des publications reçues :

« *Mémoires de la Société des Sciences naturelles et archéologiques de la Creuse*, t. XXI, 3ᵉ fascicule, juillet 1920.

— *Mémoires de l'Académie des sciences, arts et belles-lettres de Dijon*, 5ᵉ série, t. II, 1917-20. — Une partie de ce volume est consacrée à des études sur les projets de division régionale de la France. Dans un premier article, M. Oursel, conservateur de la bibliothèque de Dijon, invite l'Académie à entreprendre cette étude, et il est curieux de constater combien son plan d'études reproduit fidèlement le plan que nous traçait avec conviction notre confrère M. Bruel : « Demandons, dit M. Oursel, à chacune des sociétés unies son avis sur la question, d'après un questionnaire préliminaire que nous élaborerons. Recherchons ceux d'entre nous qui ont chacun dans la limite de sa compétence un avis à exprimer. Mettons-nous en relations directes avec les divers organismes qui peuvent être sollicités de faire valoir leur système, offices de tourisme, chambres de commerce ou même assemblées professionnelles et politiques. Enfin, que cette enquête et ses données préparatoires ne restent pas confinées dans l'étroite limite de cette salle ; mais que des publications et des conférences au besoin instruisent le grand public lorsqu'il y aura opportunité à le faire, que d'ores et déjà il soit décidé de condenser dans un rapport général le résultat d'investigations qu'une commission spéciale sera chargée de poursuivre. »

Dans un second article, M. Fabre, ancien inspecteur des Forêts, étudie le régionalisme et la région économique de Dijon. Cet article est accompagné d'une carte des régions économiques de France, d'après le projet Clémentel, août 1917.

Dans un troisième article, M. Oursel traite de l'esprit de conciliation dans la nouvelle division régionale de la France. L'auteur repousse l'idée de dénommer la région par le nom d'une ville capitale ; il admet au contraire que la région puisse avoir plusieurs centres, comme Dijon et Besançon, et il voudrait qu'on revienne aux anciennes dénominations : Bourgogne, Franche-Comté, etc.

— *Société archéologique du département d'Ille-et-Vilaine*. Bulletin et mémoires, t. XLVII, 1920.

— *Société des Antiquaires de la Morinie*. Bulletin historique, 69ᵉ année, 254ᵉ livraison. T. XIII, avril-juillet 1920.

— *Bulletin de la Société Bourbonnaise des Etudes locales*. Oct.-nov.-déc. 1920.

— *Recueil des publications de la Société Havraise d'études diver-ses.* 1920, 1er et 2e trimestres, deux fascicules.

Dans le 2e trimestre, je vois que la Société Havraise a dû consentir une nouvelle augmentation du prix de la feuille pour son *Bulletin*, 175 francs au lieu de 125, avec surcharges pour les caractères des notes.

— *Société historique et archéologique de l'Orne.* T. 39, 2e, 3e et 4e bulletins, octobre 1920.

Dans le n° 20 (30 octobre 1920) de l'*Intermédiaire des Chercheurs et Curieux*, une note signée Nisiar, indique que Marcellin Desboutin était lié avec une dame Bouquet de la Grie, habitant le Bourbonnais: on retrouverait sans doute chez elle une intéressante correspondance du grand artiste.

— *La Quenouille du Bonheur*, par Lily Jean JAVAL. Paris, Bernard Grasset, éditeur, 61, rue des Saints-Pères, 1920. — Ce volume, gracieusement offert à la Société par son auteur, mérite de fixer un moment notre attention. Sous la forme d'un roman qui n'engendre pas d'ennui, il nous dépeint la vie bourbonnaise à une époque récente. Les caractères sont bien tracés; l'intrigue très simple ne sort pas du cadre de la vie ordinaire, et le mérite de l'auteur est de savoir piquer notre intérêt uniquement par l'observation attentive du choc des passions et des événements. Mais, ce qui nous intéresse particulièrement, c'est la description du vieux Montluçon et de la campagne qui enveloppe la ville; il n'y manque rien, ni de la poésie des paysages, ni des mœurs de la bourgeoisie citadine et de la population agricole, et, à ce point de vue particulier, l'ouvrage mérite une place dans notre bibliothèque. »

— M. GÉNERMONT donne l'analyse sommaire d'un livre sur le métayage, intitulé: *Le métayage en Bourbonnais pendant la guerre et son avenir*, dont l'auteur est M. Pierre DUBOST, docteur en droit et agriculteur à Treteau. Ces questions de colonat à moitié fruit intéressent vivement en Bourbonnais où elles ont parfois été discutées avec passion.

— M. Génermont signale la découverte, au cours d'une fouille pratiquée pour l'agrandissement des sous-sols de l'immeuble occupé par la Banque régionale du Centre, à l'angle de l'avenue Nationale et du cours de Belgique, d'une canalisation se reliant à l'ancien étang Bréchimbault. Il s'agit d'un tronc d'arbre creusé, sorte d'émissaire amenant l'eau de l'étang soit à une roue hydraulique, soit aux fossés d'enceinte de Moulins.

— Il est soumis à l'approbation des membres présents, un projet de plaque rappelant les noms de nos confrères tués à la guerre.

Deux projets ont été dressés, présentant des dessins différents. Un vote à main levée a lieu pour le choix du motif.

— M. le chanoine CLÉMENT, donne au sujet du triptyque de Beaune, les explications suivantes :

A propos de la belle photogravure du retable de Beaune que nous a communiquée M. Vouilloux à la dernière séance de novembre, il convient de faire observer que cette œuvre importante est connue dans l'histoire de l'Art sous le nom de *retable du jugement dernier* et attribuée à Roger van der Weyden, élève de Jean van Eyck. Avant la Révolution, ce retable donné par le chancelier Rollin ornait la chapelle du célèbre hôpital du Saint-Esprit de Beaune. Il fait aujourd'hui l'ornement de la seconde salle du musée installé dans une aile de l'hôpital. Au-dessous du Christ, assis sur l'arc-en-ciel, présidant le jugement dernier, comme on le retrouve dans les peintures du château de Langlard, à Mazerier, on voit à côté de la Vierge, de saint Jean-Baptiste et des Apôtres, Nicolas Rollin, le donateur du tableau, le duc Philippe le Bon, l'évêque Jean Rollin, — fils du chancelier et futur cardinal, qui devait être peint par notre maître de Moulins, dans le tableau connu de la *Nativité* d'Autun, — le pape Eugène IV, Guigone de Salins, femme du chancelier, la duchesse de Bourgogne et Philipote Rollin, fille de Nicolas et de Guigone, qui devenue veuve se retira à Beaune, à l'hôpital même fondé en 1443 par ses parents et où elle mourut, ce qui expliquait la présence de ce tableau votif dans la chapelle. Dans la partie extérieure, Nicolas Rollin et sa femme figurent à nouveau, agenouillés à côté de saint Sébastien et de saint Antoine, devant l'*Annonciation* qui décore les deux petits volets. Ce retable a été restauré à Paris de 1876 à 1878.

— M. le Chanoine Clément informe la Société que M. Eugène Chauliat, membre de la Société Française d'Archéologie, et dont les superbes dessins illustrèrent le *Bulletin* du Congrès tenu à Moulins en 1913, est nommé architecte des Monuments historiques pour l'Allier et la Nièvre.

M. le Dr CHOPARD exprime, à ce sujet, le vœu qu'une tentative soit faite pour libérer le vieux donjon des ducs, vulgairement la Mal-Coiffée, de son ignominieuse destination, ce qui permettrait au public d'en apprécier les beautés.

— M. THONNIER DE LA BUSSERIE lit une lettre sur Desboutins, il s'y trouve quelques détails intéressants et cette allégation que Desboutins est mort à Paris. Erreur qui est relevée aussitôt par M. Delaigue, bien placé pour le savoir puisqu'il rendit « à Nice » les honneurs funèbres au grand artiste bourbonnais.

— M. Georges Bruel lit quelques passages d'un livre nouveau de M. S. Berget, directeur-adjoint du Laboratoire de Géographie physique de la Sorbonne; intitulé : *Topographie*, dans lesquels il est rendu hommage à notre regretté compatriote le colonel A. Laussedat, inventeur de la Phototopographie. M. Berget rappelle que cette méthode, négligée en France avant la guerre, était utilisée à l'étranger pour les levées en montagne. A ce propos, M. Bruel signale qu'il y a une vingtaine d'années, M. Deville, directeur du Service Topographique du Canada, a donné le nom de Laussedat à un sommet des Montagnes rocheuses canadiennes.

M. G. Bruel remet ensuite pour les archives de la Société une note à l'Académie des Sciences de notre compatriote Louis Besson, directeur du Service météorologique de la ville de Paris, sur les relations existant entre les vents de l'Est avec la mortalité dans la capitale. Les météorologues recherchent de plus en plus à déterminer les relations qui existent entre les divers phénomènes climatologiques avec l'agriculture, la biologie humaine ou animale. Grâce à une analyse approfondie des faits, on arrivera sans doute, un jour, à remplacer les proverbes par des lois scientifiquement énoncées.

Pour terminer, M. Bruel signale que, d'après des renseignements dignes de foi, le prix du papier pour l'édition des livres vient de baisser notablement et le mouvement commencé paraît devoir continuer. D'un autre côté, grâce au machinisme, le prix de l'impression devrait diminuer de façon sérieuse d'ici deux ou trois mois.

— M. Louis Grégoire fait circuler une pétrification de forme bizarre où se remarque l'influence d'un feu extrêmement brûlant, scorie trouvée dans les environs d'Hérisson.

— M. Capelin émet le vœu suivant :

« Il existe en Bourbonnais, sous forme de terrassements, des vestiges de la présence de l'homme à des époques variables, toujours lointaines.

« Ces mouvements de terrain sont de dimensions inégales, affectent des formes différentes. Ces variations de structure pourraient, semble-t-il, fournir des indications. Devons-nous voir l'habitat d'hommes préhistoriques, des sépultures, l'agglomération de peuplades celtiques ou des campements de soldats romains ? Le plus complet mystère plane sur l'ensemble.

« Un très grand nombre de ces vestiges ont déjà disparu sous le nivellement de la culture. Ceux qui subsistent ne doivent leur conservation qu'au vague respect de propriétaires soucieux du passé. Le plus souvent, ils ne se rencontrent que dans les forêts où la charrue n'est pas allée les atteindre.

« Bien que les fouilles opérées d'ici et delà ne semblent pas avoir donné des résultats probants, il serait important de veiller sur ces témoins des générations disparues. Pour cela, une mesure préalable s'impose : en connaître exactement le nombre et la situation. Messieurs les instituteurs et curés pourraient être d'un précieux secours en nous signalant les tumuli qui existent dans chaque commune, en spécifiant de la façon la plus précise la situation et le nom. Mieux encore, ils pourraient joindre à cette première indication un plan, un croquis ou une description.

« Il se peut que, nantis de ces indications, certains érudits puissent établir des rapprochements, vérifier des hypothèses, tirer des conclusions. Souhaitons un pareil résultat. Pour jeter sur la question un premier rayon de lumière et sauver ce qui reste, éveillons l'attention, provoquons l'observation. L'étude du passé éveille, de nos jours, de nombreuses bonnes volontés. Un appel de notre Société ne peut manquer d'être entendu et peut-être pourrons-nous voir un jour se préciser d'intéressants résultats. »

Les membres présents approuvent cette motion et décident d'adresser une circulaire dans ce sens.

M. Roger de Quirielle propose de diviser notre province par secteurs pour procéder à cette recherche.

M. Georges Bruel propose d'associer la Société des Etudes locales à cet inventaire des vestiges préhistoriques, grâce au concours de Messieurs les instituteurs.

M. Marcel Génermont croit qu'il serait bon de lancer l'idée dans la *Semaine Religieuse*, qui touche hebdomadairement Messieurs les membres du clergé.

— M. Delaigue informe la Société que la Commission du Musée de

Moulins a nommé une sous-commission pour étudier les questions se rapportant à la publication du catalogue du Musée. Les membres qui en font partie sont : MM. le Dr Cornillon, Delaigue, Galfione, H. Buvat, de la Boulaye, de Quirielle, chanoine Clément.

— Sont admis en qualité de membres titulaires : Mme la comtesse DE FRADEL.

M. Louis COLLAS, ingénieur-agronome.

M. Louis-Edouard MONNAC, notaire à Moulins.

M. VOUILLOUX, gardien en chef du Musée de Moulins.

— Sont proposés à l'admission : M. Simon MOULIN, instituteur à l'Ecole Carnot, 104, boulevard Denière, Vichy, présenté par MM. Joseph Viple, Sarrassat, Linglin.

M. l'abbé Jean-Baptiste BURIAS, curé-doyen de Busset (Allier), présenté par MM. le Dr de Brinon, Marcel Génermont, chanoine Clément.

M. Pierre FOURNIER, propriétaire, 19, cours de Belgique, Moulins, présenté par MM. le Dr de Brinon, Marcel Génermont, chanoine Clément.

M. l'abbé Louis SARRASSAT, curé de Beaune (Allier), présenté par MM. le Dr de Brinon, Lucien Chambron, chanoine Clément.

M. le colonel Jacques VERNOIS, commandant le 16e tirailleurs à Oms (Syrie), secteur postal 131, présenté par Mme Gannat, MM. Dénier, Grégoire.

M. Eugène REVÉRET, imprimeur, successeur de Desrosiers, présenté par MM le Dr de Brinon, Delaigue, chanoine Clément.

M. Amédée BARDET, instituteur à l'école de garçons, 47, rue du Jeu-de-Paume, Moulins, présenté par MM. le Dr de Brinon, Viple, chanoine Clément.

M. Pierre BLONDEAU, maître menuisier, rue de l'Ancien-Palais, fils de feu notre confrère Francis Blondeau, présenté par MM. le Dr de Brinon, Delaigue, chanoine Clément.

M. le vicomte Henry DE SAINT-HILLIER, lieutenant-colonel au 10e dragons à Montauban, propriétaire au château de Lys, commune de Bressolles (Allier), présenté par MM. le Dr de Brinon, Capelin, chanoine Clément.

M. l'abbé Victor COURANT, supérieur de l'Institution Saint-Joseph à Montluçon, présenté par MM. le Dr de Brinon, Génermont, chanoine Clément.

M. Jules BUSSIÈRE, négociant, président de l'Association commerciale et industrielle, place Cortet, Moulins, présenté par MM. le Dr de Brinon, Grégoire, Georges Bruel.

M. Henri BUVAT, négociant, rue Gambetta, Moulins, présenté par MM. le Dr de Brinon, Grégoire, Georges Bruel.

— L'ordre du jour étant épuisé, la séance est levée à 22 heures et demie.

E. CAPELIN.

LISTE DES MEMBRES

DE LA

Société d'Emulation du Bourbonnais

(Lettres, Sciences et Arts)

ANNÉE 1920

COMPOSITION DU CONSEIL D'ADMINISTRATION

I. — BUREAU

Président (1919-1921): M. DE BRINON (Comte Henri), docteur en médecine, boulevard de Courtais, 25 (1).

Vice-Présidents (1920-1921): MM. MILCENT (Georges), ancien officier de cavalerie, rue de Villars, 25. — BRUEL (Georges), administrateur en chef des Colonies, rue de Villars, 7.

Secrétaire général (1919-1923): M. CAPELIN (Edgard), propriétaire, rue de Bourgogne, 81.

Secrétaire-Adjoint (1920-1921): M. THONIER DE LA BUSSERIE (André), avocat, avenue d'Orvilliers, 14. — Suppléant: M. Albert SARRAZIN.

Trésorier (1919-1923): M. FROBERT (Henri), banquier, av. Nationale, 22.

Directeur du « Bulletin » (1920-1921): M. GÉNERMONT (Marcel), architecte diplômé par le Gouvernement, place de la République, 11.

Conservateur des collections (1919-1923): M. QUEYROI (Gustave), ancien officier d'infanterie, rue de Bourgogne, 34.

Bibliothécaire-Archiviste (1919-1923): M. LEUTRAT (Henri), propriétaire, rue du Jeu-de-Paume, 35.

II. — ADMINISTRATEURS

MM. CHAMBRON (Lucien), industriel, adjoint au maire de Moulins, rue de Bourgogne, 30.

CHOPARD (docteur Emmanuel), médecin-honoraire de l'Hôpital thermal de Vichy, licencié en droit, rue de Nîmes, 172, Vichy.

---

(1) Toutes les adresses non suivies d'indication de ville sont de Moulins ; toutes celles non suivies d'indication de département, de l'Allier.

MM. Clément (Chanoine Joseph), correspondant du Ministère de l'Instruction Publique et des Beaux-Arts, Inspecteur de la Société Française d'Archéologie, rue du Chambon, 2, à la Madeleine.

Crépin-Leblond (Marcellin), imprimeur, directeur du *Courrier de l'Allier*, rue Jean-Jacques Rousseau, 15 *bis*.

Delaigue (Ernest), A. ✠. correspondant de la Commission des monuments historiques, boulevard de Courtais, 5.

Gédel, ✳, Sous-Intendant militaire de réserve, avenue Meunier, 45

Quirielle (Roger de), propriétaire-agriculteur, Montaiguët.

Sabatier (Aimé-Henri-Auguste), ancien notaire.

Viple (Joseph), procureur de la République, à Cusset.

III. — MEMBRES DE DROIT

Mgr l'Evêque du diocèse de Moulins.

M. le Préfet du département de l'Allier.

M. le Général commandant d'armes de la place de Moulins.

M. le Maire de la ville de Moulins.

IV. — MEMBRES HONORAIRES

M. le Comte de Chabannes, ancien officier d'artillerie, place Bellecour, 30 *bis*, Lyon (Rhône).

Claudon (Ferdinand), archiviste de la Côte-d'Or, Dijon.

La Diana, Société historique et archéologique du Forez, Montbrison.

V. — MEMBRES TITULAIRES

MM. Audin (Abbé Gustave), ancien curé doyen de Montaiguët, Bert.

Auzel (l'abbé Francisque). professeur libre, rue Diderot.

Baër (Gustave), architecte, 9, boulevard de Courtais.

Bailleau (Abel). ingénieur-agronome, à Pierrefitte-sur-Loire.

Balorre (Frédéric Imbert, Comte de), château de la Cour, Contigny, par Saint-Pourçain-sur-Sioule.

Bardet (Augustin), avoué, 23, cours de Russie.

Bargnoux, industriel à Cusset.

Baury (J.), architecte, 38, avenue Meunier.

Mme Beauchamp (Michel), château de Vaumas.

MM. Beaumont (Abbé Etienne), professeur à l'Institution du Sacré-Cœur, 51, rue de Paris.

MM. Bélot (Georges). avenue Meunier.

Berger de Nomazy (Pierre Louis-Roger), directeur du Crédit Foncier, Le Puy (Haute-Loire).

Biernawski (Louis). archiviste de la Loire, Saint-Etienne.

Bernard (Augustin). professeur à la Sorbonne, rue Decamps, 10, Paris-16e.

Mme Bertrand, à la Pacaudière (Loire).

MM. Besson (Gabriel). 3, rue des Minimes, Epinal (Vosges).

Bidault (François), agent d'assurances, 93, rue de Lyon.

Bideau (Léon), attaché au Cabinet du Sous-Secrétariat de l'Enseignement technique, 110, rue de Grenelle, Paris (VIIe).

Bodard (Georges), A. ✿, à Cérilly.

Boirot (Max), 26, rue Lamartine, Paris.

Mlle Boisé de Courgenay (Joséphine de), château de Chabenet, par Saint-Marcel (Indre).

Mlle Bonand (Françoise de), rue Denain.

MM. Bonnet, notaire, 22, place de la République.

Bonneton (René), château de Corgenay, par Chantelle.

Bony Antoine, professeur à Saint-Gilles, rue Achille Roche.

Boucomont (Antoine), docteur en droit, avocat-avoué, rue de Cours, 18, Cosne (Nièvre).

Boudeville Jean Baptiste, entrepreneur, à Dompierre-sur-Besbre.

Bouillon (Abbé Benoît), curé de Nocq Chambérat, par Huriel.

Bourbon-Busset (Comte François de), château de Busset, à Busset.

Bourderioux (Gabriel), pharmacien, à Bourbon l'Archambault.

Boutal (Louis), 23, avenue Meunier.

Bruel (Georges), ancien administrateur des Colonies, rue de Villars, 7.

Bruel (Hubert), ingénieur E. C. P., place d'Allier.

Bruel (Jean-Maurice), ingénieur E. C. P., rue du Cerf-Volant.

Bujon (Abbé Charles), missionnaire apostolique, avocat, à Nomazy, par Moulins.

Bure (Georges de), château de la Besche, par Bert.

Bussonnet (L.), notaire, à Saint Germain-des-Fossés.

Buvat (Paul), négociant et antiquaire, 32, rue de Paris.

Caussignac (René), receveur de l'Enregistrement, à Varennes-sur-Allier.

MM. CHABANNES-LA PALICE (Jean, Comte DE), officier de marine de réserve, château d'Avrilly, à Trevol.

CHABOT (Abel), 37, rue de Bourgogne.

CHABOT (René), propriétaire-agriculteur, La Roche, par Saint-Germain-des-Fossés.

CHACATON (Maurice DE), chevalier d'honneur et de dévotion de l'Ordre de Malte, château de Chermont, par Saint-Germain-des-Fossés.

Mme CHAMPEAUX (Marquise DE), rue Denain.

M. CHAMPFEU (Léon, Comte DE), ✻ capitaine de frégate en retraite, 42, rue de Bourgogne, Paris-VIIe.

Mme CHAMPIGNY (DE), château de Champigny, par Hérisson.

MM. CHAMPS DE VERNEIX (Victor DES), à Cusset.

CHANIER, greffier du tribunal de commerce, 52, boulevard Ledru-Rollin.

CHAUCHARD (André), agriculteur, château de Mézangy, à Pouzy.

Mme CHAUVIGNY DE BLOT (la comtesse H. DE), Bessé-sur-Braye (Sarthe).

MM. CHAUVIGNY DE BLOT (J. DE), directeur particulier de la Compagnie d'assurances *l'Union*, à Troyes.

CLAYEUX (Edmond), château des Gouttes, par Jaligny (Allier).

COL Léon, négociant, rue de l'Horloge, 8.

COLLAS (Louis), ingénieur-agronome, propriétaire, à Besson.

COLLAS DE CHATELPERRON (Paul), ancien colonel de cavalerie, Chassimpierre, par Jaligny.

CORDEZ (André), château des Chaulets, par Souvigny.

Mlle COURROUX, rue Michel-de-l'Hospital.

MM. CROCHET (Abbé Jean-Baptiste), curé de Thionne, par Jaligny.

CUEILLAT (Abbé Auguste), curé-doyen de Saint-Germain-des-Fossés.

DEBESSON (Abbé François), prêtre retiré, 26, rue des Serruriers, Montluçon.

DÉCRAN (docteur), boulevard Ledru-Rollin, 25.

Mme DEFAYE (Albert), à Dompierre-sur-Besbre.

MM. DEFAYE (Maurice), château de la Motte, à Dompierre-sur-Besbre.

DÉLINIÈRE (Léonce), entrepreneur de déménagements, rue d'Enghien, 11 *bis*.

DÉNIER (Marc), rue du Lycée, 6.

DESCHAMPS (chanoine R.), vicaire général, rue de Decize, 23.

MM. DESMAROUX DE GAULMYN (baron), château de St-Alyre, par
Saint-Gérand-le-Puy.

DESNOIX (Abbé Pierre), curé-doyen de Lurcy-Lévy.

DESROSIERS (Abbé Athanase), à Cuffy (Cher).

DREUILLE (H., comte DE), agriculteur, château de Dreuille,
Cressanges.

DREUILLE (Jean, comte DE), 19, rue du Vert-Galant, *membre
à vie.*

Mlle DUCHET (Léonie), boulevard de Courtais, Montluçon.

MM. DUCHON (Paul), avocat, à Cusset.

DUMONT (Abbé Philippe), professeur de philosophie, à l'Institution du Sacré Cœur, rue de Paris, 51.

DUPUIS (Abbé Charles), curé de Saint-Gérand-de-Vaux.

DURAT (Vicomte DE), château du Ludeix, par Marcillat.

DURIAT (Abbé Abel), curé de Louroux-Bourbonnais.

DURIEU DE LACARELLE (Comte Etienne), château de la Gril-
lère, Monétay-sur-Allier, par Châtel-de-Neuvre.

FAULQUIER (Joseph), rue de Bourgogne, 35.

FAVARDIN (Docteur), maire de Sauvagny, par Cosne-sur-l'Œil.

FORESTIER (Abbé Louis), curé de Billy.

FORESTIER, propriétaire, à Saint-Gérand-le-Puy.

FORICHON (Abbé Jean-Baptiste), curé d'Agonges.

FOURNY (Docteur Maurice), ✻, boulevard Ledru-Rollin, 29.

FRADEL (Mme la comtesse DE), rue Pape-Carpentier, 36.

GAGNIÈRE (Abbé Gilbert), curé-doyen de Cérilly.

Mme GANNAT (Edith), boulevard de Courtais.

MM. GAULMYN (Comte de), château de Rimazoir, par Souvigny.

GAUTIER, anc. directeur de l'Enregistrement, rue de Decize, 27.

GAVELLE (Chanoine Paul), curé-doyen d'Ebreuil.

GÉNÉRAUD, directeur de la *Société Générale*, place d'Allier, 48.

GIRARD (Emile), avocat, rue de l'Oiseau, 10.

GIVOIS (H.). boulevard de Courtais, 46.

GOLLIAUD (André), château des Bédores, commune de Trevol.

GOMOT (Maurice), doct. en médec.. rue Michel-de-l'Hosp., 18.

GRAVIER DU MONSSEAUX, rue Verrier, 3, Vichy.

GRÉGOIRE (Louis), libraire, rue François-Péron, 2.

GRELLET-DUMAZEAU (Albert), ✻, conseiller à la Cour, 10, rue
du Plat, Lyon (Rhône).

GUIBOURET (Henri), peintre verrier, rue Rosa-Bonheur, Les
Bataillots, Yzeure.

Frère GUSTAVE-MARIE, professeur de sciences, 87, rue de
Paris.

MM. Jaladon de la Barre (Raymond), château de la Prée, par
    Chantenay-Saint-Imbert (Nièvre).

Jolivet (Abbé Antoine), curé-doyen de Saint-Menoux.

Joyeux de Lançon (André), professeur de dessin, rue des
    Tanneries, 29.

La Boulaye (Paul Georgette du Buisson de), artiste-peintre,
    rue Grenier, 5.

La Boutresse (Roger Préveraud de), château des Quillets,
    Trezelles.

La Chauvinière (Léon de), château du Parc, Yzeure. *Membre
    à vie.*

La Chauvinière (Paul de), château du Parc, Yzeure.

La Dure (Edouard de), château de Saint-Août. Saint-Août
    (Indre).

Laguérenne (Henry de), avenue Nationale, St-Amand (Cher).

Lamaugarny (Camille Josset de), château d'Audes, à Audes.

Lamaugarny (Arthur Josset de), château de Magnette, par
    Audes.

Laplanche (Louis de), château du Beyrat, par Bellenaves.

La Planche de Fontenille (Arthur de), château des Magnoux,
    par Meaulne.

Las-Cases (Marquis de), conseiller général, maire de Coulan-
    don, château de la Presle, Coulandon.

Lassimonne, géomètre-expert, avenue Meunier, 22.

La Tourfondue (Comte de), rue Porte-des-Forges, Montluçon.

Le Brun (Eugène), associé correspondant national de la *So-
    ciété des Antiquaires de France*, 32, place Saint-Georges,
    Paris-IX*.

Mᵐᵉ Le Groing de la Romagère (Ctesse Charles de), boulevard de
    Courtais, Montluçon.

M. Ligier (Abbé Edouard Frédéric), hôpital de Chantelle.

Mᵐᵉ Ligneris (Marquise des), château de Bressolles.

MM. Linglin, contrôleur des contributions directes, Vichy.

Mandet (Abbé Jacques Philippe), curé doyen de Charroux.

Mareschal (Johanny), rue de Miromesnil, 64, Paris VIIIᵉ.

Mareschal (Xavier de), docteur en droit, château des Ma-
    gnoux, Voussac.

Méplain (Docteur Firmin), rue du Lycée, 7.

Méplain (Henri), château du Coude, par Montaiguët.

Méténier (Fernand), à Cronat (Saône-et-Loire).

Michel des Modières (Edouard), rue Victor Cornil, à Cusset.

MM. MICHEL DE TRÉTAIGNE (Baron), chevalier magistral d'honneur et de dévotion de l'ordre de Malte, conseiller général de l'Aisne, rue de Condé, 12, Paris-VIe.

MICHOT, professeur de dessin au Lycée de Moulins.

MITTON (Michel), architecte, rue des Couteliers, 46.

MOITRON (Chanoine Emile), doyen de St-Pourçain sur-Sioule.

MONCEAU (Docteur Henri), chirurgien-adjoint de l'hôpital de Moulins, 35, boulevard de Courtais.

Mme MONCEAU (Henri), 35, boulevard de Courtais.

MM. MONNAC (Louis-Edouard), notaire, rue de Paris.

MONICAT (Pierre), avocat, avenue Victor-Hugo, 2.

Mme MONNIER (Louis), château de la Presle, Pouzy-Mézangy.

MM. MONTAGNE (Louis Gabriel), juge de paix, Saint-Germain-des-Fossés.

MONTILLIET (Gabriel), château de Pouënat, par Billy.

MONTLAUR (Georges DE VILLARDI, comte DE), ancien officier de cavalerie, cours d'Angleterre, 6.

Mme MONTLIVAULT (DE), cours d'Angleterre, 8.

MM. MORAND (Gabriel), avenue Nationale, 20.

MOREAU (René), A ✿, architecte, avenue Nationale, 9.

MOSNIER (Jean), économe du Pensionnat Saint-Gilles.

MOUCHET (Docteur), au Veurdre.

MOULIN (Maurice), château de la Pommeraye, par St-Menoux.

MOULIN, instituteur, 104, boulevard Denière, Vichy.

NOAILLY (Paul), château de Teillat, Sanssat.

NOBLET (Comte DE), ✻, ancien officier de cavalerie, château de Pomay, par Lusigny.

OLIVIER (Jean), co-directeur de la *Revue Scientifique du Bourbonnais*, cours de Russie.

Mme ORCET (Vicomtesse ARAGONÈS D'), rue Denain.

MM. PATURET (A.), pharmacien, à Ebreuil.

PÉGAT (Georges), ancien magistrat, commandeur de l'Ordre de Saint-Grégoire, château de la Croix de-l'Orme, par Billy.

PEYNOT (Abbé Michel), ancien curé de Jenzat, à Marcillat.

PICARD DE GRANDCHAMP (Louis-Charles), Pierrefitte-sur-Loire.

PICHONNET, entrepreneur de transports, rue du Lycée, 17.

PICQ (Abbé Edouard), curé de Beaulon.

PINGEON (Mme Rachelle), professeur de dessin au lycée de jeunes filles, 45, avenue d'Orvilliers.

PINSTON, propriétaire, 2, rue des Fausses-Braies.

MM. Place (Joseph), avocat près le tribunal de Cusset.

Planchard (Léon), ingénieur, rue de Refembre, 47.

Prelle (Charles-Joseph), peintre-décorateur, au Donjon.

Mme Prieur (Léon), rue de Decize, 9.

MM. Provenchères (Henri de), agriculteur, rue Regnaudin, 20.

Ranglaret (Docteur André), rue Michel-de-l'Hospital, 2.

Raymond (A.), imprimeur, rue Harpet, 8, Vichy.

Renaud de Fréminville (Edgard), rue Michel-de-l'Hospital, 2.

Mlle Rogier (Marguerite), château de Beaulon, à Beaulon.

MM. Roquefeuil (Comte Edouard de), château de Jenzat, à Jenzat.

Roy (Docteur Paul), rue Hautefeuille, 19, Paris-VIe.

Roy (André), propriétaire, inspecteur-adjoint des Eaux-et Forêts, 2, rue de Decize.

Sarasin (Albert), docteur en droit, rue de la Flèche, 17.

Sarrassat, instituteur, 12, rue Landon, à Cusset.

Sarrot (Philippe), à Saint-Pourçain sur-Sioule.

Sarrot (Pierre), docteur en médecine, courtier d'assurances, place des Marronniers, 2, Nanterre (Seine).

Sauroy (A.), A ✠, artiste-peintre, rue Racine, 8, Tours.

Sayet (Hippolyte), avocat, agréé par le tribunal de commerce de la Seine, rue de Valois, 11, Paris-Ier.

Seguin fils, rue de l'Industrie.

Sèque, industriel, rue de Lyon, 80.

Sorin de Bonne (Louis), ancien sous-préfet, château d'Estrées, Molinet.

Tabouët (Edmond), château de Reterre, par Saint-Désiré.

Thénot (Eugène), professeur d'histoire au Lycée Banville.

Thomas (A.), représentant de la *Société des Arts graphiques de Genève*, 138, cours Henri, Lyon.

Mlle Thonier-La-Rochelle, rue de la Croix-Verte, 5, Montluçon.

Tiersonnier (Philippe), 36, rue Pape-Carpentier.

Tissier (Léon), avocat, rue du Lycée.

Tissier (Julien), propriétaire, aux Bataillots.

Tortel (Pierre), maire de Chapeau, rue de Bourgogne, 16.

Treyve (François), horticulteur, architecte-paysagiste, à Fou let, Yzeure.

Trinque (Henri), directeur du Pensionnat Saint-Gilles, rue Achille-Roche.

Verdeau (Henri), photographe, avenue Nationale, 6 *bis*.

Verrières (Raoul de), propriétaire.

Vignier (Paul), commis des postes, rue du Moulin, Montluçon.

MM. VILLATTE DES PRUGNES (Robert), ingénieur-agronome, château
     des Prugnes, par Vallon-en-Sully.
   VILLEQUETOUT (Jules LE FELVRE-CHARBONNIER DE), rue Vol-
     taire, 20.
   VILLETTE (Guy JACQUELOT DE), château de Sommery, par
     Gilly-sur-Loire (Saône-et-Loire).
   VIRMAUX (Jean), ancien pharmacien, conseiller municipal, 16,
     avenue Victor-Hugo.
   WALDNER (Baron DE), château de Lévy, par Lurcy-Lévy.
   VOUILLOUX, gardien-chef du Musée départemental.

VI. — MEMBRES CORRESPONDANTS

MM. CHEVALIER (Jacques), professeur de philosophie au Lycée de
     Lyon.
   FEYDEAU (Henri de), contrôleur général de l'armée du cadre
     de réserve, avenue du Maine, 70, Paris-XIVe.
   MAIGRET (Frédéric), boulevard Militaire, 93, Ixelles (Belgique).
   MONERY (Louis), rue de la Sous-Préfecture, 9, Roanne (Loire).
Mme SAAR-FOURCHAUD (Odette). rue Etex, 30, Paris XVIIIe.

ABONNÉS AU BULLETIN

MM. BERNASCONI-SCETI, place d'Allier.
BIBLIOTHÈQUE DE L'EVÊCHÉ de Moulins, rue du Lycée. 11.
CERCLE BOURBONNAIS, cours de Russie, 21, à Moulins.
MM. CHATEAUBODEAU (Comte de), La Petite Grange, Chemin du Mi-
     lieu, à l'Epinette, Libourne (Gironde).
   CROIZIER, propriétaire, à Liernólles.
   DEGUISE, horloger, à Beaune (Côte-d'Or).
   DULAW, Soho Square. 37, à Londres (Angleterre).
ETABLISSEMENT THERMAL, à Vichy, (deux abonnements).
MM. FAGOT, propriétaire, au Donjon.
   FÉJARD (Marc), au Prieuré, Souvigny.
   FOURNIER (Pierre), tapissier, rue du Théâtre, 19.
   LALAIN-CHOMEL (DE), rue de l'Université, 5, Paris-VIIe.
   LEFORT, rue Blanche, 54, Paris-IXe.
Mme PATISSIER, à l'Eglantier, par Souvigny.
M. THÉVENIN, ancien pharmacien, rue Regnaudin, 4.
Mme THOMAS (Philippe), rue de Decize, 13.
MM. TRACY (Marquis DE), à Paray-le-Frésil.

Messieurs les Membres de la Société et Abonnés sont priés de signaler au Directeur du *Bulletin*, 11, place de la République, à Moulins, les erreurs et les omissions commises dans l'inscription de leurs noms, titres ou adresses.

Prière instante, notamment, à ceux d'entre eux titulaires de la **Croix de guerre** *de bien vouloir l'en aviser, afin de compléter notre annuaire de l'an prochain par le signe de cette distinction.*

SERVICE GRATUIT DU " BULLETIN "

Membres de droit, honoraires et à vie. — Bibliothèque municipale de Moulins. — Dépôt Légal. — Direction et Secrétariat P.-L. M., 88, rue Saint-Lazare, Paris. — M. Ronchaud, rue de Bourgogne, 53 (Trésorerie de la Société).

.Sociétés Correspondantes

Abbeville. — Société d'Emulation.

Agen. — Société d'Agriculture, Sciences et Arts.

Alençon. — Société historique et archéologique de l'Orne.

Amiens.   Société des Antiquaires de Picardie.

Angoulême. — Société archéologique et historique de la Charente.

Aurillac. — Société de la Haute-Auvergne.

Autun. — Société Eduenne. — Société d'Histoire naturelle.

Auxerre. — Société des Sciences historiques et naturelles de l'Yonne.

Beaune. — Société d'Archéologie, d'Histoire et de Littérature de Beaune.

Beauvais. — Société académique de l'Oise.

Besançon. — Académie des Sciences, Lettres et Arts.   Société d'Emulation du Doubs.

Béziers.   Société Archéologique, scientifique et littéraire.

Blois. — Société des Sciences et Lettres du Loir-et-Cher.

Bourg. — Société d'Emulation de l'Ain.

Bourges. — Société historique du Cher. — Antiquaires du Centre.

Boulogne-sur-Mer. — Société Académique.

Brest. — Société Académique.

Brives. — Société d'Archéologie.

Caen. — Académie des Sciences, Arts et Belles-Lettres.

Cambrai. — Société-d'Emulation.

Châlons. — Société d'Agriculture, Commerce, Sciences et Arts de la Marne.

Chalon-sur-Saône. — Société d'Histoire et d'Archéologie.

Chambéry. — Société savoisienne d'Histoire et d'Archéologie. — Académie des Sciences, Lettres et Arts.

Cherbourg. — Société académique.

Chartres. — Société Archéologique d'Eure-et-Loir.

Clermont-Ferrand. ·Académie des Sciences, Arts et Belles-Lettres. — Société des amis de l'Université (Revue d'Auvergne).

Dijon. — Commission des Antiquités de la Côte-d'Or. — Académie des Sciences, ·Arts et Belles-Lettres.

Draguignan. — Société d'Agriculture, scientifique et littéraire du Var.

Dunkerque. — Société dunkerquoise des Lettres, Sciences et Arts.

Gannat. — Société des Sciences médicales.

Guéret. — Société des Sciences naturelles... de la Creuse.

Langres. — Société d'Histoire ·et d'Archéologie de la Haute-Marne.

Laon. — Société académique.

Laval. — Commission historique et archéologique de la Mayenne.

Le Mans. — Société Historique et Archéologique du Maine.

Le Puy. — Société d'Agriculture, Sciences, Arts et Commerce.

Lille. — Société des Sciences, de l'Agriculture et Arts.

Limoges. — Société Archéologique, Historique et des Arts.

Lyon. Académie des Sciences et Belles-Lettres. — Bulletin historique du diocèse de Lyon.

Mâcon. Académie de Mâcon.

Montauban. — Société Archéologique du Tarn-et-Garonne.

Montbéliard. — Société d'Emulation.

Montbrison. — La Diana, Société Historique et Archéologique du Forez.

Moulins. Sociétés: d'Agriculture; d'Horticulture.

Nancy. — Académie Stanislas.

Nantes. — Société Archéologique. Société Académique.

Nevers. — Société nivernaise des Sciences, Lettres et Arts.

Nîmes. — Académie du Gard.

Niort. Société Scientifique et Littéraire des Deux-Sèvres.

Orléans. — Société Archéologique et Historique de l'Orléanais.

Paris. — Académie des Inscriptions et Belles-Lettres. — Comité des travaux historiques et scientifiques. — Société des Antiquaires de France. — Sociétés: de l'Histoire de France; — d'Anthropologie de France; — de l'Histoire de Paris et de l'Ile-de-France. — Musée

Guimet. — Société Française d'Archéologie. — Union bourbonnaise.

Pau. — Société des Sciences et des Arts.

Périgueux. — Société Historique et Archéologique du Périgord.

Poitiers. — Société des Antiquaires de l'Ouest.

Reims. — Académie de Reims.

Rennes. — Société Archéologique du département d'Ille-et-Villaine.

Rouen. — Académie des Sciences, Lettres et Arts.

Saintes. — Société des Archives historiques de Saintonge et Aunis.

Saint-Dié. — Société Philomatique Vosgienne.

Saint-Lô. — Société d'Agriculture, d'Archéologie et d'Histoire naturelle du département de la Manche.

Saint-Malo. — Société historique et archéologique de l'arr. de St-Malo.

Saint-Omer. — Société des Antiquaires de la Morinie.

Semur. — Société des Sciences historiques.

Sens. — Société Archéologique.

Soissons. — Société Archéologique, Historique et Scientifique.

Toulouse. — Académie des Sciences, Inscriptions et Belles-Lettres. — Société Archéologique du Midi de la France.

Tours. — Société Archéologique de Touraine.

Vendôme. — Société Archéologique du Vendômois.

Vesoul. — Société d'Agriculture, Sciences et Arts de la Haute-Saône.

Vitry-le-François. — Société Archéologique.

Publications échangées

Revue du Berry. Direct^r: M. PIERRE, chât. de Charon, par Cluis (Indre).

Revue Mabillon. Directeur: Dom BESSE, Chevetogne, par Lèignon, province de Namur (Belgique).

Revue des Etudes historiques, 82, rue Bonaparte, Paris.

TABLE DES MATIÈRES
— 1920 —

Admission de nouveaux Membres

Procès-Verbaux des Séances

Articles publiés par nos Membres

Articles Divers

Communications faites en Séance

Dons à la Bibliothèque

Illustrations dans le texte

Illustrations hors-texte

BULLETIN

DE LA

SOCIÉTÉ D'ÉMULATION

Du Bourbonnais